Legislação de Direito Administrativo

Legislação de Direito Administrativo

VOLUME II – DIREITO PROCESSUAL ADMINISTRATIVO

2023

Artur Flamínio da Silva

Doutor em Direito Público pela Faculdade de Direito da Universidade Nova de Lisboa.

Professor Associado do Departamento de Direito da Universidade Autónoma de Lisboa.

Co-coordenador científico do Mestrado em Direito.

Investigador do Centro de Investigação em Justiça e Governação (JusGov) da Escola de Direito da Universidade do Minho.

Investigador do Ratio Legis - Centro de Investigação e Desenvolvimento em Ciências Jurídicas da Universidade Autónoma de Lisboa [Projeto: Cultura de Paz e Democracia].

Árbitro.

Ex-Consultor da Direcção-Geral da Política de Justiça.

ALMEDINA

LEGISLAÇÃO DE DIREITO ADMINISTRATIVO
VOLUME II – DIREITO PROCESSUAL ADMINISTRATIVO
AUTOR
Artur Flamínio da Silva
EDITOR
EDIÇÕES ALMEDINA, S.A.
Avenida Emídio Navarro, 81, 3D
3000-151 Coimbra
Tel.: 239 851 904 · Fax: 239 851 901
www.almedina.net · editora@almedina.net
DESIGN DE CAPA
FBA.
CAPA
EDIÇÕES ALMEDINA, S.A.
PRÉ-IMPRESSÃO
EDIÇÕES ALMEDINA, S.A.

IMPRESSÃO E ACABAMENTO

Abril, 2023

ISBN
978-989-40-1185-9

DEPÓSITO LEGAL
....

ALMEDINA | GRUPOALMEDINA

NOTA PRÉVIA

A presente colectânea de legislação tem como propósito fundamental servir de apoio à Unidade Curricular de Direito Administrativo II, que lecciono na Universidade Autónoma de Lisboa. Com vista a complementar o Volume I, dá-se agora à estampa o Volume II que agrega um conjunto de diplomas estruturantes e relevantes no domínio do Direito Processual Administrativo.

Como é evidente, não são, porém, os meus alunos de licenciatura e mestrado em Direito os únicos destinatários da obra, devendo a mesma ser útil para advogados, solicitadores, juízes e, em geral, juristas ou não juristas que laborem com temas relacionados com o Direito Administrativo e, muito particularmente, com o Direito Processual Administrativo.

Barreiro, 20 de Fevereiro de 2023,

Artur Flamínio da Silva

Constituição da República Portuguesa

Artigo 20.º – Acesso ao direito e tutela jurisdicional efetiva

1 – A todos é assegurado o acesso ao direito e aos tribunais para defesa dos seus direitos e interesses legalmente protegidos, não podendo a justiça ser denegada por insuficiência de meios económicos.

2 – Todos têm direito, nos termos da lei, à informação e consulta jurídicas, ao patrocínio judiciário e a fazer-se acompanhar por advogado perante qualquer autoridade.

3 – A lei define e assegura a adequada proteção do segredo de justiça.

4 – Todos têm direito a que uma causa em que intervenham seja objeto de decisão em prazo razoável e mediante processo equitativo.

5 – Para defesa dos direitos, liberdades e garantias pessoais, a lei assegura aos cidadãos procedimentos judiciais caracterizados pela celeridade e prioridade, de modo a obter tutela efetiva e em tempo útil contra ameaças ou violações desses direitos.

TÍTULO V – Tribunais

CAPÍTULO I – Princípios gerais

Artigo 202.º – Função jurisdicional

1 – Os tribunais são os órgãos de soberania com competência para administrar a justiça em nome do povo.

2 – Na administração da justiça incumbe aos tribunais assegurar a defesa dos direitos e interesses legalmente protegidos dos cidadãos, reprimir a violação da legalidade democrática e dirimir os conflitos de interesses públicos e privados.

3 – No exercício das suas funções os tribunais têm direito à coadjuvação das outras autoridades.

4 – A lei poderá institucionalizar instrumentos e formas de composição não jurisdicional de conflitos.

Artigo 203.º – Independência

Os tribunais são independentes e apenas estão sujeitos à lei.

Artigo 204.º – Apreciação da inconstitucionalidade

Nos feitos submetidos a julgamento não podem os tribunais aplicar normas que infrinjam o disposto na Constituição ou os princípios nela consignados.

Artigo 205.º – Decisões dos tribunais

1 – As decisões dos tribunais que não sejam de mero expediente são fundamentadas na forma prevista na lei.

2 – As decisões dos tribunais são obrigatórias para todas as entidades públicas e privadas e prevalecem sobre as de quaisquer outras autoridades.

3 – A lei regula os termos da execução das decisões dos tribunais relativamente a qualquer autoridade e determina as sanções a aplicar aos responsáveis pela sua inexecução.

Artigo 206.º – Audiências dos tribunais

As audiências dos tribunais são públicas, salvo quando o próprio tribunal decidir o contrário, em despacho fundamentado, para salvaguarda da dignidade das pessoas e da moral pública ou para garantir o seu normal funcionamento.

Artigo 207.º – Júri, participação popular e assessoria técnica

1 – O júri, nos casos e com a composição que a lei fixar, intervém no julgamento dos crimes graves, salvo os de terrorismo e os de criminalidade altamente organizada, designadamente quando a acusação ou a defesa o requeiram.

2 – A lei poderá estabelecer a intervenção de juízes sociais no julgamento de questões de trabalho, de infrações contra a saúde pública, de pequenos delitos, de execução de penas ou outras em que se justifique uma especial ponderação dos valores sociais ofendidos.

3 – A lei poderá estabelecer ainda a participação de assessores tecnicamente qualificados para o julgamento de determinadas matérias.

Artigo 208.º – Patrocínio forense

A lei assegura aos advogados as imunidades necessárias ao exercício do mandato e regula o patrocínio forense como elemento essencial à administração da justiça.

CAPÍTULO II – Organização dos tribunais

Artigo 209.º – Categorias de tribunais

1 – Além do Tribunal Constitucional, existem as seguintes categorias de tribunais:

a) O Supremo Tribunal de Justiça e os tribunais judiciais de primeira e de segunda instância;

b) O Supremo Tribunal Administrativo e os demais tribunais administrativos e fiscais;

c) O Tribunal de Contas.

2 – Podem existir tribunais marítimos, tribunais arbitrais e julgados de paz.

3 – A lei determina os casos e as formas em que os tribunais previstos nos números anteriores se podem constituir, separada ou conjuntamente, em tribunais de conflitos.

4 – Sem prejuízo do disposto quanto aos tribunais militares, é proibida a existência de tribunais com competência exclusiva para o julgamento de certas categorias de crimes.

Artigo 210.º – Supremo Tribunal de Justiça e instâncias

1 – O Supremo Tribunal de Justiça é o órgão superior da hierarquia dos tribunais judiciais, sem prejuízo da competência própria do Tribunal Constitucional.

2 – O Presidente do Supremo Tribunal de Justiça é eleito pelos respetivos juízes.

3 – Os tribunais de primeira instância são, em regra, os tribunais de comarca, aos quais se equiparam os referidos no n.º 2 do artigo seguinte.

4 – Os tribunais de segunda instância são, em regra, os tribunais da Relação.

5 – O Supremo Tribunal de Justiça funcionará como tribunal de instância nos casos que a lei determinar.

Artigo 211.º – Competência e especialização dos tribunais judiciais

1 – Os tribunais judiciais são os tribunais comuns em matéria cível e criminal e exercem jurisdição em todas as áreas não atribuídas a outras ordens judiciais.

2 – Na primeira instância pode haver tribunais com competência específica e tribunais especializados para o julgamento de matérias determinadas.

3 – Da composição dos tribunais de qualquer instância que julguem crimes de natureza estritamente militar fazem parte um ou mais juízes militares, nos termos da lei.

4 – Os tribunais da Relação e o Supremo Tribunal de Justiça podem funcionar em secções especializadas.

Artigo 212.º – Tribunais administrativos e fiscais

1 – O Supremo Tribunal Administrativo é o órgão superior da hierarquia dos tribunais administrativos e fiscais, sem prejuízo da competência própria do Tribunal Constitucional.

2 – O Presidente do Supremo Tribunal Administrativo é eleito de entre e pelos respetivos juízes.

3 – Compete aos tribunais administrativos e fiscais o julgamento das ações e recursos contenciosos que tenham por objeto dirimir os litígios emergentes das relações jurídicas administrativas e fiscais.

Artigo 213.º – Tribunais militares

Durante a vigência do estado de guerra serão constituídos tribunais militares com competência para o julgamento de crimes de natureza estritamente militar.

Artigo 214.º – Tribunal de Contas

1 – O Tribunal de Contas é o órgão supremo de fiscalização da legalidade das despesas públicas e de julgamento das contas que a lei mandar submeter-lhe, competindo-lhe, nomeadamente:

a) Dar parecer sobre a Conta Geral do Estado, incluindo a da segurança social;

b) Dar parecer sobre as contas das Regiões Autónomas dos Açores e da Madeira;

c) Efetivar a responsabilidade por infrações financeiras, nos termos da lei;

d) Exercer as demais competências que lhe forem atribuídas por lei.

2 – O mandato do Presidente do Tribunal de Contas tem a duração de quatro anos, sem prejuízo do disposto na alínea *m)* do artigo 133.º.

3 – O Tribunal de Contas pode funcionar descentralizadamente, por secções regionais, nos termos da lei.

4 – Nas Regiões Autónomas dos Açores e da Madeira há secções do Tribunal de Contas com competência plena em razão da matéria na respetiva região, nos termos da lei.

CAPÍTULO III – Estatuto dos juízes

Artigo 215.º – Magistratura dos tribunais judiciais

1 – Os juízes dos tribunais judiciais formam um corpo único e regem-se por um só estatuto.

2 – A lei determina os requisitos e as regras de recrutamento dos juízes dos tribunais judiciais de primeira instância.

3 – O recrutamento dos juízes dos tribunais judiciais de segunda instância faz-se com prevalência do critério do mérito, por concurso curricular entre juízes da primeira instância.

4 – O acesso ao Supremo Tribunal de Justiça faz-se por concurso curricular aberto aos magistrados judiciais e do Ministério Público e a outros juristas de mérito, nos termos que a lei determinar.

Artigo 216.º – Garantias e incompatibilidades

1 – Os juízes são inamovíveis, não podendo ser transferidos, suspensos, aposentados ou demitidos senão nos casos previstos na lei.

2 – Os juízes não podem ser responsabilizados pelas suas decisões, salvas as excepções consignadas na lei.

3 – Os juízes em exercício não podem desempenhar qualquer outra função pública ou privada, salvo as funções docentes ou de investigação científica de natureza jurídica, não remuneradas, nos termos da lei.

4 – Os juízes em exercício não podem ser nomeados para comissões de serviço estranhas à atividade dos tribunais sem autorização do conselho superior competente.

5 – A lei pode estabelecer outras incompatibilidades com o exercício da função de juiz.

Artigo 217.º – Nomeação, colocação, transferência e promoção de juízes

1 – A nomeação, a colocação, a transferência e a promoção dos juízes dos tribunais judiciais e o exercício da ação disciplinar competem ao Conselho Superior da Magistratura, nos termos da lei.

2 – A nomeação, a colocação, a transferência e a promoção dos juízes dos tribunais administrativos e fiscais, bem como o exercício da ação disciplinar, competem ao respetivo conselho superior, nos termos da lei.

3 – A lei define as regras e determina a competência para a colocação, transferência e promoção, bem como para o exercício da ação disciplinar em relação aos juízes dos restantes tribunais, com salvaguarda das garantias previstas na Constituição.

Artigo 218.º – Conselho Superior da Magistratura

1 – O Conselho Superior da Magistratura é presidido pelo Presidente do Supremo Tribunal de Justiça e composto pelos seguintes vogais:

a) Dois designados pelo Presidente da República;

b) Sete eleitos pela Assembleia da República;

c) Sete juízes eleitos pelos seus pares, de harmonia com o princípio da representação proporcional.

2 – As regras sobre garantias dos juízes são aplicáveis a todos os vogais do Conselho Superior da Magistratura.

3 – A lei poderá prever que do Conselho Superior da Magistratura façam parte funcionários de justiça, eleitos pelos seus pares, com intervenção restrita à discussão e votação das matérias relativas à apreciação do mérito profissional e ao exercício da função disciplinar sobre os funcionários de justiça.

CAPÍTULO IV – Ministério Público

Artigo 219.º – Funções e estatuto

1 – Ao Ministério Público compete representar o Estado e defender os interesses que a lei determinar, bem como, com observância do disposto no número seguinte e nos termos da lei, participar na execução da política criminal definida pelos órgãos de soberania, exercer a ação penal orientada pelo princípio da legalidade e defender a legalidade democrática.

2 – O Ministério Público goza de estatuto próprio e de autonomia, nos termos da lei.

3 – A lei estabelece formas especiais de assessoria junto do Ministério Público nos casos dos crimes estritamente militares.

4 – Os agentes do Ministério Público são magistrados responsáveis, hierarquicamente subordinados, e não podem ser transferidos, suspensos, aposentados ou demitidos senão nos casos previstos na lei.

5 – A nomeação, colocação, transferência e promoção dos agentes do Ministério Público e o exercício da ação disciplinar competem à Procuradoria-Geral da República.

Artigo 220.º – Procuradoria-Geral da República

1 – A Procuradoria-Geral da República é o órgão superior do Ministério Público, com a composição e a competência definidas na lei.

2 – A Procuradoria-Geral da República é presidida pelo Procurador-Geral da República e compreende o Conselho Superior do Ministério Público, que inclui membros eleitos pela Assembleia da República e membros de entre si eleitos pelos magistrados do Ministério Público.

3 – O mandato do Procurador-Geral da República tem a duração de seis anos, sem prejuízo do disposto na alínea *m)* do artigo 133.º.

TÍTULO VI – Tribunal Constitucional

Artigo 221.º – Definição

O Tribunal Constitucional é o tribunal ao qual compete especificamente administrar a justiça em matérias de natureza jurídico-constitucional.

Artigo 222.º – Composição e estatuto dos juízes

1 – O Tribunal Constitucional é composto por treze juízes, sendo dez designados pela Assembleia da República e três cooptados por estes.

2 – Seis de entre os juízes designados pela Assembleia da República ou cooptados são obrigatoriamente escolhidos de entre juízes dos restantes tribunais e os demais de entre juristas.

3 – O mandato dos juízes do Tribunal Constitucional tem a duração de nove anos e não é renovável.

4 – O Presidente do Tribunal Constitucional é eleito pelos respetivos juízes.

5 – Os juízes do Tribunal Constitucional gozam das garantias de independência, inamovibilidade, imparcialidade e irresponsabilidade e estão sujeitos às incompatibilidades dos juízes dos restantes tribunais.

6 – A lei estabelece as imunidades e as demais regras relativas ao estatuto dos juízes do Tribunal Constitucional.

Artigo 223.º – Competência

1 – Compete ao Tribunal Constitucional apreciar a inconstitucionalidade e a ilegalidade, nos termos dos artigos 277.º e seguintes.

2 – Compete também ao Tribunal Constitucional:

a) Verificar a morte e declarar a impossibilidade física permanente do Presidente da República, bem como verificar os impedimentos temporários do exercício das suas funções;

b) Verificar a perda do cargo de Presidente da República, nos casos previstos no n.º 3 do artigo 129.º e no n.º 3 do artigo 130.º;

c) Julgar em última instância a regularidade e a validade dos atos de processo eleitoral, nos termos da lei;

d) Verificar a morte e declarar a incapacidade para o exercício da função presidencial de qualquer candidato a Presidente da República, para efeitos do disposto no n.º 3 do artigo 124.º;

e) Verificar a legalidade da constituição de partidos políticos e suas coligações, bem como apreciar a legalidade das suas denominações, siglas e símbolos, e ordenar a respetiva extinção, nos termos da Constituição e da lei;

f) Verificar previamente a constitucionalidade e a legalidade dos referendos nacionais, regionais e locais, incluindo a apreciação dos requisitos relativos ao respetivo universo eleitoral;

g) Julgar a requerimento dos Deputados, nos termos da lei, os recursos relativos à perda do mandato e às eleições realizadas na Assembleia da República e nas Assembleias Legislativas das regiões autónomas;

h) Julgar as ações de impugnação de eleições e deliberações de órgãos de partidos políticos que, nos termos da lei, sejam recorríveis.

3 – Compete ainda ao Tribunal Constitucional exercer as demais funções que lhe sejam atribuídas pela Constituição e pela lei.

Artigo 224.º – Organização e funcionamento

1 – A lei estabelece as regras relativas à sede, à organização e ao funcionamento do Tribunal Constitucional.

2 – A lei pode determinar o funcionamento do Tribunal Constitucional por secções, salvo para efeito da fiscalização abstrata da constitucionalidade e da legalidade.

3 – A lei regula o recurso para o pleno do Tribunal Constitucional das decisões contraditórias das secções no domínio de aplicação da mesma norma.

Artigo 268.º – Direitos e garantias dos administrados

1 – Os cidadãos têm o direito de ser informados pela Administração, sempre que o requeiram, sobre o andamento dos processos em que sejam diretamente interessados, bem como o de conhecer as resoluções definitivas que sobre eles forem tomadas.

2 – Os cidadãos têm também o direito de acesso aos arquivos e registos administrativos, sem prejuízo do disposto na lei em matérias relativas à segurança interna e externa, à investigação criminal e à intimidade das pessoas.

3 – Os atos administrativos estão sujeitos a notificação aos interessados, na forma prevista na lei, e carecem de fundamentação expressa e acessível quando afetem direitos ou interesses legalmente protegidos.

4 – É garantido aos administrados tutela jurisdicional efetiva dos seus direitos ou interesses legalmente protegidos, incluindo, nomeadamente, o reconhecimento desses direitos ou interesses, a impugnação de quaisquer atos administrativos que os lesem, independentemente da sua forma, a determinação da prática de atos administrativos legalmente devidos e a adoção de medidas cautelares adequadas.

5 – Os cidadãos têm igualmente direito de impugnar as normas administrativas com eficácia externa lesivas dos seus direitos ou interesses legalmente protegidos.

6 – Para efeitos dos n.ºs 1 e 2, a lei fixará um prazo máximo de resposta por parte da Administração.

Estatuto dos Tribunais Administrativos e Fiscais

Lei n.º 13/2002, de 19 de Fevereiro, na redacção da Lei n.º 114/2019, de 12 de Setembro

A Assembleia da República decreta, nos termos da alínea *c)* do artigo 161.º da Constituição, para valer como lei geral da República, o seguinte:

Artigo 1.º – Aprovação

É aprovado o Estatuto dos Tribunais Administrativos e Fiscais, que se publica em anexo à presente lei e que dela faz parte integrante.

Artigo 2.º – Disposição transitória

1 – As disposições do Estatuto dos Tribunais Administrativos e Fiscais não se aplicam aos processos que se encontrem pendentes à data da sua entrada em vigor.

2 – As decisões que, na vigência do novo Estatuto, sejam proferidas ao abrigo das competências conferidas pelo anterior Estatuto dos Tribunais Administrativos e Fiscais são impugnáveis para o tribunal competente de acordo com o mesmo Estatuto.

Artigo 3.º – Alteração ao regime jurídico das empreitadas de obras públicas

O artigo 259.º do Decreto-Lei n.º 59/99, de 2 de Março, que estabelece o regime jurídico das empreitadas de obras públicas, passa a ter a seguinte redacção:

«Artigo 259.º - [...]

1 - ...

2 - Proferida a decisão e notificada às partes, o processo será entregue no Conselho Superior de Obras Públicas e Transportes, onde ficará arquivado, competindo ao presidente do Conselho Superior decidir tudo quanto respeite aos termos da respectiva execução por parte das entidades administrativas, sem prejuízo da competência dos tribunais administrativos para a execução das obrigações do empreiteiro, devendo ser remetida ao juiz competente cópia da decisão do tribunal arbitral para efeitos do processo executivo.

3 - ...»

Artigo 4.º - Alteração ao Código de Processo Civil

O artigo 1083.º do Código de Processo Civil passa a ter a seguinte redacção:

«Artigo 1083.º - Âmbito de aplicação

O disposto no presente capítulo é aplicável às acções de regresso contra magistrados, propostas nos tribunais judiciais, sendo subsidiariamente aplicável às acções do mesmo tipo que sejam da competência de outros tribunais.»

Artigo 5.º - Alterações ao Código das Expropriações

Os artigos 74.º e 77.º do Código das Expropriações, aprovado pela Lei n.º 168/99, de 18 de Setembro, passam a ter a seguinte redacção:

'Artigo 74.º - [...]

1 - ...

2 - ...

3 - ...

4 - Se não for notificado de decisão favorável no prazo de 90 dias a contar da data do requerimento, o interessado pode fazer valer o direito de reversão no prazo de um ano, mediante acção administrativa comum a propor no tribunal administrativo de círculo da situação do prédio ou da sua maior extensão.

5 - ...

Artigo 77.º - [...]

1 - ...

a) ...

b) ...

c) ...

d) ...

e) ...

2 - ...'

Artigo 6.º – Alteração à Lei de Bases do Ambiente

O artigo 45.º da Lei n.º 11/87, de 7 de Abril (Lei de Bases do Ambient*e)*, passa a ter a seguinte redacção:

«Artigo 45.º – Tutela judicial

1 – Sem prejuízo da legitimidade de quem se sinta ameaçado ou tenha sido lesado nos seus direitos, à actuação perante a jurisdição competente do correspondente direito à cessação da conduta ameaçadora ou lesiva e à indemnização pelos danos que dela possam ter resultado, ao abrigo do disposto no capítulo anterior, também ao Ministério Público compete a defesa dos valores protegidos pela presente lei, nomeadamente através da utilização dos mecanismos nela previstos.

2 – É igualmente reconhecido a qualquer pessoa, independentemente de ter interesse pessoal na demanda, bem como às associações e fundações defensoras dos interesses em causa e às autarquias locais, o direito de propor e intervir, nos termos previstos na lei, em processos principais e cautelares destinados à defesa dos valores protegidos pela presente lei.»

Artigo 7.º – Disposição transitória relativa ao recrutamento e formação de juízes

1 – No prazo máximo de 180 dias a contar da data da publicação desta lei, é aberto concurso de recrutamento de juízes para os tribunais administrativos e para os tribunais tributários ao qual podem concorrer magistrados judiciais e do Ministério Público com pelo menos cinco anos de serviço e classificação não inferior a Bom e juristas com pelo menos cinco anos de comprovada experiência profissional na área do direito público, nomeadamente através do exercício de funções públicas, da advocacia, da docência no ensino superior ou na investigação, ou ao serviço da Administração Pública.

2 – A admissão a concurso depende de graduação baseada na ponderação global dos factores enunciados no artigo 61.º do Estatuto aprovado pela presente lei e os candidatos admitidos frequentam um curso de formação teórica de três meses, organizado pelo Centro de Estudos Judiciários.

3 – Os candidatos admitidos ao concurso têm, durante a frequência do curso de formação teórica referido no número anterior, o mesmo estatuto remuneratório e os mesmos direitos, deveres e incompatibilidades dos restantes auditores de justiça do Centro de Estudos Judiciários e, no caso de serem funcionários ou agentes do Estado, de institutos públicos ou de empresas públicas, podem frequentar o curso em regime de requisição e optar por auferir a remuneração base relativa à categoria de origem, retomando os respectivos cargos ou funções sem perda de antiguidade em caso de exclusão ou de desistência justificada.

4 – A frequência do curso de formação teórica por magistrados judiciais e do Ministério Público e o seu eventual provimento em comissão de serviço na jurisdição administrativa e fiscal dependem de autorização, nos termos estatutários.

5 – No termo do curso previsto no n.º 2, os candidatos são avaliados em função do seu mérito absoluto e qualificados como aptos ou não aptos, para o efeito de serem admitidos à fase seguinte, que é constituída por um estágio de seis meses, precedido de um curso especial de formação teórico-prática de âmbito geral, organizado pelo Centro de Estudos Judiciários, com a duração máxima de três meses e incidência predominante sobre matérias de deontologia e direito processual civil.

6 – O Centro de Estudos Judiciários, no termo do curso especial previsto no número anterior, procede a uma graduação que releva para o efeito da selecção dos tribunais de estágio.

7 – O montante da bolsa atribuída aos auditores durante a frequência do curso especial previsto no n.º 5 corresponde ao índice 100 da escala indiciária dos magistrados judiciais.

8 – As reclamações das decisões proferidas no âmbito do concurso têm efeito meramente devolutivo.

9 – Os juízes recrutados no âmbito do concurso previsto nos números anteriores têm as honras, precedências, categorias, direitos, vencimentos e abonos que competem aos juízes de direito, dependendo a respectiva progressão na carreira dos critérios a que se referem os n.os 4 e 5 do artigo 58.º do Estatuto aprovado pela presente lei.

10 – O Governo adoptará os procedimentos necessários ao desenvolvimento regulamentar do regime estabelecido no presente artigo.

Artigo 8.º – Norma revogatória

São revogados:

a) O Decreto-Lei n.º 45006, de 27 de Abril de 1963;

b) O Decreto-Lei n.º 784/76, de 30 de Outubro;

c) O Estatuto dos Tribunais Administrativos e Fiscais, aprovado pelo Decreto-Lei n.º 129/84, de 27 de Abril;

d) O Decreto-Lei n.º 374/84, de 29 de Novembro;

e) A Lei n.º 46/91, de 3 de Agosto;

f) A Portaria n.º 116/92, de 24 de Fevereiro.

Artigo 9.º – Entrada em vigor

A presente lei entra em vigor em 1 de Janeiro de 2004, com excepção do artigo 7.º, que entra em vigor no dia seguinte ao da sua publicação.

Aprovada em 20 de Dezembro de 2001.

O Presidente da Assembleia da República, António de Almeida Santos.

Promulgada em 31 de Janeiro de 2002.

Publique-se.

O Presidente da República, JORGE SAMPAIO.

Referendada em 7 de Fevereiro de 2002.

O Primeiro-Ministro, António Manuel de Oliveira Guterres.

ANEXO

ESTATUTO DOS TRIBUNAIS ADMINISTRATIVOS E FISCAIS

TÍTULO I – Tribunais administrativos e fiscais

CAPÍTULO I – Disposições gerais

Artigo 1.º – Jurisdição administrativa e fiscal

1 – Os tribunais da jurisdição administrativa e fiscal são os órgãos de soberania com competência para administrar a justiça em nome do povo, nos litígios emergentes das relações jurídicas administrativas e fiscais, nos termos compreendidos pelo âmbito de jurisdição previsto no artigo 4.º deste Estatuto.

2 – Nos feitos submetidos a julgamento, os tribunais da jurisdição administrativa e fiscal não podem aplicar normas que infrinjam o disposto na Constituição ou os princípios nela consignados.

Artigo 2.º – Independência

Os tribunais da jurisdição administrativa e fiscal são independentes e apenas estão sujeitos à lei e ao Direito.

Artigo 3.º – Garantias de independência

1 – Os juízes da jurisdição administrativa e fiscal são inamovíveis, não podendo ser transferidos, suspensos, aposentados ou demitidos senão nos casos previstos na lei.

2 – Os juízes da jurisdição administrativa e fiscal podem incorrer em responsabilidade pelas suas decisões exclusivamente nos casos previstos na lei.

3 – Os juízes da jurisdição administrativa e fiscal estão sujeitos às incompatibilidades estabelecidas na Constituição e na lei e regem-se pelo estatuto dos magistrados judiciais, nos aspetos não previstos nesta lei.

Artigo 4.º – Âmbito da jurisdição

1 – Compete aos tribunais da jurisdição administrativa e fiscal a apreciação de litígios que tenham por objeto questões relativas a:

a) Tutela de direitos fundamentais e outros direitos e interesses legalmente protegidos, no âmbito de relações jurídicas administrativas e fiscais;

b) Fiscalização da legalidade das normas e demais atos jurídicos emanados por órgãos da Administração Pública, ao abrigo de disposições de direito administrativo ou fiscal;

c) Fiscalização da legalidade de atos administrativos praticados por quaisquer órgãos do Estado ou das Regiões Autónomas não integrados na Administração Pública;

d) Fiscalização da legalidade das normas e demais atos jurídicos praticados por quaisquer entidades, independentemente da sua natureza, no exercício de poderes públicos;

e) Validade de atos pré-contratuais e interpretação, validade e execução de contratos administrativos ou de quaisquer outros contratos celebrados nos termos da legislação sobre contratação pública, por pessoas coletivas de direito público ou outras entidades adjudicantes;

f) Responsabilidade civil extracontratual das pessoas coletivas de direito público, incluindo por danos resultantes do exercício das funções política, legislativa e jurisdicional, sem prejuízo do disposto na alínea *a)* do n.º 4 do presente artigo;

g) Responsabilidade civil extracontratual dos titulares de órgãos, funcionários, agentes, trabalhadores e demais servidores públicos, incluindo ações de regresso;

h) Responsabilidade civil extracontratual dos demais sujeitos aos quais seja aplicável o regime específico da responsabilidade do Estado e demais pessoas coletivas de direito público;

i) Condenação à remoção de situações constituídas em via de facto, sem título que as legitime;

j) Relações jurídicas entre pessoas coletivas de direito público ou entre órgãos públicos, reguladas por disposições de direito administrativo ou fiscal;

k) Prevenção, cessação e reparação de violações a valores e bens constitucionalmente protegidos, em matéria de saúde pública, habitação, educação, ambiente, ordenamento do território, urbanismo, qualidade de vida, património cultural e bens do Estado, quando cometidas por entidades públicas;

l) Impugnações judiciais de decisões da Administração Pública que apliquem coimas no âmbito do ilícito de mera ordenação social por violação de normas de direito administrativo em matéria de urbanismo e do ilícito de mera ordenação social por violação de normas tributárias;

m) Contencioso eleitoral relativo a órgãos de pessoas coletivas de direito público para que não seja competente outro tribunal;

n) Execução da satisfação de obrigações ou respeito por limitações decorrentes de atos administrativos que não possam ser impostos coercivamente pela Administração;

o) Relações jurídicas administrativas e fiscais que não digam respeito às matérias previstas nas alíneas anteriores.

2 – Pertence à jurisdição administrativa e fiscal a competência para dirimir os litígios nos quais devam ser conjuntamente demandadas entidades públicas e particulares entre si ligados por vínculos jurídicos de solidariedade, designadamente por terem concorrido em conjunto para a produção dos mesmos danos ou por terem celebrado entre si contrato de seguro de responsabilidade.

3 – Está nomeadamente excluída do âmbito da jurisdição administrativa e fiscal a apreciação de litígios que tenham por objeto a impugnação de:

a) Atos praticados no exercício da função política e legislativa;

b) Decisões jurisdicionais proferidas por tribunais não integrados na jurisdição administrativa e fiscal;

c) Atos relativos ao inquérito e instrução criminais, ao exercício da ação penal e à execução das respetivas decisões.

4 – Estão igualmente excluídas do âmbito da jurisdição administrativa e fiscal:

a) A apreciação das ações de responsabilidade por erro judiciário cometido por tribunais pertencentes a outras ordens de jurisdição, assim como das correspondentes ações de regresso;

b) A apreciação de litígios decorrentes de contratos de trabalho, ainda que uma das partes seja uma pessoa coletiva de direito público, com exceção dos litígios emergentes do vínculo de emprego público;

c) A apreciação de atos materialmente administrativos praticados pelo Conselho Superior da Magistratura e seu Presidente;

d) A fiscalização de atos materialmente administrativos praticados pelo Presidente do Supremo Tribunal de Justiça;

e) A apreciação de litígios emergentes das relações de consumo relativas à prestação de serviços públicos essenciais, incluindo a respetiva cobrança coerciva.

Artigo 5.º – Fixação da competência

1 – A competência dos tribunais da jurisdição administrativa e fiscal fixa-se no momento da propositura da causa, sendo irrelevantes as modificações de facto e de direito que ocorram posteriormente.

2 – Existindo, no mesmo processo, decisões divergentes sobre questão de competência, prevalece a do tribunal de hierarquia superior.

Artigo 6.º – Alçada

1 – Os tribunais da jurisdição administrativa e fiscal têm alçada.

2 – (Revogado.)

3 – A alçada dos tribunais administrativos de círculo e dos tribunais tributários corresponde àquela que se encontra estabelecida para os tribunais judiciais de 1.ª instância.

4 – A alçada dos tribunais centrais administrativos corresponde à que se encontra estabelecida para os tribunais da Relação.

5 – Nos processos em que exerçam competências de 1.ª instância, a alçada dos tribunais centrais administrativos e do Supremo Tribunal Administrativo corresponde, para cada uma das suas secções, respetivamente à dos tribunais administrativos de círculo e à dos tribunais tributários.

6 – A admissibilidade dos recursos por efeito das alçadas é regulada pela lei em vigor ao tempo em que seja instaurada a ação.

Artigo 7.º – Direito subsidiário

No que não esteja especialmente regulado, são subsidiariamente aplicáveis aos tribunais da jurisdição administrativa e fiscal, com as devidas adaptações, as disposições relativas aos tribunais judiciais.

CAPÍTULO II – Organização e funcionamento dos tribunais administrativos e fiscais

Artigo 8.º – Órgãos da jurisdição administrativa e fiscal

São órgãos da jurisdição administrativa e fiscal:

a) O Supremo Tribunal Administrativo;

b) Os tribunais centrais administrativos;

c) Os tribunais administrativos de círculo e os tribunais tributários.

Artigo 9.º – Constituição, desdobramento e agregação dos tribunais administrativos

1 – Os tribunais administrativos de círculo podem ser desdobrados em juízos e estes podem funcionar em local diferente da sede, dentro da respetiva área de jurisdição.

2 – Os tribunais administrativos de círculo e os tribunais tributários podem também funcionar de modo agregado, assumindo, cada um deles, a designação de tribunal administrativo e fiscal.

3 – O desdobramento ou agregação previstos nos números anteriores são determinados por portaria do membro do Governo responsável pela área da justiça, sob proposta do Conselho Superior dos Tribunais Administrativos e Fiscais.

4 – Os tribunais administrativos de círculo, ainda que funcionem de modo agregado, podem ser desdobrados por decreto-lei, quando o volume ou a complexidade do serviço o justifiquem, em juízos de competência especializada, e estes podem funcionar em local diferente da sede, dentro da respetiva área de jurisdição.

5 – Podem ser criados os seguintes juízos de competência especializada administrativa:

a) Juízo administrativo comum;

b) Juízo administrativo social;

c) Juízo de contratos públicos;

d) Juízo de urbanismo, ambiente e ordenamento do território.

6 – Aos juízos de competência especializada administrativa pode ser atribuída, por decreto-lei, jurisdição alargada em função da complexidade e do volume de serviço.

7 – (Revogado.)

Artigo 9.º-A – Desdobramento dos tribunais tributários

1 – Os tribunais tributários, ainda que funcionem de modo agregado, podem ser desdobrados, por decreto-lei, quando o volume ou a complexidade do serviço o justifiquem, em juízos de competência especializada, e estes podem funcionar em local diferente da sede, dentro da respetiva área de jurisdição.

2 – Podem ser criados os seguintes juízos de competência especializada tributária:

a) Juízo tributário comum;

b) Juízo de execução fiscal e de recursos contraordenacionais;

c) (Revogada.)

3 – Aos juízos de competência especializada tributária pode ser atribuída, por decreto-lei, jurisdição alargada em função da complexidade e do volume de serviço.

4 – (Revogado.)

5 – (Revogado.)

Artigo 10.º - Turnos

A existência e organização de turnos de juízes para assegurar o serviço urgente rege-se, com as devidas adaptações, pelo disposto na lei a respeito dos tribunais judiciais.

CAPÍTULO III - Supremo Tribunal Administrativo

SECÇÃO I - Disposições gerais

Artigo 11.º - Sede, jurisdição e funcionamento

1 - O Supremo Tribunal Administrativo é o órgão superior da hierarquia dos tribunais da jurisdição administrativa e fiscal.

2 - O Supremo Tribunal Administrativo tem sede em Lisboa e jurisdição em todo o território nacional.

Artigo 12.º - Funcionamento e poderes de cognição

1 - O Supremo Tribunal Administrativo funciona por secções e em plenário.

2 - O Supremo Tribunal Administrativo compreende duas secções, uma de contencioso administrativo e outra de contencioso tributário, que funcionam em formação de três juízes ou em pleno.

3 - O plenário e o pleno de cada secção apenas conhecem de matéria de direito.

4 - A Secção de Contencioso Administrativo conhece apenas de matéria de direito nos recursos de revista.

5 - A Secção de Contencioso Tributário conhece apenas de matéria de direito nos recursos diretamente interpostos de decisões proferidas pelos tribunais tributários.

Artigo 13.º - Presidência

1 - O Supremo Tribunal Administrativo tem um presidente, que é coadjuvado por dois vice-presidentes, eleitos de modo e por períodos idênticos aos previstos para aquele.

2 - Um vice-presidente é eleito de entre e pelos juízes da Secção de Contencioso Administrativo, sendo o outro vice-presidente eleito de entre e pelos juízes da Secção de Contencioso Tributário.

Artigo 14.º - Composição das secções

1 - Cada Secção do Supremo Tribunal Administrativo é composta pelo presidente do Tribunal, pelo respetivo vice-presidente e pelos restantes juízes para ela nomeados.

2 – Cada uma das secções pode dividir-se por subsecções, às quais se aplica o disposto para a secção respetiva.

Artigo 15.º – Preenchimento das Secções

1 – Os juízes são nomeados para cada uma das secções e distribuídos pelas subsecções respetivas, se as houver.

2 – O Presidente do Tribunal pode determinar que um juiz seja agregado a outra secção, a fim de acorrer a necessidades temporárias de serviço, com ou sem dispensa ou redução do serviço da secção de que faça parte, conforme os casos.

3 – A agregação pode ser determinada para o exercício integral de funções ou apenas para as de relator ou de adjunto.

4 – O juiz que mude de secção mantém a sua competência nos processos já inscritos para julgamento em que seja relator e naqueles em que, como adjunto, já tenha aposto o seu visto para julgamento.

Artigo 16.º – Sessões de julgamento

1 – As sessões de julgamento realizam-se nos mesmos termos e condições que no Supremo Tribunal de Justiça, sendo aplicável, com as devidas adaptações, o disposto quanto a este Tribunal.

2 – O Presidente do Supremo Tribunal Administrativo pode determinar que em certas sessões de julgamento intervenham todos os juízes da secção, quando o considere necessário ou conveniente para assegurar a uniformidade da jurisprudência.

3 – Na falta ou impedimento do Presidente e dos vice-presidentes, a presidência das sessões é assegurada pelo juiz mais antigo que se encontre presente.

4 – Quando esteja em causa a impugnação de deliberação do Conselho Superior dos Tribunais Administrativos e Fiscais ou decisão do seu Presidente, a sessão realiza-se sem a presença do Presidente do Supremo Tribunal Administrativo, sendo presidida pelo mais antigo dos vice-presidentes que não seja membro do Conselho Superior dos Tribunais Administrativos e Fiscais ou pelo juiz mais antigo que se encontre presente.

Artigo 17.º – Formações de julgamento

1 – O julgamento em cada secção compete ao relator e a dois juízes.

2 – O julgamento no pleno compete ao relator e aos demais juízes em exercício na secção.

3 – O pleno da secção só pode funcionar com a presença de, pelo menos, dois terços dos juízes.

4 – Salvo no caso de recurso para a uniformização de jurisprudência ou quando tal seja necessário à observância do disposto no número anterior,

não podem intervir no julgamento no Pleno os juízes que tenham votado a decisão recorrida.

5 – As decisões são tomadas em conferência.

6 – Nos processos da competência do Pleno da Secção, dos despachos do relator que versem apenas sobre questões processuais e não ponham termo ao processo cabe reclamação para uma formação de cinco juízes, designados anualmente de entre os mais antigos pelo Presidente do Tribunal.

Artigo 18.º – Adjuntos

1 – Entre os juízes que integram cada formação de julgamento deve existir uma diferença de três posições quanto ao lugar que lhes corresponde na escala da distribuição no Tribunal ou na secção, sendo a contagem dos lugares realizada a partir da posição que corresponde ao relator.

2 – Cada adjunto é substituído, em caso de falta ou impedimento, pelo juiz que imediatamente se lhe segue.

Artigo 19.º – Eleição do Presidente e dos vice-presidentes

1 – O Presidente do Supremo Tribunal Administrativo é eleito, por escrutínio secreto, pelos juízes em exercício efetivo de funções no Tribunal.

2 – Os vice-presidentes são eleitos, por escrutínio secreto, pelos juízes que exerçam funções na secção respetiva e de entre os que se encontrem nas condições referidas no número anterior.

3 – É eleito o juiz que obtenha mais de metade dos votos validamente expressos e, se nenhum obtiver esse número de votos, procede-se a segunda votação, apenas entre os dois juízes mais votados.

4 – Em caso de empate, são admitidos a segundo sufrágio os dois juízes mais antigos que tenham sido mais votados e, verificando-se novo empate, considera-se eleito o juiz mais antigo.

Artigo 20.º – Duração do mandato

1 – O mandato do Presidente e dos vice-presidentes do Supremo Tribunal Administrativo tem a duração de cinco anos, sem lugar a reeleição.

2 – O Presidente e os vice-presidentes mantêm-se em funções até à tomada de posse dos novos eleitos.

Artigo 21.º – Substituição do Presidente e dos vice-presidentes

1 – O Presidente é substituído pelo vice-presidente mais antigo.

2 – Na ausência, falta ou impedimento do Presidente e dos vice-presidentes, a substituição cabe ao juiz mais antigo no Tribunal.

Artigo 22.º – Gabinete do Presidente

1 – Junto do Presidente funciona um gabinete dirigido por um chefe de gabinete e composto por adjuntos e secretários pessoais, em número e com estatuto definidos na lei.

2 – O Gabinete coadjuva o Presidente no exercício das suas funções administrativas e presta-lhe assessoria técnica.

Artigo 23.º – Competência do Presidente

1 – Compete ao Presidente do Supremo Tribunal Administrativo:

a) Representar o Tribunal e assegurar as suas relações com os demais órgãos de soberania e quaisquer autoridades;

b) Dirigir o Tribunal, superintender nos seus serviços e assegurar o seu funcionamento normal, emitindo as ordens de serviço que tenha por necessárias;

c) Propor ao Conselho Superior dos Tribunais Administrativos e Fiscais os critérios que devem presidir à distribuição, no respeito pelo princípio do juiz natural;

d) Planear e organizar os recursos humanos do Tribunal, assegurando uma equitativa distribuição de processos pelos juízes e o acompanhamento do seu trabalho;

e) Providenciar pela redistribuição equitativa dos processos, no caso de alteração do número de juízes;

f) Determinar os casos em que, por razões de uniformização de jurisprudência, no julgamento devem intervir todos os juízes da secção;

g) Fixar o dia e a hora das sessões;

h) Presidir às sessões e apurar o vencimento nas conferências;

i) Votar as decisões, em caso de empate;

j) Assegurar o andamento dos processos no respeito pelos prazos estabelecidos, podendo determinar a substituição provisória do relator, por redistribuição, em caso de impedimento prolongado;

l) Dar posse aos juízes do Supremo Tribunal Administrativo e aos presidentes dos tribunais centrais administrativos;

m) Solicitar o suprimento de necessidades de resposta adicional através do recurso à bolsa de juízes;

n) Estabelecer a forma mais equitativa de intervenção dos juízes-adjuntos;

o) Agregar transitoriamente a uma secção juízes de outra secção, a fim de acorrerem a necessidades temporárias de serviço;

p) Fixar os turnos de juízes;

q) Exercer a ação disciplinar sobre os funcionários de justiça em serviço no Tribunal, relativamente a penas de gravidade inferior à de multa;

r) Dar posse ao secretário do Tribunal;

s) Elaborar um relatório anual sobre o estado dos serviços;

t) Exercer as demais funções que lhe sejam atribuídas por lei.

2 – Compete ainda ao Presidente do Supremo Tribunal Administrativo conhecer dos conflitos de competência que ocorram entre:

a) Os plenos das secções;

b) As secções;

c) Os tribunais centrais administrativos;

d) Os tribunais centrais administrativos e os tribunais administrativos de círculo e tribunais tributários;

e) Os tribunais administrativos de círculo, tribunais tributários ou juízos de competência especializada, sediados nas áreas de jurisdição de diferentes tribunais centrais administrativos.

3 – O Presidente pode delegar nos vice-presidentes a competência para a prática de determinados atos ou sobre certas matérias e para presidir às sessões do pleno da secção e no secretário do Tribunal a competência para a correção dos processos.

SECÇÃO II – Secção de Contencioso Administrativo

Artigo 24.º – Competência da Secção de Contencioso Administrativo

1 – Compete à Secção de Contencioso Administrativo do Supremo Tribunal Administrativo conhecer:

a) Dos processos em matéria administrativa relativos a ações ou omissões das seguintes entidades:

i) Presidente da República;

ii) Assembleia da República e seu Presidente;

iii) Conselho de Ministros;

iv) Primeiro-Ministro;

v) Tribunal Constitucional, Supremo Tribunal Administrativo, Tribunal de Contas, Tribunais Centrais Administrativos, assim como dos respetivos Presidentes;

vi) Conselho Superior de Defesa Nacional;

vii) Conselho Superior dos Tribunais Administrativos e Fiscais e seu Presidente;

viii) Procurador-Geral da República;

ix) Conselho Superior do Ministério Público;

b) Dos processos relativos a eleições previstas nesta lei;

c) Dos pedidos de adoção de providências cautelares relativos a processos da sua competência;

d) Dos pedidos relativos à execução das suas decisões;

e) Dos pedidos cumulados nos processos referidos na alínea *a)*;

f) Das ações de regresso, fundadas em responsabilidade por danos resultantes do exercício das suas funções, propostas contra juízes do Supremo Tribunal Administrativo e dos tribunais centrais administrativos e magistrados do Ministério Público que exerçam funções junto destes tribunais, ou equiparados;

g) Dos recursos dos acórdãos que aos tribunais centrais administrativos caiba proferir em primeiro grau de jurisdição;

h) (Revogada.)

i) De outros processos cuja apreciação lhe seja deferida por lei.

2 – Compete ainda à Secção de Contencioso Administrativo do Supremo Tribunal Administrativo conhecer dos recursos de revista sobre matéria de direito interpostos de acórdãos da Secção de Contencioso Administrativo dos tribunais centrais administrativos e de decisões dos tribunais administrativos de círculo, segundo o disposto na lei de processo.

Artigo 25.º – Competência do pleno da Secção

1 – Compete ao pleno da Secção de Contencioso Administrativo do Supremo Tribunal Administrativo conhecer:

a) Dos recursos de acórdãos proferidos pela Secção em 1.º grau de jurisdição;

b) Dos recursos para uniformização de jurisprudência.

2 – Compete ainda ao pleno da Secção de Contencioso Administrativo do Supremo Tribunal Administrativo pronunciar-se, nos termos estabelecidos na lei de processo, relativamente ao sentido em que deve ser resolvida, por um tribunal administrativo de círculo, questão de direito nova que suscite dificuldades sérias e se possa vir a colocar noutros litígios.

SECÇÃO III – Secção de Contencioso Tributário

Artigo 26.º – Competência da Secção de Contencioso Tributário

Compete à Secção de Contencioso Tributário do Supremo Tribunal Administrativo conhecer:

a) Dos recursos dos acórdãos da Secção de Contencioso Tributário dos tribunais centrais administrativos, proferidos em 1.º grau de jurisdição;

b) Dos recursos interpostos de decisões de mérito dos tribunais tributários, com exclusivo fundamento em matéria de direito;

c) Dos recursos de atos administrativos do Conselho de Ministros respeitantes a questões fiscais;

d) Dos requerimentos de adoção de providências cautelares respeitantes a processos da sua competência;

e) Dos pedidos relativos à execução das suas decisões;

f) Dos pedidos de produção antecipada de prova, formulados em processo nela pendente;

g) (Revogada.)

h) De outras matérias que lhe sejam deferidas por lei.

Artigo 27.º – Competência do pleno da Secção

1 – Compete ao pleno da Secção de Contencioso Tributário do Supremo Tribunal Administrativo conhecer:

a) Dos recursos de acórdãos proferidos pela Secção em 1.º grau de jurisdição;

b) Dos recursos para uniformização de jurisprudência.

2 – Compete ainda ao pleno da Secção de Contencioso Tributário do Supremo Tribunal Administrativo pronunciar-se, nos termos estabelecidos na lei de processo, relativamente ao sentido em que deve ser resolvida, por um tribunal tributário, questão de direito nova que suscite dificuldades sérias e se possa vir a colocar noutros litígios.

SECÇÃO IV – Plenário

Artigo 28.º – Composição

O plenário do Supremo Tribunal Administrativo é constituído pelo presidente do Tribunal, pelos vice-presidentes e, nos termos do artigo 30.º, por outros juízes de ambas as secções.

Artigo 29.º – Competência

1 – Compete ao Plenário do Supremo Tribunal Administrativo conhecer dos recursos para uniformização de jurisprudência, quando exista contradição entre acórdãos de ambas as Secções do Supremo Tribunal Administrativo.

2 – O recurso para uniformização de jurisprudência, quando exista contradição sobre a mesma questão fundamental de direito entre acórdãos de ambas as Secções do Supremo Tribunal Administrativo, segue a tramitação prevista para o recurso de uniformização de jurisprudência previsto na lei processual administrativa, com as devidas adaptações, e as seguintes especificidades:

a) A legitimidade ativa cabe apenas ao representante do Ministério Público junto do Supremo Tribunal Administrativo, que deve interpor o recurso no prazo de 30 dias contado do trânsito em julgado do acórdão em oposição, identificando a contradição nas decisões relativas à mesma questão fundamental de direito e os acórdãos em oposição;

b) A decisão emitida nos termos da presente disposição não afeta as decisões constantes dos acórdãos em oposição ou qualquer decisão judicial anterior, nem as situações jurídicas ao seu abrigo constituídas, destinando-se unicamente à emissão de acórdão de uniformização sobre o conflito de jurisprudência.

Artigo 30.º – Funcionamento

1 – No exercício da competência prevista no n.º 1 do artigo anterior intervêm os 5 juízes mais antigos de cada secção.

2 – A distribuição dos processos é feita entre os juízes intervenientes, incluindo os vice-presidentes.

3 – A fim de assegurar a unidade de aplicação do direito, quando a importância jurídica da questão, a sua novidade, as divergências suscitadas ou outras razões ponderosas o justifiquem, o julgamento pode efetuar-se com intervenção de todos os juízes do tribunal, desde que o presidente, ouvidos os vice-presidentes, assim o determine, devendo ser assegurada a paridade entre as secções.

4 – Não podem intervir os juízes que tenham votado as decisões em conflito, exceto quando algum dos acórdãos em oposição tenha sido proferido pelo pleno da respetiva secção.

CAPÍTULO IV – Tribunais centrais administrativos

SECÇÃO I – Disposições gerais

Artigo 31.º – Sede, jurisdição e poderes de cognição

1 – São tribunais centrais administrativos o Tribunal Central Administrativo Sul, com sede em Lisboa, e o Tribunal Central Administrativo Norte, com sede no Porto.

2 – As áreas de jurisdição dos tribunais centrais administrativos são determinadas por decreto-lei.

3 – Os tribunais centrais administrativos conhecem de matéria de facto e de direito.

4 – Os tribunais centrais administrativos são declarados instalados por portaria do Ministro da Justiça, que fixa os respetivos quadros.

Artigo 32.º – Organização

1 – Cada tribunal central administrativo compreende duas secções, uma de contencioso administrativo e outra de contencioso tributário.

2 – Cada uma das secções pode dividir-se por subsecções, às quais se aplica o disposto para a secção respetiva.

Artigo 33.º – Presidência dos tribunais centrais administrativos

1 – Cada tribunal central administrativo tem um presidente, coadjuvado por dois vice-presidentes, um por cada secção.

2 – Salvo se não existirem juízes com essa categoria, os presidentes dos tribunais centrais administrativos são eleitos de entre os juízes com a categoria de conselheiro que exerçam funções no tribunal.

3 – À eleição do presidente e dos vice-presidentes são aplicáveis, com as necessárias adaptações, as disposições estabelecidas para idênticos cargos no Supremo Tribunal Administrativo.

4 – O mandato do presidente e dos vice-presidentes dos tribunais centrais administrativos tem a duração de cinco anos, não sendo permitida a reeleição.

5 – A substituição do presidente é assegurada pelos vice-presidentes, a começar pelo mais antigo.

6 – Os vice-presidentes substituem-se reciprocamente e a substituição destes cabe ao juiz mais antigo da respetiva secção.

Artigo 34.º – Composição, preenchimento das secções e regime das sessões

1 – As secções dos tribunais centrais administrativos são compostas pelo presidente do tribunal, pelo vice-presidente respetivo e pelos restantes juízes.

2 – São aplicáveis aos tribunais centrais administrativos, com as necessárias adaptações, as disposições estabelecidas para o Supremo Tribunal Administrativo quanto ao preenchimento das secções e ao regime das sessões de julgamento.

Artigo 35.º – Formação de julgamento

1 – O julgamento em cada secção compete ao relator e a dois outros juízes.

2 – As decisões são tomadas em conferência.

3 – É aplicável aos adjuntos o disposto no artigo 18.º

Artigo 36.º – Competência dos presidentes dos tribunais centrais administrativos

1 – Compete ao presidente de cada tribunal central administrativo:

a) Representar o tribunal e assegurar as relações deste com os demais órgãos de soberania e quaisquer autoridades;

b) Dirigir o tribunal, superintender nos seus serviços e assegurar o seu funcionamento normal, emitindo as ordens de serviço que tenha por necessárias;

c) Nomear, no âmbito do contencioso administrativo, os árbitros que, segundo a lei de arbitragem voluntária, são designados pelo presidente do tribunal da Relação;

d) Propor ao Conselho Superior dos Tribunais Administrativos e Fiscais os critérios que devem presidir à distribuição, no respeito pelo princípio do juiz natural;

e) Planear e organizar os recursos humanos do tribunal, assegurando uma equitativa distribuição de processos pelos juízes e o acompanhamento do seu trabalho;

f) Providenciar pela redistribuição equitativa dos processos, no caso de alteração do número de juízes;

g) Determinar os casos em que, por razões de uniformização de jurisprudência, no julgamento devem intervir todos os juízes da secção;

h) Fixar o dia e a hora das sessões;

i) Presidir às sessões e apurar o vencimento nas conferências;

j) Votar as decisões em caso de empate;

l) Assegurar o andamento dos processos no respeito pelos prazos estabelecidos, podendo determinar a substituição provisória do relator, por redistribuição, em caso de impedimento prolongado;

m) Solicitar o suprimento de necessidades de resposta adicional através do recurso à bolsa de juízes;

n) Estabelecer a forma mais equitativa de intervenção dos juízes-adjuntos;

o) Agregar transitoriamente a uma secção juízes de outra secção, a fim de acorrerem a necessidades temporárias de serviço;

p) Fixar os turnos de juízes;

q) Exercer a ação disciplinar sobre os funcionários de justiça em serviço no tribunal, relativamente a penas de gravidade inferior à de multa;

r) Dar posse ao secretário do tribunal;

s) Elaborar um relatório anual sobre o estado dos serviços;

t) Conhecer dos conflitos de competência entre tribunais administrativos de círculo, tribunais tributários ou juízos de competência especializada, da área de jurisdição do respetivo tribunal central administrativo;

u) Exercer as demais funções que lhe sejam atribuídas por lei.

2 – O presidente é apoiado administrativamente por um secretário pessoal, nos termos a fixar em diploma complementar.

3 – O presidente pode delegar nos vice-presidentes a competência para a prática de determinados atos ou sobre certas matérias e no secretário do tribunal a competência para a correção dos processos.

SECÇÃO II – Secção de Contencioso Administrativo

Artigo 37.º – Competência da Secção de Contencioso Administrativo

Compete à Secção de Contencioso Administrativo de cada tribunal central administrativo conhecer:

a) Dos recursos das decisões dos tribunais administrativos de círculo para os quais não seja competente o Supremo Tribunal Administrativo, segundo o disposto na lei de processo;

b) Dos recursos de decisões proferidas por tribunal arbitral sobre matérias de contencioso administrativo, salvo o disposto em lei especial;

c) Das ações de regresso, fundadas em responsabilidade por danos resultantes do exercício das suas funções, propostas contra juízes dos tribunais administrativos de círculo e dos tribunais tributários, bem como dos magistrados do Ministério Público que prestem serviço junto desses tribunais;

d) Dos pedidos de execução das suas decisões proferidas em 1.ª instância;

e) Dos demais processos que por lei sejam submetidos ao seu julgamento.

SECÇÃO III – Secção de Contencioso Tributário

Artigo 38.º – Competência da Secção de Contencioso Tributário

Compete à Secção de Contencioso Tributário de cada tribunal central administrativo conhecer:

a) Dos recursos de decisões dos tribunais tributários, salvo o disposto na alínea *b)* do artigo 26.º;

b) Dos recursos de atos administrativos respeitantes a questões fiscais praticados por membros do Governo;

c) (Revogada.)

d) Dos pedidos de adoção de providências cautelares relativos a processos da sua competência;

e) Dos pedidos de execução das suas decisões;

f) Dos pedidos de produção antecipada de prova formulados em processo nela pendente;

g) Dos demais meios processuais que por lei sejam submetidos ao seu julgamento.

CAPÍTULO V – Tribunais administrativos de círculo

Artigo 39.º – Sede, área de jurisdição e instalação

1 – A sede dos tribunais administrativos de círculo e as respetivas áreas de jurisdição são determinadas por decreto-lei.

2 – O número de magistrados em cada tribunal administrativo de círculo é fixado por portaria dos membros do Governo responsáveis pelas áreas das finanças e da justiça.

3 – Os tribunais administrativos de círculo são declarados instalados por portaria do membro do Governo responsável pela área da justiça.

4 – Para efeitos de presidência e administração dos tribunais administrativos de círculo, o território nacional divide-se em zonas geográficas, sendo a gestão dos tribunais situados em cada zona geográfica centralizada na sede da mesma.

5 – A definição das zonas geográficas, bem como a sede e a área territorial correspondentes a cada uma daquelas, é efetuada por portaria dos membros do Governo responsáveis pelas áreas das finanças e da justiça.

Artigo 40.º – Funcionamento

1 – Exceto nos casos em que a lei processual administrativa preveja o julgamento em formação alargada, os tribunais administrativos de círculo funcionam apenas com juiz singular, a cada juiz competindo a decisão, de facto e de direito, dos processos que lhe sejam distribuídos.

2 – [Revogado].

3 – [Revogado].

Artigo 41.º – Intervenção de todos os juízes do tribunal

1 – Quando à sua apreciação se coloque uma questão de direito nova que suscite dificuldades sérias e se possa vir a colocar noutros litígios, pode o presidente do tribunal determinar que o julgamento se faça com a intervenção de todos os juízes do tribunal, sendo o quórum de dois terços, nos termos previstos na lei de processo.

2 – (Revogado.)

Artigo 42.º – Substituição dos juízes

1 – Os juízes são substituídos pelo que imediatamente se lhes segue na ordem de antiguidade em cada tribunal.

2 – Quando não se possa efetuar segundo o disposto no número anterior, designadamente para a formação de coletivos em tribunais com reduzido número de juízes, a substituição defere-se a juízes de qualquer dos outros tribunais administrativos e tributários.

3 – Nos tribunais localizados nas Regiões Autónomas dos Açores e da Madeira, verificando-se a impossibilidade de substituição nos termos do número anterior, a substituição defere-se, sucessivamente, ao juiz do tribunal judicial, ao conservador do registo predial, ao conservador do registo comercial ou ao conservador do registo civil em serviço nos tribunais ou conservatórias sediados na mesma localidade.

Artigo 43.º – Presidente do tribunal

1 – Em cada zona geográfica existe um presidente, nomeado pelo Conselho Superior dos Tribunais Administrativos e Fiscais para um mandato de três anos, com poderes relativamente a todos os tribunais administrativos de círculo e tribunais tributários aí situados.

2 – O mandato pode ser renovado por uma vez, por igual período, mediante avaliação favorável do Conselho Superior dos Tribunais Administrativos e Fiscais, ponderando o exercício dos poderes de gestão e os resultados obtidos.

3 – A nomeação do juiz presidente, e a renovação do respetivo mandato, são obrigatoriamente precedidas da audição dos juízes que exercem as suas funções nos tribunais da respetiva zona geográfica.

4 – Os presidentes são nomeados em comissão de serviço, que não dá lugar à abertura de vaga, de entre juízes que:

a) Exerçam funções efetivas como juízes desembargadores e possuam classificação não inferior a Bom com distinção; ou

b) Exerçam funções efetivas como juízes de Direito e possuam 10 anos de serviço efetivo nos tribunais administrativos e classificação não inferior a Bom com distinção.

5 – A nomeação para o exercício das funções de presidente pressupõe a habilitação prévia com curso de formação próprio, o qual inclui as seguintes áreas de competências:

a) Organização e atividade administrativa;

b) Organização do sistema judicial e administração do tribunal;

c) Gestão do tribunal e gestão processual;

d) Simplificação e agilização processuais;

e) Avaliação e planeamento;

f) Gestão de recursos humanos e liderança;

g) Gestão dos recursos orçamentais, materiais e tecnológicos;

h) Informação e conhecimento;

i) Qualidade, inovação e modernização.

6 – O curso de formação a que se refere o número anterior é ministrado pelo Centro de Estudos Judiciários com a colaboração de outras entidades formadoras, nos termos definidos por portaria do membro do Governo responsável pela área da justiça, que aprova o respetivo regulamento.

Artigo 43.º-A – Competência do presidente do tribunal

1 – Sem prejuízo da autonomia do Ministério Público e do poder de delegação, o presidente possui poderes de representação e direção, de gestão processual, administrativas e funcionais.

2 – O presidente possui os seguintes poderes de representação e direção:

a) Representar e dirigir os tribunais situados na zona geográfica da respetiva presidência;

b) Acompanhar a realização dos objetivos fixados para os serviços dos tribunais situados na zona geográfica da respetiva presidência por parte dos funcionários;

c) Promover a realização de reuniões de planeamento e de avaliação dos resultados do tribunal, com a participação dos juízes e funcionários;

d) Adotar ou propor às entidades competentes medidas, nomeadamente, de desburocratização, simplificação de procedimentos, utilização das tecnologias de informação e transparência do sistema de justiça;

e) Ser ouvido pelo Conselho Superior dos Tribunais Administrativos e Fiscais, sempre que seja ponderada a realização de sindicâncias relativamente a qualquer dos tribunais situados na zona geográfica da respetiva presidência;

f) Ser ouvido pelo Conselho dos Oficiais de Justiça, sempre que seja ponderada a realização de inspeções extraordinárias quanto aos funcionários de qualquer dos tribunais situados na zona geográfica da respetiva presidência ou de sindicâncias relativamente às respetivas secretarias;

g) Elaborar, para apresentação ao Conselho Superior dos Tribunais Administrativos e Fiscais, um relatório semestral sobre o estado dos serviços e a qualidade da resposta, dando conhecimento do mesmo à Procuradoria-Geral da República e à Direção-Geral da Administração da Justiça (DGA*J*).

3 – O presidente do tribunal possui as seguintes competências funcionais:

a) Dar posse aos juízes e ao administrador judiciário;

b) Elaborar os mapas e turnos de férias dos juízes e submetê-los a aprovação do Conselho Superior dos Tribunais Administrativos e Fiscais;

c) Autorizar o gozo de férias dos funcionários e aprovar os respetivos mapas anuais;

d) Exercer a ação disciplinar sobre os trabalhadores em serviço nos tribunais situados na zona geográfica da respetiva presidência, relativamente a pena de gravidade inferior à de multa e, nos restantes casos, instaurar processo disciplinar, se a infração ocorrer num dos referidos tribunais;

e) Nomear um juiz substituto, em caso de impedimento do substituto legal;

f) Participar no processo de avaliação dos oficiais de justiça, nos termos da legislação específica aplicável, com exceção daqueles em funções nos serviços do Ministério Público, sendo-lhe dado conhecimento dos relatórios das inspeções aos serviços e das avaliações, respeitando a proteção dos dados pessoais.

4 – O presidente do tribunal possui as seguintes competências de gestão processual:

a) Implementar métodos de trabalho e objetivos mensuráveis para cada unidade orgânica, sem prejuízo das competências e atribuições nessa matéria por parte do Conselho Superior dos Tribunais Administrativos e Fiscais, designadamente na fixação dos indicadores do volume processual adequado;

b) Acompanhar e avaliar a atividade dos tribunais situados na zona geográfica da respetiva presidência, nomeadamente a qualidade do serviço de justiça prestado aos cidadãos;

c) Acompanhar o movimento processual dos tribunais situados na zona geográfica da respetiva presidência, designadamente assegurando uma equitativa distribuição de processos pelos juízes e identificando os processos pendentes por tempo considerado excessivo ou que não são resolvidos em prazo considerado razoável, e informar o Conselho Superior dos Tribunais Administrativos e Fiscais, propondo as medidas que se justifiquem, designadamente o suprimento de necessidades de resposta adicional através do recurso à bolsa de juízes;

d) Promover a aplicação de medidas de simplificação e agilização processuais, designadamente determinando os casos em que, para uniformização de jurisprudência, devem intervir no julgamento todos os juízes do tribunal, presidindo às respetivas sessões e votando as decisões em caso de empate;

e) Propor ao Conselho Superior dos Tribunais Administrativos e Fiscais a criação de juízos administrativos e tributários de competência especializada, e a criação de vagas mistas nos mesmos, respeitado o princípio da especialização dos magistrados, ponderadas as necessidades dos serviços e o volume processual existente;

f) Propor ao Conselho Superior dos Tribunais Administrativos e Fiscais a reafetação dos juízes, tendo em vista uma distribuição racional e eficiente do serviço;

g) Proceder à reafetação de funcionários, dentro dos limites legalmente definidos;

h) Solicitar o suprimento de necessidades de resposta adicional, nomeadamente através do recurso ao quadro complementar de juízes.

5 – O presidente do tribunal possui as seguintes competências administrativas:

a) Elaborar o projeto de orçamento para os tribunais da zona geográfica da respetiva presidência, ouvido o magistrado do Ministério Público coordenador e o administrador judiciário;

b) Elaborar os planos anuais e plurianuais de atividades e relatórios de atividades;

c) Elaborar os regulamentos internos dos serviços judiciais, ouvido o magistrado do Ministério Público coordenador e o administrador judiciário;

d) Propor as alterações orçamentais consideradas adequadas, ouvido o magistrado do Ministério Público coordenador e o administrador judiciário;

e) Participar na conceção e execução das medidas de organização e modernização dos tribunais;

f) Planear as necessidades de recursos humanos.

6 – O Presidente exerce ainda as competências que resultem da aplicação subsidiária das competências previstas para o Presidente do tribunal de comarca, nos termos da Lei da Organização do Sistema Judiciário, com as necessárias adaptações, e as que lhe forem delegadas pelo Conselho Superior dos Tribunais Administrativos e Fiscais.

7 – As competências referidas no n.º 5 podem ser delegadas no administrador –

8 – Dos atos e regulamentos administrativos emitidos pelo presidente do tribunal cabe recurso necessário, no prazo de 30 dias, para o Conselho Superior dos Tribunais Administrativos e Fiscais.

9 – Para efeitos do acompanhamento da atividade do tribunal, incluindo os elementos relativos à duração dos processos e à produtividade, são disponibilizados dados informatizados do sistema judicial, no respeito pela proteção dos dados pessoais.

Artigo 44.º – Competência dos tribunais administrativos de círculo

1 – Compete aos tribunais administrativos de círculo conhecer, em primeira instância, de todos os processos do âmbito da jurisdição administrativa e fiscal que incidam sobre matéria administrativa e cuja competência, em primeiro grau de jurisdição, não esteja reservada aos tribunais superiores.

2 – Compete ainda aos tribunais administrativos de círculo satisfazer as diligências pedidas por carta, ofício ou outros meios de comunicação que lhes sejam dirigidos por outros tribunais administrativos.

3 – Os agentes de execução desempenham as suas funções nas execuções que sejam da competência dos tribunais administrativos.

Artigo 44.º-A – Competência dos juízos administrativos especializados

1 – Quando tenha havido desdobramento em juízos de competência especializada, nos termos do disposto no artigo 9.º, compete:

a) Ao juízo administrativo comum conhecer de todos os processos do âmbito da jurisdição administrativa e fiscal que incidam sobre matéria administrativa e cuja competência não esteja atribuída a outros juízos de competência especializada, bem como exercer as demais competências atribuídas aos tribunais administrativos de círculo;

b) Ao juízo administrativo social, conhecer de todos os processos relativos a litígios emergentes do vínculo de trabalho em funções públicas e da sua formação, ou relacionados com formas públicas ou privadas de proteção social, incluindo os relativos ao pagamento de créditos laborais por parte do Fundo de Garantia Salarial, e das demais matérias que lhe sejam deferidas por lei;

c) Ao juízo de contratos públicos, conhecer de todos os processos relativos à validade de atos pré-contratuais e interpretação, à validade e execução de contratos administrativos ou de quaisquer outros contratos celebrados nos termos da legislação sobre contratação pública, por pessoas coletivas de direito público ou outras entidades adjudicantes, e à sua formação, incluindo a efetivação de responsabilidade civil pré-contratual e contratual, e das demais matérias que lhe sejam deferidas por lei;

d) Ao juízo de urbanismo, ambiente e ordenamento do território, conhecer de todos os processos relativos a litígios em matéria de urbanismo, ambiente e ordenamento do território sujeitos à competência dos tribunais administrativos, e das demais matérias que lhe sejam deferidas por lei.

2 – Quando se cumulem pedidos entre os quais haja uma relação de dependência ou subsidiariedade, deve a ação ser proposta no juízo competente para a apreciação do pedido principal.

CAPÍTULO VI – Tribunais tributários

Artigo 45.º – Sede, área de jurisdição e instalação

1 – A sede dos tribunais tributários, e as respetivas áreas de jurisdição, são determinadas por decreto-lei.

2 – O número de magistrados em cada tribunal tributário é fixado por portaria dos membros do Governo responsáveis pelas áreas das finanças e da justiça.

3 – É aplicável aos tribunais tributários o disposto no presente Estatuto relativamente aos tribunais administrativos de círculo, quanto à presidência, administração, definição das zonas geográficas, instalação, bem como a sede e a área territorial correspondentes a cada uma daquelas.

Artigo 46.º – Funcionamento

1 – Os tribunais tributários funcionam com juiz singular, a cada juiz competindo o julgamento, de facto e de direito, dos processos que lhe sejam distribuídos.

2 – Quando à sua apreciação se coloque uma questão de direito nova que suscite dificuldades sérias e se possa vir a colocar noutros litígios, pode o presidente do tribunal determinar que o julgamento se faça com a intervenção de todos os juízes do tribunal, sendo o quórum de dois terços, nos termos previstos na lei de processo.

3 – (Revogado.)

Artigo 47.º – Substituição dos juízes

1 – Os juízes são substituídos pelo que imediatamente se lhes segue na ordem de antiguidade em cada tribunal.

2 – Quando não se possa efetuar segundo o disposto no número anterior, designadamente para a formação de coletivos em tribunais com reduzido número de juízes, a substituição defere-se a juízes de qualquer dos outros tribunais administrativos e tributários.

3 – Nos tribunais localizados nas Regiões Autónomas dos Açores e da Madeira, verificando-se a impossibilidade de substituição nos termos do número anterior, a substituição defere-se, sucessivamente, ao juiz do tribunal judicial, ao conservador

do registo predial, ao conservador do registo comercial ou ao conservador do registo civil em serviço nos tribunais ou conservatórias sediados na mesma localidade.

Artigo 48.º – Presidente do tribunal

(Revogado.)

Artigo 49.º – Competência dos tribunais tributários

1 – Sem prejuízo do disposto no artigo seguinte, compete aos tribunais tributários conhecer:

a) Das ações de impugnação:

i) Dos atos de liquidação de receitas fiscais estaduais, regionais ou locais, e parafiscais, incluindo o indeferimento total ou parcial de reclamações desses atos;

ii) Dos atos de fixação dos valores patrimoniais e dos atos de determinação de matéria tributável suscetíveis de impugnação judicial autónoma;

iii) Dos atos praticados pela entidade competente nos processos de execução fiscal;

iv) Dos atos administrativos respeitantes a questões fiscais que não sejam atribuídos à competência de outros tribunais;

b) Da impugnação de decisões de aplicação de coimas e sanções acessórias em matéria fiscal;

c) Das ações destinadas a obter o reconhecimento de direitos ou interesses legalmente protegidos em matéria fiscal;

d) Dos incidentes, embargos de terceiro, reclamação da verificação e graduação de créditos, anulação da venda, oposições e impugnação de atos lesivos, bem como de todas as questões relativas à legitimidade dos responsáveis subsidiários, levantadas nos processos de execução fiscal;

e) Dos seguintes pedidos:

i) De declaração da ilegalidade de normas administrativas emitidas em matéria fiscal;

ii) De produção antecipada de prova, formulados em processo neles pendente ou a instaurar em qualquer tribunal tributário;

iii) De providências cautelares para garantia de créditos fiscais;

iv) De providências cautelares relativas aos atos administrativos impugnados ou impugnáveis e as normas referidas na subalínea *i)* desta alínea;

v) De execução das suas decisões;

vi) De intimação de qualquer autoridade fiscal para facultar a consulta de documentos ou processos, passar certidões e prestar informações;

f) Das demais matérias que lhes sejam deferidas por lei.

2 – Compete ainda aos tribunais tributários cumprir os mandatos emitidos pelo Supremo Tribunal Administrativo ou pelos tribunais centrais administrati-

vos e satisfazer as diligências pedidas por carta, ofício ou outros meios de comunicação que lhe sejam dirigidos por outros tribunais tributários.

3 – Os agentes de execução desempenham as suas funções nas execuções que sejam da competência dos tribunais tributários, sem prejuízo das competências próprias dos órgãos da administração tributária.

Artigo 49.º-A – Competência dos juízos tributários especializados

1 – Quando tenha havido desdobramento em juízos de competência especializada, nos termos do disposto no artigo 9.º-A, compete:

a) Ao juízo tributário comum, conhecer de todos os processos que incidam sobre matéria tributária e cuja competência não esteja atribuída ao juízo de execução fiscal e de recursos contraordenacionais, bem como exercer as demais competências atribuídas aos tribunais tributários;

b) Ao juízo de execução fiscal e de recursos contraordenacionais, conhecer de todos os processos relativos a litígios emergentes de execuções fiscais e de contraordenações tributárias;

c) (Revogada.)

d) (Revogada.)

2 – (Revogado.)

3 – (Revogado.)

4 – (Revogado.)

5 – (Revogado.)

Artigo 50.º – Competência territorial

À determinação da competência territorial dos tribunais tributários são subsidiariamente aplicáveis os critérios definidos para os tribunais administrativos de círculo.

CAPÍTULO VII – Ministério Público

Artigo 51.º – Funções

Compete ao Ministério Público representar o Estado, defender a legalidade democrática e promover a realização do interesse público, exercendo, para o efeito, os poderes que a lei lhe confere.

Artigo 52.º – Representação

1 – O Ministério Público é representado:

a) No Supremo Tribunal Administrativo, pelo Procurador-Geral da República, que pode fazer-se substituir por procuradores-gerais-adjuntos;

b) Nos tribunais centrais administrativos, por procuradores-gerais-adjuntos;

c) Nos tribunais administrativos de círculo e nos tribunais tributários, por procuradores-gerais-adjuntos e procuradores da República.

2 – Os procuradores-gerais-adjuntos em serviço no Supremo Tribunal Administrativo e nos tribunais centrais administrativos podem ser coadjuvados por procuradores da República.

3 – A nomeação, a colocação, a transferência, a promoção, a exoneração, a apreciação do mérito profissional, o exercício da ação disciplinar e, em geral, a prática de todos os atos de idêntica natureza respeitantes aos magistrados do Ministério Público, segue os termos previstos no Estatuto do Ministério Público.

Artigo 52.º-A – Magistrado do Ministério Público coordenador

1 – A representação do Ministério Público junto dos tribunais administrativos e fiscais é a que resulta do disposto no Estatuto do Ministério Público e na presente lei.

2 – O magistrado do Ministério Público coordenador da procuradoria da República administrativa e fiscal exerce as seguintes competências:

a) As previstas no Estatuto do Ministério Público e na presente lei;

b) As que resultem da aplicação subsidiária das competências previstas para o magistrado do Ministério Público coordenador de comarca, nos termos da Lei da Organização do Sistema Judiciário, com as necessárias adaptações.

CAPÍTULO VIII – Fazenda Pública

Artigo 53.º – Intervenção da Fazenda Pública

A Fazenda Pública defende os seus interesses nos tribunais tributários através de representantes seus.

Artigo 54.º – Representação da Fazenda Pública

1 – A representação da Fazenda Pública compete:

a) Nas secções de contencioso tributário do Supremo Tribunal Administrativo e dos tribunais centrais administrativos, ao diretor-geral da Autoridade Tributária e Aduaneira, que pode ser representado pelos respetivos subdiretores-gerais ou por trabalhadores em funções públicas daquela Autoridade licenciados em Direito ou em Solicitadoria;

b) (Revogada.)

c) Nos tribunais tributários, ao diretor-geral da Autoridade Tributária e Aduaneira, que pode ser representado pelos diretores de finanças e diretores de alfândega da respetiva área de jurisdição ou por trabalhadores em funções públicas daquela Autoridade licenciados em Direito ou em Solicitadoria.

2 – Os diretores de finanças e os diretores de alfândega podem ser representados por funcionários da Autoridade Tributária e Aduaneira licenciados em Direito ou em Solicitadoria.

3 – Quando estejam em causa receitas fiscais lançadas e liquidadas pelas autarquias locais, a Fazenda Pública é representada por licenciado em Direito ou em Solicitadoria, ou por advogado ou solicitador designado para o efeito pela respetiva autarquia.

Artigo 55.º – Poderes dos representantes

Os representantes da Fazenda Pública gozam dos poderes e faculdades previstos na lei.

CAPÍTULO IX – Serviços administrativos

Artigo 56.º – Administração, serviços de apoio e assessores

1 – Em cada uma das zonas geográficas referidas no n.º 4 do artigo 39.º existe um administrador judiciário, que, ainda que no exercício de competências próprias, atua sob a orientação genérica do juiz presidente, excecionados os assuntos que respeitem exclusivamente ao funcionamento dos serviços do Ministério Público, caso em que atua sob orientação genérica do magistrado do Ministério Público coordenador, sendo aplicáveis, com as devidas adaptações, as disposições legais e regulamentares relativas aos tribunais judiciais.

2 – Em cada uma das zonas geográficas referidas no n.º 4 do artigo 39.º existe também um conselho de gestão, que integra o juiz presidente do tribunal, que preside, o magistrado do Ministério Público coordenador e o administrador judiciário, e um conselho consultivo, sendo aplicáveis, com as devidas adaptações, as disposições legais e regulamentares relativas aos tribunais judiciais.

3 – No Supremo Tribunal Administrativo e nos tribunais centrais administrativos existe um conselho de administração, constituído pelo presidente do tribunal, pelos vice-presidentes, pelo secretário do tribunal e pelo responsável pelos serviços de apoio administrativo e financeiro, sendo aplicável o disposto a propósito dos tribunais judiciais.

4 – Os tribunais da jurisdição administrativa e fiscal dispõem de serviços administrativos de apoio, regulados na lei.

5 – Sem prejuízo do disposto no artigo seguinte, os tribunais da jurisdição administrativa e fiscal dispõem de assessores que coadjuvam os magistrados judiciais.

Artigo 56.º-A – Gabinetes de apoio

1 – É criado, na dependência orgânica do Conselho Superior dos Tribunais Administrativos e Fiscais, um gabinete de apoio aos magistrados da jurisdição administrativa e fiscal.

2 – Os tribunais administrativos de círculo e os tribunais tributários, bem como os tribunais centrais administrativos podem ser dotados de gabinetes de apoio destinados a assegurar assessoria e consultadoria técnica aos juízes, ao presidente do respetivo tribunal, e aos magistrados do Ministério Público, nos termos definidos para os gabinetes de apoio dos tribunais judiciais, com as necessárias adaptações.

3 – Aos especialistas dos gabinetes de apoio é aplicável o regime de impedimentos estabelecido na lei do processo civil para os juízes, com as necessárias adaptações –

4 – (Revogado.)

5 – (Revogado.)

6 – (Revogado.)

TÍTULO II – Estatuto dos juízes

CAPÍTULO I – Disposições gerais

Artigo 57.º – Regras estatutárias

Os juízes da jurisdição administrativa e fiscal formam um corpo único e regem-se pelo disposto na Constituição da República Portuguesa, por este Estatuto e demais legislação aplicável e, subsidiariamente, pelo Estatuto dos Magistrados Judiciais, com as necessárias adaptações.

Artigo 58.º – Categoria e direitos dos juízes

1 – O Presidente, os vice-presidentes e os juízes do Supremo Tribunal Administrativo têm as honras, precedências, categorias, direitos, vencimentos e abonos que competem, respetivamente, ao Presidente, aos vice-presidentes e aos juízes do Supremo Tribunal de Justiça.

2 – Os presidentes, os vice-presidentes e os juízes dos tribunais centrais administrativos têm as honras, precedências, categorias, direitos, vencimentos e abonos que competem, respetivamente, aos presidentes, aos vice-presidentes e aos juízes dos tribunais da Relação.

3 – Os juízes dos tribunais administrativos de círculo e dos tribunais tributários têm as honras, precedências, categorias, direitos, vencimentos e abonos que competem aos juízes de direito.

4 – A progressão na carreira dos juízes da jurisdição administrativa e fiscal não depende do tribunal em que exercem funções.

5 – Os juízes dos tribunais administrativos e dos tribunais tributários ascendem à categoria de juiz de círculo após cinco anos de serviço nesses tribunais com a classificação de Bom com distinção.

Artigo 59.º – Distribuição de publicações oficiais

1 – Os juízes da jurisdição administrativa e fiscal têm direito a receber gratuitamente o Diário da República, 1.ª e 2.ª séries e apêndices, o Diário da Assembleia da República e o Boletim do Ministério da Justiça, ou, em alternativa, têm acesso eletrónico gratuito aos suportes informáticos das publicações referidas.

2 – Os juízes dos tribunais sediados nas Regiões Autónomas também têm direito a receber as publicações oficiais das Regiões ou a ter acesso eletrónico gratuito aos respetivos suportes informáticos.

CAPÍTULO II – Recrutamento e provimento

SECÇÃO I – Disposições comuns

Artigo 60.º – Requisitos e regime de provimento

[Revogado].

Artigo 61.º – Provimento das vagas

1 – As vagas de juízes dos tribunais superiores são preenchidas por transferência de outra secção ou de outro tribunal de idêntica categoria da jurisdição administrativa e fiscal, bem como por concurso.

2 – A admissão ao concurso, quando se trate do provimento das vagas referidas no número anterior, depende de graduação baseada na ponderação global dos seguintes fatores:

a) Classificação positiva obtida em prova escrita de acesso;

b) Anteriores classificações de serviço, no caso de o candidato ser um magistrado;

c) Graduação obtida em concurso;

d) Currículo universitário e pós-universitário;

e) Trabalhos científicos ou profissionais;

f) Atividade desenvolvida no foro, no ensino jurídico ou na Administração Pública;

g) Antiguidade;

h) Entrevista;

i) Outros fatores relevantes que respeitem à preparação específica, idoneidade e capacidade do candidato para o cargo.

3 – As vagas de juízes dos tribunais administrativos de círculo e dos tribunais tributários são preenchidas por transferência de outros tribunais administrativos de círculo ou tribunais tributários, bem como por concurso nos termos da lei que define o regime de ingresso nas magistraturas e de formação de magistrados.

Artigo 62.º – Permuta

1 – É permitida a permuta entre juízes dos tribunais administrativos de círculo e dos tribunais tributários, bem como, nos tribunais superiores, entre juízes de diferentes secções do mesmo tribunal, quando tal não prejudique direitos de terceiros nem o andamento dos processos que lhes estejam distribuídos, e desde que tenham mais de dois anos de serviço no respetivo lugar.

2 – Em casos devidamente justificados, pode o Conselho Superior dos Tribunais Administrativos e Fiscais autorizar a permuta com dispensa do requisito temporal referido no número anterior.

Artigo 63.º – Quadro complementar de magistrados

1 – Em cada uma das áreas geográficas previstas no n.º 4 do artigo 39.º, existe uma bolsa de juízes para destacamento em tribunais administrativos de círculo e tribunais tributários em que se verifique a falta ou o impedimento dos titulares, a vacatura do lugar, ou o número ou a complexidade dos processos existentes o justifiquem.

2 – O número mínimo e máximo de juízes na bolsa referida no número anterior é fixado por portaria dos membros do Governo responsáveis pelas áreas das finanças e da justiça, sob proposta do Conselho Superior dos Tribunais Administrativos e Fiscais.

3 – Cabe ao Conselho Superior dos Tribunais Administrativos e Fiscais efetuar a gestão da bolsa de juízes.

4 – O destacamento é feito por período certo a fixar pelo Conselho, renovável enquanto se verifique a necessidade que o ditou, podendo cessar antes do prazo ou da sua renovação, a requerimento do interessado ou em consequência de aplicação de pena disciplinar de suspensão ou superior.

5 – À matéria do presente artigo é aplicável, com as devidas adaptações, o disposto no domínio da organização e funcionamento dos tribunais judiciais.

6 – O disposto nos números anteriores é aplicável, com as devidas adaptações, aos magistrados do Ministério Público, competindo ao Conselho Superior do Ministério Público, com faculdade de delegação, efetuar a gestão da bolsa e regular o destacamento dos respetivos magistrados.

Artigo 64.º – Posse

1 – O Presidente do Supremo Tribunal Administrativo toma posse perante os juízes do Tribunal.

2 – Tomam posse perante o Presidente do Supremo Tribunal Administrativo:

a) Os vice-presidentes e os restantes juízes do Tribunal;

b) Os presidentes dos tribunais centrais administrativos.

3 – Tomam posse perante o presidente do tribunal central administrativo da respetiva jurisdição os vice-presidentes e os restantes juízes do tribunal.

4 – Os juízes dos tribunais administrativos de círculo e dos tribunais tributários tomam posse perante os respetivos presidentes e estes perante os seus substitutos.

SECÇÃO II – Supremo Tribunal Administrativo

Artigo 65.º – Provimento

O provimento de vagas no Supremo Tribunal Administrativo é feito:

a) Por transferência de juízes de outra secção do Tribunal;

b) (Revogada.)

c) Por concurso.

Artigo 66.º – Avaliação curricular, graduação e preenchimento de vagas

1 – Ao concurso para juiz do Supremo Tribunal Administrativo podem candidatar-se:

a) Juízes dos tribunais centrais administrativos com cinco anos de serviço nesses tribunais;

b) (Revogada.)

c) Procuradores-gerais-adjuntos com cinco anos de serviço nessa categoria, desde que tenham exercido funções durante 10 anos na jurisdição administrativa e fiscal, no Conselho Consultivo da Procuradoria-Geral da República ou como auditores jurídicos;

d) Juristas de reconhecido mérito com pelo menos 20 anos de comprovada experiência profissional, na área do direito público, nomeadamente através do exercício de funções públicas, da advocacia, da docência no ensino superior ou da investigação, ou ao serviço da Administração Pública.

2 – A graduação faz-se segundo o mérito relativo dos concorrentes de cada classe, tomando-se globalmente em conta a avaliação curricular, com prévia observância do disposto no número seguinte e, nomeadamente, tendo em consideração os seguintes fatores:

a) Anteriores classificações de serviço;

b) Graduação obtida em concursos de habilitação ou cursos de ingresso em cargos judiciais;

c) Currículo universitário e pós-universitário;

d) Trabalhos científicos realizados;

e) Atividade desenvolvida no âmbito forense ou no ensino jurídico;

f) Outros fatores que abonem a idoneidade dos requerentes para o cargo a prover.

3 – Os concorrentes defendem publicamente os seus currículos perante um júri com a seguinte composição:

a) Presidente do júri – o Presidente do Supremo Tribunal Administrativo, na qualidade de presidente do Conselho Superior dos Tribunais Administrativos e Fiscais;

b) Vogais:

i) O juiz conselheiro mais antigo na categoria que seja membro do Conselho Superior dos Tribunais Administrativos e Fiscais;

ii) Um membro do Conselho Superior dos Tribunais Administrativos e Fiscais, não pertencente à magistratura, a eleger por este órgão;

iii) Um membro do Conselho Superior do Ministério Público, a eleger por este órgão;

iv) Um professor universitário de Direito, com a categoria de professor catedrático, escolhido, nos termos do n.º 6, pelo Conselho Superior dos Tribunais Administrativos e Fiscais;

v) Um advogado com funções no Conselho Superior da Ordem dos Advogados, cabendo ao Conselho Superior dos Tribunais Administrativos e Fiscais solicitar à Ordem dos Advogados a respetiva indicação.

4 – O júri emite parecer sobre a prestação de cada um dos candidatos, a qual deve ser tomada em consideração pelo Conselho Superior dos Tribunais Administrativos e Fiscais na elaboração do acórdão definitivo sobre a lista de candidatos, devendo fundamentar a decisão sempre que houver discordância face ao parecer do júri.

5 – As deliberações são tomadas por maioria simples de votos, tendo o presidente do júri voto de qualidade em caso de empate.

6 – O Conselho Superior dos Tribunais Administrativos e Fiscais solicita, a cada uma das universidades, institutos universitários e outras escolas universitárias, públicos e privados, que ministrem o curso de Direito, a indicação, no prazo de 20 dias úteis, do nome de um professor de Direito, com a categoria de professor catedrático, procedendo, subsequentemente, à escolha do vogal a que se refere a subalínea *iv)* da alínea *b)* do n.º 3, por votação, por voto secreto, de entre os indicados.

7 – O concurso é aberto para cada uma das secções e tem a validade de um ano, prorrogável até seis meses.

Artigo 67.º – Quotas para o provimento

1 – O provimento de lugares no Supremo Tribunal Administrativo é efetuado por cada grupo de seis vagas em cada secção, pela ordem seguinte:

a) (Revogada.)

b) Quatro juízes de entre os indicados na alínea *a)* do artigo 65.º e na alínea *a)* do n.º 1 do artigo 66.º, preferindo os primeiros aos segundos;

c) Um magistrado, dos referidos na alínea *c)* do n.º 1 do artigo 66.º;

d) Um jurista, de entre os referidos na alínea *d)* do n.º 1 do artigo 66.º

2 – Na impossibilidade de observar a ordem indicada, são nomeados candidatos de outra alínea, sem prejuízo do restabelecimento, logo que possível, mas limitado ao período de quatro anos, da ordem estabelecida.

3 – O disposto no número anterior não é aplicável às vagas não preenchidas nos termos da alínea *d)* do n.º 1, que não podem ser preenchidas por outros candidatos.

4 – O disposto nos n.os 3 a 5 do artigo 67.º do Estatuto dos Magistrados Judiciais é aplicável ao exercício de funções no Supremo Tribunal Administrativo.

SECÇÃO III – Tribunais centrais administrativos

Artigo 68.º – Provimento

O provimento de vagas nos tribunais centrais administrativos é feito:

a) Por transferência de juízes de outra secção do tribunal;

b) Por concurso.

Artigo 69.º – Concurso

1 – Ao concurso para juiz dos tribunais centrais administrativos podem candidatar-se juízes dos tribunais administrativos de círculo e dos tribunais tributários com cinco anos de serviço nesses tribunais e classificação não inferior a Bom com distinção.

2 – A graduação faz-se segundo o mérito dos concorrentes de cada classe, tomando-se globalmente a avaliação curricular, com prévia observância do disposto no número seguinte, e, nomeadamente, tendo em consideração os seguintes fatores:

a) Anteriores classificações de serviço;

b) Graduação obtida em concursos de habilitação ou cursos de ingresso em cargos judiciais;

c) Currículo universitário e pós-universitário;

d) Trabalhos científicos realizados;

e) Atividade desenvolvida no âmbito forense ou no ensino jurídico;

f) Outros fatores que abonem a idoneidade dos requerentes para o cargo a prover.

3 – Os concorrentes defendem os seus currículos perante um júri com a seguinte composição:

a) Presidente do júri – o Presidente do Supremo Tribunal Administrativo, podendo fazer-se substituir por um dos vice-presidentes ou por outro membro do Conselho Superior dos Tribunais Administrativos e Fiscais com categoria igual ou superior à de juiz desembargador.

b) Vogais:

i) Um magistrado membro do Conselho Superior dos Tribunais Administrativos e Fiscais com categoria não inferior à de juiz desembargador;

ii) Dois membros do Conselho Superior dos Tribunais Administrativos e Fiscais, não pertencentes à magistratura, a eleger por aquele órgão;

iii) Um professor universitário de Direito, com categoria não inferior à de professor associado, escolhido, nos termos do n.º 5, pelo Conselho Superior dos Tribunais Administrativos e Fiscais.

4 – O júri elabora parecer sobre a prestação de cada um dos candidatos, a qual deve ser tomada em consideração pelo Conselho Superior dos Tribunais Administrativos e Fiscais na elaboração do acórdão definitivo sobre a lista de candidatos, devendo fundamentar a decisão sempre que houver discordância face ao parecer do júri.

5 – O Conselho Superior dos Tribunais Administrativos e Fiscais solicita, a cada uma das universidades, institutos universitários e outras escolas universitárias, públicos e privados, que ministrem o curso de Direito, a indicação, no prazo de 20 dias úteis, do nome de um professor de Direito, com categoria não inferior à de professor associado, procedendo, subsequentemente, à escolha do vogal a que se refere a subalínea *iii)* da alínea *b)* do n.º 3, por votação, por voto secreto, de entre os indicados.

6 – O concurso é aberto para cada uma das secções e tem a validade de um ano, prorrogável até seis meses.

SECÇÃO IV – Tribunais administrativos de círculo e tribunais tributários

Artigo 70.º – Provimento

O provimento de vagas nos tribunais administrativos de círculo e nos tribunais tributários é feito:

a) Por transferência de juízes de qualquer daqueles tribunais com mais de 2 anos de serviço no lugar em que se encontrem;

b) Por concurso.

Artigo 71.º – Concurso

Ao concurso para juiz dos tribunais administrativos de círculo e dos tribunais tributários são aplicáveis as normas previstas na lei que define o regime de ingresso nas magistraturas e de formação de magistrados.

Artigo 72.º - Formação dos juízes administrativos e fiscais

À formação, inicial e contínua, dos juízes administrativos e fiscais são aplicáveis as normas previstas na lei que define o regime de ingresso nas magistraturas e de formação de magistrados.

Artigo 73.º - Formação complementar periódica dos juízes administrativos e fiscais

[Revogado].

TÍTULO III - Conselho Superior dos Tribunais Administrativos e Fiscais

Artigo 74.º - Definição e competência

1 - O Conselho Superior dos Tribunais Administrativos e Fiscais é o órgão de gestão e disciplina dos juízes da jurisdição administrativa e fiscal.

2 - Compete ao Conselho:

a) Nomear, colocar, transferir, promover, exonerar e apreciar o mérito profissional dos juízes da jurisdição administrativa e fiscal e exercer a ação disciplinar relativamente a eles;

b) Apreciar, admitir, excluir e graduar os candidatos em concurso;

c) Conhecer das impugnações administrativas interpostas de decisões materialmente administrativas proferidas, em matéria disciplinar, pelos presidentes dos tribunais centrais administrativos, pelos presidentes dos tribunais administrativos de círculo e pelos presidentes dos tribunais tributários, bem como de outras que a lei preveja;

d) Ordenar averiguações, inquéritos, sindicâncias e inspeções aos serviços dos tribunais da jurisdição administrativa e fiscal;

e) Elaborar o plano anual de inspeções;

f) Elaborar as listas de antiguidade dos juízes;

g) Suspender ou reduzir a distribuição de processos aos juízes que sejam incumbidos de outros serviços de reconhecido interesse para a jurisdição administrativa e fiscal ou em outras situações que justifiquem a adoção dessas medidas;

h) Aprovar o seu regulamento interno, concursos e inspeções;

i) Emitir os cartões de identidade dos juízes, de modelo idêntico aos dos juízes dos tribunais judiciais;

j) Propor ao membro do Governo responsável pela área da justiça providências legislativas com vista ao aperfeiçoamento e à maior eficiência da jurisdição administrativa e fiscal;

k) Fixar o número e o tipo de vagas, que podem ser mistas, nos juízos de competência especializada, dentro do quadro de cada tribunal;

l) Emitir parecer sobre as iniciativas legislativas que se relacionem com a jurisdição administrativa e fiscal;

m) Fixar anualmente, com o apoio do departamento do Ministério da Justiça com competência no domínio da auditoria e modernização, o número máximo de processos a distribuir a cada magistrado e o prazo máximo admissível para os respetivos atos processuais cujo prazo não esteja estabelecido na lei;

n) Gerir a bolsa de juízes;

o) Estabelecer os critérios que devem presidir à distribuição nos tribunais administrativos, no respeito pelo princípio do juiz natural;

p) Nomear, de entre juízes jubilados que tenham exercido funções nos tribunais superiores da jurisdição administrativa e fiscal, o presidente do órgão deontológico no âmbito da arbitragem administrativa e tributária sob a organização do Centro de Arbitragem Administrativa;

q) Exercer os demais poderes conferidos no presente Estatuto e na lei.

3 – O Conselho pode delegar no presidente, ou em outros dos seus membros, a competência para:

a) Praticar atos de gestão corrente e aprovar inspeções;

b) Nomear os juízes para uma das secções do Supremo Tribunal Administrativo e dos tribunais centrais administrativos;

c) Ordenar inspeções extraordinárias, averiguações, inquéritos e sindicâncias.

Artigo 75.º – Composição

1 – O Conselho Superior dos Tribunais Administrativos e Fiscais é presidido pelo Presidente do Supremo Tribunal Administrativo e composto pelos seguintes vogais:

a) Dois designados pelo Presidente da República;

b) Quatro eleitos pela Assembleia da República;

c) Quatro juízes eleitos pelos seus pares, de harmonia com o princípio da representação proporcional.

2 – É reconhecido de interesse para a jurisdição administrativa e fiscal o desempenho de funções de membro do Conselho.

3 – O mandato dos membros eleitos para o Conselho é de quatro anos, só podendo haver lugar a uma reeleição.

4 – A eleição dos juízes a que se refere a alínea *c)* do n.º 1 abrange dois juízes suplentes, que substituem os respetivos titulares nas suas ausências, faltas ou impedimentos.

5 – Para a eleição dos juízes referidos na alínea *c)* do n.º 1 têm capacidade eleitoral ativa todos os juízes que prestem serviço na jurisdição administrativa e fiscal e capacidade eleitoral passiva só os que nele se encontrem providos a título definitivo ou em comissão de serviço.

6 – Quando necessidades de funcionamento o exijam, o Conselho pode afetar, em exclusivo, ao seu serviço um ou mais dos seus membros referidos na alínea *c)* do n.º 1, designando para substituir cada um deles, no tribunal respetivo, um juiz auxiliar.

Artigo 76.º – Funcionamento

1 – O Conselho reúne ordinariamente uma vez por mês e extraordinariamente sempre que convocado pelo presidente, por sua iniciativa ou a solicitação de pelo menos um terço dos seus membros.

2 – O Conselho só pode funcionar com a presença de dois terços dos seus membros.

Artigo 77.º – Presidência

1 – O presidente do Conselho Superior dos Tribunais Administrativos e Fiscais é substituído pela ordem seguinte:

a) Pelo mais antigo dos vice-presidentes do Supremo Tribunal Administrativo que faça parte do Conselho;

b) Pelo mais antigo dos juízes do Supremo Tribunal Administrativo que faça parte do Conselho.

2 – Em caso de urgência, o presidente pode praticar atos da competência do Conselho, sujeitando-os a ratificação deste na primeira sessão.

Artigo 78.º – Competência do presidente

Compete ao presidente do Conselho Superior dos Tribunais Administrativos e Fiscais:

a) Dirigir as sessões do Conselho e superintender nos respetivos serviços;

b) Fixar o dia e a hora das sessões ordinárias e convocar as sessões extraordinárias;

c) Dar posse aos inspetores e ao secretário do Conselho;

d) Dirigir e coordenar os serviços de inspeção;

e) Elaborar, por sua iniciativa ou mediante proposta do secretário, as instruções de execução permanente;

f) Exercer os poderes que lhe sejam delegados pelo Conselho;

g) Exercer as demais funções que lhe sejam deferidas por lei.

Artigo 79.º – Serviços de apoio

1 – O Conselho Superior dos Tribunais Administrativos e Fiscais dispõe de uma secretaria com a organização, quadro e regime de provimento do pessoal a fixar em diploma complementar.

2 – O Conselho tem um secretário, por si designado, de entre os juízes da jurisdição administrativa e fiscal.

Artigo 80.º – Funções da secretaria

À secretaria do Conselho Superior dos Tribunais Administrativos e Fiscais incumbe prestar o apoio administrativo e a assessoria necessários ao normal desenvolvimento da atividade do Conselho e à preparação e execução das suas deliberações, nos termos previstos em diploma complementar e no regulamento interno.

Artigo 81.º – Competência do secretário

Compete ao secretário do Conselho:

a) Orientar e dirigir os serviços da secretaria, sob a superintendência do presidente e conforme o regulamento interno;

b) Submeter a despacho do presidente os assuntos da sua competência e os que justifiquem a convocação do Conselho;

c) Propor ao presidente a elaboração de instruções de execução permanente;

d) Promover a execução das deliberações do Conselho e das ordens e instruções do presidente;

e) Preparar a proposta de orçamento do Conselho;

f) Elaborar os planos de movimentação dos magistrados;

g) Assistir às reuniões do Conselho e elaborar as respetivas atas;

h) Promover a recolha junto de quaisquer entidades de informações ou outros elementos necessários ao funcionamento dos serviços;

i) Dar posse ou receber a declaração de aceitação do cargo quanto aos funcionários ao serviço do Conselho;

j) Exercer as demais funções que lhe sejam deferidas por lei.

Artigo 82.º – Inspetores e secretários de inspecção

1 – O Conselho Superior dos Tribunais Administrativos e Fiscais dispõe de serviços de inspeção, constituídos por inspetores e secretários de inspeção.

2 – Aos serviços de inspeção aplica-se o disposto no Estatuto dos Magistrados Judiciais, com as necessárias adaptações.

3 – Os números máximos do quadro de inspetores e de secretários de inspeção são fixados por portaria dos membros do Governo responsáveis pelas áreas das finanças e da justiça, sob proposta do Conselho Superior dos Tribunais Administrativos e Fiscais.

4 – O provimento do lugar de inspetor é feito por nomeação e em comissão de serviço, por três anos, renovável, de entre juízes conselheiros ou, excecionalmente, de entre juízes desembargadores com antiguidade não inferior a cinco anos.

5 – A nomeação de inspetor determina o aumento do quadro dos juízes do tribunal superior de origem em número correspondente de lugares, a extinguir quando retomarem o serviço efetivo os juízes que se encontrem nas mencionadas situações.

6 – Os juízes nomeados para os lugares acrescidos a que se refere o número anterior mantêm-se em lugares além do quadro até ocuparem as vagas que lhes competirem.

7 – Quando deva proceder-se a inspeção, inquérito ou processo disciplinar a juízes do Supremo Tribunal Administrativo ou dos tribunais centrais administrativos, é designado inspetor um juiz do Supremo Tribunal Administrativo, podendo sê-lo, com a sua anuência, um juiz conselheiro jubilado.

8 – As funções de secretário de inspeção são exercidas, em comissão de serviço, por oficiais de justiça e regem-se pelo disposto no respetivo Estatuto.

Artigo 83.º – Competência dos inspectores

1 – Compete aos inspetores:

a) Averiguar do estado, necessidades e deficiências dos serviços dos tribunais da jurisdição administrativa e fiscal, propondo as medidas convenientes;

b) Colher, por via de inspeção, elementos esclarecedores do serviço e do mérito dos magistrados e em função deles propor a adequada classificação;

c) Proceder à realização de inquéritos e sindicâncias e à instrução de processos disciplinares.

2 – O processo será dirigido por inspetor de categoria superior à do magistrado apreciado ou de categoria igual mas com maior antiguidade.

3 – Quando no respetivo quadro nenhum inspetor reúna as condições estabelecidas no número anterior, é nomeado juiz que preencha tais requisitos.

Artigo 84.º – Recursos

1 – As deliberações do Conselho Superior dos Tribunais Administrativos e Fiscais relativas a magistrados são impugnáveis perante a Secção de Contencioso Administrativo do Supremo Tribunal Administrativo.

2 – São impugnáveis perante a mesma Secção as decisões do presidente do Conselho proferidas no exercício de competência delegada, sem prejuízo da respetiva impugnação administrativa perante o Conselho, no prazo de 15 dias.

TÍTULO IV – Disposições finais e transitórias

Artigo 85.º – Competência administrativa do Governo

A competência administrativa do Governo, relativa aos tribunais da jurisdição administrativa e fiscal, é exercida pelo Ministro da Justiça.

Artigo 86.º – Quadros

São fixados por portaria dos membros do Governo responsáveis pelas áreas das finanças e da justiça:

a) O quadro de magistrados dos tribunais superiores, que pode ser definido através de um número mínimo e máximo de vagas, sob proposta do Conselho Superior dos Tribunais Administrativos e Fiscais ou da Procuradoria-Geral da República, consoante os casos;

b) O quadro de funcionários de justiça dos tribunais da jurisdição administrativa e fiscal.

Artigo 87.º – Tempo de serviço

1 – O tempo de serviço prestado pelo Presidente do Supremo Tribunal Administrativo é contado a dobrar para efeitos de jubilação.

2 – O disposto no número anterior aplica-se às situações constituídas à data da entrada em vigor da presente lei.

Artigo 88.º – Presidência dos tribunais superiores

O disposto no n.º 1 do artigo 20.º, no n.º 4 do artigo 33.º e no n.º 1 do artigo 43.º é apenas aplicável aos mandatos que se iniciem a partir da data da entrada em vigor da presente lei.

Artigo 89.º – Funcionamento transitório do Conselho Superior dos Tribunais Administrativos e Fiscais

1 – O Conselho Superior dos Tribunais Administrativos e Fiscais mantém a sua composição anterior até ao 90.º dia posterior à data do início de vigência desta lei.

2 – Até ao início de funcionamento da secretaria, os serviços do Conselho são assegurados pela secretaria do Supremo Tribunal Administrativo.

3 – O expediente pendente na secretaria deste Tribunal transita naquela data para a secretaria do Conselho.

Artigo 90.º – Inspetores

1 – Até à criação do quadro de inspetores, as respetivas competências são exercidas por juízes designados pelo Conselho Superior dos Tribunais Administrativos e Fiscais.

2 – Os processos que se encontrem pendentes naquela data transitam para os inspetores.

Artigo 91.º – Estatística

Os tribunais da jurisdição administrativa e fiscal remetem ao respetivo Conselho Superior, nos termos por ele determinados, os elementos de informação estatística que sejam considerados necessários.

Artigo 92.º - Publicações

1 - Os tribunais da jurisdição administrativa e fiscal recebem gratuitamente o Diário da República, 1.ª e 2.ª séries, e apêndices, o Diário da Assembleia da República, as publicações jurídicas da Imprensa Nacional e as publicações jurídicas periódicas dos serviços da Administração Pública ou, em alternativa, têm acesso eletrónico gratuito aos suportes informáticos das publicações referidas.

2 - Os tribunais sediados nas Regiões Autónomas recebem também as publicações oficiais das Regiões.

Artigo 93.º - Salvaguarda de direitos adquiridos

1 - Os juízes dos tribunais administrativos de círculo e dos tribunais tributários em funções à data da entrada em vigor do presente Estatuto conservam a categoria de juízes de círculo.

2 - Os juízes do Supremo Tribunal Administrativo e dos tribunais centrais administrativos que venham a ser nomeados presidentes dos tribunais administrativos de círculo e dos tribunais tributários conservam aquele estatuto, podendo continuar a exercer funções nos primeiros, nos termos a determinar pelo Conselho Superior dos Tribunais Administrativos e Fiscais.

Sede, Organização e Área de Jurisdição dos Tribunais Administrativos e Fiscais

Decreto-Lei n.º 325/2003, de 29 de Dezembro, na redacção do Decreto-Lei n.º 58/2020, de 13 de Agosto

A Lei n.º 15/2001, de 5 de Junho, determinou a transferência para o Ministério da Justiça das competências do Estado no domínio da organização administrativa dos tribunais tributários de 1.ª instância, incumbindo o Governo de regular, por decreto-lei, os termos em que se processaria a transferência. Seguidamente, o novo Estatuto dos Tribunais Administrativos e Fiscais, aprovado pela Lei nº 13/2002, de 19 de Fevereiro, e cujos artigos 39.º, 45.º e 86.º se encontram em vigor, por força do artigo 7.º da Lei n.º 4-A/2003, de 19 de Fevereiro, veio dar um novo enquadramento à justiça administrativa e tributária, estabelecendo os fundamentos da sua nova organização.

O presente diploma surge na sequência das opções consagradas nas referidas leis, concretizando-as no plano da definição da sede e área de jurisdição dos novos tribunais administrativos e tributários, tanto ao nível da 1.ª como da 2.ª instância, bem como no plano da definição do regime de organização interna dos novos tribunais administrativos de círculo e dos novos tribunais tributários.

Por outro lado, trata-se de dar resposta às questões colocadas pela instalação dos tribunais administrativos de círculo e dos tribunais tributários recentemente criados, designadamente no que se refere à situação dos magistrados e funcionários que exerciam funções nos tribunais administrativos de círculo e nos tribunais tributários de 1.ª instância, bem como no que respeita ao novo sistema informático dos tribunais da jurisdição administrativa e fiscal, que permitirá assegurar uma tramitação essencialmente informática dos processos.

Procede-se, ainda, em conformidade com o disposto no n.º 4 do artigo 9.º do novo Estatuto dos Tribunais Administrativos e Fiscais, ao desdobramento do Tribunal Central Administrativo no Tribunal Central Administrativo Norte e no Tribunal Central Administrativo Sul.

Assim:

Nos termos da alínea *a)* do n.º 1 do artigo 198.º da Constituição, o Governo decreta o seguinte:

CAPÍTULO I – Sede e área de jurisdição dos tribunais da jurisdição administrativa e fiscal

Artigo 1.º – Supremo Tribunal Administrativo

1 – O Supremo Tribunal Administrativo tem sede em Lisboa e jurisdição em todo o território nacional.

2 – A organização e o funcionamento do Supremo Tribunal Administrativo são objecto de regulação em diploma próprio.

Artigo 2.º – Tribunais centrais administrativo

1 – A área de jurisdição do Tribunal Central Administrativo Norte abrange o conjunto das áreas de jurisdição atribuídas no mapa anexo aos Tribunais Administrativos de Círculo e Tributários de Aveiro, Braga, Coimbra, Mirandela, Penafiel, Porto e Viseu.

2 – A área de jurisdição do Tribunal Central Administrativo Sul abrange o conjunto das áreas de jurisdição atribuídas no mapa anexo aos Tribunais Administrativos de Círculo e Tributários de Almada, Beja, Castelo Branco, Funchal, Leiria, Lisboa, Loulé, Ponta Delgada e Sintra.

3 – A organização e o funcionamento do Tribunal Central Administrativo Norte e do Tribunal Central Administrativo Sul são objecto de regulação em diploma próprio.

Artigo 3.º – Tribunais administrativos de círculo e tribunais tributário

1 – Os Tribunais Administrativos de Círculo e os Tribunais Tributários têm sede em Almada, Aveiro, Beja, Braga, Castelo Branco, Coimbra, Funchal, Leiria, Lisboa, Loulé, Mirandela, Penafiel, Ponta Delgada, Porto, Sintra e Viseu.

2 – A área de jurisdição dos tribunais administrativos de círculo e dos tribunais tributários consta do mapa anexo ao presente diploma e que dele faz parte integrante.

3 – Quando funcionem agregados, os tribunais administrativos de círculo e os tribunais tributários assumem a designação unitária de tribunais administrativos e fiscais.

4 – Nos tribunais administrativos e fiscais agregados cujo quadro de juízes seja em número superior a dois, os lugares do quadro são identificados por referência à matéria especializada, administrativa ou tributária, em que cada juiz irá exercer funções.

CAPÍTULO II – Organização e funcionamento dos tribunais da jurisdição administrativa e fiscal

Artigo 4.º – Tramitação processual

1 – A tramitação dos processos nos tribunais da jurisdição administrativa e fiscal é efectuada electronicamente em termos a definir por portaria do membro do Governo responsável pela área da justiça, devendo as disposições processuais relativas a actos dos magistrados e das secretarias judiciais ser objecto das adaptações práticas que se revelem necessárias, designadamente quanto:

a) À apresentação de peças processuais e documentos;

b) À distribuição de processos;

c) À prática, necessariamente por meios electrónicos, dos actos processuais dos magistrados e dos funcionários;

d) Aos actos, peças, autos e termos dos processos que não podem constar do processo em suporte físico;

e) À remessa ao tribunal, necessariamente por meios electrónicos, do processo administrativo;

f) Ao acesso e consulta dos processos em suporte informático.

2 – O disposto no número anterior é aplicável às citações e notificações das partes e dos mandatários judiciais, que são efectuadas electronicamente nos termos da lei de processo e da portaria do membro do Governo responsável pela área da justiça.

3 – Para efeitos do disposto no n.º 1, as peças processuais e os documentos apresentados pelas partes em suporte de papel são digitalizados pela secretaria judicial, nos casos e nos termos a regulamentar por portaria do Ministro da Justiça, e devolvidos ao apresentante.

4 – Os documentos que possam ser digitalizados podem ser apresentados por transmissão electrónica de dados, podendo as partes ser dispensadas de remeter ao tribunal o respectivo suporte de papel e as cópias dos mesmos, nos termos a definir por portaria do Ministro da Justiça, e devolvidos ao apresentante.

5 – O disposto nos números anteriores não prejudica o dever de exibição dos originais das peças processuais e dos documentos juntos pelas partes por

transmissão electrónica de dados, sempre que o juiz o determine, nos termos da lei de processo.

6 – (Revogado.)

7 – (Revogado.)

Artigo 5.º – Secretarias

1 – As secretarias dos tribunais administrativos de círculo e dos tribunais tributários compreendem uma secção central, que pode ser comum aos serviços judiciais e do Ministério Público, e uma secção de processos, constituída por uma ou mais unidades orgânicas coordenadas por um escrivão de direito.

2 – Os quadros das secretarias dos tribunais administrativos de círculo e dos tribunais tributários são integrados por funcionários de justiça, subordinados ao respectivo regime jurídico e ao disposto no presente diploma.

3 – Em cada unidade orgânica, o escrivão de direito é pessoalmente responsável pelo andamento dos processos que lhe estão atribuídos e dirige a actividade dos respectivos oficiais de justiça, distribuindo por eles as tarefas que, em cada momento, sejam necessárias ao bom andamento dos processos, em função do volume de trabalho a cargo de cada um e das suas aptidões específicas.

4 – A distribuição dos processos pelas diferentes unidades orgânicas é realizada por meios informáticos e a respectiva numeração obedece a um critério unitário, que não atende à existência de diferentes unidades orgânicas.

5 – (Revogado.)

6 – Nos tribunais que funcionem de modo agregado a secretaria é comum.

7 – A secção de processos pode integrar unidades orgânicas especializadas em função da matéria ou do ato a realizar, devendo a distribuição dos processos pelas unidades orgânicas ser efetuada em conformidade.

8 – A secção central é organizada de modo a assegurar uma estrutura de atendimento público.

9 – Compete à secção de processos assegurar a tramitação dos processos pendentes, na dependência funcional dos respetivos magistrados.

10 – Compete à secção central executar o expediente que não seja da competência da secção de processos, nomeadamente:

a) Assegurar o atendimento aos utentes;

b) Praticar os atos relativos à receção das peças processuais e documentos, procedendo, quando necessário, à sua digitalização;

c) Registar os pedidos de certidões;

d) Assegurar a receção e registo de pagamentos relativos a atos avulsos;

e) Elaborar a conta de custas;

f) Assegurar o cumprimento do serviço externo e de todo o expediente com ele relacionado;

g) Assegurar a prática dos atos de serviço externo atribuídos ao oficial de justiça enquanto agente de execução;

h) Acompanhar as diligências de audição com recurso a equipamento tecnológico que permita a comunicação, por meio visual e sonoro, em tempo real;

i) Desempenhar quaisquer outras funções conferidas por lei ou superiormente determinadas.

Artigo 6.º – Secretários de justiça

1 – Os secretários de justiça exercem as competências previstas no respetivo Estatuto, cabendo-lhes ainda coadjuvar o presidente e o administrador judiciário dos tribunais da respetiva zona geográfica.

2 – (Revogado.)

3 – (Revogado.)

4 – (Revogado.)

CAPÍTULO III – Disposições finais e transitórias

Artigo 7.º – Entrada em funcionamento e definição dos quadros

1 – Os tribunais da jurisdição administrativa e fiscal previstos na presente lei entram em funcionamento na data em que for determinada a respectiva instalação, por portaria do Ministro da Justiça.

2 – Até à data do início de funcionamento de cada um dos tribunais administrativos de círculo e dos tribunais tributários previstos no presente diploma, são competentes, na respectiva área de jurisdição, os tribunais que vêm detendo tal competência.

3 – Os quadros dos tribunais da jurisdição administrativa e fiscal são fixados por portaria do Ministro das Finanças e do Ministro da Justiça.

Artigo 8.º – Desdobramento do Tribunal Central Administrativo

1 – O Tribunal Central Administrativo é desdobrado no Tribunal Central Administrativo Norte, com sede no Porto, e no Tribunal Central Administrativo Sul, com sede em Lisboa.

2 – Os processos pendentes no Tribunal Central Administrativo à data de instalação do Tribunal Central Administrativo Norte e do Tribunal Central Administrativo Sul prosseguem os seus trâmites no Tribunal Central Administrativo Sul.

3 – Para efeitos do disposto no número anterior, é criado no Tribunal Central Administrativo Sul um juízo destinado, exclusivamente, à afectação dos processos pendentes no Tribunal Central Administrativo, a extinguir, por portaria do Ministro da Justiça, quando deixar de se justificar a sua existência.

4 – Os magistrados e funcionários de justiça que exerçam funções no Tribunal Central Administrativo à data da entrada em funcionamento dos novos Tribunais Centrais Administrativos Norte e Sul transitam automaticamente para o quadro do Tribunal Central Administrativo Sul, ficando prioritariamente afectos ao exercício de funções no juízo referido no número anterior, enquanto a evolução do movimento processual o justifique.

5 – Durante os dois primeiros anos de funcionamento, os lugares de juiz no Tribunal Central Administrativo Norte são preenchidos por transferência de juízes do Tribunal Central Administrativo Sul, cabendo ao Conselho Superior dos Tribunais Administrativos e Fiscais determinar o gradual preenchimento desses lugares em função da evolução do volume processual.

6 – Os juízos previstos no n.º 3 do presente artigo entram em funcionamento na data em que for determinada a respectiva instalação, por portaria do Ministro da Justiça.

Artigo 9.º – Regime transitório dos Tribunais Administrativos de Círculo de Lisboa, Porto e Coimbra

1 – Os actuais Tribunais Administrativos de Círculo de Lisboa, do Porto e de Coimbra são extintos e convertidos no 1.º Juízo dos Tribunais Administrativos de Círculo de Lisboa, do Porto e de Coimbra, respectivamente, ao qual são afectos os processos pendentes nos tribunais extintos, não lhe sendo distribuídos novos processos.

2 – Os Tribunais Administrativos de Círculo de Lisboa, do Porto e de Coimbra são constituídos, durante a primeira fase de funcionamento, por dois juízos, que funcionam em instalações separadas, dotadas de secções centrais e de secções de processos próprios.

3 – Sem prejuízo do disposto nos artigos 12.º e 14.º, os magistrados e funcionários de justiça que exerçam funções nos actuais Tribunais Administrativos de Círculo de Lisboa, do Porto e de Coimbra à data da entrada em funcionamento dos novos Tribunais Administrativos de Círculo de Lisboa, do Porto e de Coimbra transitam automaticamente para o quadro destes Tribunais, ficando afectos ao 1.º Juízo de cada um destes Tribunais.

4 – O 1.º Juízo dos Tribunais Administrativos de Círculo de Lisboa, do Porto e de Coimbra funcionará por um período que pode ir, no máximo, até dois anos, o qual, mediante portaria do Ministro da Justiça, ouvido o Conselho Superior dos Tribunais Administrativos e Fiscais, pode ser prorrogado por mais um ano.

5 – Uma vez expirado o período de tempo referido no número anterior ou a partir do momento em que, por portaria do Ministro da Justiça, mediante proposta do Conselho Superior dos Tribunais Administrativos e Fiscais, seja determinada a extinção do 1.º Juízo, por já não se justificar a sua existência:

a) Os Tribunais Administrativos de Círculo de Lisboa, do Porto e de Coimbra deixam de ser constituídos por juízos;

b) O equipamento, livros, objectos, papéis e processos pendentes no 1.º Juízo são transferidos para as instalações onde funciona o 2.º Juízo;

c) Os juízes que ainda se encontrem afectos ao 1.º Juízo passam a exercer funções nas instalações onde funciona o 2.º Juízo e a ser incluídos na distribuição dos processos novos, sem que haja lugar à redistribuição dos processos que lhes estejam atribuídos.

6 – Os juízos previstos no presente artigo entram em funcionamento na data em que for determinada a respectiva instalação, por portaria do Ministro da Justiça.

Artigo 10.º – Extinção dos tribunais tributários de 1.ª instância e processos pendentes

1 – A entrada em funcionamento dos novos tribunais tributários implica a extinção automática dos tribunais tributários de 1.ª instância existentes na respectiva área de jurisdição.

2 – Os livros, processos e papéis findos, assim como os que se encontrem pendentes em cada tribunal tributário de 1.ª instância à data da respectiva extinção, transitam para o novo tribunal tributário da correspondente área de jurisdição.

3 – Os processos pendentes nos juízos tributários de Lisboa e Porto são redistribuídos pelos Tribunais Tributários de Lisboa, de Loures e de Sintra, e do Porto e de Penafiel, respectivamente, de acordo com as novas regras de competência territorial.

Artigo 11.º – Juízes dos tribunais administrativos de círculo e dos tribunais tributários de 1.ª instância

1 – Os juízes que exerçam funções nos tribunais administrativos de círculo e nos tribunais tributários de 1.ª instância existentes à data da entrada em funcionamento dos novos tribunais podem concorrer aos lugares do quadro destes tribunais, sendo a graduação determinada de acordo com a respectiva classificação de serviço e, dentro desta, segundo o critério da antiguidade.

2 – Têm preferência no primeiro provimento nos novos tribunais, para os efeitos previstos no número anterior, os juízes que exerçam funções nos tribunais administrativos de círculo e tributários de 1.ª instância existentes na correspondente área de jurisdição à data da entrada em funcionamento daqueles tribunais.

3 – Os juízes em funções nos actuais tribunais Administrativos de Círculo de Lisboa, do Porto e de Coimbra que forem providos em novos tribunais,

ao abrigo do disposto nos números anteriores, mantêm-se em exercício de funções no 1.º Juízo dos Tribunais Administrativos de Círculo de Lisboa, do Porto e de Coimbra, em regime de destacamento, até que o Conselho Superior dos Tribunais Administrativos e Fiscais, tendo em conta o movimento processual, determine a cessação desse regime.

Artigo 12.º – Magistrados do Ministério Público

1 – Os magistrados do Ministério Público em funções nos tribunais administrativos de círculo e nos tribunais tributários de 1.ª instância existentes à data da entrada em funcionamento dos novos tribunais podem concorrer aos lugares de quadro destes tribunais, nos termos dos n.os 1 e 2 do artigo anterior.

2 – Os magistrados do Ministério Público em funções nos actuais Tribunais Administrativos de Círculo de Lisboa, do Porto e de Coimbra que forem providos em novos tribunais, ao abrigo do disposto no número anterior, mantêm-se em exercício de funções no 1.º Juízo dos Tribunais Administrativos de Círculo de Lisboa, do Porto e de Coimbra, em regime de destacamento, até que o Conselho Superior do Ministério Público, tendo em conta o movimento processual, determine a cessação desse regime.

3 – Os magistrados do Ministério Público que não sejam providos nos novos tribunais podem ser nomeados para o exercício de outras funções pelo Conselho Superior do Ministério Público.

Artigo 13.º – Funcionários dos tribunais administrativos de círculo

1 – Os funcionários que exerçam funções nos tribunais administrativos de círculo à data da entrada em funcionamento dos novos tribunais podem concorrer a lugares do quadro destes tribunais, sendo a preferência no respectivo provimento determinada de acordo com a respectiva classificação de serviço e, dentro desta, segundo o critério da antiguidade na categoria.

2 – Têm preferência no primeiro provimento, para efeitos do disposto no número anterior, os funcionários que exerçam funções nos tribunais administrativos de círculo existentes na correspondente área de jurisdição à data da entrada em funcionamento dos novos tribunais.

3 – Os funcionários em serviço nos Tribunais Administrativos de Círculo de Lisboa, do Porto e de Coimbra que forem providos nos novos tribunais ao abrigo do disposto nos números anteriores só podem assumir os novos lugares, que para o efeito ficam cativados, no momento em que, em função do movimento processual e segundo as regras de prioridade, venham a ser desafectados de funções no 1.º Juízo dos Tribunais Administrativos de Círculo de Lisboa, do Porto e de Coimbra, para o qual transitaram, nos termos do artigo 9.º

Artigo 14.º – Transição de funcionários dos tribunais tributários de 1.ª instância

1 – Até ao 90.º dia subsequente à entrada em vigor do presente diploma, os funcionários que exerçam funções nos tribunais tributários de 1.ª instância há pelo menos um ano podem optar, mediante a apresentação de requerimento dirigido ao Ministro da Justiça, pela transição para os quadros de pessoal dos funcionários da justiça, nos termos do Decreto-Lei n.º 497/99, de 19 de Novembro.

2 – Os funcionários da Direcção-Geral dos Impostos que exerçam funções nos tribunais tributários de 1.ª instância extintos pelo presente diploma e que não optem pela transição referida no número anterior podem ser afectos ao quadro dos novos tribunais, mediante destacamento, nos termos do Decreto-Lei n.º 427/89, de 7 de Dezembro, mantendo todos os direitos e regalias, designadamente remuneratórias, inerentes ao lugar de origem.

Artigo 15.º – Critérios de preenchimento dos quadros de juízes

1 – O preenchimento dos lugares de juiz processa-se de forma gradual, a determinar por portaria do Ministro da Justiça, mediante proposta do Conselho Superior dos Tribunais Administrativos e Fiscais, de acordo com as necessidades de funcionamento dos novos tribunais.

2 – Os juízes recrutados para os tribunais da jurisdição administrativa e fiscal no âmbito do concurso especial realizado para o efeito que não tenham vaga nesses tribunais no momento da respectiva colocação em lugar de primeira nomeação são nomeados juízes auxiliares pelo Conselho Superior dos Tribunais Administrativos e Fiscais nos tribunais cujo movimento o justifique.

3 – Para efeitos do disposto no número anterior, são realizados concursos em que, para efeitos da determinação do local de colocação, se atende às preferências manifestadas, segundo a ordem pela qual os novos juízes figurem na lista de graduação homologada pelo Conselho Superior dos Tribunais Administrativos e Fiscais no termo da primeira fase de formação teórica do respectivo concurso de recrutamento.

4 – Na medida em que isso se revele necessário para dar resposta a situações de desequilíbrio no volume de trabalho existente nos diferentes tribunais administrativos de círculo e dos tribunais tributários, o Conselho Superior dos Tribunais Administrativos e Fiscais pode determinar a redistribuição de processos pendentes nos tribunais de Lisboa e Porto a juízes providos nos novos Tribunais Administrativos de Círculo e Tributários de Sintra, de Loures e de Almada, e de Penafiel e de Braga, respectivamente.

Artigo 16.º - Magistrados do Ministério Público

O preenchimento dos lugares de magistrado do Ministério Público processa-se de forma gradual, a determinar por portaria do Ministro da Justiça, mediante proposta do Conselho Superior do Ministério Público, de acordo com as necessidades de funcionamento dos novos tribunais.

Artigo 17.º - Critérios de preenchimento dos quadros de funcionários de justiça

1 - O quadro inicial dos funcionários de justiça, a fixar pela portaria mencionada no n.º 1 do artigo 15.º, é revisto em função do preenchimento gradual dos lugares de juiz a que se refere o mesmo artigo.

2 - A partir da publicação da portaria mencionada no n.º 1, pode proceder-se à nomeação gradual de funcionários para o quadro dos tribunais da jurisdição administrativa e fiscal, a qual, sendo efectuada antes de 1 de Janeiro de 2004, apenas produz efeitos na data de instalação dos tribunais.

3 - Durante o período de dois anos a contar do início de funcionamento de cada um dos novos tribunais da jurisdição administrativa e fiscal, apenas é preenchida metade dos lugares do quadro da respectiva secretaria e serviços de apoio, sendo os restantes providos em regime de destacamento ou requisição por funcionários de justiça ou por funcionários com experiência em tribunais da jurisdição administrativa e fiscal.

Artigo 18.º - Entrada em vigor

O presente diploma entra em vigor no dia seguinte ao da sua publicação.

Visto e aprovado em Conselho de Ministros de 27 de Novembro de 2003

José Manuel Durão Barroso. Maria Manuela Dias Ferreira Leit. Maria Celeste Ferreira Lopes Cardona.

Promulgado em 15 de Dezembro de 2003.

Publique-se.

O Presidente da República, JORGE SAMPAIO.

Referendado em 16 de Dezembro de 2003.

O Primeiro-Ministro, José Manuel Durão Barroso.

MAPA ANEXO

Áreas de jurisdição dos Tribunais Administrativos de Círculo e Tributários

Almada:

Sede: Almada.

Municípios de Alcochete, Almada, Barreiro, Moita, Montijo, Palmela, Seixal, Sesimbra e Setúbal.

Aveiro (ver nota 1):

Sede: Aveiro.

Municípios de Águeda, Albergaria-a-Velha, Anadia, Arouca, Aveiro, Espinho, Estarreja, Ílhavo, Mealhada, Murtosa, Oliveira de Azeméis, Oliveira do Bairro, Ovar, Santa Maria da Feira, São João da Madeira, Sever do Vouga, Vagos, Vale de Cambra.

Beja:

Sede: Beja.

Municípios de Alandroal, Alcácer do Sal, Aljustrel, Almodôvar, Alvito, Arraiolos, Barrancos, Beja, Borba, Castro Verde, Cuba, Estremoz, Évora, Ferreira do Alentejo, Grândola, Mértola, Montemor-o-Novo, Mora, Moura, Mourão, Odemira, Ourique, Portel, Redondo, Reguengos de Monsaraz, Santiago do Cacém, Serpa, Sines, Vendas Novas, Viana do Alentejo, Vidigueira e Vila Viçosa.

Braga:
Sede: Braga.
Municípios de Amares, Arcos de Valdevez, Barcelos, Braga, Cabeceiras de Basto, Caminha, Celorico de Basto, Esposende, Fafe, Guimarães, Melgaço, Monção, Paredes de Coura, Ponte da Barca, Ponte de Lima, Póvoa de Lanhoso, Terras de Bouro, Valença, Viana do Castelo, Vieira do Minho, Vila Nova de Cerveira, Vila Nova de Famalicão, Vila Verde e Vizela.

Castelo Branco:
Sede: Castelo Branco.
Municípios de do Chão, Arronches, Avis, Belmonte, Campo Maior, Castelo Branco, Castelo de Vide, Covilhã, Crato, Elvas, Fronteira, Fundão, Gavião, Idanha-a-Nova, Manteigas, Marvão, Monforte, Nisa, Oleiros, Penamacor, Ponte de Sor, Portalegre, Proença-a-Nova, Sabugal, Sertã, Sousel, Vila de Rei e Vila Velha de Ródão.

Coimbra:
Sede: Coimbra.
Municípios de Arganil, Cantanhede, Coimbra, Condeixa-a-Nova, Figueira da Foz, Góis, Lousã, Mira, Miranda do Corvo, Montemor-o-Velho, Oliveira do Hospital, Pampilhosa da Serra, Penacova, Penela, Soure, Tábua e Vila Nova de Poiares.

Funchal:
Sede: Funchal.
Municípios de Calheta, Câmara de Lobos, Funchal, Machico, Ponta do Sol, Porto Moniz, Porto Santo, Ribeira Brava, Santa Cruz, Santana e São Vicente.

Leiria:
Sede: Leiria.
Municípios de Abrantes, Alcanena, Alcobaça, Almeirim, Alpiarça, Alvaiázere, Ansião, Batalha, Benavente, Bombarral, Caldas da Rainha, Cartaxo, Castanheira de Pêra, Chamusca, Constância, Coruche, Entroncamento, Ferreira do Zêzere, Figueiró dos Vinhos, Golegã, Leiria, Mação, Marinha Grande, Nazaré, Óbidos, Ourém, Pedrógão Grande, Peniche, Pombal, Porto de Mós, Rio Maior, Salvaterra de Magos, Santarém, Sardoal, Tomar, Torres Novas e Vila Nova da Barquinha.

Lisboa.
Sede: Lisboa.
Município de Lisboa.

Loulé:
Sede: Loulé.
Municípios de Albufeira, Alcoutim, Aljezur, Castro Marim, Faro, Lagoa, Lagos, Loulé, Monchique, Olhão, Portimão, São Brás de Alportel, Silves, Tavira, Vila do Bispo e Vila Real de Santo António.

Loures:
Sede: Loures.
Municípios de Alenquer, Arruda dos Vinhos, Azambuja, Cadaval, Loures, Lourinhã, Mafra, Odivelas, Sobral de Monte Agraço, Torres Vedras e Vila Franca de Xira.

Mirandela:
Sede: Mirandela.
Municípios de Alfândega da Fé, Alijó, Boticas, Chaves, Bragança, Carrazeda de Ansiães, Freixo de Espada à Cinta, Macedo de Cavaleiros, Mesão Frio, Miranda do Douro, Mirandela, Mogadouro, Mondim de Basto, Montalegre, Murça, Peso da Régua, Ribeira de Pena, Sabrosa, Santa Marta de Penaguião, Torre de Moncorvo, Valpaços, Vila Flor, Vila Pouca de Aguiar, Vila Real, Vimioso e Vinhais.

Penafiel:
Sede: Penafiel.
Municípios de Amarante, Baião, Castelo de Paiva, Felgueiras, Lousada, Marco de Canaveses, Paços de Ferreira, Paredes, Penafiel, Santo Tirso, Trofa e Valongo.

Ponta Delgada:
Sede: Ponta Delgada.
Municípios de Angra do Heroísmo, Calheta, Corvo, Horta, Lajes das Flores, Lagoa, Lajes do Pico, Madalena, Nordeste, Ponta Delgada, Povoação, Praia da Vitória, Ribeira Grande, Santa Cruz das Flores, Santa Cruz da Graciosa, São Roque do Pico, Velas, Vila Franca do Campo e Vila do Porto.

Porto:
Sede: Porto.
Municípios de Gondomar, Maia, Matosinhos, Porto, Póvoa de Varzim, Vila do Conde e Vila Nova de Gaia.

Sintra:
Sede: Sintra.
Municípios de Sintra, Amadora, Cascais e Oeiras.

Viseu (ver nota 2):

Sede: Viseu.

Municípios de Aguiar da Beira, Almeida, Armamar, Carregal do Sal, Castro Daire, Celorico da Beira, Cinfães, Figueira de Castelo Rodrigo, Fornos de Algodres, Gouveia, Guarda, Lamego, Mangualde, Meda, Moimenta da Beira, Mortágua, Nelas, Oliveira de Frades, Penalva do Castelo, Penedono, Pinhel, Resende, Santa Comba Dão, São João da Pesqueira, São Pedro do Sul, Sátão, Seia, Sernancelhe, Tabuaço, Tarouca, Tondela, Trancoso, Vila Nova de Foz Côa, Vila Nova de Paiva, Viseu e Vouzela.

(nota 1) Após instalação do Tribunal Administrativo e Fiscal de Aveiro.

(nota 2) Até à portaria de instalação do Tribunal Administrativo e Fiscal de Aveiro acumula as competências de jurisdição do Tribunal Administrativo e Fiscal de Viseu com as do Tribunal Administrativo e Fiscal de Aveiro.

Fixa as zonas geográficas a que se referem os n.ºs – 4 e 5 do artigo 39.º e o n.º 3 do artigo 45.º do Estatuto dos Tribunais Administrativos e Fiscais, aprovado pela Lei n.º 13/2002, de 19 de fevereiro, alterada e republicada pela Lei n.º 114/2019, de 12 de setembro

Portaria n.º 366/2019, de 10 de Outubro

O Estatuto dos Tribunais Administrativos e Fiscais, aprovado pela Lei n.º 13/2002, de 19 de fevereiro, alterada e republicada pela Lei n.º 114/2019, de 12 de setembro, prevê nos n.ºs 4 e 5 do artigo 39.º e no n.º 3 do artigo 45.º, a criação de zonas geográficas, no âmbito das quais os tribunais administrativos de círculo e os tribunais tributários funcionam, para efeitos de gestão e presidência, em modelo agrupado.

Impõe-se, portanto, fixar o número de zonas geográficas, bem como as respetivas designações, sedes e âmbitos territoriais.

Assim:

Ao abrigo do disposto no n.º 5 do artigo 39.º e no n.º 3 do artigo 45.º do Estatuto dos Tribunais Administrativos e Fiscais, manda o Governo, pelo Ministro das Finanças e pela Ministra da Justiça, o seguinte:

Artigo 1.º – Objeto

A presente portaria fixa as zonas geográficas a que se referem os n.os 4 e 5 do artigo 39.º e o n.º 3 do artigo 45.º do Estatuto dos Tribunais Administrativos e

Fiscais, aprovado pela Lei n.º 13/2002, de 19 de fevereiro, alterada e republicada pela Lei n.º 114/2019, de 12 de setembro.

Artigo 2.º – Zonas geográficas

1 – O território nacional é dividido em quatro zonas geográficas, para efeitos de gestão e presidência dos respetivos tribunais administrativos de círculo e tribunais tributários, que tomam as seguintes designações e sedes:

a) Zona Centro, com sede em Coimbra;

b) Zona de Lisboa e Ilhas, com sede em Lisboa;

c) Zona Norte, com sede no Porto;

d) Zona Sul, com sede em Almada.

2 – O âmbito territorial de cada uma das zonas geográficas a que se refere o número anterior consta do mapa anexo à presente portaria, da qual faz parte integrante.

Artigo 3.º – Entrada em vigor

A presente portaria entra em vigor no dia seguinte ao da sua publicação.

O Ministro das Finanças, Mário José Gomes de Freitas Centeno, em 8 de outubro de 2019 – – A Ministra da Justiça, Francisca Eugénia da Silva Dias Van Dunem, em 19 de setembro de 2019.

ANEXO

Mapa com o âmbito territorial das zonas geográficas para efeitos de gestão e presidência dos tribunais administrativos de círculo e dos tribunais tributários

Zona Centro

Sede: Coimbra.
Âmbito territorial: áreas de jurisdição dos Tribunais Administrativos e Fiscais de Aveiro, Castelo Branco, Coimbra, Leiria e Viseu.

Zona de Lisboa e Ilhas
Sede: Lisboa.
Âmbito territorial: áreas de jurisdição do Tribunal Administrativo de Círculo de Lisboa, do Tribunal Tributário de Lisboa e dos Tribunais Administrativos e Fiscais do Funchal e Ponta Delgada.

Zona Norte
Sede: Porto.
Âmbito territorial: áreas de jurisdição dos Tribunais Administrativos e Fiscais de Braga, Mirandela, Penafiel e Porto.

Zona Sul
Sede: Almada.
Âmbito territorial: áreas de jurisdição dos Tribunais Administrativos e Fiscais de Almada, Beja, Loulé e Sintra.

Criação de Juízos de Competência Especializada

Decreto-Lei n.º 174/2019, de 13 de Dezembro

A recente revisão do Estatuto dos Tribunais Administrativos e Fiscais, plasmada na Lei n.º 114/2019, de 12 de setembro, consagrou a especialização nos tribunais administrativos de círculo e nos tribunais tributários, enquanto fator de racionalização e de agilização do funcionamento desta jurisdição.

De facto, tendo em conta a vastidão, a complexidade e a especificidade das normas que atualmente integram o ordenamento administrativo e tributário, a configuração de estruturas jurisdicionais especializadas em determinados setores do Direito apresenta inequívocas vantagens do ponto de vista da celeridade processual, da qualidade das decisões e, ainda, da uniformidade jurisprudencial.

De facto, conforme identificado pela doutrina, a especialização dos tribunais tende a ser um dado adquirido na organização judiciária, refletindo a especialização e crescente tecnicidade da vida económica e social contemporânea e permitindo que a divisão de tarefas entregues a profissionais especialistas conduza a um tratamento mais célere das mesmas e com isso se eleve a qualidade e a eficiência da administração da justiça.

Contudo, a concretização da especialização surge principalmente da análise dos dados estatísticos e empíricos disponíveis, i.e., da constatação do elevado volume de processos nas áreas identificadas nos artigos 9.º e 9.º-A do Estatuto dos Tribunais Administrativos e Fiscais, aprovado pela Lei n.º 13/2002, de 19 de fevereiro, na sua redação atual.A expressão total dos dados absolutos não deixa margem para equívocos, tendo-se baseado as opções tomadas na apreciação crítica e ponderada daqueles dados estatísticos e num estudo de extrapolação do Observatório da Justiça.Com efeito, só em Lisboa, Porto e Braga o volume de processos entrados é superior ao milhar.

Destarte, em articulação com o Conselho Superior dos Tribunais Administrativos e Fiscais, foram identificados os tribunais administrativos de círculo e tribunais tributários com volume processual significativo nas áreas de competência dos juízos especializados, procedendo-se, assim, ao desdobramento dos tribunais, para combater o aumento exponencial das pendências nessas áreas, e de modo a assegurar uma oferta judiciária mais adequada e eficiente onde ela se revela mais necessária.

Neste âmbito, é de realçar a criação dos juízos de competência especializada administrativa de contratos públicos nos tribunais administrativos de círculo de Lisboa e do Porto, com jurisdição alargada sobre as áreas de jurisdição dos tribunais administrativos e fiscais limítrofes, que visa adicionalmente assegurar a confiança necessária no domínio da economia e das finanças públicas, providenciando uma tramitação mais célere e especializada dos litígios associados à contratação pública, nas zonas geográficas e económicas onde esta assume maior expressividade.

Foram ouvidos o Conselho Superior da Magistratura, o Conselho Superior dos Tribunais Administrativos e Fiscais, o Conselho dos Oficiais de Justiça, a Ordem dos Solicitadores e dos Agentes de Execução, a Associação Sindical dos Juízes Portugueses, o Sindicato dos Magistrados do Ministério Público, o Sindicato dos Funcionários Judiciais e o Sindicato dos Oficiais de Justiça.

Foi promovida a audição do Conselho Superior do Ministério Público, da Ordem dos Advogados e da Ordem dos Contabilistas Certificados.

Assim:

Nos termos da alínea *a)* do n.º 1 do artigo 198.º da Constituição, o Governo decreta o seguinte:

CAPÍTULO I – Disposição geral

Artigo 1.º – Objeto

O presente decreto-lei procede à criação de juízos de competência especializada, nos termos dos artigos 9.º e 9.º-A do Estatuto dos Tribunais Administrativos e Fiscais, aprovado pela Lei n.º 13/2002, de 19 de fevereiro, na sua redação atual.

CAPÍTULO II – Juízos de competência especializada

Artigo 2.º – Tribunal Administrativo de Círculo de Lisboa

1 – O Tribunal Administrativo de Círculo de Lisboa integra os seguintes juízos de competência especializada:

a) Juízo administrativo comum;
b) Juízo administrativo social.

2 – O Tribunal Administrativo de Círculo de Lisboa integra ainda um juízo de contratos públicos, com jurisdição alargada sobre o conjunto das áreas de jurisdição atribuídas aos Tribunais Administrativos de Círculo de Almada, Lisboa e Sintra.

Artigo 3.º – Tribunal Tributário de Lisboa

O Tribunal Tributário de Lisboa integra os seguintes juízos de competência especializada:

a) Juízo tributário comum;
b) Juízo de execução fiscal e de recursos contraordenacionais.

Artigo 4.º – Tribunal Administrativo e Fiscal de Almada

O Tribunal Administrativo e Fiscal de Almada integra os seguintes juízos de competência especializada:

a) Juízo administrativo comum;
b) Juízo administrativo social;
c) Juízo tributário comum;
d) Juízo de execução fiscal e de recursos contraordenacionais.

Artigo 5.º – Tribunal Administrativo e Fiscal de Aveiro

O Tribunal Administrativo e Fiscal de Aveiro integra os seguintes juízos de competência especializada:

a) Juízo administrativo comum;
b) Juízo administrativo social;
c) Juízo tributário comum;
d) Juízo de execução fiscal e de recursos contraordenacionais.

Artigo 6.º – Tribunal Administrativo e Fiscal de Braga

O Tribunal Administrativo e Fiscal de Braga integra os seguintes juízos de competência especializada:

a) Juízo administrativo comum;
b) Juízo administrativo social;
c) Juízo tributário comum;
d) Juízo de execução fiscal e de recursos contraordenacionais.

Artigo 7.º – Tribunal Administrativo e Fiscal de Leiria

O Tribunal Administrativo e Fiscal de Leiria integra os seguintes juízos de competência especializada:

a) Juízo administrativo comum;

b) Juízo administrativo social;
c) Juízo tributário comum;
d) Juízo de execução fiscal e de recursos contraordenacionais.

Artigo 8.º – Tribunal Administrativo e Fiscal do Porto

1 – O Tribunal Administrativo e Fiscal do Porto integra os seguintes juízos de competência especializada:

a) Juízo administrativo comum;
b) Juízo administrativo social;
c) Juízo tributário comum;
d) Juízo de execução fiscal e de recursos contraordenacionais.

2 – O Tribunal Administrativo e Fiscal do Porto integra ainda um juízo de contratos públicos, com jurisdição alargada sobre o conjunto das áreas de jurisdição atribuídas aos Tribunais Administrativos de Círculo de Aveiro, Braga, Penafiel e Porto.

Artigo 9.º – Tribunal Administrativo e Fiscal de Sintra

O Tribunal Administrativo e Fiscal de Sintra integra os seguintes juízos de competência especializada:

a) Juízo administrativo comum;
b) Juízo administrativo social;
c) Juízo tributário comum;
d) Juízo de execução fiscal e de recursos contraordenacionais.

CAPÍTULO III – Disposições finais e transitórias

Artigo 10.º – Instalação dos juízos de competência especializada

A instalação e a entrada em funcionamento dos juízos de competência especializada são definidas por portaria do membro do Governo responsável pela área da justiça.

Artigo 11.º – Transição de processos pendentes

Os processos que se encontrem pendentes nos atuais tribunais administrativos de círculo e tribunais tributários transitam para os juízos de competência especializada, de acordo com as novas regras de competência material.

Artigo 12.º – Provimento dos lugares de juiz

1 – O Conselho Superior dos Tribunais Administrativos e Fiscais fixa o número de lugares a preencher nos juízos de competência especializada criados pelo presente decreto-lei, dentro do quadro estabelecido para cada tribunal.

2 – Os juízes colocados nos tribunais abrangidos pelo desdobramento criado pelo presente decreto-lei são concorrentes necessários no movimento judicial preparatório da instalação dos juízos de competência especializads.

3 – Os juízes têm preferência absoluta no primeiro provimento de lugares nos juízos de competência especializada dos tribunais a cujo quadro pertençam.

4 – Sem prejuízo da preferência estabelecida no número anterior, gozam igualmente de preferência, no primeiro provimento de lugares nos juízos de contratos públicos, os juízes dos tribunais das respetivas áreas de jurisdição daqueles juízos.

5 – Em caso de igualdade na preferência, são respeitados os critérios gerais de classificação e antiguidade.

6 – As preferências previstas no presente artigo não se aplicam aos juízes auxiliares.

Artigo 13.º – Entrada em vigor

O presente decreto-lei entra em vigor no dia seguinte ao da sua publicação.

Visto e aprovado em Conselho de Ministros de 28 de novembro de 2019.

António Luís Santos da Costa. Anabela Damásio Caetano Pedroso.

Promulgado em 7 de dezembro de 2019.

Publique-se.

O Presidente da República, Marcelo Rebelo de Sousa.

Referendado em 10 de dezembro de 2019.

O Primeiro-Ministro, António Luís Santos da Costa.

Quadros dos magistrados dos tribunais centrais administrativos e do Supremo Tribunal Administrativo

Portaria n.º 290/2017, de 28 de Setembro

Volvidos treze anos da implementação da reforma do contencioso administrativo e fiscal atual, e da publicação da Portaria n.º 2-A/2004, de 5 de janeiro, que definiu os quadros dos magistrados dos tribunais administrativos e fiscais, verifica-se a necessidade de adequar o número de magistrados dos tribunais superiores, de modo a dar resposta ao comando constitucional que impõe o direito à tutela jurisdicional efetiva na sua dimensão temporal.

Deste modo, a presente portaria visa ajustar os quadros dos magistrados dos tribunais centrais administrativos e do Supremo Tribunal Administrativo às necessidades atuais da jurisdição.

Foi promovida a audição do Conselho Superior dos Tribunais Administrativos e Fiscais e da Procuradoria-Geral da República.

Nestes termos,

Ao abrigo do disposto no artigo 86.º do Estatuto dos Tribunais Administrativos e Fiscais, aprovado pela Lei n.º 13/2002, de 19 de fevereiro, e do disposto no n.º 3 do artigo 7.º do Decreto-Lei n.º 325/2003, de 29 de dezembro, manda o Governo, pelo Ministro das Finanças e pela Ministra da Justiça, o seguinte:

Artigo 1.º – Objeto

A presente portaria fixa os quadros dos magistrados dos tribunais centrais administrativos e do Supremo Tribunal Administrativo.

Artigo 2.º – Quadro dos magistrados no Supremo Tribunal Administrativo

1 – O quadro de juízes do Supremo Tribunal Administrativo é o fixado no mapa i anexo à presente portaria.

2 – Nos termos da lei, o Ministério Público é representado no Supremo Tribunal Administrativo pelo Procurador-Geral da República, que pode fazer substituir-se por procuradores-gerais-adjuntos.

Artigo 3.º – Quadros de magistrados dos tribunais centrais administrativos

Os quadros dos magistrados dos tribunais centrais administrativos são os definidos nos mapas ii e iii anexos à presente portaria, através de um número mínimo e máximo de lugares, cujo preenchimento é determinado por deliberação do Conselho Superior dos Tribunais Administrativos e Fiscais ou da Procuradoria-Geral da República.

Artigo 4.º – Revogação

São revogados os artigos 1.º e 2.º da Portaria n.º 2-A/2004, de 5 de janeiro, e os mapas i, ii e iii em anexo à referida Portaria.

Artigo 5.º – Entrada em vigor

A presente portaria entra em vigor no dia seguinte ao da sua publicação.

O Ministro das Finanças, Mário José Gomes de Freitas Centeno, em 22 de setembro de 2017. A Ministra da Justiça, Francisca Eugénia da Silva Dias Van Dunem, em 1 de junho de 2017.

MAPA I
Quadro de juízes do Supremo Tribunal Administrativo

Presidente do Supremo Tribunal Administrativo – 1
Juízes Conselheiros da Secção de Contencioso Administrativo – 12
Juízes Conselheiros da Secção de Contencioso Tributário – 12

MAPA II
Quadro de juízes dos tribunais centrais administrativos

Tribunal Central Administrativo Norte

Presidente do Tribunal Central Administrativo Norte – 1
Juízes Desembargadores da Secção de Contencioso Administrativo – 12 a 18
Juízes Desembargadores da Secção de Contencioso Tributário – 14 a 20

Tribunal Central Administrativo Sul

Presidente do Tribunal Central Administrativo Sul – 1
Juízes Desembargadores da Secção de Contencioso Administrativo – 14 a 20
Juízes Desembargadores da Secção de Contencioso Tributário – 14 a 20

MAPA III
Quadro de magistrados do Ministério Público nos tribunais centrais administrativos

Tribunal Central Administrativo Norte

Procurador-geral adjunto coordenador – 1
Procuradores-gerais adjuntos junto da Secção de Contencioso Administrativo – 6 a 9
Procuradores-gerais adjuntos junto da Secção de Contencioso Tributário – 7 a 10

Tribunal Central Administrativo Sul

Procurador-geral adjunto coordenador – 1
Procuradores-gerais adjuntos junto da Secção de Contencioso Administrativo – 7 a 10
Procuradores-gerais adjuntos junto da Secção de Contencioso Tributário – 7 a 10

Quadros dos Magistrados dos Tribunais Administrativos e Fiscais

Portaria n.º 211/2017, de 17 de Julho

Volvidos oitos anos após a publicação da Portaria n.º 874/2008, de 14 de agosto, que definiu os quadros dos magistrados dos tribunais administrativos e fiscais de primeira instância, torna-se essencial proceder à adequação dos respetivos quadros, dado os atuais se mostrarem desajustados face às carências que a jurisdição apresenta, por forma a garantir uma resposta judiciária eficaz e célere na resolução de litígios.

Deste modo, a presente portaria visa ajustar os quadros dos magistrados dos tribunais administrativos e fiscais de primeira instância às necessidades atuais da jurisdição.

Foi promovida a audição do Conselho Superior dos Tribunais Administrativos e Fiscais e da Procuradoria-Geral da República.

Nestes termos,

Ao abrigo do disposto no artigo 86.º do Estatuto dos Tribunais Administrativos e Fiscais, aprovado pela Lei n.º 13/2002, de 19 de fevereiro, e do disposto no n.º 3 do artigo 7.º do Decreto-Lei n.º 325/2003, de 29 de dezembro, manda o Governo, pelos Ministros das Finanças e da Justiça, o seguinte:

Artigo 1.º – Objeto

A presente portaria fixa os quadros dos magistrados dos tribunais administrativos e fiscais.

Artigo 2.º – Quadros de magistrados dos tribunais administrativos e fiscais

Os quadros dos magistrados dos tribunais administrativos e fiscais são os fixados nos mapas I e II anexos à presente portaria, da qual fazem parte integrante.

Artigo 3.º – Revogação

É revogado o artigo 1.º da Portaria n.º 874/2008, de 14 de agosto, e os mapas I e II em anexo à referida Portaria.

Artigo 4.º Quadros dos Magistrados dos Tribunais Administrativos e Fiscais Entrada em vigor

A presente portaria entra em vigor no dia seguinte ao da sua publicação.

O Ministro das Finanças, Mário José Gomes de Freitas Centeno, em 12 de julho de 2017. A Ministra da Justiça, Francisca Eugénia da Silva Dias Van Dunem, em 1 de junho de 2017.

MAPA I
Quadros de juízes dos tribunais administrativos e fiscais

Tribunal Administrativo e Fiscal de Almada
Presidente – 1 *(a)*
Juízes de contencioso administrativo – 5
Juízes de contencioso tributário – 5
Juízes de contencioso administrativo e tributário – 2
(a) Exerce igualmente a presidência nos tribunais administrativos e fiscais de Beja, Loulé e Sintra.

Tribunal Administrativo e Fiscal de Aveiro
Juízes de contencioso administrativo – 4
Juízes de contencioso tributário – 5
Juízes de contencioso administrativo e tributário – 1

Tribunal Administrativo e Fiscal de Beja
Juízes de contencioso administrativo – 2
Juízes de contencioso tributário – 2
Juízes de contencioso administrativo e tributário – 1

Tribunal Administrativo e Fiscal de Braga
Juízes de contencioso administrativo – 9
Juízes de contencioso tributário – 8
Juízes de contencioso administrativo e tributário – 2
Tribunal Administrativo e Fiscal de Castelo Branco
Juízes de contencioso administrativo – 3

Juízes de contencioso tributário – 3
Juízes de contencioso administrativo e tributário – 1

Tribunal Administrativo e Fiscal de Coimbra
Presidente – 1 (*a*)
Juízes de contencioso administrativo – 4
Juízes de contencioso tributário – 3
Juízes de contencioso administrativo e tributário – 1
(*a*) Exerce igualmente a presidência nos tribunais administrativos e fiscais de Aveiro, Castelo Branco, Leiria e Viseu.

Tribunal Administrativo e Fiscal do Funchal
Juízes de contencioso administrativo – 1
Juízes de contencioso tributário – 2
Juízes de contencioso administrativo e tributário – 2 (*a*)
(*a*) Um lugar a extinguir quando vagar.

Tribunal Administrativo e Fiscal de Leiria
Juízes de contencioso administrativo – 5
Juízes de contencioso tributário – 7
Juízes de contencioso administrativo e tributário – 2

Tribunal Administrativo de Círculo de Lisboa
Presidente – 1 (*a*)
Juízes de contencioso administrativo – 30
(*a*) Exerce igualmente a presidência no Tribunal Tributário de Lisboa e nos tribunais administrativos e fiscais de Funchal e Ponta Delgada.

Tribunal Tributário de Lisboa
Juízes de contencioso tributário – 28
Tribunal Administrativo e Fiscal de Loulé
Juízes de contencioso administrativo – 3
Juízes de contencioso tributário – 2
Juízes de contencioso administrativo e tributário – 1

Tribunal Administrativo e Fiscal de Mirandela
Juízes de contencioso administrativo – 3
Juízes de contencioso tributário – 2
Juízes de contencioso administrativo e tributário – 2 (*a*)
(*a*) Um lugar a extinguir quando vagar.

Tribunal Administrativo e Fiscal de Penafiel
Juízes de contencioso administrativo – 4
Juízes de contencioso tributário – 4
Juízes de contencioso administrativo e tributário – 1
Tribunal Administrativo e Fiscal de Ponta Delgada
Juízes de contencioso administrativo – 1
Juízes de contencioso tributário – 1
Juízes de contencioso administrativo e tributário – 1

Tribunal Administrativo e Fiscal do Porto
Presidente – 1 (*a*)
Juízes de contencioso administrativo – 11
Juízes de contencioso tributário – 17
Juízes de contencioso administrativo e tributário – 2
(*a*) Exerce igualmente a presidência nos tribunais administrativos e fiscais de Braga, Penafiel e Mirandela.

Tribunal Administrativo e Fiscal de Sintra
Juízes de contencioso administrativo – 7
Juízes de contencioso tributário – 11
Juízes de contencioso administrativo e tributário – 2
Tribunal Administrativo e Fiscal de Viseu
Juízes de contencioso administrativo – 2
Juízes de contencioso tributário – 3
Juízes de contencioso administrativo e tributário – 1

MAPA II
Quadros de magistrados do Ministério Público nos tribunais administrativos e fiscais

Tribunal Administrativo e Fiscal de Almada
Procuradores da República/Procuradores-adjuntos no contencioso administrativo e tributário – 4

Tribunal Administrativo e Fiscal de Aveiro
Procuradores da República/Procuradores-adjuntos no contencioso administrativo e tributário – 4

Tribunal Administrativo e Fiscal de Beja
Procuradores da República/Procuradores-adjuntos no contencioso administrativo e tributário – 2

Tribunal Administrativo e Fiscal de Braga
Procuradores da República/Procuradores-adjuntos no contencioso administrativo e tributário – 7

Tribunal Administrativo e Fiscal de Castelo Branco
Procuradores da República/Procuradores-adjuntos no contencioso administrativo e tributário – 2

Tribunal Administrativo e Fiscal de Coimbra
Procuradores da República/Procuradores-adjuntos no contencioso administrativo e tributário – 3

Tribunal Administrativo e Fiscal do Funchal
Procuradores da República/Procuradores-adjuntos no contencioso administrativo e tributário – 2

Tribunal Administrativo e Fiscal de Leiria
Procuradores da República/Procuradores-adjuntos no contencioso administrativo e tributário – 5

Tribunal Administrativo de Círculo de Lisboa
Procuradores da República/Procuradores-adjuntos – 13

Tribunal Tributário de Lisboa
Procuradores da República/Procuradores-adjuntos – 9

Tribunal Administrativo e Fiscal de Loulé
Procuradores da República/Procuradores-adjuntos no contencioso administrativo e tributário – 4

Tribunal Administrativo e Fiscal de Mirandela
Procuradores da República/Procuradores-adjuntos no contencioso administrativo e tributário – 2

Tribunal Administrativo e Fiscal de Penafiel
Procuradores da República/Procuradores-adjuntos no contencioso administrativo e tributário – 3

Tribunal Administrativo e Fiscal de Ponta Delgada
Procuradores da República/Procuradores-adjuntos no contencioso administrativo e tributário – 1

Tribunal Administrativo e Fiscal do Porto
Procuradores da República/Procuradores-adjuntos no contencioso administrativo e tributário – 13

Tribunal Administrativo e Fiscal de Sintra
Procuradores da República/Procuradores-adjuntos no contencioso administrativo e tributário – 7

Tribunal Administrativo e Fiscal de Viseu
Procuradores da República/Procuradores-adjuntos no contencioso administrativo e tributário – 2

Quadros complementares de juízes da jurisdição administrativa e fiscal

Portaria n.º 288/2017, de 28 de setembro

O n.º 1 do artigo 63.º do Estatuto dos Tribunais Administrativos e Fiscais, aprovado pela Lei n.º 13/2002, de 19 de fevereiro, prevê a existência de bolsas de juízes para destacamento em tribunais, de modo a ajustar a colocação de juízes auxiliares às reais necessidades transitórias de juízes, cuja gestão é atribuída ao Conselho Superior dos Tribunais Administrativos e Fiscais.

Trata-se de um instrumento indispensável para o regular funcionamento da jurisdição administrativa e fiscal, na medida em que permite colmatar as ausências temporárias dos magistrados e, bem assim, oferecer adequada resposta a necessidades pontuais decorrentes de um acréscimo do volume de serviço nos tribunais.

Impõe-se, por isso, dar cumprimento ao disposto no n.º 1 do artigo 63.º do Estatuto dos Tribunais Administrativos e Fiscais, procedendo-se, sob proposta do Conselho Superior dos Tribunais Administrativos e Fiscais, à fixação dos quadros complementares de juízes da jurisdição administrativa e fiscal.

Nestes termos,

Ao abrigo do disposto no n.º 1 do artigo 63.º do Estatuto dos Tribunais Administrativos e Fiscais, aprovado pela Lei n.º 13/2002, de 19 de fevereiro, e do disposto no n.º 4 do artigo 88.º da Lei de Organização do Sistema Judiciário, aprovada pela Lei n.º 62/2013, de 26 de agosto, manda o Governo, pelo Ministro das Finanças e pela Ministra da Justiça, o seguinte:

Artigo 1.º – Objeto

A presente portaria fixa os quadros complementares de juízes da jurisdição administrativa e fiscal –

Artigo 2.º – Quadros complementares de juízes

Os quadros complementares de juízes da jurisdição administrativa e fiscal são fixados por um intervalo entre um mínimo e um máximo de juízes, nos seguintes termos:

a) Zona Centro – 2 a 5 juízes, sediados no Tribunal Administrativo e Fiscal de Coimbra;

b) Zona de Lisboa e Ilhas – 2 a 7 juízes, sediados no Tribunal Administrativo de Círculo de Lisboa;

c) Zona Norte – 2 a 5 juízes, sediados no Tribunal Administrativo e Fiscal do Porto;

d) Zona Sul – 2 a 5 juízes, sediados no Tribunal Administrativo e Fiscal de Almada.

Artigo 3.º – Entrada em vigor

A presente portaria entra em vigor no dia seguinte ao da sua publicação.

O Ministro das Finanças, Mário José Gomes de Freitas Centeno, em 14 de setembro de 2017. A Ministra da Justiça, Francisca Eugénia da Silva Dias Van Dunem, em 1 de junho de 2017.

Lei de Organização e Processo do Tribunal de Contas

Lei n.º 98/97, de 26 de Agosto, na redacção da Lei n.º 12/2022, de 27 de Junho

A Assembleia da República decreta, nos termos dos artigos 164.º, alínea *d)*, 168.º, n.º 1, alínea *q)*, e 169.º, n.º 3, da Constituição, o seguinte:

CAPÍTULO I – Funções, jurisdição e competência

Artigo 1.º – Definição e jurisdição

1 – O Tribunal de Contas fiscaliza a legalidade e regularidade das receitas e das despesas públicas, aprecia a boa gestão financeira e efetiva responsabilidades por infrações financeiras.

2 – O Tribunal de Contas tem jurisdição e poderes de controlo financeiro no âmbito da ordem jurídica portuguesa, tanto no território nacional como no estrangeiro.

3 – Sempre que se verifique conflito de jurisdição entre o Tribunal de Contas e o Supremo Tribunal Administrativo, compete ao Tribunal dos Conflitos, presidido pelo Presidente do Supremo Tribunal de Justiça e constituído por dois juízes de cada um dos tribunais, dirimir o respetivo conflito.

Artigo 2.º – Âmbito de competência

1 – Estão sujeitas à jurisdição e aos poderes de controlo financeiro do Tribunal de Contas as seguintes entidades:

a) O Estado e seus serviços;

b) As regiões autónomas e seus serviços;

c) As autarquias locais, suas associações ou federações e seus serviços, bem como as áreas metropolitanas;

d) Os institutos públicos;

e) As instituições de segurança social.

2 – Também estão sujeitas à jurisdição e aos poderes de controlo financeiro do Tribunal as seguintes entidades:

a) As associações públicas, associações de entidades públicas ou associações de entidades públicas e privadas que sejam financiadas maioritariamente por entidades públicas ou sujeitas ao seu controlo de gestão;

b) As empresas públicas, incluindo as entidades públicas empresariais;

c) As empresas municipais, intermunicipais e regionais;

d) (Revogada.)

e) (Revogada.)

f) As empresas concessionárias da gestão de empresas públicas, de sociedades de capitais públicos ou de sociedades de economia mista controladas, as empresas concessionárias ou gestoras de serviços públicos e as empresas concessionárias de obras públicas;

g) As fundações de direito privado que recebam anualmente, com caráter de regularidade, fundos provenientes do Orçamento do Estado ou das autarquias locais, relativamente à utilização desses fundos.

3 – Estão ainda sujeitas à jurisdição e ao controlo financeiro do Tribunal de Contas as entidades de qualquer natureza que tenham participação de capitais públicos ou sejam beneficiárias, a qualquer título, de dinheiros ou outros valores públicos, na medida necessária à fiscalização da legalidade, regularidade e correção económica e financeira da aplicação dos mesmos dinheiros e valores públicos.

4 – (Revogado.)

Artigo 3.º – Sede, secções regionais e delegações regionais

1 – O Tribunal de Contas tem sede em Lisboa.

2 – Nas Regiões Autónomas dos Açores e da Madeira funcionam secções regionais com sede, respetivamente, em Ponta Delgada e no Funchal.

3 – A lei pode desconcentrar regionalmente a organização e funcionamento do Tribunal de Contas no que respeita ao continente.

4 – O Tribunal pode, sempre que necessário, determinar a localização de alguns dos seus serviços de apoio em outros pontos do território nacional, constituindo para o efeito delegações regionais, sem prejuízo da unidade de jurisdição e das competências definidas por lei.

Artigo 4.º – Competência territorial

1 – O Tribunal de Contas exerce na sede a plenitude dos poderes de jurisdição e de controlo financeiro, decidindo as questões que não sejam expressamente atribuídas às secções regionais, e conhece em recurso das respetivas decisões em matéria de visto, de responsabilidade financeira e de multa.

2 – As secções regionais exercem jurisdição e poderes de controlo financeiro na área das respetivas regiões autónomas, designadamente em relação às entidades referidas no artigo 2.º nelas sediadas, bem como aos serviços públicos da administração central que nelas exerçam atividade e sejam dotados de autonomia administrativa e financeira.

Artigo 5.º – Competência material essencial

1 – Compete, em especial, ao Tribunal de Contas:

a) Dar parecer sobre a Conta Geral do Estado, incluindo a da segurança social, bem como sobre a conta da Assembleia da República;

b) Dar parecer sobre as contas das regiões autónomas, bem como sobre as contas das respetivas Assembleias Legislativas;

c) Fiscalizar previamente a legalidade e o cabimento orçamental dos atos e contratos de qualquer natureza que sejam geradores de despesa ou representativos de quaisquer encargos e responsabilidades, diretos ou indiretos, para as entidades referidas no n.º 1 e nas alíneas *a)*, *b)* e *c)* do n.º 2 do artigo 2.º, bem como para as entidades, de qualquer natureza, criadas pelo Estado ou por quaisquer outras entidades públicas para desempenhar funções administrativas originariamente a cargo da Administração Pública, com encargos suportados por financiamento direto ou indireto, incluindo a constituição de garantias, da entidade que os criou;

d) Verificar as contas dos organismos, serviços ou entidades sujeitos à sua prestação;

e) Julgar a efetivação de responsabilidades financeiras de quem gere e utiliza dinheiros públicos, independentemente da natureza da entidade a que pertença, nos termos da presente lei;

f) Apreciar a legalidade, bem como a economia, eficácia e eficiência, segundo critérios técnicos, da gestão financeira das entidades referidas nos n.os 1 e 2 do artigo 2.º, incluindo a organização, o funcionamento e a fiabilidade dos sistemas de controlo interno;

g) Realizar por iniciativa própria, ou a solicitação da Assembleia da República ou do Governo, auditorias às entidades a que se refere o artigo 2.º;

h) Fiscalizar, no âmbito nacional, a cobrança dos recursos próprios e a aplicação dos recursos financeiros oriundos da União Europeia, de acordo com o direito aplicável, podendo, neste domínio, atuar em cooperação com os órgãos comunitários competentes;

i) Exercer as demais competências que lhe forem atribuídas por lei.

2 - Compete ainda ao Tribunal aprovar, através da comissão permanente, pareceres elaborados a solicitação da Assembleia da República ou do Governo sobre projetos legislativos em matéria financeira.

3 - As contas a que se referem as alíneas *a)* e *b)* do n.º 1 são aprovadas pelos plenários da Assembleia da República e das Assembleias Legislativas das regiões autónomas, respetivamente, cabendo-lhes deliberar remeter ao Ministério Público os correspondentes pareceres do Tribunal de Contas para a efetivação de eventuais responsabilidades financeiras, nos termos do n.º 1 do artigo 57.º e do n.º 1 do artigo 58.º

4 - A fiscalização do cabimento orçamental dos atos e contratos praticados ou celebrados pelas entidades referidas nas alíneas *a)*, *b)* e *c)* do n.º 2 do artigo 2.º é realizada mediante a verificação da existência de declaração de suficiência orçamental e de cativação das respetivas verbas, emitida pela entidade fiscalizada.

Artigo 6.º - Competência material complementar

Para execução da sua atividade, compete ainda ao Tribunal de Contas:

a) Aprovar o Regulamento do Tribunal;

b) Emitir as instruções indispensáveis ao exercício das suas competências, a observar pelas entidades referidas no artigo 2.º;

c) Elaborar e publicar o relatório anual da sua atividade;

d) Propor as medidas legislativas e administrativas que julgue necessárias ao exercício das suas competências;

e) Abonar aos responsáveis diferenças de montante não superior ao salário mínimo nacional, quando provenham de erro involuntário.

CAPÍTULO II - Estatuto e princípios fundamentais

Artigo 7.º - Independência

1 - O Tribunal de Contas é independente.

2 - São garantias de independência do Tribunal de Contas o autogoverno, a inamovibilidade e irresponsabilidade dos seus juízes e a exclusiva sujeição destes à lei.

3 - O autogoverno é assegurado nos termos da presente lei.

4 - Só nos casos especialmente previstos na lei os juízes podem ser sujeitos, em razão do exercício das suas funções, a responsabilidade civil, criminal ou disciplinar.

5 – Fora dos casos em que o facto constitua crime, a responsabilidade pelas decisões judiciais é sempre assumida pelo Estado, cabendo ação de regresso deste contra o respetivo juiz.

Artigo 8.º – Decisões

1 – Os juízes do Tribunal de Contas decidem segundo a Constituição e a lei e não estão sujeitos a ordens ou instruções.

2 – As decisões jurisdicionais do Tribunal de Contas são obrigatórias para todas as entidades públicas e privadas.

3 – A execução das decisões condenatórias, bem como dos emolumentos e demais encargos fixados pelo Tribunal de Contas ou pela Direção-Geral, é da competência dos tribunais tributários de 1.ª instância e observa o processo de execução fiscal.

Artigo 9.º – Publicidade de atos

1 – São publicados na 1.ª série do Diário da República os acórdãos que fixem jurisprudência.

2 – São publicados na 2.ª série do Diário da República:

a) O relatório e parecer sobre a Conta Geral do Estado;

b) Os relatórios e pareceres sobre as contas das regiões autónomas;

c) O relatório anual de atividades do Tribunal de Contas;

d) As instruções e o Regulamento do Tribunal de Contas;

e) Os valores e a relação das entidades a que se refere a alínea *a)* do artigo 40.º;

f) Os relatórios e decisões que o Tribunal de Contas entenda deverem ser publicados, após comunicação às entidades interessadas.

3 – Os atos previstos na alínea *b)*, bem como os previstos nas alíneas *d)*, *e)* e *f)* do n.º 2 das secções regionais são também publicados nos jornais oficiais das respetivas regiões.

4 – O Tribunal de Contas pode ainda decidir a difusão dos seus relatórios através de qualquer meio de comunicação social, após comunicação às entidades interessadas.

Artigo 10.º – Coadjuvação

1 – No exercício das suas funções, o Tribunal de Contas tem direito à coadjuvação de todas as entidades públicas e privadas, nos mesmos termos dos tribunais judiciais.

2 – Todas as entidades referidas no artigo 2.º devem prestar ao Tribunal informação sobre as infrações que este deva apreciar e das quais tomem conhecimento no exercício das suas funções.

Artigo 11.º – Princípios e formas de cooperação

1 – Sem prejuízo da independência no exercício da função jurisdicional, o Tribunal de Contas coopera com as instituições homólogas, em particular as da União Europeia e dos seus Estados membros, na defesa da legalidade financeira e do Estado de direito democrático, podendo para isso desenvolver as ações conjuntas que se revelem necessárias.

2 – O Tribunal coopera também, em matéria de informações, em ações de formação e nas demais formas que se revelem adequadas, com os restantes órgãos de soberania, os serviços e entidades públicas, as entidades interessadas na gestão e aplicação de dinheiros, bens e valores públicos, a comunicação social e ainda com as organizações cívicas interessadas, em particular as que promovam a defesa dos direitos e interesses dos cidadãos contribuintes, procurando, em regra através dos seus serviços de apoio, difundir a informação necessária para que se evite e reprima o desperdício, a ilegalidade, a fraude e a corrupção relativamente aos dinheiros e valores públicos, tanto nacionais como comunitários.

3 – As ações de controlo do Tribunal inserem-se num sistema de controlo, tanto nacional como comunitário, em cuja estrutura e funcionamento têm lugar de relevo os órgãos e departamentos de controlo interno, em particular as inspeções e auditorias dos ministérios e serviços autónomos, cabendo ao Presidente do Tribunal promover as ações necessárias ao intercâmbio, coordenação de critérios e conjugação de esforços entre todas as entidades encarregadas do controlo financeiro, sem prejuízo da independência do Tribunal e das dependências hierárquicas e funcionais dos serviços de controlo interno.

4 – O Tribunal de Contas pode ser solicitado pela Assembleia da República a comunicar-lhe informações, relatórios ou pareceres relacionados com as respetivas funções de controlo financeiro, nomeadamente mediante a presença do Presidente ou de relatores em sessões de comissão ou pela colaboração técnica de pessoal dos serviços de apoio.

Artigo 12.º – Colaboração dos órgãos de controlo interno

1 – Os serviços de controlo interno, nomeadamente as inspeções-gerais ou quaisquer outras entidades de controlo ou auditoria dos serviços e organismos da Administração Pública, bem como das entidades que integram o setor público empresarial, estão ainda sujeitos a um especial dever de colaboração com o Tribunal de Contas.

2 – O dever de colaboração com o Tribunal referido no número anterior compreende:

a) A comunicação ao Tribunal dos seus programas anuais e plurianuais de atividades e respetivos relatórios de atividades;

b) O envio dos relatórios das suas ações, por decisão do ministro ou do órgão competente para os apreciar, sempre que contenham matéria de interesse para a ação do Tribunal, concretizando as situações geradoras de eventuais responsabilidades com indicação documentada dos factos, do período a que respeitam, da identificação completa dos responsáveis, das normas violadas, dos montantes envolvidos e do exercício do contraditório institucional e pessoal, nos termos previstos no artigo 13.º;

c) A realização de ações, incluindo o acompanhamento da execução orçamental e da gestão das entidades sujeitas aos seus poderes de controlo financeiro, a solicitação do Tribunal, tendo em conta os critérios e objetivos por este fixados.

3 – A decisão a que se refere a alínea *b)* do número anterior pode estabelecer orientação dirigida ao órgão de controlo interno responsável pelo relatório em questão quanto a eventual procedimento jurisdicional, a instaurar ao abrigo da alínea *c)* do n.º 1 do artigo 89.º

4 – O Presidente do Tribunal de Contas pode reunir com os inspetores-gerais e auditores da Administração Pública para promover o intercâmbio de informações quanto aos respetivos programas anuais e plurianuais de atividades e a harmonização de critérios do controlo externo e interno.

Artigo 13.º – Princípio do contraditório

1 – Nos casos sujeitos à sua apreciação, o Tribunal de Contas ouve os responsáveis individuais e os serviços, organismos e demais entidades interessadas e sujeitas aos seus poderes de jurisdição e controlo financeiro.

2 – É assegurado aos responsáveis, previamente à instauração dos processos de efetivação de responsabilidades, bem como dos processos de multa, o direito de serem ouvidos sobre os factos que lhes são imputados, a respetiva qualificação, o regime legal e os montantes a repor ou a pagar, tendo, para o efeito, acesso à informação disponível nas entidades ou organismos respetivos.

3 – A audição faz-se antes de o Tribunal formular juízos públicos de simples apreciação, censura ou condenação.

4 – As alegações, respostas ou observações dos responsáveis são referidas e sintetizadas ou transcritas nos documentos em que sejam comentadas ou nos atos que os julguem ou sancionem, devendo ser publicados em anexo, com os comentários que suscitem, no caso dos relatórios sobre a Conta Geral do Estado, incluindo a da segurança social, e sobre as contas das Regiões Autónomas, e podendo ainda ser publicados em anexo a outros relatórios, quando o Tribunal o julgar útil.

5 – Quando, nomeadamente nos processos de verificação interna, o Tribunal se limitar a apreciar elementos introduzidos no processo pelos responsáveis e não proferir sobre eles qualquer juízo de crítica, censura ou condenação, a audição

tem-se por realizada no momento da apresentação ao Tribunal do processo ou das respetivas alegações.

6 – Os responsáveis podem constituir advogado.

CAPÍTULO III – Estrutura e organização do Tribunal de Contas

SECÇÃO I – Estrutura e organização

Artigo 14.º – Composição

1 – O Tribunal de Contas é composto:

a) Na sede, pelo Presidente e por 16 juízes;

b) Em cada secção regional, por um juiz.

2 – O Tribunal dispõe na sede e nas secções regionais de serviços de apoio indispensáveis ao desempenho das suas funções.

Artigo 15.º – Secções ou câmaras especializadas

1 – O Tribunal de Contas compreende na sede as seguintes secções especializadas, às quais cabe exercer as competências previstas na presente lei:

a) 1.ª Secção;

b) 2.ª Secção;

c) 3.ª Secção.

2 – O número de juízes das secções é fixado por deliberação do plenário geral.

3 – Os juízes são colocados em cada uma das secções pelo plenário geral, ouvidos a comissão permanente e os interessados, e sucedem nos processos atribuídos ao titular da vaga que vão ocupar.

4 – Devem prioritariamente ser colocados na 3.ª Secção os juízes do Tribunal oriundos das magistraturas.

5 – Salvo razões ponderosas de natureza pessoal ou funcional, um juiz só pode mudar de secção após três anos de permanência na mesma.

6 – Nos casos de vacatura, ausência ou impedimento, o Presidente do Tribunal, ouvida a comissão permanente e os interessados, pode afetar temporariamente, em acumulação, juízes de outras secções para permitir o regular funcionamento da secção em causa.

SECÇÃO II – Dos juízes do Tribunal de Contas

Artigo 16.º – Nomeação e exoneração do Presidente

1 – O Presidente do Tribunal de Contas é nomeado nos termos da Constituição.

2 – Quando a nomeação recaia em juiz do próprio Tribunal, o respetivo lugar fica cativo enquanto durar o mandato do Presidente.

Artigo 17.º – Vice-presidente

1 – O plenário geral elege, de entre os seus membros, um vice-presidente, no qual o Presidente pode delegar poderes e a quem cabe o encargo de o substituir no exercício das suas competências nos casos de vacatura, ausência ou impedimento.

2 – O cargo de vice-presidente é exercido por três anos, sendo permitida a reeleição.

3 – A eleição do vice-presidente é feita por escrutínio secreto, sendo eleito o juiz que obtiver mais de metade dos votos validamente expressos.

4 – Se nenhum juiz obtiver esse número de votos, procede-se a segundo sufrágio, ao qual concorrem apenas os dois mais votados, e, no caso de empate, considera-se eleito o mais antigo.

5 – A comissão permanente pode deliberar, sob proposta do Presidente, a redução do serviço a atribuir ou a distribuir ao vice-presidente.

Artigo 18.º – Recrutamento dos juízes

1 – O recrutamento dos juízes faz-se mediante concurso curricular, realizado perante um júri constituído pelo Presidente do Tribunal de Contas, que preside, pelo vice-presidente, pelo juiz mais antigo e por dois professores universitários, um de Direito e outro de Economia, Finanças, Organização e Gestão ou Auditoria, designados pelo Governo.

2 – O concurso é válido durante um ano a partir da data de publicação da lista classificativa.

3 – Podem ser abertos concursos especiais para seleção dos juízes das secções regionais.

4 – Devem prioritariamente ser colocados nas secções regionais juízes oriundos das magistraturas.

5 – Os juízes colocados nas secções regionais têm preferência na colocação na primeira vaga que ocorra na sede, após dois anos de exercício de funções.

6 – O plenário geral pode determinar, em caso de urgente necessidade, que um juiz da sede desempenhe transitoriamente funções na secção regional, por período não superior a seis meses, em ordem a suprir a falta de juiz próprio, com a anuência do interessado.

Artigo 19.º – Requisitos de provimento

1 – Só podem apresentar-se ao concurso curricular os indivíduos com idade superior a 35 anos que, para além dos requisitos gerais estabelecidos na lei para a nomeação dos funcionários do Estado, sejam:

a) Magistrados judiciais, dos tribunais administrativos e fiscais ou do Ministério Público, colocados em tribunais superiores, com pelo menos 10 anos na respetiva magistratura e classificação superior a Bom;

b) Doutores em Direito, Economia, Finanças ou Organização e Gestão ou em outras áreas adequadas ao exercício das funções;

c) Mestres ou licenciados em Direito, Economia, Finanças ou Organização e Gestão ou em outras áreas adequadas ao exercício das funções com pelo menos 10 anos de serviço na Administração Pública e classificação de Muito bom, sendo 3 daqueles anos no exercício de funções dirigentes ao nível do cargo de diretor-geral ou equiparado ou de funções docentes no ensino superior universitário em disciplinas afins da matéria do Tribunal de Contas;

d) Licenciados nas áreas referidas na alínea anterior que tenham exercido funções de subdiretor-geral ou auditor-coordenador ou equiparado no Tribunal de Contas pelo menos durante cinco anos;

e) Mestres ou licenciados em Direito, Economia, Finanças ou Organização e Gestão de Empresas de reconhecido mérito com pelo menos 10 anos de serviço em cargos de direção de empresas e 3 como membro de conselhos de administração ou de gestão ou de conselhos fiscais ou de comissões de fiscalização.

2 – A graduação é feita de entre os candidatos de cada uma das áreas de recrutamento enunciadas no número anterior.

3 – As nomeações são feitas pela ordem de classificação dos candidatos dentro de cada uma das áreas de recrutamento, atribuindo-se uma vaga a cada uma dessas áreas pela ordem estabelecida no n.º 1, e assim sucessivamente.

Artigo 20.º – Critérios do concurso curricular

1 – O júri gradua os candidatos em mérito relativo.

2 – No concurso curricular, a graduação é feita tomando globalmente em conta os seguintes fatores:

a) Classificações académicas e de serviço;

b) Graduações obtidas em concursos;

c) Trabalhos científicos ou profissionais;

d) Atividade profissional;

e) Quaisquer outros fatores que respeitem à idoneidade e à capacidade de adaptação relativamente ao cargo a prover.

3 – Dos atos definitivos relativos ao concurso e à nomeação dos juízes cabe recurso para o plenário geral do Tribunal, sendo relator um juiz da 1.ª ou da 3.ª Secções a quem o mesmo for distribuído por sorteio.

4 – Ao recurso previsto no número anterior aplica-se, subsidiariamente, o regime de recurso das deliberações do Conselho Superior da Magistratura.

Artigo 21.º - Forma de provimento

1 - Os juízes do Tribunal de Contas que tenham vínculo à função pública podem ser providos a título definitivo ou exercer o cargo em comissão permanente de serviço.

2 - O tempo de serviço em comissão no Tribunal considera-se, para todos os efeitos, como prestado nos lugares de origem.

Artigo 22.º - Posse

1 - O Presidente do Tribunal de Contas toma posse e presta compromisso de honra perante o Presidente da República.

2 - O vice-presidente e os juízes tomam posse e prestam compromisso de honra perante o Presidente do Tribunal.

Artigo 23.º - Juízes além do quadro

1 - A nomeação de juízes do Tribunal de Contas para outros cargos, em comissão de serviço, nos termos da lei, implica a criação automática de igual número de lugares além do quadro, a extinguir quando os seus titulares vierem a ocupar lugares do quadro.

2 - Os lugares além do quadro são providos segundo a lista de graduação de concurso durante o respetivo prazo de validade ou mediante concurso a abrir nos termos dos artigos 18.º a 20.º

3 - Os juízes nomeados para lugares além do quadro ocupam, por ordem da respetiva graduação, as vagas que vierem a surgir posteriormente, ainda que tenha expirado o prazo de validade do concurso respetivo.

4 - O número de juízes além do quadro não pode ultrapassar 25 /prct. dos lugares previstos no mesmo.

Artigo 24.º - Prerrogativas

Os juízes do Tribunal de Contas têm honras, direitos, categoria, tratamento, remunerações e demais prerrogativas iguais aos dos juízes do Supremo Tribunal de Justiça, aplicando-se-lhes, em tudo quanto não for incompatível com a natureza do Tribunal, o disposto no Estatuto dos Magistrados Judiciais.

Artigo 25.º - Poder disciplinar

1 - Compete à comissão permanente o exercício do poder disciplinar sobre os juízes, ainda que respeite a atos praticados no exercício de outras funções, cabendo-lhe designadamente instaurar o processo disciplinar, nomear o respetivo instrutor, deliberar sobre a eventual suspensão preventiva e aplicar as respetivas sanções, com recurso para o plenário geral.

2 - (Revogado.)

3 - Salvo o disposto no n.º 1, aplica-se aos juízes do Tribunal de Contas o regime disciplinar estabelecido na lei para os magistrados judiciais.

Artigo 26.º - Responsabilidade civil e criminal

São aplicáveis ao Presidente e aos juízes do Tribunal de Contas, com as necessárias adaptações, as normas que regulam a efetivação das responsabilidades civil e criminal dos juízes do Supremo Tribunal de Justiça, bem como as normas relativas à respetiva prisão preventiva.

Artigo 27.º - Incompatibilidades, impedimentos e suspeições

1 - O Presidente e os juízes do Tribunal de Contas estão sujeitos às mesmas incompatibilidades, impedimentos e suspeições dos magistrados judiciais.

2 - O Presidente e os juízes do Tribunal de Contas não podem exercer quaisquer funções em órgãos de partidos, de associações políticas ou de associações com eles conexas nem desenvolver atividades político-partidárias de caráter público, ficando suspenso o estatuto decorrente da respetiva filiação durante o período do desempenho dos seus cargos no Tribunal.

Artigo 28.º - Distribuição de publicações oficiais

1 - O Presidente e os juízes do Tribunal de Contas têm direito a receber gratuitamente o Diário da República e o Diário da Assembleia da República.

2 - Os juízes das secções regionais têm ainda direito a receber gratuitamente o Jornal Oficial das respetivas regiões autónomas.

SECÇÃO III - Do Ministério Público

Artigo 29.º - Intervenção do Ministério Público

1 - O Ministério Público é representado, junto da sede do Tribunal de Contas, pelo Procurador-Geral da República, que pode delegar as suas funções num ou mais dos procuradores-gerais-adjuntos.

2 - Nas secções regionais, o Ministério Público é representado pelo magistrado para o efeito designado pelo Procurador-Geral da República, o qual é substituído, nas suas faltas e impedimentos, pelo seu substituto legal.

3 - No coletivo a que se refere o n.º 1 do artigo 42.º, a representação do Ministério Público é assegurada pelo magistrado colocado na secção regional que preparar o parecer sobre a conta da região autónoma.

4 - O Ministério Público intervém oficiosamente e de acordo com as normas de processo nas 1.ª e 3.ª Secções, devendo ser-lhe entregues todos os relatórios e pareceres aprovados na sequência de ações de verificação, controlo e auditoria

aquando da respetiva notificação, podendo solicitar a entrega de todos os documentos ou processos que entenda necessários.

5 – O Ministério Público pode assistir às sessões da 2.ª Secção, tendo vista dos processos antes da sessão ordinária semanal, podendo emitir parecer sobre a legalidade das questões deles emergentes.

6 – O Ministério Público pode realizar as diligências complementares que entender adequadas que se relacionem com os factos constantes dos relatórios que lhe sejam remetidos, a fim de serem desencadeados eventuais procedimentos jurisdicionais.

SECÇÃO IV – Dos serviços de apoio do Tribunal de Contas

Artigo 30.º – Princípios orientadores

1 – O Tribunal de Contas dispõe de serviços de apoio técnico e administrativo, constituídos pelo Gabinete do Presidente e pela Direção-Geral, incluindo os serviços de apoio das secções regionais.

2 – A organização e estrutura da Direção-Geral, incluindo os serviços de apoio das secções regionais, constam de decreto-lei e devem observar os seguintes princípios e regras:

a) Constituição de um corpo especial de fiscalização e controlo, integrando carreiras altamente qualificadas de auditor, consultor e técnico verificador, a exercer, em princípio, em regime de exclusividade;

b) O auditor executa funções de controlo de alto nível, nomeadamente a realização de auditorias e outras ações de controlo nas diversas áreas da competência do Tribunal;

c) O consultor executa funções de consultadoria de alto nível, nomeadamente de estudo e investigação científico-técnica para apoio ao Tribunal e às equipas de auditoria;

d) O técnico verificador executa funções de estudo e aplicação de métodos e processos científico-técnicos, nomeadamente no âmbito da instrução de processos de fiscalização prévia e sucessiva;

e) O estatuto remuneratório das carreiras de auditor e de consultor é equiparado ao dos juízes de direito;

f) O estatuto remuneratório das carreiras de técnico verificador não é inferior ao praticado nos serviços de controlo e inspeção existentes na Administração Pública;

g) Constituição de unidades de apoio técnico segundo as competências de cada secção e, dentro desta, segundo áreas especializadas;

h) Formação inicial e permanente de todos os funcionários daquelas carreiras;

i) Os serviços de apoio na sede são dirigidos por um diretor-geral, coadjuvado por subdiretores-gerais;

j) Em cada secção regional, os serviços de apoio são dirigidos por um subdiretor-geral;

l) A Direção-Geral e cada secção regional são ainda coadjuvadas por auditores-coordenadores e auditores-chefes, para o efeito equiparados a diretor de serviços e a chefe de divisão, respetivamente;

m) O pessoal dirigente da Direção-Geral e dos serviços de apoio das secções regionais integra o corpo especial de fiscalização e controlo previsto na alínea *a)*, aplicando-se, subsidiariamente, o regime do pessoal dirigente da função pública;

n) O pessoal das carreiras não integrado no corpo especial de fiscalização e controlo previsto na alínea *a)* tem direito a um suplemento mensal de disponibilidade permanente.

3 – A estrutura, natureza e atribuições do Gabinete do Presidente, bem como o regime do respetivo pessoal, constam de decreto-lei.

4 – O Gabinete do Presidente assegura o apoio administrativo aos juízes e ao representante do Ministério Público, sendo para isso dotado das unidades necessárias.

5 – Até à entrada em vigor do decreto-lei a que se refere o n.º 2, o Presidente do Tribunal de Contas pode atribuir ao pessoal do quadro da Direção-Geral um suplemento mensal de disponibilidade permanente até 20 /prct. do vencimento ilíquido a pagar pelos cofres do Tribunal.

SECÇÃO V – Da gestão administrativa e financeira do Tribunal de Contas

Artigo 31.º – Autonomia administrativa e orçamental

1 – O Tribunal de Contas e as suas secções regionais são dotados de autonomia administrativa.

2 – As despesas de instalação e funcionamento do Tribunal, incluindo as secções regionais, constituem encargo do Estado, através do respetivo Orçamento.

3 – O Tribunal elabora um projeto de orçamento e apresenta-o ao Governo nos prazos determinados para a elaboração da proposta de lei do Orçamento, devendo ainda fornecer à Assembleia da República os elementos que ela lhe solicite sobre esta matéria.

Artigo 32.º – Poderes administrativos e financeiros do Tribunal

Compete ao Tribunal, em plenário geral:

a) Aprovar o projeto do seu orçamento anual, incluindo os das secções regionais, bem como dos respetivos cofres, e das propostas de alteração orçamental que não sejam da sua competência;

b) Apresentar sugestões de providências legislativas necessárias ao funcionamento do Tribunal, incluindo as secções regionais, e dos seus serviços de apoio;

c) Definir as linhas gerais de organização e funcionamento dos seus serviços de apoio técnico, incluindo os das secções regionais.

Artigo 33.º – Poderes administrativos e financeiros do Presidente

1 – Compete ao Presidente do Tribunal:

a) Superintender e orientar os serviços de apoio, incluindo a gestão de pessoal e a gestão financeira do Tribunal e das suas secções regionais, no quadro do autogoverno, exercendo os poderes administrativos e financeiros idênticos aos que integram a competência ministerial;

b) Orientar a elaboração dos projetos de orçamento bem como das propostas de alteração orçamental que não sejam da sua competência;

c) Dar aos serviços de apoio do Tribunal as ordens e instruções que se revelem necessárias à melhor execução das orientações definidas pelo Tribunal e ao seu eficaz funcionamento.

2 – O exercício das competências referidas no n.º 1 pode ser delegado no vice-presidente e nos juízes das secções regionais.

Artigo 34.º – Conselhos administrativos

1 – O Conselho Administrativo do Tribunal é presidido pelo diretor-geral e integram-no dois vogais que exerçam cargos dirigentes na Direção-Geral, dos quais um é o responsável pelos serviços de gestão financeira.

2 – Os dois vogais do Conselho Administrativo são designados pelo Presidente, sob proposta do diretor-geral, devendo igualmente ser designados os respetivos substitutos.

3 – Nas secções regionais o conselho administrativo é presidido pelo subdiretor-geral e os dois vogais, bem como os respetivos substitutos, são designados pelo juiz, sob proposta do subdiretor-geral.

4 – Os conselhos administrativos exercem a competência de administração financeira, que integra a gestão normal dos serviços de apoio, competindo-lhe, designadamente:

a) Autorizar as despesas que não devam ser autorizadas pelo Presidente;

b) Autorizar o pagamento de despesas, qualquer que seja a entidade que tenha autorizado a respetiva realização;

c) Preparar os projetos de orçamento do Tribunal e das secções regionais e o orçamento dos respetivos cofres, bem como as propostas de alteração orçamental que se revelem necessárias;

d) Gerir o Cofre do Tribunal ou das respetivas secções regionais.

5 – Os presidentes têm voto de qualidade.

Artigo 35.º – Cofres do Tribunal de Contas

1 – O Tribunal de Contas dispõe de cofres na sede e nas secções regionais, que gozam de personalidade jurídica, autonomia administrativa e financeira e património próprio.

2 – Constituem receitas dos cofres:

a) As receitas emolumentares cobradas pelos serviços do Tribunal ou da Direção-Geral;

b) O produto da venda de livros ou revistas editados pelo Tribunal ou de serviços prestados pela Direção-Geral;

c) Outras receitas a fixar por diploma legal;

d) Heranças, legados e doações.

3 – Constituem encargos dos cofres:

a) As despesas correntes e de capital que, em cada ano, não possam ser suportadas pelas verbas inscritas no Orçamento do Estado;

b) Os vencimentos dos juízes auxiliares para além do número de juízes do quadro, bem como os suplementos que sejam devidos aos juízes;

c) As despesas resultantes da edição de livros ou revistas;

d) As despesas derivadas da realização de estudos, auditorias, peritagens e outros serviços, quando não possam ser levados a cabo pelo pessoal do quadro dos serviços de apoio.

4 – Todos os bens adquiridos com verbas inscritas nos orçamentos dos cofres do Tribunal integram os respetivos patrimónios próprios.

CAPÍTULO IV – Das modalidades do controlo financeiro do Tribunal de Contas

SECÇÃO I – Da programação

Artigo 36.º – Fiscalização orçamental

1 – O Tribunal de Contas fiscaliza a execução do Orçamento do Estado, incluindo o da segurança social, podendo para tal solicitar a quaisquer entidades, públicas ou privadas, as informações necessárias.

2 – As informações assim obtidas, quer durante a execução do Orçamento quer até ao momento da publicação da Conta Geral do Estado, podem ser comu-

nicadas à Assembleia da República, com quem o Tribunal e os seus serviços de apoio poderão acordar os procedimentos necessários para a coordenação das respetivas competências constitucionais de fiscalização da execução orçamental e, bem assim, para apreciação do relatório sobre a Conta Geral do Estado, tanto durante a sua preparação como após a respetiva publicação.

3 – A Assembleia da República pode solicitar ao Tribunal relatórios intercalares sobre os resultados da fiscalização do Orçamento ao longo do ano, bem como a prestação de quaisquer esclarecimentos necessários à apreciação do Orçamento do Estado e do relatório sobre a Conta Geral do Estado.

4 – À preparação e à fiscalização da execução dos orçamentos das regiões autónomas pelas secções regionais, em articulação com as Assembleias Legislativas das regiões autónomas, aplica-se o disposto nos números anteriores, com as necessárias adaptações.

Artigo 37.º – Programa trienal

1 – O plenário geral do Tribunal de Contas aprova o programa das suas ações de fiscalização e controlo para um período de três anos, até 30 de outubro do ano imediatamente anterior ao início do triénio.

2 – Na sede o programa é elaborado pela comissão permanente com base nos programas sectoriais trienais das 1.ª e 2.ª Secções.

3 – O programa trienal das secções regionais é elaborado pelo respetivo juiz e consta em anexo ao programa trienal da sede.

Artigo 38.º – Programa anual da 1.ª Secção

1 – O plenário da 1.ª Secção aprova até 15 de dezembro de cada ano, com subordinação ao programa de ação trienal, o respetivo programa anual, do qual consta, designadamente:

a) A relação dos organismos ou serviços dispensados, total ou parcialmente, de fiscalização prévia nesse ano com fundamento na fiabilidade do seu sistema de decisão e controlo interno verificado em auditorias realizadas pelo Tribunal;

b) A relação dos serviços ou organismos que nesse ano serão objeto de fiscalização concomitante de despesas emergentes dos atos ou contratos que não devam ser remetidos para fiscalização prévia.

2 – A dispensa de fiscalização prévia prevista na alínea *a)* do número anterior pode ser revogada a todo o tempo com fundamento na falta de fiabilidade do sistema de decisão e controlo interno do serviço ou organismo constatada em auditorias realizadas pelo Tribunal.

3 – (Revogado.)

4 – (Revogado.)

Artigo 39.º - Áreas de responsabilidade da 2.ª Secção

1 - Aprovado o programa de ação trienal do Tribunal, o plenário da 2.ª Secção, até 15 de novembro desse ano, delibera a constituição das áreas de responsabilidade a atribuir por sorteio a cada juiz, na falta de consenso.

2 - A elaboração do relatório e parecer da Conta Geral do Estado pode constituir uma ou mais áreas de responsabilidade.

3 - Os serviços de apoio técnico devem organizar-se em função das áreas de responsabilidade dos juízes.

Artigo 40.º - Programa anual da 2.ª Secção

O plenário da 2.ª Secção aprova até 15 de dezembro de cada ano, com subordinação ao programa de ação trienal, o respetivo programa anual, do qual consta, designadamente:

a) A relação das entidades dispensadas da remessa de contas segundo critérios previamente definidos, que respeitam os critérios e práticas correntes de auditoria e visam conseguir uma adequada combinação entre amostragem e risco financeiro, a prioridade do controlo das contas mais atuais, com maiores valor e risco financeiro, e a garantia de que todos os serviços e organismos sejam controlados pelo menos uma vez em cada ciclo de quatro anos;

b) A relação das entidades cujas contas são objeto de verificação externa;

c) A relação das entidades cujas contas são devolvidas com e sem verificação interna pelos serviços de apoio, segundo critérios previamente definidos;

d) O valor de receita ou despesa abaixo do qual as entidades sujeitas à prestação de contas ficam dispensadas de as remeter a Tribunal;

e) As auditorias a realizar independentemente de processos de verificação de contas;

f) As ações a realizar no âmbito da elaboração do relatório e parecer sobre a Conta Geral do Estado.

Artigo 41.º - Relatório e parecer sobre a Conta Geral do Estado

1 - No relatório e parecer sobre a Conta Geral do Estado, incluindo a da segurança social, o Tribunal de Contas aprecia a atividade financeira do Estado no ano a que a Conta se reporta, nos domínios das receitas, das despesas, da tesouraria, do recurso ao crédito público e do património, designadamente nos seguintes aspetos:

a) O cumprimento da lei de enquadramento do Orçamento do Estado, bem como a demais legislação complementar relativa à administração financeira;

b) A comparação entre as receitas e despesas orçamentadas e as efetivamente realizadas;

c) O inventário e o balanço do património do Estado, bem como as alterações patrimoniais, nomeadamente quando decorram de processos de privatização;

d) Os fluxos financeiros entre o Orçamento do Estado e o setor empresarial do Estado, nomeadamente quanto ao destino legal das receitas de privatizações;

e) A execução dos programas plurianuais do Orçamento do Estado, com referência especial à respetiva parcela anual;

f) A movimentação de fundos por operações de tesouraria, discriminados por tipos de operações;

g) As responsabilidades diretas do Estado, decorrentes da assunção de passivos ou do recurso ao crédito público, ou indiretas, designadamente a concessão de avales;

h) Os apoios concedidos direta ou indiretamente pelo Estado, designadamente subvenções, subsídios, benefícios fiscais, créditos, bonificações e garantias financeiras;

i) Os fluxos financeiros com a União Europeia, bem como o grau de observância dos compromissos com ela assumidos.

2 – O relatório e parecer sobre a Conta Geral do Estado emite um juízo sobre a legalidade e a correção financeira das operações examinadas, podendo pronunciar-se sobre a economia, a eficiência e a eficácia da gestão e, bem assim, sobre a fiabilidade dos respetivos sistemas de controlo interno.

3 – No relatório e parecer sobre a Conta Geral do Estado podem ainda ser formuladas recomendações à Assembleia da República ou ao Governo, em ordem a ser supridas as deficiências de gestão orçamental, tesouraria, dívida pública e património, bem como de organização e funcionamento dos serviços.

Artigo 42.º – Contas das regiões autónomas

1 – O relatório e parecer sobre as contas das regiões autónomas é preparado pela respetiva secção regional e, seguidamente, aprovado por um coletivo para o efeito constituído pelo Presidente do Tribunal de Contas e pelos juízes de ambas as secções regionais.

2 – O coletivo a que se refere o número anterior reúne-se na sede da secção regional responsável pela preparação do relatório e parecer.

3 – Ao relatório e parecer sobre as contas das regiões autónomas é aplicável o disposto no artigo 41.º, com as devidas adaptações.

Artigo 43.º – Relatório anual

1 – A atividade desenvolvida pelo Tribunal de Contas e pelos seus serviços de apoio consta de um relatório.

2 – O relatório é elaborado pelo Presidente e aprovado pelo plenário geral, após o que é publicado e apresentado ao Presidente da República, à Assembleia da República, ao Governo e aos órgãos de governo próprio das regiões

autónomas, no tocante à respetiva secção regional, até ao dia 31 de maio do ano seguinte àquele a que diga respeito.

3 – Para a elaboração do relatório referido nos números anteriores devem os juízes das secções regionais remeter ao Presidente o respetivo relatório até ao dia 30 de abril do ano seguinte àquele a que diga respeito.

SECÇÃO II – Da fiscalização prévia

Artigo 44.º – Finalidade do visto – Fundamentos da recusa do visto

1 – A fiscalização prévia tem por fim verificar se os atos, contratos ou outros instrumentos geradores de despesa ou representativos de responsabilidades financeiras diretas ou indiretas estão conformes às leis em vigor e se os respetivos encargos têm cabimento em verba orçamental própria.

2 – Nos instrumentos geradores de dívida pública, a fiscalização prévia tem por fim verificar, designadamente, a observância dos limites e sublimites de endividamento e as respetivas finalidades, estabelecidas pela Assembleia da República.

3 – Constitui fundamento da recusa do visto a desconformidade dos atos, contratos e demais instrumentos referidos com as leis em vigor que implique:

a) Nulidade;

b) Encargos sem cabimento em verba orçamental própria ou violação direta de normas financeiras;

c) Ilegalidade que altere ou possa alterar o respetivo resultado financeiro.

4 – Nos casos previstos na alínea *c)* do número anterior, o Tribunal, em decisão fundamentada, pode conceder o visto e fazer recomendações aos serviços e organismos no sentido de suprir ou evitar no futuro tais ilegalidades.

5 – (Revogado.)

Artigo 45.º – Efeitos do visto

1 – Os atos, contratos e demais instrumentos sujeitos à fiscalização prévia do Tribunal de Contas podem produzir todos os seus efeitos antes do visto ou da declaração de conformidade, exceto quanto aos pagamentos a que derem causa e sem prejuízo do disposto nos números seguintes.

2 – Nos casos previstos no número anterior, a recusa do visto implica apenas ineficácia jurídica dos respetivos atos, contratos e demais instrumentos após a data da notificação da respetiva decisão aos serviços ou organismos interessados.

3 – Os trabalhos realizados ou os bens ou serviços adquiridos após a celebração do contrato e até à data da notificação da recusa do visto podem ser pagos após esta notificação, desde que o respetivo valor não ultrapasse a programação contratualmente estabelecida para o mesmo período.

4 – Os atos, contratos e demais instrumentos sujeitos à fiscalização prévia do Tribunal de Contas cujo valor seja superior a (euro) 950 000 não produzem quaisquer efeitos antes do visto ou declaração de conformidade.

5 – O disposto no número anterior não é aplicável aos contratos celebrados na sequência de procedimento de ajuste direto por motivos de urgência imperiosa resultante de acontecimentos imprevisíveis pela entidade adjudicante, que não lhe sejam em caso algum imputáveis, e não possam ser cumpridos os prazos inerentes aos demais procedimentos previstos na lei.

Artigo 46.º – Incidência da fiscalização prévia

1 – Estão sujeitos à fiscalização prévia do Tribunal de Contas, nos termos da alínea *c)* do n.º 1 do artigo 5.º:

a) Todos os atos de que resulte o aumento da dívida pública fundada dos serviços e fundos do Estado e das regiões autónomas com autonomia administrativa e financeira, e das demais entidades referidas nas alíneas *c)* a *e)* do n.º 1 do artigo 2.º, bem como os atos que modifiquem as condições gerais de empréstimos visados;

b) Os contratos de obras públicas, aquisição de bens e serviços, bem como outras aquisições patrimoniais que impliquem despesa nos termos do artigo 48.º, quando reduzidos a escrito por força da lei;

c) As minutas dos contratos de valor igual ou superior ao fixado nas leis do Orçamento nos termos do artigo 48.º, cujos encargos, ou parte deles, tenham de ser satisfeitos no ato da sua celebração;

d) Os atos ou contratos que formalizem modificações objetivas a contratos visados e que impliquem um agravamento dos respetivos encargos financeiros ou responsabilidades financeiras;

e) Os atos ou contratos que formalizem modificações objetivas a contratos não visados que impliquem um agravamento dos respetivos encargos financeiros ou responsabilidades financeiras em valor superior ao previsto no artigo 48.º

2 – Para efeitos das alíneas *b)*, *c)*, *d)* e *e)* do número anterior, consideram-se contratos os acordos, protocolos, apostilhas ou outros instrumentos de que resultem ou possam resultar encargos financeiros ou patrimoniais.

3 – Para efeitos da alínea *e)* do n.º 1, considera-se que o valor superior ao previsto no artigo 48.º deve resultar da soma do valor inicial ao de anteriores modificações objetivas.

4 – O Tribunal e os seus serviços de apoio exercem as respetivas competências de fiscalização prévia de modo integrado com as formas de fiscalização concomitante e sucessiva.

5 – A fiscalização prévia exerce-se através do visto ou da declaração de conformidade, sendo devidos emolumentos em ambos os casos.

6 – Para efeitos do n.º 1, são remetidos ao Tribunal de Contas os documentos que representem, titulem ou deem execução aos atos e contratos ali enumerados.

Artigo 47.º – Fiscalização prévia: isenções

1 – Excluem-se do disposto no artigo anterior:

a) Os atos e contratos praticados ou celebrados pelas entidades referidas nas alíneas *a)*, *b)* e *c)* do n.º 2 do artigo 2.º, e que não se enquadrem na parte final da alínea *c)* do n.º 1 do artigo 5.º, de valor inferior a (euro) 5 000 000, bem como os atos do Governo e dos Governos Regionais que não determinem encargos orçamentais ou de tesouraria e se relacionem exclusivamente com a tutela e gestão dessas entidades;

b) Os títulos definitivos dos contratos precedidos de minutas visadas;

c) Os contratos de arrendamento, bem como os de fornecimento de água, gás e eletricidade ou celebrados com empresas de limpeza, de segurança de instalações e de assistência técnica;

d) Os atos ou contratos que, no âmbito de empreitadas de obras públicas já visadas, titulem a execução de trabalhos a mais ou de suprimento de erros e omissões, os quais ficam sujeitos a fiscalização concomitante e sucessiva;

e) Os contratos destinados a estabelecer condições de recuperação de créditos do Estado;

f) Os contratos de aquisição de serviços celebrados com instituições sem fins lucrativos que tenham por objeto os serviços de saúde e de caráter social mencionados no anexo ii-B da Diretiva n.º 2004/18/CE, do Parlamento Europeu e do Conselho, de 31 de março, bem como os contratos de aquisição de serviços celebrados com instituições sem fins lucrativos que tenham por objeto os serviços de educação e formação profissional mencionados no referido anexo, que confiram certificação escolar ou certificação profissional;

g) Os contratos e demais instrumentos jurídicos que tenham por objeto a prestação de serviços de elaboração e revisão de projeto, fiscalização de obra, empreitada ou concessão destinada à promoção, reabilitação e aquisição de imóveis para habitação acessível ou pública ou o alojamento estudantil, bem como a aquisição de unidades de participação em fundos especiais de investimento imobiliário para promoção pública de habitação;

h) Os contratos-programa, acordos e/ou contratos de delegação de competências, e respetivos atos de execução, celebrados entre autarquias locais, bem como entre uma autarquia local e uma entidade do setor empresarial local, por via dos quais sejam transferidas competências, constituído mandato para a sua prossecução ou assumido o compromisso de execução de determinadas atividades ou tarefas;

i) Outros atos, diplomas, despachos ou contratos já especialmente previstos na lei.

2 – Os atos, contratos ou documentação referidos na alínea *d)* do número anterior são remetidos ao Tribunal de Contas no prazo de 60 dias a contar do início da sua execução.

Artigo 48.º – Dispensa da fiscalização prévia

1 – Ficam dispensados de fiscalização prévia os contratos referidos nas alíneas *b)* e *c)* do n.º 1 do artigo 46.º de valor inferior a 750 000 (euro), com exclusão do montante do imposto sobre o valor acrescentado que for devido.

2 – O limite referido no número anterior, quanto ao valor global dos atos e contratos que estejam ou aparentem estar relacionados entre si, é de 950 000 (euro).

SECÇÃO III – Da fiscalização concomitante

Artigo 49.º – Fiscalização concomitante

1 – O Tribunal de Contas pode realizar fiscalização concomitante:

a) Através de auditorias da 1.ª Secção aos procedimentos e atos administrativos que impliquem despesas de pessoal e aos contratos que não devam ser remetidos para fiscalização prévia por força da lei, bem como à execução de contratos visados;

b) Através de auditorias da 2.ª Secção à atividade financeira exercida antes do encerramento da respetiva gerência.

2 – Se, nos casos previstos no número anterior, se apurar a ilegalidade de procedimento pendente ou de ato ou contrato ainda não executado, deve a entidade competente para autorizar a despesa ser notificada para remeter o referido ato ou contrato à fiscalização prévia e não lhe dar execução antes do visto, sob pena de responsabilidade financeira.

3 – Os relatórios de auditoria realizados nos termos dos números anteriores podem ser instrumentos de processo de verificação da respetiva conta ou servir de base a processo de efetivação de responsabilidades ou de multa.

SECÇÃO IV – Da fiscalização sucessiva

Artigo 50.º – Da fiscalização sucessiva em geral

1 – No âmbito da fiscalização sucessiva, o Tribunal de Contas verifica as contas das entidades previstas no artigo 2.º, avalia os respetivos sistemas de controlo interno, aprecia a legalidade, economia, eficiência e eficácia da sua gestão financeira e assegura a fiscalização da comparticipação nacional nos recursos próprios comunitários e da aplicação dos recursos financeiros oriundos da União Europeia.

2 – No âmbito da fiscalização sucessiva da dívida pública direta do Estado, o Tribunal de Contas verifica, designadamente, se foram observados os limites

de endividamento e demais condições gerais estabelecidas pela Assembleia da República em cada exercício orçamental.

3 – Os empréstimos e as operações financeiras de gestão da dívida pública direta, bem como os respetivos encargos, provenientes, nomeadamente, de amortizações de capital ou de pagamentos de juros, estão sujeitos à fiscalização sucessiva do Tribunal de Contas.

4 – A Agência de Gestão da Tesouraria e da Dívida Pública (IGCP, EPE) informa mensalmente o Tribunal de Contas sobre os empréstimos e as operações financeiras de gestão da dívida pública direta do Estado realizados nos termos previstos nesta lei.

Artigo 51.º – Das entidades que prestam contas

1 – Estão sujeitas à elaboração e prestação de contas as seguintes entidades:

a) A Presidência da República;

b) A Assembleia da República;

c) Os tribunais;

d) As Assembleias Legislativas das regiões autónomas;

e) Outros órgãos constitucionais;

f) Os serviços do Estado e das regiões autónomas, incluindo os localizados no estrangeiro, personalizados ou não, qualquer que seja a sua natureza jurídica, dotados de autonomia administrativa ou de autonomia administrativa e financeira, incluindo os fundos autónomos e organismos em regime de instalação;

g) O Estado-Maior-General das Forças Armadas e respetivos ramos;

h) A Santa Casa da Misericórdia e o seu Departamento de Jogos;

i) A Agência de Gestão da Tesouraria e da Dívida Pública (IGCP, EPE);

j) A Caixa Geral de Aposentações;

l) As juntas e regiões de turismo;

m) As autarquias locais, suas associações e federações e seus serviços autónomos, áreas metropolitanas e assembleias distritais;

n) Os conselhos administrativos ou comissões administrativas ou de gestão, juntas de caráter permanente, transitório ou eventual, outros administradores ou responsáveis por dinheiros ou outros ativos do Estado ou de estabelecimentos que ao Estado pertençam, embora disponham de receitas próprias;

o) As entidades previstas no n.º 2 do artigo 2.º;

p) Outras entidades ou organismos a definir por lei.

2 – Estão ainda sujeitos à elaboração e prestação de contas:

a) Os serviços que exerçam funções de caixa da Direção-Geral do Tesouro, da Direção-Geral das Alfândegas e da Direção-Geral dos Impostos;

b) Os estabelecimentos com funções de tesouraria;

c) Os cofres de qualquer natureza de todos os organismos e serviços públicos, seja qual for a origem e o destino das suas receitas;

d) As entidades obrigadas à elaboração de contas consolidadas, sem prejuízo da prestação de contas separadas pelas entidades previstas no artigo 2.º que integram os respetivos perímetros de consolidação.

3 – O plenário geral da 2.ª Secção pode fixar o montante anual de receita ou de despesa abaixo do qual as entidades referidas nos números anteriores ficam dispensadas de remeter as contas ao Tribunal.

4 – O plenário da 2.ª Secção pode anualmente deliberar a dispensa de remessa de contas por parte de algumas das entidades referidas nos n.os 1 e 2 com fundamento na fiabilidade dos sistemas de decisão e de controlo interno constatado em anteriores auditorias ou de acordo com os critérios de seleção das ações e entidades a incluir no respetivo programa anual.

5 – As contas dispensadas de remessa ao Tribunal nos termos dos n.os 3 e 4 podem ser objeto de verificação e as respetivas entidades sujeitas a auditorias, mediante deliberação do plenário da 2.ª Secção, durante o período de cinco anos.

Artigo 52.º – Da prestação de contas

1 – As contas são prestadas por anos económicos e elaboradas pelos responsáveis da respetiva gerência ou, se estes tiverem cessado funções, por aqueles que lhes sucederem, sem prejuízo do dever de recíproca colaboração.

2 – Quando, porém, dentro de um ano económico houver substituição do responsável ou da totalidade dos responsáveis nas administrações coletivas, as contas são prestadas em relação a cada gerência.

3 – A substituição parcial de gerentes em administrações colegiais por motivo de presunção ou apuramento de qualquer infração financeira dá lugar à prestação de contas, que são encerradas na data em que se fizer a substituição.

4 – As contas são remetidas ao Tribunal até 30 de abril do ano seguinte àquele a que respeitam, sem prejuízo de as contas consolidadas serem remetidas até 30 de junho.

5 – Nos casos previstos nos n.os 2 e 3, o prazo para apresentação das contas é de 45 dias a contar da data da substituição dos responsáveis.

6 – As contas são elaboradas e documentadas de acordo com as instruções aprovadas pelo Tribunal.

7 – A falta injustificada de remessa das contas nos prazos fixados nos n.os 4 e 5 pode, sem prejuízo da correspondente sanção, determinar a realização de uma auditoria, tendo em vista apurar as circunstâncias da falta cometida e da eventual omissão da elaboração das contas, a qual procede à reconstituição e exame da respetiva gestão financeira, para fixação do débito aos responsáveis, se possível.

Artigo 53.º – Verificação interna

1 – As contas que não sejam objeto de verificação externa nos termos do artigo seguinte podem ser objeto de verificação interna.

2 – A verificação interna abrange a análise e conferência da conta apenas para demonstração numérica das operações realizadas que integram o débito e o crédito da gerência com evidência dos saldos de abertura e de encerramento e, se for caso disso, a declaração de extinção de responsabilidade dos tesoureiros caucionados.

3 – A verificação interna é efetuada pelos serviços de apoio, que fixam os emolumentos devidos, e deve ser homologada pela 2.ª Secção.

Artigo 54.º – Da verificação externa de contas

1 – A verificação externa das contas tem por objeto apreciar, designadamente:

a) Se as operações efetuadas são legais e regulares;

b) Se os respetivos sistemas de controlo interno são fiáveis;

c) Se as contas e as demonstrações financeiras elaboradas pelas entidades que as prestam refletem fidedignamente as suas receitas e despesas, bem como a sua situação financeira e patrimonial;

d) Se são elaboradas de acordo com as regras contabilísticas fixadas.

2 – A verificação externa das contas será feita com recurso aos métodos e técnicas de auditoria decididos, em cada caso, pelo Tribunal.

3 – O processo de verificação externa das contas conclui pela elaboração e aprovação de um relatório, do qual devem, designadamente, constar:

a) A entidade cuja conta é objeto de verificação e período financeiro a que diz respeito;

b) Os responsáveis pela sua apresentação, bem como pela gestão financeira, se não forem os mesmos;

c) A demonstração numérica referida no n.º 2 do artigo 53.º;

d) Os métodos e técnicas de verificação utilizados e o universo das operações selecionadas;

e) A opinião dos responsáveis no âmbito do contraditório;

f) O juízo sobre a legalidade e regularidade das operações examinadas e sobre a consistência, integralidade e fiabilidade das contas e respetivas demonstrações financeiras, bem como sobre a impossibilidade da sua verificação, se for caso disso;

g) A concretização das situações de facto e de direito integradoras de eventuais infrações financeiras e seus responsáveis, se for caso disso;

h) A apreciação da economia, eficiência e eficácia da gestão financeira, se for caso disso;

i) As recomendações em ordem a serem supridas as deficiências da respetiva gestão financeira, bem como de organização e funcionamento dos serviços;

j) Os emolumentos devidos e outros encargos a suportar pelas entidades auditadas.

4 – O Ministério Público é apenas notificado do relatório final aprovado, sem prejuízo do disposto no n.º 4 do artigo 29.º e no n.º 1 do artigo 57.º

Artigo 55.º – Das auditorias

1 – O Tribunal pode, para além das auditorias necessárias à verificação externa das contas, realizar a qualquer momento, por iniciativa sua ou a solicitação da Assembleia da República ou do Governo, auditorias de qualquer tipo ou natureza a determinados atos, procedimentos ou aspetos da gestão financeira de uma ou mais entidades sujeitas aos seus poderes de controlo financeiro.

2 – Os processos de auditoria concluem pela elaboração e aprovação de um relatório, ao qual se aplica o disposto nas alíneas *d)* a *j)* do n.º 3 e no n.º 4 do artigo 54.º

Artigo 56.º – Recurso a empresas de auditoria e consultores técnicos

1 – Sempre que necessário, o Tribunal de Contas pode recorrer a empresas de auditoria ou a consultores técnicos para a realização de tarefas indispensáveis ao exercício das suas funções, quando estas não possam ser desempenhadas pelos serviços de apoio do Tribunal.

2 – As empresas de auditoria referidas no número anterior, devidamente credenciadas, gozam das mesmas prerrogativas dos funcionários da Direção-Geral no desempenho das suas missões.

3 – Quando o Tribunal de Contas realizar auditorias a solicitação da Assembleia da República ou do Governo, o pagamento devido às referidas empresas e consultores será suportado pelos serviços ou entidades sujeitos à fiscalização, para além dos emolumentos legais.

4 – O disposto no número anterior é aplicável aos casos em que o Tribunal de Contas necessite celebrar contratos de prestação de serviços para coadjuvação nas auditorias a realizar pelos seus serviços de apoio.

5 – Sendo várias as entidades fiscalizadas, o Tribunal fixa em relação a cada uma delas a quota-parte do pagamento do preço dos serviços contratados.

CAPÍTULO V – Da efetivação de responsabilidades financeiras

SECÇÃO I – Das espécies processuais

Artigo 57.º – Relatórios

1 – Sempre que os relatórios das ações de controlo do Tribunal, bem como os relatórios das ações dos órgãos de controlo interno, evidenciem factos constitu-

tivos de responsabilidade financeira, os respetivos processos são remetidos ao Ministério Público, sem prejuízo do disposto no n.º 3 do artigo 5.º e no artigo 89.º

2 – Os relatórios das ações dos órgãos de controlo interno não carecem de aprovação da 1.ª ou da 2.ª Secção do Tribunal para efeitos de efetivação de responsabilidades pela 3.ª Secção, sendo remetidos ao Ministério Público por despacho do juiz competente.

3 – Quando o Ministério Público declare não requerer procedimento jurisdicional, devolve o respetivo processo à entidade remetente.

4 – O disposto no n.º 1 é igualmente aplicável às auditorias realizadas no âmbito da preparação do relatório e parecer da Conta Geral do Estado e das contas das regiões autónomas.

5 – Para efetivação de responsabilidades pelas infrações a que se refere o n.º 1 do artigo 66.º, podem também servir de base à instauração do processo respetivo outros relatórios e informações elaborados pelos serviços de apoio do Tribunal, mediante requerimento do diretor-geral dirigido à secção competente.

Artigo 58.º – Das espécies processuais

1 – A efetivação de responsabilidades financeiras tem lugar mediante processos de julgamento de contas e de responsabilidades financeiras.

2 – O processo de julgamento de contas visa efetivar as responsabilidades financeiras evidenciadas em relatórios de verificação externa de contas, com homologação, se for caso disso, da demonstração numérica referida no n.º 2 do artigo 53.º

3 – O processo de julgamento de responsabilidade financeira visa efetivar as responsabilidades financeiras emergentes de factos evidenciados em relatórios das ações de controlo do Tribunal elaborados fora do processo de verificação externa de contas ou em relatórios dos órgãos de controlo interno.

4 – A aplicação de multas a que se refere o artigo 66.º tem lugar nos processos das 1.ª e 2.ª Secções a que os factos respeitem ou, sendo caso disso, em processo autónomo.

5 – (Revogado.)

SECÇÃO II – Da responsabilidade financeira reintegratória

Artigo 59.º – Reposições por alcances, desvios e pagamentos indevidos

1 – Nos casos de alcance, desvio de dinheiros ou valores públicos e ainda de pagamentos indevidos, pode o Tribunal de Contas condenar o responsável a repor as importâncias abrangidas pela infração, sem prejuízo de qualquer outro tipo de responsabilidade em que o mesmo possa incorrer.

2 – Existe alcance quando, independentemente da ação do agente nesse sentido, haja desaparecimento de dinheiros ou de outros valores do Estado ou de outras entidades públicas.

3 – Existe desvio de dinheiros ou valores públicos quando se verifique o seu desaparecimento por ação voluntária de qualquer agente público que a eles tenha acesso por causa do exercício das funções públicas que lhe estão cometidas.

4 – Consideram-se pagamentos indevidos para o efeito de reposição os pagamentos ilegais que causarem dano para o erário público, incluindo aqueles a que corresponda contraprestação efetiva que não seja adequada ou proporcional à prossecução das atribuições da entidade em causa ou aos usos normais de determinada atividade.

5 – Sempre que da violação de normas financeiras, incluindo no domínio da contratação pública, resultar para a entidade pública obrigação de indemnizar, o Tribunal pode condenar os responsáveis na reposição das quantias correspondentes.

6 – A reposição inclui os juros de mora sobre os respetivos montantes, nos termos previstos no Código Civil, contados desde a data da infração, ou, não sendo possível determiná-la, desde o último dia da respetiva gerência.

Artigo 60.º – Reposição por não arrecadação de receitas

Nos casos de prática, autorização ou sancionamento, com dolo ou culpa grave, que impliquem a não liquidação, cobrança ou entrega de receitas com violação das normas legais aplicáveis, pode o Tribunal de Contas condenar o responsável na reposição das importâncias não arrecadadas em prejuízo do Estado ou de entidades públicas.

Artigo 61.º – Responsáveis

1 – Nos casos referidos nos artigos anteriores, a responsabilidade pela reposição dos respetivos montantes recai sobre o agente ou agentes da ação.

2 – A responsabilidade prevista no número anterior recai sobre os membros do Governo e os titulares dos órgãos executivos das autarquias locais, nos termos e condições fixadas para a responsabilidade civil e criminal nos n.os 1 e 3 do artigo 36.º do Decreto n.º 22 257, de 25 de fevereiro de 1933.

3 – A responsabilidade financeira reintegratória recai também nos gerentes, dirigentes ou membros dos órgãos de gestão administrativa e financeira ou equiparados e exatores dos serviços, organismos e outras entidades sujeitos à jurisdição do Tribunal de Contas.

4 – Essa responsabilidade pode recair ainda nos funcionários ou agentes que, nas suas informações para os membros do Governo ou para os gerentes, dirigentes ou outros administradores, não esclareçam os assuntos da sua competência de harmonia com a lei.

5 – A responsabilidade prevista nos números anteriores só ocorre se a ação for praticada com culpa.

6 – Aos visados compete assegurar a cooperação e a boa fé processual com o Tribunal, sendo-lhes garantido, para efeitos de demonstração da utilização de dinheiros e outros valores públicos colocados à sua disposição de forma legal, regular e conforme aos princípios da boa gestão, o acesso a toda a informação disponível necessária ao exercício do contraditório.

Artigo 62.º – Responsabilidade direta e subsidiária

1 – A responsabilidade efetivada nos termos dos artigos anteriores pode ser direta ou subsidiária.

2 – A responsabilidade direta recai sobre o agente ou agentes da ação.

3 – É subsidiária a responsabilidade financeira reintegratória dos membros do Governo, gerentes, dirigentes ou membros dos órgãos de gestão administrativa e financeira ou equiparados e exatores dos serviços, organismos e outras entidades sujeitos à jurisdição do Tribunal de Contas, se forem estranhos ao facto, quando:

a) Por permissão ou ordem sua, o agente tiver praticado o facto sem se verificar a falta ou impedimento daquele a que pertenciam as correspondentes funções;

b) Por indicação ou nomeação sua, pessoa já desprovida de idoneidade moral, e como tal reconhecida, haja sido designada para o cargo em cujo exercício praticou o facto;

c) No desempenho das funções de fiscalização que lhe estiverem cometidas, houverem procedido com culpa grave, nomeadamente quando não tenham acatado as recomendações do Tribunal em ordem à existência de controlo interno.

Artigo 63.º – Responsabilidade solidária

Sem prejuízo do disposto no artigo seguinte, se forem vários os responsáveis financeiros pelas ações nos termos dos artigos anteriores, a sua responsabilidade, tanto direta como subsidiária, é solidária, e o pagamento da totalidade da quantia a repor por qualquer deles extingue o procedimento instaurado ou obsta à sua instauração, sem prejuízo do direito de regresso.

Artigo 64.º – Avaliação da culpa

1 – O Tribunal de Contas avalia o grau de culpa de harmonia com as circunstâncias do caso, tendo em consideração as competências do cargo ou a índole das principais funções de cada responsável, o volume e fundos movimentados, o montante material da lesão dos dinheiros ou valores públicos, o grau de acatamento de eventuais recomendações do Tribunal e os meios humanos e materiais existentes no serviço, organismo ou entidade sujeitos à sua jurisdição.

2 – Quando se verifique negligência, o Tribunal pode reduzir ou relevar a responsabilidade em que houver incorrido o infrator, devendo fazer constar da decisão as razões justificativas da redução ou da relevação.

SECÇÃO III – Da responsabilidade sancionatória

Artigo 65.º – Responsabilidades financeiras sancionatórias

1 – O Tribunal de Contas pode aplicar multas nos casos seguintes:

a) Pela não liquidação, cobrança ou entrega nos cofres do Estado das receitas devidas;

b) Pela violação das normas sobre a elaboração e execução dos orçamentos, bem como da assunção, autorização ou pagamento de despesas públicas ou compromissos;

c) Pela falta de efetivação ou retenção indevida dos descontos legalmente obrigatórios a efetuar ao pessoal;

d) Pela violação de normas legais ou regulamentares relativas à gestão e controlo orçamental, de tesouraria e de património;

e) Pelos adiantamentos por conta de pagamentos nos casos não expressamente previstos na lei;

f) Pela utilização de empréstimos públicos em finalidade diversa da legalmente prevista, bem como pela ultrapassagem dos limites legais da capacidade de endividamento;

g) Pela utilização indevida de fundos movimentados por operações de tesouraria para financiar despesas públicas;

h) Pela execução de atos ou contratos que não tenham sido submetidos à fiscalização prévia quando a isso estavam legalmente sujeitos ou que tenham produzido efeitos em violação do artigo 45.º;

i) Pela utilização de dinheiros ou outros valores públicos em finalidade diversa da legalmente prevista;

j) Pelo não acatamento reiterado e injustificado das recomendações do Tribunal;

l) Pela violação de normas legais ou regulamentares relativas à contratação pública, bem como à admissão de pessoal;

m) Pelo não acionamento dos mecanismos legais relativos ao exercício do direito de regresso, à efetivação de penalizações ou a restituições devidas ao erário público;

n) Pela falta injustificada de prestação de contas ao Tribunal ou pela sua apresentação com deficiências tais que impossibilitem ou gravemente dificultem a sua verificação.

2 – As multas referidas no número anterior têm como limite mínimo o montante correspondente a 25 UC e como limite máximo o correspondente a 180 UC.

3 – Se o responsável proceder ao pagamento da multa antes da entrada do requerimento a que se refere o artigo 89.º, o montante a liquidar é o mínimo.

4 – Se a infração for cometida com dolo, o limite mínimo da multa é igual a um terço do limite máximo.

5 – Se a infração for cometida por negligência, o limite máximo da multa será reduzido a metade.

6 – A aplicação de multas não prejudica a efetivação da responsabilidade pelas reposições devidas, se for caso disso.

7 – O Tribunal pode atenuar especialmente a multa quando existam circunstâncias anteriores ou posteriores à infração que diminuam por forma acentuada a ilicitude ou a culpa, sendo os respetivos limites máximos e mínimos reduzidos a metade.

8 – O Tribunal pode dispensar a aplicação da multa quando a culpa do demandado for diminuta e não houver lugar à reposição ou esta tiver sido efetuada.

9 – A 1.ª e 2.ª Secções do Tribunal de Contas podem relevar a responsabilidade por infração financeira apenas passível de multa quando:

a) Se evidenciar suficientemente que a falta só pode ser imputada ao seu autor a título de negligência;

b) Não tiver havido antes recomendação do Tribunal de Contas ou de qualquer órgão de controlo interno ao serviço auditado para correção da irregularidade do procedimento adotado;

c) Tiver sido a primeira vez que o Tribunal de Contas ou um órgão de controlo interno tenham censurado o seu autor pela sua prática.

Artigo 66.º – Outras infrações

1 – O Tribunal pode ainda aplicar multas nos casos seguintes:

a) Pela remessa intempestiva e injustificada das contas ao Tribunal;

b) Pela falta injustificada de prestação tempestiva de documentos que a lei obrigue a remeter;

c) Pela falta injustificada de prestação de informações pedidas, de remessa de documentos solicitados ou de comparência para a prestação de declarações;

d) Pela falta injustificada da colaboração devida ao Tribunal;

e) Pela inobservância dos prazos legais de remessa ao Tribunal dos processos relativos a atos ou contratos que produzam efeitos antes do visto;

f) Pela introdução nos processos de elementos que possam induzir o Tribunal em erro nas suas decisões ou relatórios.

2 – As multas referidas no número anterior têm como limite mínimo o montante que corresponde a 5 UC e como limite máximo o correspondente a 40 UC.

3 – Se as infrações previstas no presente artigo forem cometidas por negligência, o limite máximo é reduzido a metade, podendo ser relevada a responsabilidade nos termos do n.º 9 do artigo anterior.

Artigo 67.º – Regime

1 – (Revogado.)

2 – O Tribunal de Contas gradua as multas tendo em consideração a gravidade dos factos e as suas consequências, o grau de culpa, o montante material dos valores públicos lesados ou em risco, o nível hierárquico dos responsáveis, a sua situação económica, a existência de antecedentes e o grau de acatamento de eventuais recomendações do Tribunal.

3 – À responsabilidade sancionatória aplica-se, com as necessárias adaptações, o regime dos artigos 61.º e 62.º

4 – Ao regime substantivo da responsabilidade financeira sancionatória aplica-se, subsidiariamente, o disposto nos títulos i e ii da parte geral do Código Penal.

Artigo 68.º – Desobediência qualificada

1 – Nos casos de falta de apresentação de contas ou de documentos, a decisão fixa um prazo razoável para que o responsável proceda à sua entrega ao Tribunal.

2 – O incumprimento da ordem referida no número anterior constitui crime de desobediência qualificada, cabendo ao Ministério Público a instauração do respetivo procedimento no tribunal competente.

SECÇÃO IV – Das causas de extinção de responsabilidades

Artigo 69.º – Extinção de responsabilidades

1 – O procedimento por responsabilidade financeira reintegratória extingue-se pela prescrição e pelo pagamento da quantia a repor em qualquer momento.

2 – O procedimento por responsabilidades sancionatórias nos termos dos artigos 65.º e 66.º extingue-se:

a) Pela prescrição;

b) Pela morte do responsável;

c) Pela amnistia;

d) Pelo pagamento;

e) Pela relevação da responsabilidade nos termos do n.º 9 do artigo 65.º

Artigo 70.º – Prazo de prescrição do procedimento

1 – É de 10 anos a prescrição do procedimento por responsabilidades financeiras reintegratórias e de 5 anos a prescrição por responsabilidades sancionatórias.

2 – O prazo da prescrição do procedimento conta-se a partir da data da infração ou, não sendo possível determiná-la, desde o último dia da respetiva gerência.

3 – O prazo da prescrição do procedimento suspende-se com a entrada da conta no Tribunal ou com o início da auditoria e até à audição do responsável, sem poder ultrapassar dois anos.

4 – Nos casos a que se refere o n.º 2 do artigo 89.º, o prazo de prescrição do procedimento suspende-se pelo período decorrente até ao exercício do direito de ação ou à possibilidade desse exercício, nas condições aí referidas.

5 – A prescrição do procedimento interrompe-se com a citação do demandado em processo jurisdicional.

6 – A prescrição do procedimento tem sempre lugar quando tiver decorrido o prazo de prescrição acrescido de metade.

CAPÍTULO VI – Do funcionamento do Tribunal de Contas

SECÇÃO I – Reuniões e deliberações

Artigo 71.º – Reuniões

1 – O Tribunal de Contas, na sede, reúne em plenário geral, em plenário de secção, em subsecção e em sessão diária de visto.

2 – Do plenário geral fazem parte todos os juízes, incluindo os das secções regionais.

3 – O plenário de cada secção compreende os juízes que a integram.

4 – As subsecções integram-se no funcionamento normal das 1.ª e 2.ª Secções e são constituídas por três juízes, sendo um o relator e adjuntos os juízes seguintes na ordem de precedência, sorteada anualmente em sessão do plenário geral, salvo o disposto no n.º 3 do artigo 84.º

5 – Para efeitos de fiscalização prévia, em cada semana reúnem dois juízes em sessão diária de visto.

Artigo 72.º – Sessões

1 – O Tribunal de Contas reúne em plenário geral, sob convocatória do Presidente ou a solicitação de pelo menos um terço dos seus membros, sempre que seja necessário decidir sobre assuntos da respetiva competência.

2 – As secções reúnem em plenário pelo menos uma vez por semana e sempre que o Presidente as convoque, por sua iniciativa ou a solicitação dos respetivos juízes.

3 – As sessões de visto têm lugar todos os dias úteis, mesmo durante as férias.

4 – As sessões dos plenários gerais e das 1.ª e 2.ª Secções são secretariadas pelo diretor-geral ou pelo subdiretor-geral, que pode intervir a solicitação do

Presidente ou de qualquer juiz para apresentar esclarecimentos sobre os assuntos inscritos em tabela, competindo-lhe elaborar a ata.

Artigo 73.º – Deliberações

1 – Os plenários, geral ou de secção, funcionam e deliberam com mais de metade dos seus membros.

2 – As subsecções das 1.ª e 2.ª Secções, bem como o coletivo previsto no n.º 1 do artigo 42.º, só funcionam e deliberam com a totalidade dos respetivos membros, sob a presidência do Presidente, que apenas vota em caso de empate.

3 – A sessão diária de visto só pode funcionar com dois juízes.

4 – Na falta de quórum do plenário de uma secção, o Presidente pode designar os juízes das outras secções necessários para o seu funcionamento e respetiva deliberação.

SECÇÃO II – Das competências

Artigo 74.º – Competência do Presidente do Tribunal de Contas

1 – Compete ao Presidente do Tribunal de Contas:

a) Representar o Tribunal e assegurar as suas relações com os demais órgãos de soberania, as autoridades públicas e a comunicação social;

b) Presidir às sessões do Tribunal, dirigindo e orientando os trabalhos;

c) Apresentar propostas ao plenário geral e aos plenários das 1.ª e 2.ª Secções para deliberação sobre as matérias da respetiva competência;

d) Marcar as sessões ordinárias e convocar as sessões extraordinárias, ouvidos os juízes;

e) Mandar organizar a agenda de trabalhos de cada sessão, tendo em consideração as indicações fornecidas pelos juízes;

f) Votar o parecer sobre a Conta Geral do Estado, os acórdãos de fixação de jurisprudência, o Regulamento do Tribunal e sempre que se verifique situação de empate entre juízes;

g) Elaborar o relatório anual do Tribunal;

h) Exercer os poderes de orientação e administração geral dos serviços de apoio do Tribunal, nos termos do artigo 33.º;

i) Presidir às sessões do coletivo que aprova os relatórios e pareceres sobre as contas das regiões autónomas e nelas votar;

j) Nomear os juízes;

l) Distribuir as férias dos juízes, após a sua audição;

m) Nomear, por escolha, o pessoal dirigente dos serviços de apoio;

n) Desempenhar as demais funções previstas na lei.

2 – O Presidente é substituído, nas suas faltas e impedimentos, pelo vice-presidente do Tribunal e, na falta deste, pelo juiz mais antigo.

Artigo 75.º – Competência do plenário geral

Compete ao plenário geral do Tribunal:

a) Aprovar o relatório e parecer sobre a Conta Geral do Estado;

b) Aprovar o relatório anual do Tribunal;

c) Aprovar os projetos de orçamento e os planos de ação trienais;

d) Aprovar o Regulamento do Tribunal, sob proposta das secções na parte respetiva, bem como as instruções que não sejam da competência de cada uma das secções;

e) Exercer o poder disciplinar sobre os juízes;

f) Fixar jurisprudência em recurso extraordinário;

g) Apreciar quaisquer outros assuntos que, pela sua importância ou generalidade, o justifiquem;

h) Exercer as demais funções previstas na lei.

Artigo 76.º – Comissão permanente

1 – A comissão permanente é presidida pelo Presidente e constituída pelo vice-presidente e por um juiz de cada secção eleito pelos seus pares por um período de três anos, sendo as suas reuniões secretariadas pelo diretor-geral, sem direito a voto.

2 – A comissão permanente é convocada pelo Presidente e tem competência consultiva e deliberativa nos casos previstos nesta lei.

3 – Em casos de urgência, as competências elencadas no artigo anterior, com exceção das alíneas *a)*, *e)* e *f)*, podem ser exercidas pela comissão permanente, convocada para o efeito pelo Presidente, sem prejuízo da subsequente ratificação pelo plenário geral.

4 – Têm assento na comissão permanente, com direito a voto, os juízes das secções regionais, sempre que esteja em causa matéria da respetiva competência.

Artigo 77.º – Competência da 1.ª Secção

1 – Compete à 1.ª Secção, em plenário:

a) Julgar os recursos das decisões das subsecções, das secções regionais e das delegações, incluindo a parte relativa a emolumentos;

b) Aprovar as instruções sobre a organização dos processos de fiscalização prévia a remeter ao Tribunal;

c) Propor ao plenário geral as normas do seu funcionamento para aprovação e inclusão no Regulamento do Tribunal;

d) Aprovar os relatórios das auditorias quando não haja unanimidade na subsecção ou quando, havendo, embora, tal unanimidade, o Presidente entenda dever alargar a discussão para uniformizar critérios;

e) Aprovar, sob proposta do Presidente, a escala mensal dos dois juízes de turno que em cada semana se reúnem em sessão diária de visto;

f) Deliberar sobre as demais matérias previstas na presente lei.

2 – Compete à 1.ª Secção, em subsecção:

a) Decidir sobre a recusa de visto, bem como, nos casos em que não houver acordo dos juízes de turno, sobre a concessão, isenção ou dispensa de visto;

b) Julgar os recursos da fixação de emolumentos pela Direção-Geral;

c) Ordenar auditorias relativas ao exercício da fiscalização prévia ou concomitante e aprovar os respetivos relatórios;

d) Comunicar ao Ministério Público os casos de infrações financeiras detetadas no exercício da fiscalização prévia ou concomitante.

3 – Em sessão diária de visto, os juízes de turno, estando de acordo, podem conceder ou reconhecer a isenção ou dispensa de visto, bem como solicitar elementos adicionais ou informações aos respetivos serviços ou organismos.

4 – Compete aos juízes da 1.ª Secção aplicar as multas referidas no n.º 1 do artigo 66.º relativamente aos processos de que sejam relatores.

Artigo 78.º – Competência da 2.ª Secção

1 – Compete à 2.ª Secção, em plenário:

a) Ordenar a verificação externa de contas ou a realização de auditorias que não tenham sido incluídas no programa de ação;

b) Ordenar as auditorias solicitadas pela Assembleia da República ou pelo Governo e aprovar os respetivos relatórios;

c) Propor ao plenário geral as normas do seu funcionamento para aprovação e inclusão no Regulamento do Tribunal;

d) Aprovar os manuais de auditoria e dos procedimentos de verificação a adotar pelos respetivos serviços de apoio;

e) Aprovar as instruções sobre o modo como as entidades devem organizar as suas contas de gerência e fornecer os elementos ou informações necessários à fiscalização sucessiva;

f) Aprovar os relatórios de processos de verificação de contas ou das auditorias quando não haja unanimidade na subsecção ou quando, havendo, embora, tal unanimidade, o relator ou o Presidente entendam dever alargar a discussão para uniformizar critérios;

g) Deliberar sobre as demais matérias previstas na lei.

2 – Compete à 2.ª Secção, em subsecção:

a) Aprovar os relatórios de verificação externa de contas ou de auditorias que não devam ser aprovados pelo plenário;

b) Homologar a verificação interna das contas que devam ser devolvidas aos serviços ou organismos;

c) Ordenar a verificação externa de contas na sequência de verificação interna;

d) Solicitar a coadjuvação dos órgãos de controlo interno;

e) Aprovar o recurso a empresas de auditoria e consultores técnicos.

3 – A atribuição das ações previstas na alínea *a)* do n.º 1 é feita por deliberação do plenário ao juiz em cuja área de responsabilidade a respetiva entidade se integre ou com a qual o seu objeto tenha maiores afinidades.

4 – Compete, designadamente, ao juiz, no âmbito da respetiva área de responsabilidade:

a) Aprovar os programas e métodos a adotar nos processos de verificação externa de contas e nas auditorias;

b) Ordenar e, sendo caso disso, presidir às diligências necessárias à instrução dos respetivos processos;

c) Apresentar proposta fundamentada à subsecção no sentido de ser solicitada a coadjuvação dos órgãos de controlo interno ou o recurso a empresas de auditoria ou de consultadoria técnica;

d) Coordenar a elaboração do projeto de relatório de verificação externa de contas e das auditorias a apresentar à aprovação da subsecção;

e) Aplicar as multas referidas no n.º 1 do artigo 66.º

Artigo 79.º – Competência da 3.ª Secção

1 – Compete à 3.ª Secção, em plenário:

a) Julgar os recursos das decisões proferidas em 1.ª instância, na sede e nas secções regionais, incluindo as relativas a emolumentos;

b) Julgar os recursos dos emolumentos fixados nos processos de verificação de contas e nos de auditoria da 2.ª Secção e das secções regionais;

c) Julgar os recursos das decisões de aplicação de multas proferidas nas 1.ª e 2.ª Secções e nas secções regionais;

d) Julgar os pedidos de revisão das decisões transitadas em julgado proferidas pelo plenário ou em 1.ª instância.

2 – Aos juízes da 3.ª Secção compete a preparação e julgamento em 1.ª instância dos processos previstos no artigo 58.º

3 – Os processos da competência da 3.ª Secção são decididos em 1.ª instância por um só juiz.

CAPÍTULO VII – Do processo no Tribunal de Contas

SECÇÃO I – Lei aplicável

Artigo 80.º – Lei aplicável

O processo no Tribunal de Contas rege-se pelo disposto na presente lei, pelo Regulamento do Tribunal e, supletivamente, pelo Código de Processo Civil.

SECÇÃO II – Fiscalização prévia

Artigo 81.º – Remessa dos processos a Tribunal

1 – Os processos a remeter ao Tribunal de Contas para fiscalização prévia devem ser instruídos pelos serviços ou organismos em conformidade com as instruções publicadas na 2.ª série do Diário da República.

2 – Os processos relativos a atos e contratos que produzam efeitos antes do visto são remetidos ao Tribunal de Contas no prazo de 20 dias a contar, salvo disposição em contrário, da data do início da produção de efeitos.

3 – O Presidente do Tribunal pode, a solicitação dos serviços interessados, prorrogar os prazos referidos até 45 dias, quando houver razão que o justifique.

4 – Salvo disposição legal em contrário ou delegação de competência, cabe ao dirigente máximo do serviço ou ao presidente do órgão executivo ou de administração o envio dos processos para fiscalização prévia, bem como a posterior remessa dos mesmos, nos termos do n.º 2 do artigo seguinte.

Artigo 82.º – Verificação dos processos

1 – A verificação preliminar dos processos de visto pela Direção-Geral deve ser feita no prazo de 15 dias a contar da data do registo de entrada e pela ordem cronológica, podendo os mesmos ser devolvidos aos serviços ou organismos para qualquer diligência instrutória.

2 – Nos casos em que os respetivos atos ou contratos produzam efeitos antes do visto, os processos devolvidos são de novo remetidos ao Tribunal no prazo de 20 dias a contar da data da receção.

3 – Decorrido o prazo da verificação preliminar, os processos devem ser objeto de declaração de conformidade ou, havendo dúvidas sobre a legalidade dos respetivos atos ou contratos, ser apresentados à primeira sessão diária de visto.

4 – A inobservância do prazo do n.º 2, bem como dos do artigo 81.º, não é fundamento de recusa de visto, mas faz cessar imediatamente todas as despesas emergentes dos atos ou contratos, sob pena de procedimento para efetivação da respetiva responsabilidade financeira.

Artigo 83.º – Declaração de conformidade

1 – Sempre que da análise do processo não resulte qualquer dúvida sobre a legalidade do ato ou contrato, designadamente pela sua identidade com outros já visados, quer quanto à situação de facto quer quanto às normas aplicáveis, pode ser emitida declaração de conformidade pela Direção-Geral.

2 – Não são passíveis de declaração de conformidade as obrigações gerais da dívida fundada e os contratos e outros instrumentos de que resulte dívida pública, nem os atos ou contratos remetidos a Tribunal depois de ultrapassados os prazos do artigo 81.º e do n.º 2 do artigo 82.º

3 – A relação dos processos de visto devidamente identificados objeto de declaração de conformidade é homologada pelos juízes de turno.

Artigo 84.º – Dúvidas de legalidade

1 – Os processos em que haja dúvidas de legalidade sobre os respetivos atos, contratos e demais instrumentos jurídicos são apresentados à primeira sessão diária de visto com um relatório, que, além de mais, deve conter:

a) A descrição sumária do objeto do ato ou contrato sujeito a visto;

b) As normas legais permissivas;

c) Os factos concretos e os preceitos legais que constituem a base da dúvida ou obstáculo à concessão do visto;

d) A identificação de acórdãos ou deliberações do Tribunal em casos iguais;

e) A indicação do termo do prazo de decisão para efeitos de eventual visto tácito;

f) Os emolumentos devidos.

2 – Se houver fundamento para recusa do visto, ou não se verificando o acordo dos juízes de turno previsto no n.º 3 do artigo 77.º, o processo será levado a sessão plenária para decisão.

3 – Na subsecção será relator do processo o juiz que tiver sido o relator em sessão diária de visto, sendo adjuntos o outro juiz de turno e o que se lhe segue na ordem de precedência.

Artigo 85.º – Visto tácito

1 – Os atos, contratos e demais instrumentos jurídicos remetidos ao Tribunal de Contas para fiscalização prévia consideram-se visados ou declarados conformes se não tiver havido decisão de recusa de visto no prazo de 30 dias após a data do seu registo de entrada, podendo os serviços ou organismos iniciar a execução dos atos ou contratos se, decorridos cinco dias úteis sobre o termo daquele prazo, não tiverem recebido a comunicação prevista no número seguinte.

2 – A decisão da recusa de visto, ou pelo menos o seu sentido, deve ser comunicada no próprio dia em que foi proferida.

3 – O prazo do visto tácito corre durante as férias judiciais, mas não inclui sábados, domingos ou dias feriados, e suspende-se na data do ofício que solicite quaisquer elementos ou diligências instrutórias até à data do registo da entrada no Tribunal do ofício com a satisfação desse pedido.

4 – Devem ser comunicadas aos serviços ou organismos as datas do registo referidas nos n.ºs 1 e 3.

Artigo 86.º – Plenário da 1.ª Secção

1 – As deliberações do plenário da 1.ª Secção são tomadas à pluralidade dos votos dos membros da subsecção ou da secção, conforme os casos.

2 – A fim de assegurar a unidade de aplicação do direito, quando a importância jurídica da questão, a sua novidade, as divergências suscitadas ou outras razões ponderosas o justifiquem, o Presidente pode alargar a discussão e votação da deliberação aos restantes juízes.

3 – (Revogado.)

SECÇÃO III – Fiscalização sucessiva

Artigo 87.º – Procedimentos de verificação sucessiva

1 – Os processos de elaboração do relatório e parecer sobre a Conta Geral do Estado e dos relatórios de verificação de contas e de auditoria constam do Regulamento do Tribunal.

2 – Os procedimentos de verificação de contas e de auditoria adotados pelos serviços de apoio do Tribunal no âmbito dos processos referidos no n.º 1 constam de manuais de auditoria e de procedimentos de verificação aprovados pela 2.ª Secção.

3 – O princípio do contraditório nos processos de verificação de contas e de auditoria é realizado por escrito.

4 – Nos processos de verificação de contas ou de auditoria o Tribunal pode:

a) Ordenar a comparência dos responsáveis para prestar informações ou esclarecimentos;

b) Realizar exames, vistorias, avaliações ou outras diligências, através do recurso a peritos com conhecimentos especializados.

Artigo 88.º – Plenário da 2.ª Secção

Às deliberações do plenário da 2.ª Secção aplica-se, com as necessárias adaptações, o disposto nos n.ºs 1 e 2 do artigo 86.º

SECÇÃO IV – Do processo jurisdicional

Artigo 89.º – Competência para requerer julgamento

1 – O julgamento dos processos a que alude o artigo 58.º, com base nos relatórios a que se refere o artigo 57.º, independentemente das qualificações jurídicas dos factos constantes dos respetivos relatórios, pode ser requerido:

a) Pelo Ministério Público;

b) Por órgãos de direção, superintendência ou tutela sobre os visados, relativamente aos relatórios das ações de controlo do Tribunal;

c) Pelos órgãos de controlo interno responsáveis pelos relatórios referidos na alínea *b)* do n.º 2 do artigo 12.º

2 – O direito de ação previsto nas alíneas *b)* e *c)* do número anterior tem caráter subsidiário, podendo ser exercido no prazo de 30 dias a contar da publicação do despacho do Ministério Público que declare não requerer procedimento jurisdicional.

3 – As entidades referidas nas alíneas *b)* e *c)* do n.º 1 podem fazer-se representar por licenciados em Direito com funções de apoio jurídico.

Artigo 90.º – Requisitos do requerimento

1 – Do requerimento devem constar:

a) A identificação do demandado, com a indicação do nome, residência e local ou sede onde o organismo ou entidade pública exercem a atividade respetiva, bem como o respetivo vencimento mensal líquido;

b) O pedido e a descrição dos factos e das razões de direito em que se fundamenta;

c) A indicação dos montantes que o demandado deve ser condenado a repor, bem como o montante concreto da multa a aplicar;

d) Tendo havido verificação externa da conta, parecer sobre a homologação do saldo de encerramento constante do respetivo relatório.

2 – No requerimento podem deduzir-se pedidos cumulativos, ainda que por diferentes infrações, com as correspondentes imputações subjetivas.

3 – Com o requerimento são apresentadas as provas disponíveis indiciadoras dos factos geradores da responsabilidade, não podendo ser indicadas mais de 10 testemunhas.

Artigo 91.º – Finalidade, prazo e formalismo da citação

1 – Se não houver razão para indeferimento liminar, o demandado é citado para contestar ou pagar voluntariamente no prazo de 30 dias.

2 – A citação é pessoal, mediante entrega ao citando de carta registada com aviso de receção, ou através de ato pessoal de funcionário do Tribunal, sempre com entrega de cópia do requerimento ao citando.

3 – Às citações e notificações aplicam-se ainda todas as regras constantes do Código de Processo Civil.

4 – O juiz pode, porém, a requerimento do citado, conceder prorrogação razoável do prazo referido no n.º 1, até ao limite máximo de 30 dias, quando as circunstâncias do caso concreto, nomeadamente a complexidade ou o volume das questões a analisar, o justifiquem.

5 – O pagamento voluntário do montante pedido no requerimento do Ministério Público dentro do prazo da contestação é isento de emolumentos.

Artigo 92.º – Requisitos da contestação

1 – A contestação é deduzida por artigos.

2 – Com a contestação o demandado deve apresentar todos os meios de prova, com a limitação prevista no n.º 3 do artigo 90.º, sem prejuízo de os poder alterar ou aditar até oito dias antes do julgamento.

3 – Ainda que não deduza contestação, o demandado pode apresentar provas com indicação dos factos a que se destinam, desde que o faça dentro do prazo previsto no número anterior.

4 – A falta de contestação não produz efeitos cominatórios.

5 – O demandado é obrigatoriamente representado por advogado, a nomear nos termos da legislação aplicável se aquele o não constituir.

Artigo 93.º – Audiência de discussão e julgamento

1 – A audiência de discussão e julgamento é marcada no prazo de 30 dias e decorre perante juiz singular.

2 – A presença do demandado em julgamento não é obrigatória.

Artigo 93.º-A – Poderes do juiz e disciplina da audiência

1 – O juiz goza de todos os poderes necessários para tornar útil e breve a discussão e para assegurar a justa decisão da causa.

2 – Ao juiz compete, em especial:

a) Dirigir os trabalhos e assegurar que estes decorram de acordo com a programação definida;

b) Manter a ordem e fazer respeitar as instituições vigentes, as leis e o tribunal;

c) Ordenar, pelos meios adequados, a comparência de quaisquer pessoas e a reprodução de quaisquer declarações legalmente admissíveis, sempre que o entender necessário à descoberta da verdade;

d) Garantir o contraditório e impedir a formulação de perguntas legalmente inadmissíveis;

e) Dirigir e moderar a discussão, proibindo, em especial, todos os atos e expedientes manifestamente impertinentes ou dilatórios.

3 – Se o juiz considerar necessária a produção de meios de prova não constantes do requerimento inicial ou da contestação, dá disso conhecimento aos sujeitos processuais e fá-lo constar da ata.

Artigo 93.º-B – Publicidade e continuidade da audiência

1 – A audiência de discussão e julgamento é pública e contínua, só podendo ser interrompida por motivos de força maior ou absoluta necessidade.

2 – Se não for possível concluir a audiência num dia, esta é suspensa e o juiz, mediante acordo das partes, marca a continuação para a data mais próxima.

3 – Se a continuação não ocorrer dentro dos 30 dias imediatos, por impedimento do Tribunal ou dos mandatários em consequência de outro serviço judicial já marcado, deve o respetivo motivo ficar consignado em ata, identificando-se expressamente a diligência e o processo a que respeita.

4 – Para efeitos do disposto no número anterior, não é considerado o período de férias judiciais, nem o período em que, por motivo estranho ao tribunal, os autos aguardem a realização de diligências de prova.

5 – As pessoas que tenham sido ouvidas não podem ausentar-se sem autorização do juiz, que a não concede quando haja oposição de qualquer das partes.

Artigo 93.º-C – Ordem de atos a praticar na audiência

1 – Os atos a realizar na audiência obedecem à seguinte ordem:

a) Prestação de depoimento do demandado, se o solicitar;

b) Apresentação dos meios de prova indicados no requerimento referido no artigo 90.º;

c) Apresentação da prova a que se refere o n.º 2 do artigo 92.º;

d) Alegações orais, nas quais o Ministério Público e os advogados exponham as conclusões, de facto e de direito, que hajam extraído da prova produzida, podendo cada advogado replicar uma vez.

2 – As alegações orais não podem exceder, para cada advogado, uma hora e as réplicas, vinte minutos.

Artigo 94.º – Sentença

1 – Encerrada a audiência final, o processo é concluso ao juiz para ser proferida sentença, no prazo de 30 dias.

2 – A sentença começa por identificar o requerente e requerido e indicar sumariamente as conclusões do requerimento e da contestação, se tiver sido apresentada.

3 – Segue-se a fundamentação, devendo o juiz discriminar os factos que julga provados e os que julga não provados, analisando criticamente e de forma

concisa as provas que serviram para fundar a sua convicção, bem como os fundamentos de direito.

4 – A sentença termina pelo dispositivo, que contém:

a) As disposições legais aplicáveis;

b) A decisão condenatória ou absolutória;

c) A data e a assinatura do juiz.

5 – Nos casos de manifesta simplicidade, a sentença pode ser logo ditada para a ata e sucintamente fundamentada.

6 – No caso de condenação em reposição em quantias por efetivação de responsabilidade financeira, a sentença condenatória fixa a data a partir da qual são devidos os juros de mora respetivos.

7 – Nos processos em que houve verificação externa da conta de gerência, a sentença homologa o saldo de encerramento constante do respetivo relatório.

8 – Nos processos referidos no número anterior, havendo condenação em reposição de verbas, a homologação do saldo de encerramento e a extinção da respetiva responsabilidade só ocorrem após o seu integral pagamento.

9 – A sentença condenatória em reposição ou multa fixa os emolumentos devidos pelo demandado.

Artigo 95.º – Pagamento em prestações

1 – O pagamento do montante da condenação pode ser autorizado até quatro prestações trimestrais, se requerido até ao trânsito em julgado da sentença condenatória, devendo cada prestação incluir os respetivos juros de mora, se for caso disso –

2 – A falta de pagamento de qualquer prestação importa o imediato vencimento das restantes e a subsequente instauração do processo de execução fiscal.

SECÇÃO V – Dos recursos

Artigo 96.º – Recursos ordinários

1 – As decisões finais de recusa, concessão e isenção de visto, bem como as que respeitem a emolumentos, incluindo as proferidas pelas secções regionais, podem ser impugnadas, por recurso para o plenário da 1.ª Secção, pelas seguintes entidades:

a) O Ministério Público, relativamente a quaisquer decisões finais;

b) O autor do ato ou a entidade que tiver autorizado o contrato a que foi recusado o visto;

c) Quanto às decisões sobre emolumentos, aqueles sobre quem recai o respetivo encargo.

2 – Não são recorríveis os despachos interlocutórios dos processos da competência das 1.ª e 2.ª Secções nem as deliberações que aprovem relatórios de verificação de contas ou de auditoria, salvo, quanto a estes, no que diz respeito à fixação de emolumentos e demais encargos.

3 – Nos processos da 3.ª Secção cabe recurso, com subida imediata, da sentença e das decisões interlocutórias que tenham como efeito a não realização do julgamento quanto a todo ou parte do pedido ou quanto a algum dos demandados.

Artigo 97.º – Forma e prazo de interposição

1 – O recurso é interposto por requerimento dirigido ao Presidente do Tribunal, no qual devem ser expostas as razões de facto e de direito em que se fundamenta e formuladas conclusões no prazo de 15 dias contados da notificação da decisão recorrida.

2 – O recurso é distribuído por sorteio pelos juízes da respetiva secção, não podendo ser relatado pelo juiz relator da decisão recorrida, o qual não intervém igualmente no respetivo julgamento.

3 – Distribuído e autuado o recurso e apensado ao processo onde foi proferida a decisão recorrida, é aberta conclusão ao relator para, em quarenta e oito horas, o admitir ou rejeitar liminarmente.

4 – O recurso das decisões finais de recusa de visto ou de condenação por responsabilidade sancionatória tem efeito suspensivo.

5 – O recurso das decisões finais de condenação por responsabilidade financeira reintegratória só tem efeito suspensivo se for prestada caução.

6 – Nos recursos, é sempre obrigatória a constituição de advogado.

7 – Não há lugar a preparos, mas são devidos emolumentos, no caso de improcedência do recurso.

Artigo 98.º – Reclamação de não admissão do recurso

1 – Do despacho que não admite o recurso pode o recorrente reclamar para o plenário da secção no prazo de 10 dias, expondo as razões que justificam a admissão do recurso.

2 – O relator pode reparar o despacho de indeferimento e fazer prosseguir o recurso.

3 – Se o relator sustentar o despacho liminar de rejeição do recurso, manda seguir a reclamação para o plenário.

Artigo 99.º – Tramitação

1 – Admitido o recurso, os autos vão com vista por 15 dias ao Ministério Público para emitir parecer, se não for o recorrente.

2 – Se o recorrente for o Ministério Público, admitido o recurso, deve ser notificado para responder no prazo de 15 dias à entidade diretamente afetada pela decisão recorrida.

3 – Se no parecer o Ministério Público suscitar novas questões, é notificado o recorrente para se pronunciar no prazo de 15 dias.

4 – Emitido o parecer ou decorrido o prazo do número anterior, os autos só vão com vista por três dias aos restantes juízes se não tiver sido dispensada.

5 – Em qualquer altura do processo o relator pode ordenar as diligências indispensáveis à decisão do recurso.

Artigo 100.º – Julgamento

1 – O relator apresenta o processo à sessão com um projeto de acórdão, cabendo ao Presidente dirigir a discussão e votar em caso de empate.

2 – Nos processos de fiscalização prévia o Tribunal pode conhecer de questões relevantes para a concessão ou recusa do visto, mesmo que não abordadas na decisão recorrida ou na alegação do recorrente, se suscitadas pelo Ministério Público no respetivo parecer, cumprindo-se o disposto no n.º 3 do artigo 99.º

Artigo 101.º – Recursos extraordinários

1 – Se, no domínio da mesma legislação, em processos diferentes nos plenários das 1.ª ou 3.ª Secções, forem proferidas duas decisões, em matéria de concessão ou recusa de visto e de responsabilidade financeira, que, relativamente à mesma questão fundamental de direito, assentem sobre soluções opostas, pode ser interposto recurso extraordinário da decisão proferida em último lugar para fixação de jurisprudência.

2 – No requerimento de recurso deve ser individualizada tanto a decisão anterior transitada em julgado que esteja em oposição como a decisão recorrida, sob pena de o mesmo não ser admitido.

3 – Ao recurso extraordinário aplica-se, com as necessárias adaptações, o regime de recurso ordinário, salvo o disposto nos artigos seguintes.

4 – Ao recurso extraordinário previsto na alínea *d)* do n.º 1 do artigo 79.º aplica-se o disposto no Código de Processo Civil para o recurso de revisão, com as necessárias adaptações.

Artigo 102.º – Questão preliminar

1 – Distribuído e autuado o requerimento de recurso e apensado o processo onde foi proferida a decisão transitada alegadamente em oposição, é aberta conclusão ao relator para, em cinco dias, proferir despacho de admissão ou indeferimento liminar.

2 – Admitido liminarmente o recurso, vai o processo com vista ao Ministério Público para emitir parecer sobre a oposição de julgados e o sentido da jurisprudência a fixar.

3 – Se o relator entender que não existe oposição de julgados, manda os autos às vistas dos juízes da secção, após o que apresenta projeto de acórdão ao respetivo plenário.

4 – O recurso considera-se findo se o plenário da secção deliberar que não existe oposição de julgados.

Artigo 103.º – Julgamento do recurso

1 – Verificada a existência de oposição das decisões, o processo vai com vistas aos restantes juízes do plenário geral e ao Presidente por cinco dias, após o que o relator o apresenta para julgamento na primeira sessão.

2 – O acórdão da secção que reconheceu a existência de oposição das decisões não impede que o plenário geral decida em sentido contrário.

3 – A doutrina do acórdão que fixa jurisprudência é obrigatória para o Tribunal de Contas enquanto a lei não for modificada.

CAPÍTULO VIII – Secções regionais

Artigo 104.º – Competência material

Compete ao juiz da secção regional:

a) Exercer as competências previstas nas alíneas *b)* e *e)* do artigo 6.º, com as necessárias adaptações, no âmbito da respetiva região autónoma;

b) Elaborar e submeter a aprovação do plenário geral as normas do seu funcionamento para inclusão no Regulamento do Tribunal, bem como os programas anuais de fiscalização prévia e sucessiva;

c) Exercer as demais competências que lhe são atribuídas nesta lei.

Artigo 105.º – Sessão ordinária

1 – As competências das 1.ª e 2.ª Secções são exercidas, com as necessárias adaptações, pelo juiz da secção regional em sessão ordinária semanal, abrangendo os processos de fiscalização prévia e sucessiva, cumulativamente com a assistência obrigatória do Ministério Público e a participação, como assessores, do subdiretor-geral e do auditor-coordenador ou, nas suas faltas ou impedimentos, dos respetivos substitutos legais.

2 – O Ministério Público e os assessores têm vista dos processos antes da sessão ordinária semanal, podendo emitir parecer sobre a legalidade das questões deles emergentes.

3 – Mantêm-se em vigor as disposições da Lei n.º 23/81, de 19 de agosto, e legislação complementar, respeitantes aos assessores das secções regionais que não colidam com os preceitos da presente lei.

Artigo 106.º – Fiscalização prévia

1 – Em matéria de fiscalização prévia, as secções regionais funcionam diariamente com o juiz e com um dos assessores, que alternam semanalmente, devendo os processos com dúvidas quanto à concessão ou recusa de visto ser obrigatoriamente decididos em sessão ordinária semanal.

2 – São obrigatoriamente aprovados em sessão ordinária semanal os relatórios de auditoria no âmbito da fiscalização concomitante, bem como quaisquer relatórios que sirvam de base a processo autónomo de multa.

3 – Aos procedimentos de fiscalização prévia e concomitante aplica-se, com as necessárias adaptações, o regime previsto nesta lei para a 1.ª Secção, exceto o disposto no artigo 83.º

Artigo 107.º – Fiscalização sucessiva

1 – São obrigatoriamente aprovados em sessão ordinária semanal:

a) Os relatórios de verificação de contas e de auditoria que evidenciem responsabilidades financeiras a efetivar mediante processos de julgamento, nos termos do artigo 57.º;

b) Os relatórios de auditorias realizados a solicitação da Assembleia Legislativa da região autónoma, ou do Governo Regional, bem como os das auditorias não incluídas no respetivo programa anual;

c) A aprovação de quaisquer relatórios que sirvam de base a processo autónomo de multa.

2 – As restantes competências podem ser exercidas pelo juiz da secção regional diariamente, no âmbito dos respetivos processos.

3 – Aos procedimentos de fiscalização concomitante e sucessiva aplica-se, com as necessárias adaptações, o regime previsto nesta lei para a 2.ª Secção.

Artigo 108.º – Processos jurisdicionais

1 – À instauração e preparação dos processos de responsabilidade financeira previstos no artigo 58.º afetos à secção regional é correspondentemente aplicável o disposto nos artigos 89.º a 95.º, com as adaptações constantes dos números seguintes.

2 – Após a contestação ou decurso do respetivo prazo, o juiz da secção regional procede à distribuição do processo pelo juiz de outra secção regional.

3 – Após a distribuição devem ser remetidas fotocópias das principais peças ao juiz a quem o processo foi distribuído.

4 – Compete a um juiz da outra secção regional presidir à audiência de produção de prova e proferir a sentença final, deslocando-se para o efeito à secção regional sempre que necessário.

Artigo 109.º – Recursos

1 – Os recursos das decisões finais são interpostos na secção regional, cabendo ao juiz que as proferiu admiti-los ou rejeitá-los.

2 – Admitido o recurso, o processo é enviado, sob registo postal, para a sede do Tribunal de Contas, onde será distribuído, tramitado e julgado.

3 – Aos recursos aplica-se, com as necessárias adaptações, o disposto nos artigos 96.º e seguintes.

CAPÍTULO IX – Disposições finais e transitórias

Artigo 110.º – Processos pendentes na 1.ª Secção

1 – Relativamente aos processos de visto e aos pedidos de reapreciação de recusa de visto que ainda não tenham decisão final, a presente lei produz efeitos a partir do dia seguinte ao da sua publicação.

2 – Os processos de anulação de visto pendentes são arquivados, podendo as eventuais ilegalidades dos respetivos atos ou contratos ser apreciadas em sede de fiscalização sucessiva.

Artigo 111.º – Processos pendentes na 2.ª Secção

1 – A presente lei aplica-se aos processos pendentes na fase jurisdicional da competência da 2.ª Secção, sem prejuízo do disposto nos números seguintes.

2 – Os relatórios dos processos de julgamento de contas e das auditorias, com ou sem intervenção do Ministério Público, que evidenciem alcance, desvio de dinheiros ou valores públicos ou pagamentos indevidos, uma vez aprovados em plenário da subsecção, devem ser apresentados ao Ministério Público, para efeitos do disposto nos artigos 89.º e seguintes.

3 – A responsabilidade financeira reintegratória do artigo 60.º só pode ser efetivada pelo Tribunal relativamente a factos posteriores à entrada em vigor da presente lei.

4 – As demais espécies de processos pendentes distribuídos já a um juiz da 2.ª Secção apenas prosseguem seus termos se evidenciarem infrações financeiras sancionadas pela lei vigente à data das respetivas ações e pela presente lei.

5 – Às infrações financeiras previstas nos n.ºs 2 e 4 aplica-se o regime de responsabilidade mais favorável, a qual se efetiva nos termos dos artigos 89.º e seguintes.

6 – Os recursos pendentes das decisões proferidas nos processos da competência da 2.ª Secção na vigência da Lei n.º 86/89, de 8 de setembro, são redistribuídos e julgados na 3.ª Secção.

7 – Os processos na fase jurisdicional pendentes na 2.ª Secção não previstos nos números anteriores, bem como aqueles que, não estando ainda na fase jurisdicional, venham a evidenciar infrações financeiras abrangidas por amnistia ou por prescrição, podem ser arquivados por despacho do juiz da respetiva área, ouvido o Ministério Público.

Artigo 112.º – Vice-presidente

O mandato dos vice-presidentes em exercício cessa com a eleição do vice-presidente nos termos da presente lei.

Artigo 113.º – Contas do Tribunal de Contas

A fiscalização das contas do Tribunal de Contas está sujeita ao disposto na lei para todos os responsáveis financeiros e assume as seguintes formas:

a) Integração das respetivas contas relativas à execução do Orçamento do Estado na Conta Geral do Estado;

b) Verificação externa anual das contas dos cofres, e eventual efetivação de responsabilidades financeiras, pelas subsecções e secção competentes do Tribunal;

c) Publicação de uma conta consolidada em anexo ao relatório a que se refere o artigo 43.º;

d) Submissão da gestão do Tribunal à auditoria de empresa especializada, escolhida por concurso, cujo relatório é publicado conjuntamente com as contas a que se refere a alínea anterior.

Artigo 114.º – Disposições transitórias

1 – Para além do disposto no artigo 46.º, devem ainda, transitoriamente, ser remetidos ao Tribunal de Contas, para efeitos de fiscalização prévia, os documentos que representem, titulem ou deem execução aos atos e contratos seguintes:

a) Até 31 de dezembro de 1997, as minutas dos contratos de valor igual ou superior ao montante a fixar nos termos do artigo 48.º, bem como os atos relativos a promoções, progressões, reclassificações e transições exclusivamente resultantes da reestruturação de serviços da administração central, regional e local, desde que impliquem aumento do respetivo escalão salarial;

b) Até 31 de dezembro de 1998, os contratos administrativos de provimento, bem como todas as primeiras nomeações para os quadros da administração central, regional e local.

2 – A partir de 1 de janeiro de 1998, os atos a que se referem as alíneas *a)* e *b)* do n.º 1 do artigo 46.º, bem como a alínea *b)* do número anterior, podem produzir todos os seus efeitos antes do visto, exceto o pagamento do preço respetivo, quando for caso disso, aplicando-se à recusa de visto o disposto nos n.os 2 e 3 do artigo 45.º

3 – Estão excluídos da fiscalização prévia prevista nos números anteriores:

a) Os diplomas de nomeação emanados do Presidente da República;

b) Os atos de nomeação dos membros do Governo, dos Governos Regionais e do pessoal dos respetivos gabinetes;

c) Os atos relativos a promoções, progressões, reclassificações e transições de pessoal, com exceção das exclusivamente resultantes da reestruturação de serviços da administração central, regional e local;

d) Os provimentos dos juízes de qualquer tribunal e magistrados do Ministério Público;

e) Qualquer provimento de pessoal militar das Forças Armadas;

f) Os diplomas de permuta, transferência, destacamento, requisição ou outros instrumentos de mobilidade de pessoal;

g) Os contratos de trabalho a termo certo.

4 – Para efeitos da alínea *b)* do n.º 1 do artigo 46.º, só devem ser remetidos ao Tribunal de Contas os contratos celebrados pela administração direta e indireta do Estado, pela administração direta e indireta das regiões autónomas e pelas autarquias locais, federações e associações de municípios que excedam um montante a definir anualmente.

5 – Para o ano de 1997, o montante referido no número anterior é fixado em 600 vezes o valor correspondente ao índice 100 da escala indiciária do regime geral da função pública, arredondado para a centena de contos imediatamente superior.

6 – Todos os juízes auxiliares em funções em 31 de dezembro de 2000 passam à situação de juízes além do quadro, aplicando-se-lhes o n.º 3 do artigo 23.º, sem prejuízo do direito ao provimento de outros candidatos melhor graduados.

Artigo 115.º – Norma revogatória

São revogadas todas as disposições legais constantes de quaisquer diplomas contrários ao disposto nesta lei, designadamente:

a) O Regimento do Conselho Superior da Administração Financeira do Estado, aprovado pelo Decreto n.º 1831, de 17 de agosto de 1915;

b) O Decreto n.º 18962, de 25 de outubro de 1930;

c) O Decreto n.º 22257, de 25 de fevereiro de 1933, com exceção do artigo 36.º;

d) O Decreto n.º 26341, de 7 de fevereiro de 1936;

e) O Decreto-Lei n.º 29174, de 24 de novembro de 1938;

f) O Decreto-Lei n.º 36672, de 15 de dezembro de 1947;

g) O Decreto-Lei n.º 146-C/80, de 22 de maio;

h) A Lei n.º 23/81, de 19 de agosto, sem prejuízo do disposto no artigo 105.º da presente lei;

i) A Lei n.º 8/82, de 26 de maio;

j) O Decreto-Lei n.º 313/82, de 5 de agosto;

l) A Lei n.º 86/89, de 8 de setembro;

m) Os artigos 41.º e 42.º do Decreto-Lei n.º 341/83, de 21 de julho.

Regime da resolução dos conflitos de jurisdição entre os tribunais judiciais e os tribunais administrativos e fiscais, regulando a composição, a competência, o funcionamento e o processo perante o tribunal dos conflitos

Lei n.º 91/2019, de 4 de Setembro

A Assembleia da República decreta, nos termos da alínea *c)* do artigo 161.º da Constituição, o seguinte:

CAPÍTULO I – Disposições gerais

Artigo 1.º – Objeto

A presente lei estabelece o regime de prevenção e resolução dos conflitos de jurisdição entre os tribunais judiciais e os tribunais administrativos e fiscais, regulando a composição, a competência, o funcionamento e o processo perante o Tribunal dos Conflitos.

Artigo 2.º – Composição do Tribunal dos Conflitos

1 – O Tribunal dos Conflitos é composto por um presidente e por dois juízes, determinados nos termos dos números seguintes.

2 – O Tribunal dos Conflitos é presidido pelo Presidente do Supremo Tribunal de Justiça ou pelo Presidente do Supremo Tribunal Administrativo, consoante a última das decisões que originam o conflito ou a decisão recorrida tenha sido proferida, ou a consulta tenha sido submetida, respetivamente, por um tribunal judicial ou por um tribunal da jurisdição administrativa e fiscal.

3 – Os restantes juízes do Tribunal dos Conflitos são:

a) O vice-presidente do Supremo Tribunal de Justiça mais antigo no cargo ou, se for igual a sua antiguidade, o mais antigo na categoria, que fica a ser o relator sempre que a presidência caiba, nos termos do número anterior, ao Presidente do Supremo Tribunal de Justiça; e

b) O vice-presidente do Supremo Tribunal Administrativo eleito de entre e pelos juízes das respetiva Secções de Contencioso Administrativo ou de Contencioso Tributário, consoante o pedido, o recurso ou a consulta diga respeito, respetivamente, a matéria administrativa ou tributária, que fica a ser o relator sempre que a presidência caiba, nos termos do número anterior, ao Presidente do Supremo Tribunal Administrativo.

4 – Quando, para efeitos do disposto na alínea *b)* do número anterior, existam dúvidas sobre a qualificação da matéria como administrativa ou tributária, compete ao Presidente do Supremo Tribunal Administrativo proceder à indicação de qual dos seus vice-presidentes integrará o Tribunal dos Conflitos.

5 – Na ausência, na falta ou no impedimento, consoante os casos:

a) Do Presidente do Supremo Tribunal de Justiça, este é substituído pelo vice-presidente deste tribunal referido na alínea *a)* do n.º 3;

b) Do Presidente do Supremo Tribunal Administrativo, este é substituído pelo vice-presidente deste tribunal referido na alínea *b)* do n.º 3.

6 – No caso previsto no número anterior, o vice-presidente que substitua o presidente do Supremo Tribunal respetivo na presidência do Tribunal dos Conflitos é substituído, para os efeitos do disposto no n.º 3, pelo outro vice-presidente do mesmo Supremo Tribunal ou, se este faltar ou estiver impedido, pelo juiz mais antigo nesse Supremo Tribunal.

7 – Na ausência, falta ou impedimento do vice-presidente do Supremo Tribunal de Justiça ou do Supremo Tribunal Administrativo que deva integrar o Tribunal dos Conflitos nos termos do n.º 3, o mesmo é substituído pelo outro vice-presidente do Supremo Tribunal respetivo ou, se este também faltar ou estiver impedido, pelo juiz mais antigo no mesmo Supremo Tribunal.

Artigo 3.º – Competência do Tribunal dos Conflitos

Compete ao Tribunal dos Conflitos conhecer:

a) Dos pedidos de resolução de conflitos de jurisdição formulados nos termos dos artigos 9.º e 10.º da presente lei;

b) Das consultas prejudiciais sobre questões de jurisdição submetidas nos termos do artigo 15.º da presente lei;

c) Dos recursos previstos no n.º 2 do artigo 101.º do Código de Processo Civil, os quais podem também ser interpostos nos casos em que um Tribunal Central Administrativo julgue incompetente um tribunal administrativo de círculo ou um tribunal tributário por a causa pertencer ao âmbito de jurisdição dos tribunais judiciais.

Artigo 4.º – Representação do Ministério Público

1 – O Ministério Público é representado junto do Tribunal dos Conflitos pelo Procurador-Geral da República, que pode fazer-se substituir por procuradores-gerais-adjuntos.

2 – No caso previsto na parte final do número anterior, o Ministério Público é representado por procurador-geral-adjunto que o represente no Supremo Tribunal a cujo presidente caiba, nos termos do n.º 2 do artigo 2.º, a presidência do Tribunal dos Conflitos.

3 – Os magistrados referidos no número anterior fazem-se substituir nos termos do Estatuto do Ministério Público.

CAPÍTULO II – Processo perante o Tribunal dos Conflitos

SECÇÃO I – Disposições comuns

Artigo 5.º – Natureza

1 – O processo perante o Tribunal dos Conflitos é urgente, correndo nos próprios autos quando o conflito for negativo.

2 – O processo perante o Tribunal dos Conflitos é isento de custas.

Artigo 6.º – Patrocínio judiciário

Nos processos perante o Tribunal dos Conflitos é obrigatória a constituição de advogado, sem prejuízo do disposto na alínea *a)* do n.º 1 do artigo 54.º do Estatuto dos Tribunais Administrativos e Fiscais, no n.º 1 do artigo 11.º do Código de Processo nos Tribunais Administrativos, e na alínea *b)* do n.º 1 do artigo 15.º do Código de Procedimento e de Processo Tributário.

Artigo 7.º – Tramitação electrónica

1 – A tramitação dos processos perante o Tribunal dos Conflitos pode ser efetuada eletronicamente, nos termos a definir por portaria do membro do Governo responsável pela área da justiça.

2 – A tramitação eletrónica dos processos deve garantir a respetiva integralidade, autenticidade e inviolabilidade.

Artigo 8.º - Secretaria competente

O expediente, a autuação e a regular tramitação dos processos são assegurados pela secretaria do Supremo Tribunal a cujo presidente caiba, nos termos do n.º 2 do artigo 2.º, a presidência do Tribunal dos Conflitos.

SECÇÃO II - Pedido de resolução de conflito

Artigo 9.º - Pressupostos

1 - Para efeitos da presente lei, há conflito de jurisdição quando dois ou mais tribunais, integrados em ordens jurisdicionais diferentes, se arrogam ou declinam o poder de conhecer da mesma questão, dizendo-se o conflito positivo no primeiro caso e negativo no segundo.

2 - Não há conflito de jurisdição enquanto forem suscetíveis de recurso ordinário as decisões proferidas sobre a questão da jurisdição.

Artigo 10.º - Legitimidade

1 - Quando o tribunal se aperceber do conflito, deve suscitar oficiosamente a sua resolução junto do presidente do Supremo Tribunal a quem caiba, nos termos do n.º 2 do artigo 2.º, a presidência do Tribunal dos Conflitos.

2 - A resolução do conflito pode igualmente ser pedida por qualquer das partes ou pelo Ministério Público, mediante requerimento dirigido ao presidente do Supremo Tribunal referido no número anterior.

Artigo 11.º - Tramitação inicial

1 - Recebido o pedido, o presidente ordena à secretaria a autuação do processo como conflito de jurisdição e a convocação dos demais juízes que, nos termos do n.º 3 do artigo 2.º, devam integrar o Tribunal dos Conflitos.

2 - Se do conflito de jurisdição puder resultar prejuízo grave e dificilmente reparável, o presidente designa o tribunal que deve exercer provisoriamente a jurisdição na prática de atos urgentes.

3 - As partes, no caso em que a resolução do conflito tiver sido pedida pelo tribunal ou pelo Ministério Público, ou a parte contrária à que tiver pedido a resolução do conflito, são notificadas para, querendo, se pronunciarem no prazo de cinco dias.

4 - Recebida a pronúncia prevista no número anterior, ou expirado o prazo para o efeito, o processo vai com vista ao Ministério Público junto do Tribunal dos Conflitos, pelo prazo de cinco dias.

Artigo 12.º - Exame preliminar e decisão sumária

1 - Colhido o visto do Ministério Público, o processo é concluso ao relator para exame preliminar.

2 – Quando o relator entender que o pedido é manifestamente infundado ou que a questão a decidir é simples, designadamente por já ter sido apreciada de modo uniforme e reiterado, profere decisão sumária, que pode consistir em simples remissão para precedentes decisões do Tribunal dos Conflitos, de que se juntam cópias.

3 – O Ministério Público ou qualquer das partes pode requerer que sobre a matéria apreciada na decisão sumária do relator recaia um acórdão.

4 – A reclamação deduzida nos termos do número anterior é decidida no acórdão que julgar o conflito.

Artigo 13.º – Preparação da decisão

1 – Decididas as questões que devam ser apreciadas antes do julgamento do objeto do processo, se não se verificar o caso previsto no n.º 2 do artigo anterior, o relator elabora o projeto de acórdão no prazo de 15 dias.

2 – O processo, acompanhado do projeto de acórdão, vai com vista simultânea, por meios eletrónicos, aos restantes juízes do Tribunal dos Conflitos, pelo prazo de cinco dias.

3 – Quando não for tecnicamente possível proceder conforme o número anterior, o relator ordena a extração de cópias do projeto de acórdão e das peças processuais relevantes para a apreciação do objeto do processo.

4 – Se o volume das peças processuais relevantes tornar excessivamente morosa a extração de cópias, o processo vai com vista aos restantes juízes do Tribunal dos Conflitos, pelo prazo de cinco dias a cada um.

5 – Quando a natureza das questões a decidir ou a necessidade de celeridade no julgamento do conflito o aconselhem, pode o relator, com a concordância dos restantes juízes do Tribunal dos Conflitos, dispensar os vistos.

Artigo 14.º – Julgamento

1 – O processo é inscrito em tabela logo que se mostre decorrido o prazo para o relator elaborar o projeto de acórdão.

2 – No dia do julgamento, o relator faz sucinta apresentação do projeto de acórdão e, de seguida, os restantes juízes do Tribunal dos Conflitos dão o seu voto.

3 – Para o julgamento do conflito, é necessária a presença de, pelo menos, dois juízes, entre os quais um do Supremo Tribunal de Justiça e um do Supremo Tribunal Administrativo.

4 – A decisão é tomada por maioria, sendo a discussão dirigida pelo presidente, que desempata quando não possa formar-se maioria.

5 – A decisão especifica o tribunal competente, sendo imediatamente comunicada aos tribunais em conflito e ao Ministério Público e notificada às partes.

SECÇÃO III – Consulta prejudicial

Artigo 15.º – Pressupostos

1 – Sempre que, na pendência de uma ação, incidente, providência ou recurso, se suscitem fundadas dúvidas sobre a questão da jurisdição competente, qualquer tribunal pode, oficiosamente ou a requerimento de uma das partes, submeter a sua apreciação ao Tribunal dos Conflitos.

2 – A consulta prevista no número anterior não tem lugar em processos urgentes.

3 – A decisão de submeter ou de não submeter a questão da jurisdição competente à apreciação do Tribunal dos Conflitos é irrecorrível.

Artigo 16.º – Tramitação

1 – A consulta é dirigida ao presidente do Supremo Tribunal a quem caiba, nos termos do n.º 2 do artigo 2.º, a presidência do Tribunal dos Conflitos, que a pode recusar liminarmente quando considere que não se encontram preenchidos os respetivos pressupostos.

2 – Admitida a consulta, o presidente ordena à secretaria a autuação do processo como consulta de jurisdição e a convocação dos demais juízes que, nos termos do n.º 3 do artigo 2.º, devam integrar o Tribunal dos Conflitos.

3 – É aplicável à resolução da consulta o disposto nos n.os 3 e 4 do artigo 11.º e nos artigos 12.º a 14.º, podendo a pronúncia das partes ser dispensada no caso de estas já terem tido a oportunidade de, no processo, se pronunciarem sobre a questão da jurisdição competente.

Artigo 17.º – Efeitos

A pronúncia do Tribunal dos Conflitos, assim como as decisões liminares e as decisões sumárias proferidas, respetivamente, ao abrigo do n.º 1 do artigo anterior ou do n.º 2 do artigo 12.º, são vinculativas para o tribunal que lhe tenha submetido a consulta e para os demais tribunais que venham a intervir na causa, mas não vinculam o Tribunal dos Conflitos relativamente a novas decisões ou pronúncias que sobre a mesma questão venha a emitir no futuro noutros processos.

SECÇÃO IV – Recurso

Artigo 18.º – Tramitação

1 – Cumpridos os trâmites que houverem de ser respeitados junto do tribunal que tenha proferido a decisão recorrida, os recursos previstos na alínea *c)* do artigo 3.º são remetidos para o presidente do Supremo Tribunal a quem caiba, nos termos do n.º 2 do artigo 2.º, a presidência do Tribunal dos Conflitos.

2 – Recebidos os autos, o presidente ordena à secretaria a autuação do processo como recurso e a convocação dos demais juízes que, nos termos do n.º 3 do artigo 2.º, devam integrar o Tribunal dos Conflitos.

3 – Cumprido o disposto no número anterior, o processo vai com vista ao Ministério Público junto do Tribunal dos Conflitos pelo prazo de cinco dias, sendo aplicável à tramitação subsequente do recurso o disposto nos artigos 12.º a 14.º

CAPÍTULO III – Disposições complementares

Artigo 19.º – Direito subsidiário

Em tudo o que não estiver especialmente regulado na presente lei, aplicam-se, subsidiariamente e com as necessárias adaptações, as disposições do Código de Processo Civil.

Artigo 20.º – Extensão de aplicação

O disposto nas secções I e II do capítulo II é subsidiariamente aplicável, com as necessárias adaptações, à resolução dos conflitos de jurisdição entre o Tribunal de Contas e o Supremo Tribunal Administrativo, nos termos do n.º 3 do artigo 1.º da Lei n.º 98/97, de 26 de agosto, que estabelece a Lei de Organização e Processo do Tribunal de Contas, na sua redação atual.

Artigo 21.º – Publicação das decisões do Tribunal dos Conflitos

1 – Todos os acórdãos proferidos pelo Tribunal dos Conflitos, bem como as demais decisões por este prolatadas que não tenham natureza meramente interlocutória, são publicados na 2.ª série do Diário da República e disponibilizados no sítio na Internet da responsabilidade do Ministério da Justiça destinado à publicação de jurisprudência.

2 – A publicação e a disponibilização previstas no número anterior são promovidas pelo presidente do Supremo Tribunal que tiver presidido ao Tribunal dos Conflitos no processo respetivo, o qual pode determinar que a secretaria competente lhe preste o apoio necessário, nos termos do artigo 8.º

CAPÍTULO IV – Disposições finais

Artigo 22.º – Norma revogatória

1 – Determina-se expressamente que não se encontram em vigor, em razão de caducidade, revogação tácita anterior ou revogação efetuada pela presente lei:

a) O Decreto-Lei n.º 23 185, de 30 de outubro de 1933;

b) O Decreto-Lei n.º 28 105, de 22 de outubro de 1937;

c) O Decreto-Lei n.º 30 317, de 15 de março de 1940;

d) O Decreto-Lei n.º 31 571, de 14 de outubro de 1941;
e) O Decreto-Lei n.º 31 663, de 22 de novembro de 1941;
f) O Decreto-Lei n.º 36 395, de 4 de julho de 1947;
g) O Decreto-Lei n.º 38 517, de 20 de novembro de 1951;
h) O Decreto-Lei n.º 39 604, de 9 de abril de 1954;
i) O Decreto-Lei n.º 39 874, de 28 de outubro de 1954;
j) O Decreto n.º 18 017, de 28 de fevereiro de 1930;
k) O Decreto n.º 19 243, de 16 de janeiro de 1931;
l) O Decreto n.º 19 438, de 11 de março de 1931.

2 – Quando incida sobre normas cuja vigência já tenha cessado anteriormente, a determinação expressa de não vigência, nos termos do número anterior, não altera o momento nem os efeitos daquela cessação de vigência.

Artigo 23.º – Aplicação no tempo

A presente lei aplica-se apenas:

a) Aos pedidos de resolução de conflitos de jurisdição formulados após a sua entrada em vigor; e

b) Aos recursos para o Tribunal dos Conflitos interpostos de decisões proferidas após a sua entrada em vigor.

Artigo 24.º – Entrada em vigor

A presente lei entra em vigor 30 dias após a sua publicação.

Aprovada em 21 de junho de 2019.

O Presidente da Assembleia da República, Eduardo Ferro Rodrigues.

Promulgada em 23 de julho de 2019.

Publique-se.

O Presidente da República, Marcelo Rebelo de Sousa.

Referendada em 29 de julho de 2019.

Pelo Primeiro-Ministro, Augusto Ernesto Santos Silva, Ministro dos Negócios Estrangeiros.

Código de Processo nos Tribunais Administrativos

Lei n.º 15/2002, na redacção da Lei n.º 56/2021, de 16 de Agosto

Aprova o Código de Processo nos Tribunais Administrativos (revoga o Decreto-Lei n.º 267/85, de 16 de Julho) e procede à quarta alteração do Decreto-Lei n.º 555/99, de 16 de Dezembro, alterado pelas Leis n.os 13/2000, de 20 de Julho, e 30-A/2000, de 20 de Dezembro, e pelo Decreto-Lei n.º 177/2001, de 4 de Julho

A Assembleia da República decreta, nos termos da alínea *c)* do artigo 161.º da Constituição, para valer como lei geral da República, o seguinte:

Artigo 1.º - Aprovação

É aprovado o Código de Processo nos Tribunais Administrativos, que se publica em anexo à presente lei e que dela faz parte integrante.

Artigo 2.º - Comunicação à Comissão das Comunidades Europeias

1 – No caso de a Comissão das Comunidades Europeias notificar o Estado Português e a entidade adjudicante de que considera existir violação clara e manifesta de disposições comunitárias em qualquer procedimento de formação de contratos, deve o Estado, no prazo de 20 dias, comunicar à Comissão que a violação foi corrigida ou responder em exposição de que constem os fundamentos pelos quais não procede à correcção.

2 – Constitui fundamento invocável, para efeitos do disposto na parte final do n.º 1, a circunstância de a violação alegada se encontrar sob apreciação dos

tribunais, devendo o Estado comunicar à Comissão o resultado do processo, logo que concluído.

3 – Se tiver sido determinada a suspensão, administrativa ou judicial, do procedimento, o Estado Português deve dar conhecimento do facto à Comissão no prazo referido no n.º 1, assim como deve informá-la do eventual levantamento da suspensão ou do início de outro procedimento de formação de contrato, total ou parcialmente relacionado com o procedimento anterior, esclarecendo se a alegada violação foi corrigida ou expondo as razões por que não o foi.

Artigo 3.º – Norma de alteração

O artigo 112.º do Decreto-Lei n.º 555/99, de 16 de Dezembro, que estabelece o regime jurídico da urbanização e da edificação, passa a ter a seguinte redacção: «Artigo 112.º [...] 1 – No caso previsto na alínea *a)* do artigo 111.º, pode o interessado pedir ao tribunal administrativo de círculo da área da sede da autoridade requerida a intimação da autoridade competente para proceder à prática do acto que se mostre devido.

2 – O requerimento de intimação deve ser apresentado em duplicado e instruído com cópia do requerimento para a prática do acto devido.

3 – A secretaria, logo que registe a entrada do requerimento, expede por via postal notificação à autoridade requerida, acompanhada do duplicado, para responder no prazo de 14 dias.

4 – Junta a resposta ou decorrido o respectivo prazo, o processo vai com vista ao Ministério Público, por dois dias, e seguidamente é concluso ao juiz, para decidir no prazo de cinco dias.

5 – Se não houver fundamento de rejeição, o requerimento só será indeferido quando a autoridade requerida faça prova da prática do acto devido até ao termo do prazo fixado para a resposta.

6 – Na decisão, o juiz estabelece prazo não superior a 30 dias para que a autoridade requerida pratique o acto devido e fixa sanção pecuniária compulsória, nos termos previstos no Código de Processo nos Tribunais Administrativos.

7 – Ao pedido de intimação é aplicável o disposto no Código de Processo nos Tribunais Administrativos quanto aos processos urgentes.

8 – O recurso da decisão tem efeito meramente devolutivo.

9 – Decorrido o prazo fixado pelo Tribunal sem que se mostre praticado o acto devido, o interessado pode prevalecer-se do disposto no artigo 113.º, com excepção do disposto no número seguinte.

10 – Na situação prevista no número anterior, tratando-se de aprovação do projecto de arquitectura, o interessado pode juntar os projectos de especialidade ou, caso já o tenha feito no requerimento inicial, inicia-se a contagem do prazo previsto na alínea *c)* do n.º 1 do artigo 23.º.

Artigo 4.º - Revisão

O Código de Processo nos Tribunais Administrativos é revisto no prazo de três anos a contar da data da sua entrada em vigor, devendo ser recolhidos os elementos úteis resultantes da sua aplicação, para introdução das alterações que se mostrem necessárias.

Artigo 5.º - Disposição transitória

1 - As disposições do Código de Processo nos Tribunais Administrativos não se aplicam aos processos que se encontrem pendentes à data da sua entrada em vigor.

2 - Podem ser requeridas providências cautelares ao abrigo do novo Código, como incidentes, de acções já pendentes à data da sua entrada em vigor.

3 - Não são aplicáveis aos processos pendentes as disposições que excluem recursos que eram admitidos na vigência da legislação anterior, tal como também não o são as disposições que introduzem novos recursos que não eram admitidos na vigência da legislação anterior.

4 - As novas disposições respeitantes à execução das sentenças são aplicáveis aos processos executivos que sejam instaurados após a entrada em vigor do novo Código.

Artigo 6.º - São revogados:

a) A parte IV do Código Administrativo, aprovado pelo Decreto-Lei n.º 31095, de 31 de Dezembro de 1940;

b) O Decreto-Lei n.º 40768, de 8 de Setembro de 1956;

c) O Decreto-Lei n.º 41234, de 20 de Agosto de 1957;

d) O Decreto-Lei n.º 256-A/77, de 17 de Junho;

e) A Lei de Processo nos Tribunais Administrativos, aprovada pelo Decreto-Lei n.º 267/85, de 16 de Julho;

f) O Decreto-Lei n.º 134/98, de 15 de Maio.

Artigo 7.º - Entrada em vigor

A presente lei entra em vigor em 1 de Janeiro de 2004.

Aprovada em 20 de Dezembro de 2001.

O Presidente da Assembleia da República, António de Almeida Santos.

Promulgada em 31 de Janeiro de 2002.

Publique-se.

O Presidente da República, JORGE SAMPAIO.

Referendada em 7 de Fevereiro de 2002.

O Primeiro-Ministro, António Manuel de Oliveira Guterres.

Anexo

CÓDIGO DE PROCESSO NOS TRIBUNAIS ADMINISTRATIVOS

Título I

Parte geral

Capítulo I

Disposições fundamentais

Artigo 1.º – Direito aplicável

O processo nos tribunais administrativos rege-se pela presente lei, pelo Estatuto dos Tribunais Administrativos e Fiscais e, supletivamente, pelo disposto na lei de processo civil, com as necessárias adaptações.

Artigo 2.º – Tutela jurisdicional efectiva

1 – O princípio da tutela jurisdicional efetiva compreende o direito de obter, em prazo razoável, e mediante um processo equitativo, uma decisão judicial que aprecie, com força de caso julgado, cada pretensão regularmente deduzida em juízo, bem como a possibilidade de a fazer executar e de obter as providências cautelares, antecipatórias ou conservatórias, destinadas a assegurar o efeito útil da decisão.

2 – A todo o direito ou interesse legalmente protegido corresponde a tutela adequada junto dos tribunais administrativos, designadamente para o efeito de obter:

a) A anulação ou a declaração de nulidade ou de inexistência de atos administrativos; *b)* A condenação à prática de atos devidos, nos termos da lei ou de vínculo contratualmente assumido;

c) A condenação à não emissão de atos administrativos, nas condições admitidas neste Código;

d) A declaração de ilegalidade de normas emitidas ao abrigo de disposições de direito administrativo;

e) A condenação à emissão de normas devidas ao abrigo de disposições de direito administrativo;

f) O reconhecimento de situações jurídicas subjetivas diretamente decorrentes de normas jurídico-administrativas ou de atos jurídicos praticados ao abrigo de disposições de direito administrativo;

g) O reconhecimento de qualidades ou do preenchimento de condições;

h) A condenação à adoção ou abstenção de comportamentos, pela Administração Pública ou por particulares;

i) A condenação da Administração à adoção das condutas necessárias ao restabelecimento de direitos ou interesses violados, incluindo em situações de via de facto, desprovidas de título que as legitime;

j) A condenação da Administração ao cumprimento de deveres de prestar que diretamente decorram de normas jurídico-administrativas e não envolvam a emissão de um ato administrativo impugnável, ou que tenham sido constituídos por atos jurídicos praticados ao abrigo de disposições de direito administrativo, e que podem ter objeto o pagamento de uma quantia, a entrega de uma coisa ou a prestação de um facto;

k) A condenação à reparação de danos causados por pessoas coletivas e pelos titulares dos seus órgãos ou respetivos trabalhadores em funções públicas;

l) A apreciação de questões relativas à interpretação, validade ou execução de contratos;

m) A restituição do enriquecimento sem causa, incluindo a repetição do indevido;

n) A intimação da Administração a prestar informações, permitir a consulta de documentos ou passar certidões;

o) A intimação para proteção de direitos, liberdades e garantias;

p) A extensão dos efeitos de julgados;

q) A adoção das providências cautelares adequadas para assegurar o efeito útil das decisões a proferir em processo declarativo.

Artigo 3.º – Poderes dos tribunais administrativos

1 – No respeito pelo princípio da separação e interdependência dos poderes, os tribunais administrativos julgam do cumprimento pela Administração das

normas e princípios jurídicos que a vinculam e não da conveniência ou oportunidade da sua actuação.

2 – Por forma a assegurar a efectividade da tutela, os tribunais administrativos podem fixar oficiosamente um prazo para o cumprimento dos deveres que imponham à Administração e aplicar, quando tal se justifique, sanções pecuniárias compulsórias.

3 – Os tribunais administrativos asseguram os meios declarativos urgentes necessários à obtenção da tutela adequada em situações de constrangimento temporal, assim como os meios cautelares destinados à salvaguarda da utilidade das sentenças a proferir nos processos declarativos.

4 – Os tribunais administrativos asseguram ainda a execução das suas sentenças, designadamente daquelas que proferem contra a Administração, seja através da emissão de sentença que produza os efeitos do ato administrativo devido, quando a prática e o conteúdo deste ato sejam estritamente vinculados, seja providenciando a concretização material do que foi determinado na sentença.

Artigo 5.º – Cumulação de pedidos em processos urgentes

REVOGADO

Artigo 6.º – Igualdade das partes

O tribunal assegura um estatuto de igualdade efectiva das partes no processo, tanto no que se refere ao exercício de faculdades e ao uso de meios de defesa como no plano da aplicação de cominações ou de sanções processuais, designadamente por litigância de má-fé.

Artigo 7.º – Promoção do acesso à justiça

Para efectivação do direito de acesso à justiça, as normas processuais devem ser interpretadas no sentido de promover a emissão de pronúncias sobre o mérito das pretensões formuladas.

Artigo 7.º-A – Dever de gestão processual

1 – Cumpre ao juiz, sem prejuízo do ónus de impulso especialmente imposto pela lei às partes, dirigir ativamente o processo e providenciar pelo seu andamento célere, promovendo oficiosamente as diligências necessárias ao normal prosseguimento da ação, recusando o que for impertinente ou meramente dilatório e, ouvidas as partes, adotando mecanismos de simplificação e agilização processual que garantam a justa composição do litígio em prazo razoável.

2 – O juiz providencia oficiosamente pelo suprimento da falta de pressupostos processuais suscetíveis de sanação, determinando a realização dos atos

necessários à regularização da instância ou, quando a sanação dependa de ato que deva ser praticado pelas partes, convidando-as a praticá-lo.

3 – Das decisões referidas no n.º 1 não é admissível recurso, salvo se contenderem com os princípios da igualdade ou do contraditório, com a aquisição processual de factos ou com a admissibilidade de meios probatórios.

Artigo 8.º – Princípio da cooperação e boa-fé processual

1 – Na condução e intervenção no processo, os magistrados, os mandatários judiciais e as partes devem cooperar entre si, concorrendo para que se obtenha, com brevidade e eficácia, a justa composição do litígio.

2 – Qualquer das partes deve abster-se de requerer a realização de diligências inúteis e de adoptar expedientes dilatórios.

3 – As entidades administrativas têm o dever de remeter ao tribunal, em tempo oportuno, o processo administrativo e demais documentos respeitantes à matéria do litígio, bem como o dever de dar conhecimento, ao longo do processo, de superveniências resultantes da sua actuação, para que a respectiva existência seja comunicada aos demais intervenientes processuais.

4 – Para o efeito do disposto no número anterior, incumbe, nomeadamente, às entidades administrativas comunicar ao tribunal:

a) A emissão de novos actos administrativos no âmbito do procedimento no qual se inscreva o acto impugnado;

b) A celebração do contrato, quando esteja pendente processo de impugnação de acto administrativo praticado no âmbito de procedimento dirigido à formação desse contrato;

c) A emissão de novos actos administrativos cuja manutenção na ordem jurídica possa colidir com os efeitos a que se dirige o processo em curso;

d) A revogação ou anulação do ato impugnado.

5 – Todas as entidades públicas ou privadas devem fornecer os elementos e prestar a colaboração necessária ao exercício da ação pública pelo Ministério Público, podendo este, em caso de recusa, solicitar ao tribunal competente para o julgamento da ação proposta ou a propor a aplicação das sanções previstas na lei processual civil para as situações de recusa ilegítima de colaboração para a descoberta da verdade.

Artigo 8.º-A – Personalidade e capacidade judiciárias

1 – A personalidade e a capacidade judiciárias consistem, respetivamente, na suscetibilidade de ser parte e na de estar por si em juízo.

2 – Tem personalidade judiciária quem tenha personalidade jurídica, e capacidade judiciária quem tenha capacidade de exercício de direitos, sendo

aplicável ao processo administrativo o regime de suprimento da incapacidade previsto na lei processual civil.

3 – Para além dos demais casos de extensão da personalidade judiciária estabelecidos na lei processual civil, os ministérios e os órgãos da Administração Pública têm personalidade judiciária correspondente à legitimidade ativa e passiva que lhes é conferida neste Código.

4 – Nas ações indevidamente propostas contra ministérios, a respetiva falta de personalidade judiciária pode ser sanada pela intervenção do Estado e a ratificação ou repetição do processado.

5 – A propositura indevida de ação contra um órgão administrativo não tem consequências processuais, nos termos do n.º 4 do artigo 10.º

Capítulo II – Das partes

Artigo 9.º – Legitimidade activa

1 – Sem prejuízo do disposto no número seguinte e no capítulo II do título II, o autor é considerado parte legítima quando alegue ser parte na relação material controvertida.

2 – Independentemente de ter interesse pessoal na demanda, qualquer pessoa, bem como as associações e fundações defensoras dos interesses em causa, as autarquias locais e o Ministério Público têm legitimidade para propor e intervir, nos termos previstos na lei, em processos principais e cautelares destinados à defesa de valores e bens constitucionalmente protegidos, como a saúde pública, o ambiente, o urbanismo, o ordenamento do território, a qualidade de vida, o património cultural e os bens do Estado, das Regiões Autónomas e das autarquias locais, assim como para promover a execução das correspondentes decisões jurisdicionais.

Artigo 10.º – Legitimidade passiva

1 – Cada acção deve ser proposta contra a outra parte na relação material controvertida e, quando for caso disso, contra as pessoas ou entidades titulares de interesses contrapostos aos do autor.

2 – Nos processos intentados contra entidades públicas, parte demandada é a pessoa coletiva de direito público, salvo nos processos contra o Estado ou as Regiões Autónomas que se reportem à ação ou omissão de órgãos integrados nos respetivos ministérios ou secretarias regionais, em que parte demandada é o ministério ou ministérios, ou a secretaria ou secretarias regionais, a cujos órgãos sejam imputáveis os atos praticados ou sobre cujos órgãos recaia o dever de praticar os atos jurídicos ou observar os comportamentos pretendidos.

3 – Os processos que tenham por objecto actos ou omissões de entidade administrativa independente, destituída de personalidade jurídica, são intentados contra o Estado ou a outra pessoa colectiva de direito público a que essa entidade pertença.

4 – O disposto nos n.ºs 2 e 3 não obsta a que se considere regularmente proposta a ação quando na petição tenha sido indicado como parte demandada um órgão pertencente à pessoa coletiva de direito público, ao ministério ou à secretaria regional que devem ser demandados.

5 – Quando, na situação prevista no número anterior, a citação for feita no órgão indicado na petição, considera-se citada a pessoa coletiva, o ministério ou a secretaria regional a que o órgão pertence.

6 – Havendo cumulação de pedidos, deduzidos contra diferentes pessoas colectivas ou Ministérios, devem ser demandados as pessoas colectivas ou os Ministérios contra quem sejam dirigidas as pretensões formuladas.

7 – Quando o pedido principal deva ser deduzido contra um Ministério, este também tem legitimidade passiva em relação aos pedidos que com aquele sejam cumulados.

8 – Nos processos respeitantes a litígios entre órgãos da mesma pessoa colectiva, a acção é proposta contra o órgão cuja conduta deu origem ao litígio.

9 – Podem ser demandados particulares ou concessionários, no âmbito de relações jurídico-administrativas que os envolvam com entidades públicas ou com outros particulares.

Artigo 11.º – Patrocínio judiciário e representação em juízo

1 – Nos tribunais administrativos é obrigatória a constituição de mandatário, nos termos previstos no Código do Processo Civil, podendo as entidades públicas fazer-se patrocinar em todos os processos por advogado, solicitador ou licenciado em direito ou em solicitadoria com funções de apoio jurídico, sem prejuízo da possibilidade de representação do Estado pelo Ministério Público.

2 – No caso de o patrocínio recair em licenciado em direito ou em solicitadoria com funções de apoio jurídico, expressamente designado para o efeito, a referida atuação no âmbito do processo fica vinculada à observância dos mesmos deveres deontológicos, designadamente de sigilo, que obrigam o mandatário da outra parte.

3 – Para o efeito do disposto no número anterior, e sem prejuízo do disposto nos dois números seguintes, o poder de designar o representante em juízo da pessoa colectiva de direito público ou, no caso do Estado, do ministério compete ao auditor jurídico ou ao responsável máximo pelos serviços jurídicos da pessoa colectiva ou do ministério.

4 – Nos processos em que esteja em causa a actuação ou omissão de uma entidade administrativa independente, ou outra que não se encontre integrada numa estrutura hierárquica, a designação do representante em juízo pode ser feita por essa entidade.

5 – Nos processos em que esteja em causa a actuação ou omissão de um órgão subordinado a poderes hierárquicos, a designação do representante em juízo pode ser feita por esse órgão, mas a existência do processo é imediatamente comunicada ao ministro ou ao órgão superior da pessoa colectiva.

6 – Os agentes de execução desempenham as suas funções nas execuções que sejam da competência dos tribunais administrativos.

Artigo 12.º – Coligação

1 – Podem coligar-se vários autores contra um ou vários demandados e pode um autor dirigir a acção conjuntamente contra vários demandados, por pedidos diferentes, quando:

a) A causa de pedir seja a mesma e única ou os pedidos estejam entre si numa relação de prejudicialidade ou de dependência, nomeadamente por se inscreverem no âmbito da mesma relação jurídica material;

b) Sendo diferente a causa de pedir, a procedência dos pedidos principais depende essencialmente da apreciação dos mesmos factos ou da interpretação e aplicação dos mesmos princípios ou regras de direito.

2 – Nos processos impugnatórios, é possível a coligação de diferentes autores na impugnação, seja de um único, seja de vários atos jurídicos, desde que se preencha qualquer dos pressupostos estabelecidos no número anterior .

3 – Havendo coligação sem que entre os pedidos exista a conexão exigida pelo n.º 1, o juiz notificará o autor ou autores para, no prazo de 10 dias, indicarem o pedido que pretendem ver apreciado no processo, sob cominação de, não o fazendo, haver absolvição da instância quanto a todos os pedidos.

4 – No caso previsto no número anterior, bem como quando haja coligação ilegal de autores, podem ser apresentadas novas petições, no prazo de 30 dias a contar do trânsito em julgado da decisão, considerando-se estas apresentadas na data de entrada da primeira, para efeitos da tempestividade da sua apresentação.

Capítulo III – Da competência

Secção I – Disposições gerais

Artigo 13.º – Conhecimento da competência e do âmbito da jurisdição

O âmbito da jurisdição administrativa e a competência dos tribunais administrativos, em qualquer das suas espécies, é de ordem pública e o seu conhecimento precede o de qualquer outra matéria.

Artigo 14.º - Petição a tribunal incompetente

1 - Quando a petição seja dirigida a tribunal incompetente, o processo é oficiosamente remetido ao tribunal administrativo ou tributário competente.

2 - Quando a petição seja dirigida a tribunal incompetente, sem que o tribunal competente pertença à jurisdição administrativa e fiscal, pode o interessado, no prazo de 30 dias a contar do trânsito em julgado da decisão que declare a incompetência, requerer a remessa do processo ao tribunal competente, com indicação do mesmo.

3 - Em ambos os casos previstos nos números anteriores, a petição considera-se apresentada na data do primeiro registo de entrada, para efeitos da tempestividade da sua apresentação.

Artigo 15.º - Extensão da competência à decisão de questões prejudiciais

1 - Quando o conhecimento do objecto da acção dependa, no todo ou em parte, da decisão de uma ou mais questões da competência de tribunal pertencente a outra jurisdição, pode o juiz sobrestar na decisão até que o tribunal competente se pronuncie.

2 - A suspensão fica sem efeito se a acção da competência do tribunal pertencente a outra jurisdição não for proposta no prazo de dois meses ou se ao respectivo processo não for dado andamento, por negligência das partes, durante o mesmo prazo.

3 - No caso previsto no número anterior, deve prosseguir o processo do contencioso administrativo, sendo a questão prejudicial decidida com efeitos a ele restritos.

Secção II - Da competência territorial

Artigo 16.º - Regra geral

1 - Sem prejuízo do disposto nos artigos seguintes e das soluções que resultem da distribuição das competências em função da hierarquia, os processos são intentados no tribunal da área da residência habitual ou da sede do autor.

2 - Havendo pluralidade de autores, a ação pode ser proposta no tribunal da área da residência habitual ou da sede da maioria deles, ou, no caso de não haver maioria, no tribunal da área da residência habitual ou da sede de qualquer deles.

Artigo 17.º - Processos relacionados com bens imóveis

Os processos relacionados com bens imóveis ou direitos a eles referentes são intentados no tribunal da situação dos bens.

Artigo 18.º – Competência em matéria de responsabilidade civil

1 – As pretensões em matéria de responsabilidade civil extracontratual, incluindo acções de regresso, são deduzidas no tribunal do lugar em que se deu o facto constitutivo da responsabilidade.

2 – Quando o facto constitutivo de responsabilidade seja a prática ou a omissão de um acto administrativo ou de uma norma, a pretensão é deduzida no tribunal competente para se pronunciar sobre a legalidade da actuação ou da omissão.

Artigo 19.º – Competência em matéria relativa a contratos

1 – As pretensões relativas a contratos são deduzidas no tribunal do lugar de cumprimento do contrato.

2 – Se as partes convencionarem o tribunal perante o qual se comprometem a deduzir as suas pretensões relativas ao contrato, o tribunal competente para o efeito é o tribunal convencionado.

3 – As ações que tenham por objeto litígios emergentes de vínculos de emprego público intentadas por trabalhador contra o empregador público podem ser propostas no tribunal do lugar da prestação de trabalho ou do domicílio do autor.

Artigo 20.º – Outras regras de competência territorial

1 – Os processos respeitantes à prática ou à omissão de normas e de atos administrativos das Regiões Autónomas e das autarquias locais, assim como das entidades por elas instituídas, e das pessoas coletivas de utilidade pública são intentados no tribunal da área da sede da entidade demandada.

2 – [Revogado].

3 – O contencioso eleitoral é da competência do tribunal da área da sede do órgão cuja eleição se impugna.

4 – O conhecimento dos pedidos de intimação para prestação de informações, consulta de documentos e passagem de certidões é da competência do tribunal da área onde deva ter lugar a prestação, consulta ou passagem pretendida.

5 – Os demais processos de intimação são intentados no tribunal da área onde deva ter lugar o comportamento ou a omissão pretendidos.

6 – Os pedidos dirigidos à adopção de providências cautelares são julgados pelo tribunal competente para decidir a causa principal.

7 – Os pedidos de produção antecipada de prova são deduzidos no tribunal em que a prova tenha de ser efectuada ou da área em que se situe o tribunal de comarca a que a diligência deva ser deprecada.

8 – A competência territorial para os processos executivos é determinada nos termos da lei processual civil.

9 – Para a execução jurisdicional de atos administrativos que não possam ser impostos coercivamente pela Administração, o tribunal competente é o da área da sede da residência ou sede do executado ou da localização dos bens a executar.

Artigo 21.º – Cumulação de pedidos

1 – Nas situações de cumulação em que a competência para a apreciação de qualquer dos pedidos pertença a um tribunal superior, este também é competente para conhecer dos demais pedidos.

2 – Quando forem cumulados pedidos para cuja apreciação sejam territorialmente competentes diversos tribunais, o autor pode escolher qualquer deles para a propositura da acção, mas se a cumulação disser respeito a pedidos entre os quais haja uma relação de dependência ou de subsidiariedade, a acção deve ser proposta no tribunal competente para apreciar o pedido principal.

Artigo 22.º – Competência supletiva

Quando não seja possível determinar a competência territorial por aplicação dos artigos anteriores, é competente o Tribunal Administrativo de Círculo de Lisboa.

Capítulo IV – Dos actos processuais

Artigo 23.º – Regime aplicável

É subsidiariamente aplicável ao processo administrativo o disposto na lei processual civil em matéria de entrega ou remessa das peças processuais, dos duplicados dos articulados e das cópias dos documentos apresentados, bem como em matéria de realização das citações e notificações.

Artigo 24.º – Processo eletrónico

1 – O processo nos tribunais administrativos é um processo eletrónico, constituído por informação estruturada constante do respetivo sistema de informação e por documentos eletrónicos, sendo os atos processuais escritos praticados por via eletrónica nos termos a definir por portaria do membro do Governo responsável pela área justiça.

2 – Os atos processuais que devam ser praticados por escrito pelas partes são apresentados em juízo por via eletrónica, nos termos definidos na portaria referida no número anterior, valendo como data da prática do ato processual a da respetiva expedição.

3 – Sempre que, no âmbito de peça processual apresentada pelas partes, exista desconformidade entre a informação estruturada e a informação constante de

documento da autoria das partes, prevalece a informação estruturada, podendo esta no entanto ser corrigida nos termos gerais.

4 – A citação das entidades públicas identificadas por portaria do membro do Governo responsável pela área da justiça é efetuada eletronicamente e, quando não houver lugar a despacho liminar, de forma automática, nos termos definidos na portaria referida no n.º 1.

5 – Sempre que se trate de causa que não importe a constituição de mandatário, e a parte não esteja patrocinada, a prática dos atos previstos no n.º 2 pode ser efetuada por uma das seguintes formas:

a) Entrega na secretaria judicial, valendo como data da prática do ato a da respetiva entrega;

b) Remessa por correio, sob registo, valendo como data da prática do ato a da respetiva expedição;

c) Envio através de telecópia, valendo como data da prática do ato a da expedição;

d) Entrega por via eletrónica, nos termos a definir por portaria do membro do Governo responsável pela área da Justiça.

6 – O disposto no número anterior é igualmente aplicável nos casos em que, por justo impedimento, não seja possível aos representantes das partes praticar algum ato por via eletrónica nos termos do n.º 2.

7 – Nos casos previstos nos n.ºs 5 e 6, bem como nos demais casos em que uma peça processual ou um documento não seja apresentado por via eletrónica, a secretaria procede à sua digitalização e inserção no processo eletrónico, exceto nos casos, previstos na portaria referida no n.º 1, em que a digitalização não seja materialmente possível.

8 – A secretaria é responsável pela constituição do suporte físico do processo, constituído pelos elementos definidos na portaria referida no n.º 1.

Artigo 25.º – Citações e notificações

1 – Salvo disposição em contrário, as citações editais são realizadas mediante a publicação de anúncio em página informática de acesso público, nos termos a definir em portaria do membro do Governo responsável pela área da justiça.

2 – Em todas as formas de processo, todos os articulados e requerimentos autónomos e demais documentos apresentados após a notificação ao autor da contestação do demandado são notificados pelo mandatário judicial do apresentante ao mandatário judicial da contraparte nos termos da lei processual civil.

3 – A notificação determinada no número anterior realiza-se por via eletrónica, nos termos a definir por portaria do membro do Governo responsável pela área da justiça.

4 - Quando seja demandado o Estado, ou na mesma ação sejam demandados diversos ministérios, a citação é dirigida unicamente ao Centro de Competências Jurídicas do Estado, que assegura a sua transmissão aos serviços competentes e coordena os termos da respetiva intervenção em juízo.

Artigo 26.º - Distribuição

1 - A distribuição dos processos e demais documentos sujeitos a distribuição é realizada por meios eletrónicos, através do sistema informático dos tribunais administrativos e fiscais, aplicando-se, com as necessárias adaptações, o disposto no Código de Processo Civil quanto à distribuição, incluindo os procedimentos a respeitar na atribuição de um processo a um juiz.

2 - Na distribuição há as espécies de processos definidas pelo Conselho Superior dos Tribunais Administrativos e Fiscais, sob proposta do presidente do tribunal.

3 - (Revogado.)

Artigo 27.º - Poderes do relator nos processos em primeiro grau de jurisdição em tribunais superiores

1 - Compete ao relator, sem prejuízo dos demais poderes que lhe são conferidos neste Código:

a) Deferir os termos do processo, proceder à sua instrução e prepará-lo para julgamento;

b) Dar por findos os processos;

c) Declarar a suspensão da instância;

d) Ordenar a apensação de processos;

e) Julgar extinta a instância por transacção, deserção, desistência, impossibilidade ou inutilidade da lide;

f) Rejeitar liminarmente os requerimentos e incidentes de cujo objecto não deva tomar conhecimento;

g) Conhecer das nulidades dos actos processuais e dos próprios despachos;

h) Conhecer do pedido de adopção de providências cautelares ou submetê-lo à apreciação da conferência, quando o considere justificado;

i) Proferir decisão quando entenda que a questão a decidir é simples, designadamente por já ter sido judicialmente apreciada de modo uniforme e reiterado, ou que a pretensão é manifestamente infundada;

j) Admitir os recursos de acórdãos, declarando a sua espécie, regime de subida e efeitos, ou negar-lhes admissão.

2 - Dos despachos do relator cabe reclamação para a conferência, com exceção dos de mero expediente.

Artigo 28.º – Apensação de processos

1 – Quando sejam separadamente propostas acções que, por se verificarem os pressupostos de admissibilidade previstos para a coligação e a cumulação de pedidos, possam ser reunidas num único processo, deve ser ordenada a apensação delas, ainda que se encontrem pendentes em tribunais diferentes, a não ser que o estado do processo ou outra razão torne especialmente inconveniente a apensação.

2 – Os processos são apensados ao que tiver sido intentado em primeiro lugar, considerando-se como tal o de numeração inferior, salvo se os pedidos forem dependentes uns dos outros, caso em que a apensação é feita na ordem da dependência.

3 – A apensação pode ser requerida ao tribunal perante o qual se encontre pendente o processo a que os outros tenham de ser apensados e, quando se trate de processos que estejam pendentes perante o mesmo juiz, deve ser por este oficiosamente determinada, ouvidas as partes.

4 – Importa baixa na distribuição a apensação de processo distribuído a juiz diferente .

Artigo 29.º – Prazos processuais

1 – O prazo geral supletivo para os actos processuais das partes é de 10 dias .

2 – [Revogado].

3 – Sem prejuízo do disposto nos números seguintes, são aplicáveis aos processos nos tribunais administrativos, em primeira instância ou em via de recurso, os prazos estabelecidos na lei processual civil para juízes, magistrados do Ministério Público e funcionários, com as devidas consequências legais.

4 – Na falta de disposição especial, os despachos judiciais são proferidos no prazo de 10 dias.

5 – Na falta de disposição especial, as promoções do Ministério Público são deduzidas no prazo de 10 dias.

6 – Os despachos ou promoções de mero expediente, bem como os considerados urgentes, devem ser proferidos no prazo máximo de dois dias.

7 – Decorridos três meses sobre o termo do prazo fixado para a prática de ato próprio do juiz sem que o mesmo tenha sido praticado, deve o juiz consignar a concreta razão da inobservância do prazo .

8 – A secretaria remete, mensalmente, ao presidente do tribunal informação discriminada dos casos em que se mostrem decorridos três meses sobre o termo do prazo fixado para a prática de ato próprio do juiz, ainda que o ato tenha sido entretanto praticado, incumbindo ao presidente do tribunal, no prazo de 10 dias contado da data de receção, remeter o expediente à entidade com competência disciplinar.

Artigo 30.º – Publicidade do processo e das decisões

1 – O processo administrativo é público, com as restrições previstas na lei, processando-se o acesso nos termos e condições previstos na lei processual civil.

2 – Os acórdãos do Supremo Tribunal Administrativo e dos Tribunais Centrais Administrativos, bem como os acórdãos e sentenças dos tribunais administrativos de círculo são objeto de publicação obrigatória por via informática, em base de dados de jurisprudência.

3 – Do tratamento informático devem constar pelo menos a identificação do tribunal que proferiu a decisão e dos juízes que a subscreveram, a data e o sentido e os fundamentos da decisão.

4 – [Revogado].

5 – [Revogado].

6 – [Revogado].

7 – [Revogado].

8 – [Revogado].

Capítulo V – Do valor das causas e das formas do processo

Secção I – Do valor das causas

Artigo 31.º – Atribuição de valor e suas consequências

1 – A toda a causa deve ser atribuído um valor certo, expresso em moeda legal, o qual representa a utilidade económica imediata do pedido.

2 – Atende-se ao valor da causa para determinar se cabe recurso da sentença proferida em primeira instância e que tipo de recurso.

3 – Para o efeito das custas e demais encargos legais, o valor da causa é fixado segundo as regras estabelecidas na legislação respectiva.

4 – É aplicável o disposto na lei processual civil quanto aos poderes das partes e à intervenção do juiz na fixação do valor da causa.

Artigo 32.º – Critérios gerais para a fixação do valor

1 – Quando pela acção se pretenda obter o pagamento de quantia certa, é esse o valor da causa.

2 – Quando pela acção se pretenda obter um benefício diverso do pagamento de uma quantia, o valor da causa é a quantia equivalente a esse benefício.

3 – Quando a acção tenha por objecto a apreciação da existência, validade, cumprimento, modificação ou resolução de um contrato, atende-se ao valor do mesmo, determinado pelo preço ou estipulado pelas partes.

4 – Quando a acção diga respeito a uma coisa, o valor desta determina o valor da causa.

5 – Quando esteja em causa a cessação de situações causadoras de dano, ainda que fundadas em acto administrativo ilegal, o valor da causa é determinado pela importância do dano causado.

6 – O valor dos processos cautelares é determinado pelo valor do prejuízo que se quer evitar, dos bens que se querem conservar ou da prestação pretendida a título provisório.

7 – Quando sejam cumulados, na mesma acção, vários pedidos, o valor é a quantia correspondente à soma dos valores de todos eles, mas cada um deles é considerado em separado para o efeito de determinar se a sentença pode ser objecto de recurso, e de que tipo.

8 – Quando seja deduzido pedido acessório de condenação ao pagamento de juros, rendas e rendimentos já vencidos e a vencer durante a pendência da causa, na fixação do valor atende-se somente aos interesses já vencidos.

9 – No caso de pedidos alternativos, atende-se unicamente ao pedido de valor mais elevado e, no caso de pedidos subsidiários, ao pedido formulado em primeiro lugar.

Artigo 33.º – Critérios especiais

Nos processos relativos a actos administrativos, atende-se ao conteúdo económico do acto, designadamente por apelo aos seguintes critérios, para além daqueles que resultam do disposto no artigo anterior:

a) Quando esteja em causa a autorização ou licenciamento de obras e, em geral, a apreciação de decisões respeitantes à realização de empreendimentos públicos ou privados, o valor da causa afere-se pelo custo previsto da obra projectada;

b) Quando esteja em causa a aplicação de sanções de conteúdo pecuniário, o valor da causa é determinado pelo montante da sanção aplicada;

c) Quando esteja em causa a aplicação de sanções sem conteúdo pecuniário, o valor da causa é determinado pelo montante dos danos patrimoniais sofridos;

d) Quando estejam em causa actos ablativos da propriedade ou de outros direitos reais, o valor da causa é determinado pelo valor do direito sacrificado.

Artigo 34.º – Critério supletivo

1 – Consideram-se de valor indeterminável os processos respeitantes a bens imateriais e a normas emitidas ou omitidas no exercício da função administrativa, incluindo planos urbanísticos e de ordenamento do território.

2 – Quando o valor da causa seja indeterminável, considera-se superior ao da alçada do Tribunal Central Administrativo.

3 – Das decisões de mérito proferidas em processo de valor indeterminável cabe sempre recurso de apelação e, quando proferidas por tribunal administra-

tivo de círculo, recurso de revista para o Supremo Tribunal Administrativo, nos termos e condições previstos no artigo 151.º deste Código.

4 – Quando com pretensões susceptíveis de avaliação económica sejam cumuladas outras insusceptíveis de tal avaliação, atende-se separadamente a cada uma delas para o efeito de determinar se a sentença pode ser objecto de recurso, e de que tipo.

Secção II – Das formas de processo

Artigo 35.º – Formas de processo

1 – O processo declarativo nos Tribunais Administrativos rege-se pelo disposto nos títulos II e III e pelas disposições gerais, sendo-lhe subsidiariamente aplicável o disposto na lei processual civil –

2 – [Revogado].

Artigo 36.º – Processos urgentes

1 – Sem prejuízo dos demais casos previstos na lei, têm carácter urgente os processos relativos a:

a) Contencioso eleitoral, com o âmbito definido neste Código;

b) Procedimentos de massa, com o âmbito definido neste Código;

c) Contencioso pré-contratual, com o âmbito definido neste Código;

d) Intimação para prestação de informações, consulta de documentos ou passagem de certidões;

e) Intimação para defesa de direitos, liberdades e garantias;

f) Providências cautelares.

2 – Os processos urgentes e respetivos incidentes correm em férias, com dispensa de vistos prévios, mesmo em fase de recurso jurisdicional, e os atos da secretaria são praticados no próprio dia, com precedência sobre quaisquer outros.

3 – O julgamento dos processos urgentes tem lugar, com prioridade sobre os demais, logo que o processo esteja pronto para decisão.

4 – Na falta de especificação própria quanto à respetiva tramitação, os processos urgentes previstos em lei especial seguem os termos da ação administrativa, com os prazos reduzidos a metade, regendo-se, quanto ao mais, pelo disposto nos n.ºs 2 e 3 do presente artigo e, em fase de recurso jurisdicional, pelo disposto no artigo 147.º

Título II – Da acção administrativa comum

Artigo 37.º – Objecto

1 – Seguem a forma da ação administrativa, com a tramitação regulada no capítulo III do presente título, os processos que tenham por objeto litígios cuja apreciação se inscreva no âmbito da competência dos tribunais administrativos e que nem neste Código, nem em legislação avulsa sejam objeto de regulação especial, designadamente:

a) Impugnação de atos administrativos;

b) Condenação à prática de atos administrativos devidos, nos termos da lei ou de vínculo contratualmente assumido;

c) Condenação à não emissão de atos administrativos, nas condições admitidas neste Código;

d) Impugnação de normas emitidas ao abrigo de disposições de direito administrativo;

e) Condenação à emissão de normas devidas ao abrigo de disposições de direito administrativo;

f) Reconhecimento de situações jurídicas subjetivas diretamente decorrentes de normas jurídico-administrativas ou de atos jurídicos praticados ao abrigo de disposições de direito administrativo;

g) Reconhecimento de qualidades ou do preenchimento de condições;

h) Condenação à adoção ou abstenção de comportamentos pela Administração Pública ou por particulares;

i) Condenação da Administração à adoção das condutas necessárias ao restabelecimento de direitos ou interesses violados, incluindo em situações de via de facto, desprovidas de título que as legitime;

j) Condenação da Administração ao cumprimento de deveres de prestar que diretamente decorram de normas jurídico-administrativas e não envolvam a emissão de um ato administrativo impugnável, ou que tenham sido constituídos por atos jurídicos praticados ao abrigo de disposições de direito administrativo, e que podem ter por objeto o pagamento de uma quantia, a entrega de uma coisa ou a prestação de um facto;

k) Responsabilidade civil das pessoas coletivas, bem como dos titulares dos seus órgãos ou respetivos trabalhadores em funções públicas, incluindo ações de regresso;

l) Interpretação, validade ou execução de contratos;

m) A restituição do enriquecimento sem causa, incluindo a repetição do indevido;

n) Relações jurídicas entre entidades administrativas.

2 – [Revogado].

3 – Quando, sem fundamento em acto administrativo impugnável, particulares, nomeadamente concessionários, violem vínculos jurídico-administrativos decorrentes de normas, actos administrativos ou contratos, ou haja fundado receio de que os possam violar, sem que, solicitadas a fazê-lo, as autoridades competentes tenham adoptado as medidas adequadas, qualquer pessoa ou entidade cujos direitos ou interesses sejam directamente ofendidos pode pedir ao tribunal que condene os mesmos a adoptaram ou a absterem-se de certo comportamento, por forma a assegurar o cumprimento dos vínculos em causa.

Artigo 38.º – Acto administrativo inimpugnável

1 – Nos casos em que a lei substantiva o admita, designadamente no domínio da responsabilidade civil da Administração por actos administrativos ilegais, o tribunal pode conhecer, a título incidental, da ilegalidade de um acto administrativo que já não possa ser impugnado.

2 – Sem prejuízo do disposto no número anterior, não pode ser obtido por outros meios processuais o efeito que resultaria da anulação do ato inimpugnável.

Artigo 39.º – Interesse processual

1 – Os pedidos de simples apreciação podem ser deduzidos por quem invoque utilidade ou vantagem imediata, para si, na providência jurisdicional pretendida, designadamente por existir uma situação de incerteza, de ilegítima afirmação por parte da Administração da existência de determinada situação jurídica, como nos casos de inexistência de ato administrativo, ou o fundado receio de que a Administração possa vir a adotar uma conduta lesiva, fundada numa avaliação incorreta da situação jurídica existente.

2 – A condenação à não emissão de atos administrativos só pode ser pedida quando seja provável a emissão de atos lesivos de direitos ou interesse legalmente protegidos e a utilização dessa via se mostre imprescindível.

Artigo 40.º – Legitimidade em acções relativas a contratos

1 – Os pedidos relativos à validade, total ou parcial, de contratos podem ser deduzidos:

a) Pelas partes na relação contratual;

b) Pelo Ministério Público e pelas demais pessoas e entidades mencionadas no n.º 2 do artigo 9.º;

c) Por quem tenha sido prejudicado pelo facto de não ter sido adoptado o procedimento pré-contratual legalmente exigido;

d) Por quem tenha impugnado um acto administrativo relativo à formação do contrato;

e) Por quem, tendo participado no procedimento que precedeu a celebração do contrato, alegue que o clausulado não corresponde aos termos da adjudicação;

f) Por quem alegue que o clausulado do contrato não corresponde aos termos inicialmente estabelecidos e que justificadamente o tinham levado a não participar no procedimento pré-contratual, embora preenchesse os requisitos necessários para o efeito;

g) Pelas pessoas singulares ou colectivas titulares ou defensoras de direitos subjectivos ou interesses legalmente protegidos aos quais a execução do contrato cause ou possa previsivelmente causar prejuízos.

2 – Os pedidos relativos à execução de contratos podem ser deduzidos:

a) Pelas partes na relação contratual;

b) Pelas pessoas singulares ou colectivas portadoras ou defensoras de direitos subjectivos ou interesses legalmente protegidos em função dos quais as cláusulas contratuais tenham sido estabelecidas;

c) Pelo Ministério Público, quando se trate de cláusulas cujo incumprimento possa afectar um interesse público especialmente relevante;

d) Pelas pessoas e entidades mencionadas no n.º 2 do artigo 9.º;

e) Por quem tenha sido preterido no concurso que precedeu a celebração do contrato.

Artigo 41.º – Prazos

1 – Sem prejuízo do disposto na lei substantiva e no capítulo seguinte, a ação administrativa pode ser proposta a todo o tempo.

2 – [Revogado].

3 – [Revogado].

Artigo 42.º – Tramitação

REVOGADO

Artigo 43.º – Domínio de aplicação dos processos ordinário, sumário e sumaríssimo

REVOGADO

Artigo 44.º – Fixação de prazo e imposição de sanção pecuniária compulsória

REVOGADO

Artigo 45.º – Modificação do objeto do processo

1 – Quando se verifique que a pretensão do autor é fundada, mas que à satisfação dos seus interesses obsta, no todo ou em parte, a existência de uma situação de impossibilidade absoluta, ou a entidade demandada demonstre que o

cumprimento dos deveres a que seria condenada originaria um excecional prejuízo para o interesse público, o tribunal profere decisão na qual:

a) Reconhece o bem fundado da pretensão do autor;

b) Reconhece a existência da circunstância que obsta, no todo ou em parte, à emissão da pronúncia solicitada;

c) Reconhece o direito do autor a ser indemnizado por esse facto; e

d) Convida as partes a acordarem no montante da indemnização devida no prazo de 30 dias, que pode ser prorrogado até 60 dias, caso seja previsível que o acordo venha a concretizar-se dentro daquele prazo.

2 – Na falta do acordo a que se refere a alínea *d)* do número anterior, o autor pode requerer, no prazo de um mês, a fixação judicial da indemnização devida, mediante a apresentação de articulado devidamente fundamentado, devendo o tribunal, nesse caso, ouvir a outra parte pelo prazo de 10 dias e ordenar as diligências instrutórias que considere necessárias.

3 – Na hipótese prevista no número anterior, o autor pode optar por pedir a reparação de todos os danos resultantes da atuação ilegítima da entidade demandada, hipótese na qual esta é notificada para contestar o novo pedido no prazo de 30 dias, findo o que a ação segue os subsequentes termos da ação administrativa.

4 – O disposto na alínea *d)* do n.º 1 e nos n.ºs 2 e 3 não é aplicável quando o autor já tinha cumulado na ação o pedido de reparação de todos os danos resultantes da atuação ilegítima da entidade demandada, hipótese na qual o tribunal dá ao autor a possibilidade de ampliar o pedido indemnizatório já deduzido, de modo a nele incluir o montante da indemnização adicional que possa ser devida pela ocorrência das situações previstas no n.º 1.

5 – [Revogado].

Artigo 45.º-A – Extensão de regime

1 – O disposto no artigo anterior é aplicável quando, tendo sido deduzido pedido respeitante à invalidade de contrato por violação das regras relativas ao respetivo procedimento de formação, o tribunal:

a) Verifique que já não é possível reinstruir o procedimento pré-contratual, por entretanto ter sido celebrado e executado o contrato;

b) Proceda, segundo o disposto na lei substantiva, ao afastamento da invalidade do contrato, em resultado da ponderação dos interesses públicos e privados em presença.

2 – O disposto no artigo anterior também é aplicável quando, na pendência de ação de condenação à prática de ato devido, se verifique que a entidade demandada devia ter satisfeito a pretensão do autor em conformidade com o quadro normativo aplicável, mas a alteração superveniente desse quadro normativo impeça a procedência da ação.

3 – Para efeitos do disposto no número anterior, a alteração superveniente só impede a procedência da ação de condenação à prática de ato devido quando se verifique que, mesmo que a pretensão do autor tivesse sido satisfeita no momento próprio, a referida alteração teria o alcance de lhe retirar a titularidade da correspondente situação jurídica de vantagem, constituindo-o no direito de ser indemnizado por esse facto.

Título III – Da acção administrativa especial

Capítulo I – Disposições gerais

Artigo 46.º – Objecto
REVOGADO

Artigo 47.º – Cumulação de pedidos
REVOGADO

Artigo 48.º – Seleção de processos com andamento prioritário
1 – Quando, num mesmo tribunal, sejam intentados mais de dez processos que, embora referidos a diferentes pronúncias da mesma entidade administrativa, digam respeito à mesma relação jurídica material ou, ainda que respeitantes a diferentes relações jurídicas coexistentes em paralelo, sejam suscetíveis de ser decididos com base na aplicação das mesmas normas a situações de facto do mesmo tipo, o presidente do tribunal deve determinar, ouvidas as partes, que seja dado andamento apenas a um deles e se suspenda a tramitação dos demais.

2 – O tribunal pode igualmente determinar, ouvidas as partes, a suspensão dos processos que venham a ser intentados na pendência do processo seleccionado e que preencham os pressupostos previstos no número anterior.

3 – No exercício dos poderes conferidos nos números anteriores, o tribunal deve certificar-se de que no processo ao qual seja dado andamento prioritário a questão é debatida em todos os seus aspetos de facto e de direito e que a suspensão da tramitação dos demais processos não tem o alcance de limitar o âmbito de instrução, afastando a apreciação de factos ou a realização de diligências de prova necessárias para o completo apuramento da verdade.

4 – Quando a verificação dos pressupostos requeridos no número anterior apenas possa ser alcançada através da seleção conjugada, para efeito de decisão prioritária, de mais do que um processo, os processos selecionados devem ser apensados num único processo.

5 – Das decisões de suspensão de tramitação ou de apensação de processos, podem as partes interpor, no prazo de 15 dias, recurso com efeito devolu-

tivo com fundamento na ausência de qualquer dos pressupostos referidos no n.º 1.

6 – O disposto nos números anteriores também é aplicável quando a situação se verifique no conjunto de diferentes tribunais, podendo o impulso partir do presidente de qualquer dos tribunais envolvidos ou de qualquer das partes nos processos em causa.

7 – A aplicação do regime do presente artigo a situações de processos existentes em diferentes tribunais, segundo o previsto no número anterior, é determinada pelo Presidente do Supremo Tribunal Administrativo, a quem compete estabelecer qual ou quais os processos aos quais deve ser dado andamento, com suspensão dos demais, oficiosamente ou mediante proposta dos presidentes dos tribunais envolvidos.

8 – Ao processo ou processos selecionados é aplicável o disposto no n.º 4 do artigo 36.º para os processos urgentes, intervindo no seu julgamento uma formação constituída pelo juiz do processo ao qual seja dado andamento prioritário, e por dois juízes de entre os mais antigos do tribunal, ou, em caso de seleção conjugada de processos, por três juízes de entre os mais antigos dos diferentes tribunais.

9 – A decisão emitida no processo ou nos processos selecionados é notificada às partes nos processos suspensos para, no prazo de 30 dias, o autor nestes processos desistir do pedido ou qualquer das partes recorrer da sentença proferida no processo ou nos processos selecionados.

10 – O tribunal decide oficiosamente a extensão dos efeitos da sentença aos processos suspensos em cujo âmbito não haja sido praticado, no prazo determinado no número anterior, qualquer dos atos ali previstos.

11 – Quando mereça provimento, o recurso previsto no n.º 9 produz efeitos apenas na esfera jurídica do recorrente.

12 – A cumulação de pedidos não obsta à aplicação do regime previsto nos números anteriores, desde que a instrução e a decisão do pedido principal possam ser antecipadas, nos termos do n.º 4 do artigo 90.º

Artigo 49.º – Norma remissiva

REVOGADO

Capítulo II – Disposições particulares

Secção I – Impugnação de actos administrativos

Artigo 50.º – Objecto e efeitos da impugnação

1 – A impugnação de um ato administrativo tem por objeto a anulação ou a declaração de nulidade desse ato.

2 – Sem prejuízo das demais situações previstas na lei, a impugnação de um acto administrativo suspende a eficácia desse acto quando esteja apenas em causa o pagamento de uma quantia certa, sem natureza sancionatória, e tenha sido prestada garantia por qualquer das formas previstas na lei tributária.

3 – A impugnação de atos lesivos exprime a intenção, por parte do autor, de exercer o direito à reparação dos danos que tenha sofrido, para o efeito de interromper a prescrição deste direito, nos termos gerais.

4 – Às ações de declaração de inexistência de ato administrativo é aplicável, com as devidas adaptações, o disposto nos artigos 55.º e 57.º, em matéria de legitimidade, assim como no artigo 64.º, no caso de o autor ter interesse em deduzir, em substituição ou cumulação superveniente com o pedido inicial, a impugnação de ato administrativo praticado durante a pendência do processo.

Subsecção I – Do acto administrativo impugnável

Artigo 51.º – Atos impugnáveis

1 – Ainda que não ponham termo a um procedimento, são impugnáveis todas as decisões que, no exercício de poderes jurídico-administrativos, visem produzir efeitos jurídicos externos numa situação individual e concreta, incluindo as proferidas por autoridades não integradas na Administração Pública e por entidades privadas que atuem no exercício de poderes jurídico-administrativos.

2 – São designadamente impugnáveis:

a) As decisões tomadas no âmbito de procedimentos administrativos sobre questões que não possam ser de novo apreciadas em momento subsequente do mesmo procedimento;

b) As decisões tomadas em relação a outros órgãos da mesma pessoa coletiva, passíveis de comprometer as condições do exercício de competências legalmente conferidas aos segundos para a prossecução de interesses pelos quais esses órgãos sejam diretamente responsáveis.

3 – Os atos impugnáveis de harmonia com o disposto nos números anteriores que não ponham termo a um procedimento só podem ser impugnados durante a pendência do mesmo, sem prejuízo da faculdade de impugnação do ato final com fundamento em ilegalidades cometidas durante o procedimento, salvo quando essas ilegalidades digam respeito a ato que tenha determinado a exclusão do interessado do procedimento ou a ato que lei especial submeta a um ónus de impugnação autónoma.

4 – Se contra um ato de indeferimento ou de recusa de apreciação de requerimento não tiver sido deduzido o adequado pedido de condenação à prática de ato devido, o tribunal convida o autor a substituir a petição, para o efeito de deduzir o referido pedido.

5 – Na hipótese prevista no número anterior, quando haja lugar à substituição da petição, considera-se a nova petição apresentada na data do primeiro registo de entrada, sendo a entidade demandada e os contrainteressados de novo citados para contestar.

Artigo 52.º – Irrelevância da forma do acto

1 – A impugnabilidade dos actos administrativos não depende da respectiva forma.

2 – O não exercício do direito de impugnar um acto contido em diploma legislativo ou regulamentar não obsta à impugnação dos seus actos de execução ou aplicação.

3 – O não exercício do direito de impugnar um acto que não individualize os seus destinatários não obsta à impugnação dos seus actos de execução ou aplicação cujos destinatários sejam individualmente identificados.

Artigo 53.º – Impugnação de atos confirmativos e de execução

1 – Não são impugnáveis os atos confirmativos, entendendo-se como tal os atos que se limitem a reiterar, com os mesmos fundamentos, decisões contidas em atos administrativos anteriores.

2 – Excetuam-se do disposto no número anterior os casos em que o interessado não tenha tido o ónus de impugnar o ato confirmado, por não se ter verificado, em relação a este ato, qualquer dos factos previstos nos n.ºs 2 e 3 do artigo 59.º

3 – Os atos jurídicos de execução de atos administrativos só são impugnáveis por vícios próprios, na medida em que tenham um conteúdo decisório de caráter inovador.

4 – Quando seja admitida a impugnação do ato confirmativo, nos termos do n.º 2, os efeitos da sentença que conheça do objeto do processo são extensivos ao ato confirmado.

Artigo 54.º – Impugnação de acto administrativo ineficaz

1 – Os atos administrativos só podem ser impugnados a partir do momento em que produzam efeitos.

2 – O disposto no número anterior não exclui a faculdade de impugnação de atos que não tenham começado a produzir efeitos jurídicos quando:

a) Tenha sido desencadeada a sua execução;

b) Seja seguro ou muito provável que o acto irá produzir efeitos, designadamente por a ineficácia se dever apenas ao facto de o acto se encontrar dependente de termo inicial ou de condição suspensiva cuja verificação seja provável, nomeadamente por depender da vontade do beneficiário do acto.

3 – O disposto na alínea *a)* do número anterior não impede a utilização de outros meios de tutela contra a execução ilegítima do acto administrativo ineficaz.

Subsecção II – Da legitimidade

Artigo 56.º – Aceitação do acto

1 – Não pode impugnar um ato administrativo com fundamento na sua mera anulabilidade quem o tenha aceitado, expressa ou tacitamente, depois de praticado.

2 – A aceitação tácita deriva da prática, espontânea e sem reserva, de facto incompatível com a vontade de impugnar.

3 – A execução ou acatamento por funcionário ou agente não se considera aceitação tácita do acto executado ou acatado, salvo quando dependa da vontade daqueles a escolha da oportunidade da execução.

Artigo 57.º – Contra-interessados

Para além da entidade autora do acto impugnado, são obrigatoriamente demandados os contra-interessados a quem o provimento do processo impugnatório possa directamente prejudicar ou que tenham legítimo interesse na manutenção do acto impugnado e que possam ser identificados em função da relação material em causa ou dos documentos contidos no processo administrativo.

Subsecção III – Dos prazos de impugnação

Artigo 58.º – Prazos

1 – Salvo disposição legal em contrário, a impugnação de atos nulos não está sujeita a prazo e a de atos anuláveis tem lugar no prazo de:

a) Um ano, se promovida pelo Ministério Público;

b) Três meses, nos restantes casos.

2 – Sem prejuízo do disposto no n.º 4 do artigo 59.º, os prazos estabelecidos no número anterior contam-se nos termos do artigo 279.º do Código Civil, transferindo-se o seu termo, quando os prazos terminarem em férias judiciais ou em dia em que os tribunais estiverem encerrados, para o 1.º dia útil seguinte.

3 – A impugnação é admitida, para além do prazo previsto na alínea *b)* do n.º 1:

a) Nas situações em que ocorra justo impedimento, nos termos previstos na lei processual civil;

b) No prazo de três meses, contado da data da cessação do erro, quando se demonstre, com respeito pelo contraditório, que, no caso concreto, a tempestiva apresentação da petição não era exigível a um cidadão normalmente diligente, em virtude de a conduta da Administração ter induzido o interessado em erro; ou

c) Quando, não tendo ainda decorrido um ano sobre a data da prática do ato ou da sua publicação, quando obrigatória, o atraso deva ser considerado desculpável, atendendo à ambiguidade do quadro normativo aplicável ou às dificuldades que, no caso concreto, se colocavam quanto à identificação do ato impugnável, ou à sua qualificação como ato administrativo ou como norma.

4 - [Revogado].

Artigo 59.º - Início dos prazos de impugnação

1 - Sem prejuízo da faculdade de impugnação em momento anterior, dentro dos condicionalismos do artigo 54.º, os prazos de impugnação só começam a correr na data da ocorrência dos factos previstos nos números seguintes se, nesse momento, o ato a impugnar já for eficaz, contando-se tais prazos, na hipótese contrária, desde o início da produção de efeitos do ato.

2 - O prazo para a impugnação pelos destinatários a quem o ato administrativo deva ser notificado só corre a partir da data da notificação ao interessado ou ao seu mandatário, quando este tenha sido como tal constituído no procedimento, ou da data da notificação efetuada em último lugar caso ambos tenham sido notificados, ainda que o ato tenha sido objeto de publicação, mesmo que obrigatória.

3 - O prazo para a impugnação por quaisquer outros interessados começa a correr a partir de um dos seguintes factos:

a) Quando os atos tenham de ser publicados, da data em que o ato publicado deva produzir efeitos;

b) Quando os atos não tenham de ser publicados, da data da notificação, da publicação, ou do conhecimento do ato ou da sua execução, consoante o que ocorra em primeiro lugar.

4 - A utilização de meios de impugnação administrativa suspende o prazo de impugnação contenciosa do ato administrativo, que só retoma o seu curso com a notificação da decisão proferida sobre a impugnação administrativa ou com o decurso do respetivo prazo legal, consoante o que ocorra em primeiro lugar.

5 - A suspensão do prazo prevista no número anterior não impede o interessado de proceder à impugnação contenciosa do acto na pendência da impugnação administrativa, bem como de requerer a adopção de providências cautelares.

6 - O prazo para a impugnação pelo Ministério Público conta-se a partir da data da prática do acto ou da sua publicação, quando obrigatória.

7 - O Ministério Público pode impugnar o acto em momento anterior ao da publicação obrigatória, caso tenha sido entretanto desencadeada a sua execução.

8 – A rectificação do acto administrativo ou da sua notificação ou publicação não determina o início de novo prazo, salvo quando diga respeito à indicação do autor, do sentido ou dos fundamentos da decisão.

Artigo 60.º – Notificação ou publicação deficientes

1 – O acto administrativo não é oponível ao interessado quando a notificação ou a publicação, quando exigível, não dêem a conhecer o sentido da decisão.

2 – Quando a notificação ou a publicação do acto administrativo não contenham a indicação do autor, da data ou dos fundamentos da decisão, tem o interessado a faculdade de requerer à entidade que proferiu o acto a notificação das indicações em falta ou a passagem de certidão que as contenha, bem como, se necessário, de pedir a correspondente intimação judicial, nos termos previstos nos artigos 104.º e seguintes deste Código.

3 – A apresentação, no prazo de 30 dias, de requerimento dirigido ao autor do acto, ao abrigo do disposto no número anterior, interrompe o prazo de impugnação, mantendo-se a interrupção se vier a ser pedida a intimação judicial a que se refere o mesmo número.

4 – Não são oponíveis ao interessado eventuais erros contidos na notificação ou na publicação, no que se refere à indicação do autor, da data, do sentido ou dos fundamentos da decisão, bem como eventual erro ou omissão quanto à existência de delegação ou subdelegação de poderes.

Subsecção IV – Da instância

Artigo 61.º – Apensação de impugnações

1 – Quando sejam separadamente intentados diferentes processos impugnatórios em situações em que seja admitida a cumulação de impugnações, a apensação dos processos deve ser ordenada no que foi intentado em primeiro lugar, nos termos do artigo 28.º

2 – O processo impugnatório apensado é carregado ao relator na espécie respectiva quando a apensação se fundamente em conexão ou dependência entre actos impugnados ou na circunstância de pertencerem ao mesmo procedimento administrativo.

Artigo 62.º – Prossecução da acção pelo Ministério Público

1 – O Ministério Público pode, no exercício da acção pública, assumir a posição de autor, requerendo o seguimento de processo que, por decisão ainda não transitada, tenha terminado por desistência ou outra circunstância própria do autor.

2 – Para o efeito do disposto no número anterior, o juiz, uma vez extinta a instância, dará vista do processo ao Ministério Público.

Artigo 63.º – Ampliação da instância

1 – Até ao encerramento da discussão em primeira instância, o objeto do processo pode ser ampliado à impugnação de atos que venham a surgir no âmbito ou na sequência do procedimento em que o ato impugnado se insere, assim como à formulação de novas pretensões que com aquela possam ser cumuladas.

2 – O disposto no número anterior é extensivo ao caso de o acto impugnado ser relativo à formação de um contrato e este vir a ser celebrado na pendência do processo, como também às situações em que sobrevenham actos administrativos cuja validade dependa da existência ou validade do acto impugnado, ou cujos efeitos se oponham à utilidade pretendida no processo.

3 – Para o efeito do disposto nos números anteriores, deve a Administração trazer ao processo a informação da existência dos eventuais actos conexos com o acto impugnado que venham a ser praticados na pendência do mesmo.

4 – A ampliação do objeto é requerida pelo autor em articulado próprio, que é notificado à entidade demandada e aos contrainteressados, para que se pronunciem no prazo de 10 dias.

Artigo 64.º – Anulação administrativa, sanação e revogação do ato impugnado com efeitos retroativos

1 – Quando, na pendência do processo, o ato impugnado seja objeto de anulação administrativa acompanhada ou sucedida de nova regulação, pode o autor requerer que o processo prossiga contra o novo ato com fundamento na reincidência nas mesmas ilegalidades, sendo aproveitada a prova produzida e dispondo o autor da faculdade de oferecer novos meios de prova.

2 – O requerimento a que se refere o número anterior deve ser apresentado no prazo de impugnação do ato anulatório e antes do trânsito em julgado da decisão que julgue extinta a instância.

3 – O disposto no n.º 1 é aplicável a todos os casos em que o ato impugnado seja, total ou parcialmente, alterado ou substituído por outro com os mesmos efeitos, e ainda no caso de o ato anulatório já ter sido praticado no momento em que o processo foi intentado, sem que o autor disso tivesse ou devesse ter conhecimento.

4 – Se o ato anulado pela Administração na pendência do processo só vier a ser substituído por outro após a extinção da instância, o interessado pode requerer, dentro do prazo de impugnação contenciosa, a reabertura do processo contra o novo ato com fundamento na reincidência nas mesmas ilegalidades, sendo aproveitada a prova produzida e dispondo o autor da faculdade de oferecer novos meios de prova.

5 – O disposto nos números anteriores é também aplicável aos casos de revogação do ato com efeitos retroativos.

6 – Quando, na pendência de processo de impugnação de ato que tenha determinado a imposição de deveres, encargos, ónus ou sujeições, a aplicação de sanções ou a restrição de direitos ou interesses legalmente protegidos, for proferido ato com o alcance de sanar os efeitos do ato impugnado, o autor pode requerer a anulação dos efeitos lesivos produzidos por aquele ato durante o período de tempo que precedeu a respetiva sanação.

Artigo 65.º – Revogação do acto impugnado sem efeitos retroactivos

1 – Quando na pendência do processo, seja proferido acto revogatório sem efeitos retroactivos do acto impugnado, o processo prossegue em relação aos efeitos produzidos.

2 – O disposto no número anterior é aplicável aos casos em que, por forma diversa da revogação, cesse ou se esgote a produção de efeitos do acto impugnado, designadamente pela sua integral execução no plano dos factos.

3 – Quando a cessação de efeitos do acto impugnado seja acompanhada de nova regulação da situação, o autor goza da faculdade prevista no artigo anterior.

4 – O disposto no n.º 1 é aplicável aos casos em que o acto revogatório já tinha sido praticado no momento em que o processo foi intentado, sem que o autor disso tivesse ou devesse ter conhecimento.

Secção II – Condenação à prática de acto devido

Artigo 66.º – Objecto

1 – Quando, na pendência do processo, o ato impugnado seja objeto de anulação administrativa acompanhada ou sucedida de nova regulação, pode o autor requerer que o processo prossiga contra o novo ato com fundamento na reincidência nas mesmas ilegalidades, sendo aproveitada a prova produzida e dispondo o autor da faculdade de oferecer novos meios de prova.

2 – O requerimento a que se refere o número anterior deve ser apresentado no prazo de impugnação do ato anulatório e antes do trânsito em julgado da decisão que julgue extinta a instância.

3 – O disposto no n.º 1 é aplicável a todos os casos em que o ato impugnado seja, total ou parcialmente, alterado ou substituído por outro com os mesmos efeitos, e ainda no caso de o ato anulatório já ter sido praticado no momento em que o processo foi intentado, sem que o autor disso tivesse ou devesse ter conhecimento.

4 – Se o ato anulado pela Administração na pendência do processo só vier a ser substituído por outro após a extinção da instância, o interessado pode requerer, dentro do prazo de impugnação contenciosa, a reabertura do processo contra o novo ato com fundamento na reincidência nas mesmas ilegalidades, sendo

aproveitada a prova produzida e dispondo o autor da faculdade de oferecer novos meios de prova.

5 – O disposto nos números anteriores é também aplicável aos casos de revogação do ato com efeitos retroativos.

6 – Quando, na pendência de processo de impugnação de ato que tenha determinado a imposição de deveres, encargos, ónus ou sujeições, a aplicação de sanções ou a restrição de direitos ou interesses legalmente protegidos, for proferido ato com o alcance de sanar os efeitos do ato impugnado, o autor pode requerer a anulação dos efeitos lesivos produzidos por aquele ato durante o período de tempo que precedeu a respetiva sanação.

Artigo 67.º – Pressupostos

1 – A condenação à prática de ato administrativo pode ser pedida quando, tendo sido apresentado requerimento que constitua o órgão competente no dever de decidir:

a) Não tenha sido proferida decisão dentro do prazo legalmente estabelecido;

b) Tenha sido praticado ato administrativo de indeferimento ou de recusa de apreciação do requerimento;

c) Tenha sido praticado ato administrativo de conteúdo positivo que não satisfaça integralmente a pretensão do interessado.

2 – Para os efeitos do disposto na alínea *a)* do número anterior, a falta de resposta a requerimento dirigido a delegante ou subdelegante é imputada ao delegado ou subdelegado, mesmo que a este não tenha sido remetido o requerimento.

3 – Para os mesmos efeitos, quando, tendo sido o requerimento dirigido a órgão incompetente, este não o tenha remetido oficiosamente ao órgão competente nem o tenha devolvido ao requerente, a inércia daquele primeiro órgão é imputada ao segundo.

4 – A condenação à prática de ato administrativo também pode ser pedida sem ter sido apresentado requerimento, quando:

a) Não tenha sido cumprido o dever de emitir um ato administrativo que resultava diretamente da lei;

b) Se pretenda obter a substituição de um ato administrativo de conteúdo positivo.

Artigo 68.º – Legitimidade

1 – Tem legitimidade para pedir a condenação à prática de um ato administrativo:

a) Quem alegue ser titular de um direito ou interesse legalmente protegido, dirigido à emissão desse acto;

b) O Ministério Público, sem necessidade da apresentação de requerimento, quando o dever de praticar o ato resulte diretamente da lei e esteja em causa a ofensa de direitos fundamentais, a defesa de interesses públicos especialmente relevantes ou de qualquer dos valores e bens referidos no n.º 2 do artigo 9.º;

c) Pessoas colectivas, públicas ou privadas, em relação aos direitos e interesses que lhes cumpra defender;

d) Órgãos administrativos, relativamente a condutas de outros órgãos da Administração Pública, que alegadamente comprometam as condições do exercício de competências legalmente conferidas aos primeiros para a prossecução de interesses pelos quais estes órgãos sejam diretamente responsáveis;

e) Presidentes de órgãos colegiais, relativamente à conduta do respetivo órgão, bem como outras autoridades, em defesa da legalidade administrativa, nos casos previstos na lei;

f) As demais pessoas e entidades mencionadas no n.º 2 do artigo 9.º

2 – Para além da entidade responsável pela situação de ilegalidade, são obrigatoriamente demandados os contrainteressados a quem a prática do ato pretendido possa diretamente prejudicar ou que tenham legítimo interesse em que ele não seja praticado e que possam ser identificados em função da relação material em causa ou dos documentos contidos no processo administrativo.

Artigo 69.º – Prazos

1 – Em situações de inércia da Administração, o direito de acção caduca no prazo de um ano contado desde o termo do prazo legal estabelecido para a emissão do acto ilegalmente omitido.

2 – Nos casos de indeferimento, de recusa de apreciação do requerimento ou de pretensão dirigida à substituição de um ato de conteúdo positivo, é aplicável o disposto nos artigos 58.º, 59.º e 60.º

3 – (Revogado.)

Artigo 70.º – Alteração da instância

1 – Quando a pretensão do interessado seja indeferida na pendência de processo intentado em situação de inércia ou de recusa de apreciação de requerimento, pode o autor alegar novos fundamentos e oferecer diferentes meios de prova em favor da sua pretensão.

2 – A faculdade conferida pelo número anterior é extensiva aos casos em que o indeferimento seja anterior, mas só tenha sido notificado ao autor após a propositura da acção.

3 – Quando, na pendência do processo, seja proferido um ato administrativo que não satisfaça integralmente a pretensão do interessado, o autor pode promover a alteração do objeto do processo, para o efeito de pedir a anulação parcial

do novo ato ou a condenação da entidade demandada à prática do ato necessário à satisfação integral da sua pretensão.

4 - Em todas as situações previstas nos números anteriores, o autor deve apresentar articulado próprio no prazo de 30 dias, contado desde a data da notificação do ato, considerando-se como tal, quando não tenha havido notificação, a data do conhecimento do ato obtido no processo.

Artigo 71.º - Poderes de pronúncia do tribunal

1 - Ainda que o requerimento apresentado não tenha obtido resposta ou a sua apreciação tenha sido recusada, o tribunal não se limita a devolver a questão ao órgão administrativo competente, anulando ou declarando nulo o eventual ato de indeferimento, mas pronuncia-se sobre a pretensão material do interessado, impondo a prática do ato devido.

2 - Quando a emissão do acto pretendido envolva a formulação de valorações próprias do exercício da função administrativa e a apreciação do caso concreto não permita identificar apenas uma solução como legalmente possível, o tribunal não pode determinar o conteúdo do acto a praticar, mas deve explicitar as vinculações a observar pela Administração na emissão do acto devido.

3 - Quando tenha sido pedida a condenação à prática de um ato com um conteúdo determinado, mas se verifique que, embora seja devida a prática de um ato administrativo, não é possível determinar o seu conteúdo, o tribunal não absolve do pedido, mas condena a entidade demandada à emissão do ato em questão, de acordo com os parâmetros estabelecidos no número anterior.

Secção III - Impugnação de normas e declaração de ilegalidade por omissão

Artigo 72.º - Objecto

1 - A impugnação de normas no contencioso administrativo tem por objecto a declaração da ilegalidade de normas emanadas ao abrigo de disposições de direito administrativo, por vícios próprios ou derivados da invalidade de actos praticados no âmbito do respectivo procedimento de aprovação.

2 - Fica excluída do regime regulado na presente secção a declaração de ilegalidade com força obrigatória geral com qualquer dos fundamentos previstos no n.º 1 do artigo 281.º da Constituição da República Portuguesa.

Artigo 74.º - Prazos

1 - Sem prejuízo do disposto no número seguinte, a declaração de ilegalidade de normas pode ser pedida a todo o tempo.

2 – A declaração de ilegalidade com fundamento em ilegalidade formal ou procedimental da qual não resulte inconstitucionalidade só pode ser pedida no prazo de seis meses, contado da data da publicação, salvo nos casos de carência absoluta de forma legal ou de preterição de consulta pública exigida por lei.

Artigo 75.º – Decisão

O juiz pode decidir com fundamento na ofensa de princípios ou normas jurídicas diversos daqueles cuja violação haja sido invocada.

Artigo 76.º – Efeitos da declaração de ilegalidade com força obrigatória geral

1 – A declaração com força obrigatória geral da ilegalidade de uma norma, nos termos previstos neste Código, produz efeitos desde a data da entrada em vigor da norma, salvo no caso de ilegalidade superveniente.

2 – O tribunal pode, no entanto, determinar que os efeitos da decisão se produzam apenas a partir da data do trânsito em julgado da sentença quando razões de segurança jurídica, de equidade ou de interesse público de excepcional relevo, devidamente fundamentadas, o justifiquem.

3 – Nos processos intentados por quem tenha sido diretamente prejudicado pela vigência de norma imediatamente operativa, a aplicação do disposto no número anterior não prejudica a eliminação dos efeitos lesivos causados pela norma na esfera jurídica do autor.

4 – A retroactividade da declaração de ilegalidade não afecta os casos julgados nem os actos administrativos que entretanto se tenham tornado inimpugnáveis, salvo decisão em contrário do tribunal, quando a norma respeite a matéria sancionatória e seja de conteúdo menos favorável ao particular.

5 – A declaração a que se refere o presente artigo implica a repristinação das normas revogadas, salvo quando estas sejam ilegais ou tenham deixado por outro motivo de vigorar.

Artigo 77.º – Condenação à emissão de normas

1 – O Ministério Público, as demais pessoas e entidades defensoras dos interesses referidos no n.º 2 do artigo 9.º, os presidentes de órgãos colegiais, em relação a normas omitidas pelos respetivos órgãos, e quem alegue um prejuízo diretamente resultante da situação de omissão podem pedir ao tribunal administrativo competente que aprecie e verifique a existência de situações de ilegalidade por omissão das normas cuja adoção, ao abrigo de disposições de direito administrativo, seja necessária para dar exequibilidade a atos legislativos carentes de regulamentação.

2 – Quando verifique a existência de uma situação de ilegalidade por omissão, o tribunal condena a entidade competente à emissão do regulamento em falta, fixando prazo para que a omissão seja suprida.

Artigo 77.º-A – Legitimidade

1 – Os pedidos relativos à validade, total ou parcial, de contratos podem ser deduzidos:

a) Pelas partes na relação contratual;

b) Pelo Ministério Público;

c) Por quem tenha sido prejudicado pelo facto de não ter sido adotado o procedimento pré-contratual legalmente exigido;

d) Por quem tenha impugnado um ato administrativo relativo ao respetivo procedimento e alegue que a invalidade decorre das ilegalidades cometidas no âmbito desse procedimento;

e) Por quem, tendo participado no procedimento que precedeu a celebração do contrato, alegue que o clausulado não corresponde aos termos da adjudicação;

f) Por quem alegue que o clausulado do contrato não corresponde aos termos inicialmente estabelecidos e que justificadamente o tinham levado a não participar no procedimento pré-contratual, embora preenchesse os requisitos necessários para o efeito;

g) Pelas pessoas singulares ou coletivas titulares ou defensoras de direitos subjetivos ou interesses legalmente protegidos aos quais a execução do contrato cause ou possa causar prejuízos;

h) Pelas pessoas e entidades nos termos do n.º 2 do artigo 9.º

2 – A anulabilidade de quaisquer contratos por falta e vícios da vontade só pode ser arguida pelas pessoas em cujo interesse a lei a estabelece.

3 – Os pedidos relativos à execução de contratos podem ser deduzidos:

a) Pelas partes na relação contratual;

b) Pelas pessoas singulares e coletivas portadoras ou defensoras de direitos subjetivos ou interesses legalmente protegidos em função dos quais as cláusulas contratuais tenham sido estabelecidas;

c) Pelo Ministério Público;

d) Pelas pessoas e entidades nos termos do n.º 2 do artigo 9.º;

e) Por quem tenha sido preterido no procedimento que precedeu a celebração do contrato.

Artigo 77.º-B – Prazos

1 – A invalidade dos contratos com objeto passível de ato administrativo pode ser arguida dentro dos prazos previstos para o ato com o mesmo objeto e idêntica regulamentação da situação concreta.

2 – A anulabilidade, total ou parcial, dos demais contratos pode ser arguida no prazo de seis meses, contado desde a data da celebração do contrato, em relação às partes, ou do respetivo conhecimento, quanto a terceiros e ao Ministério Público.

3 – A anulação de quaisquer contratos por falta e vícios da vontade pode ser sempre pedida no prazo de seis meses, contado desde a data da cessação do vício.

Capítulo III – Marcha do processo

Secção I – Dos articulados

Artigo 78.º – Requisitos da petição inicial

1 – A instância constitui-se com a propositura da ação e esta considera-se proposta logo que a petição inicial seja recebida na secretaria do tribunal ao qual é dirigida.

2 – Na petição inicial, deduzida por forma articulada, deve o autor:

a) Designar o tribunal em que a acção é proposta;

b) Identificar as partes, incluindo eventuais contrainteressados, indicando os seus nomes, domicílios ou sedes e, sempre que possível, números de identificação civil, de identificação fiscal ou de pessoa coletiva, profissões e locais de trabalho, sendo a indicação desta informação obrigatória quando referente ao autor;

c) Indicar o domicílio profissional do mandatário judicial;

d) Indicar a forma do processo;

e) Identificar o acto jurídico impugnado, quando seja o caso;

f) Expor os factos essenciais que constituem a causa de pedir e as razões de direito que servem de fundamento à ação;

g) Formular o pedido;

h) Declarar o valor da causa;

3 – Para o efeito do disposto na alínea *b)* do número anterior, a indicação como parte demandada do órgão que emitiu ou devia ter emitido uma norma ou um ato administrativo é suficiente para que, nos processos com esse objeto, se considere indicada, quando o devesse ter sido, a pessoa coletiva, o ministério ou a secretaria regional, pelo que a citação que venha a ser dirigida ao órgão se considera feita, nesse caso, à pessoa coletiva, ao ministério ou à secretaria regional a que o órgão pertence.

4 – Quando o autor pretenda apresentar rol de testemunhas e requerer outros meios de prova, deve fazê-lo no final da petição, podendo indicar, quando seja caso disso, que os documentos necessários à prova constam do processo administrativo.

5 – [Revogado].

Artigo 79.º – Instrução da petição

1 – O autor deve, na apresentação da petição inicial e nos termos previstos em portaria do membro do Governo responsável pela área da Justiça, comprovar o

prévio pagamento da taxa de justiça devida, a concessão do benefício de apoio judiciário ou, ocorrendo razão de urgência, a apresentação do pedido de apoio judiciário requerido mas ainda não concedido.

2 – Quando a petição inicial seja apresentada por uma das vias previstas no n.º 5 do artigo 24.º, a comprovação dos factos referidos no número anterior é efetuada através da apresentação dos respetivos documentos comprovativos.

3 – Sem prejuízo dos demais requisitos exigidos pela lei processual civil, a petição inicial deve ser instruída com a prova documental e designadamente:

a) Quando seja deduzida pretensão impugnatória, com documento comprovativo da emissão da norma ou do ato impugnados;

b) Quando seja pedida a declaração de inexistência de ato administrativo, com a eventual prova da aparência de tal ato;

c) Quando a pretensão do autor dirigida à prática de um ato administrativo tenha sido indeferida ou rejeitada, com documento comprovativo do indeferimento ou da rejeição;

d) Quando a pretensão do autor dirigida à prática de um ato administrativo não tenha sido respondida, com cópia do requerimento apresentado, ou com recibo ou outro documento comprovativo da entrada do original nos serviços competentes.

4 – Alegando motivo justificado, é fixado prazo ao autor para a junção de documentos que não tenha podido obter em tempo.

5 – [Revogado].

6 – [Revogado].

7 – Em tudo o que não esteja expressamente regulado neste artigo, aplica-se, com as necessárias adaptações, o disposto no Código de Processo Civil quanto à instrução da petição inicial.

Artigo 80.º – Recusa da petição pela secretaria

1 – Quando a petição seja apresentada por uma das vias previstas no n.º 5 do artigo 24.º, a secretaria recusa o recebimento, indicando por escrito o fundamento da rejeição, com a ocorrência de algum dos seguintes factos:

a) Não tenha endereço ou esteja endereçada a outro tribunal ou autoridade;

b) No caso de referir a existência de contrainteressados, não proceder à cabal indicação do respetivo nome e residência, sem prejuízo do disposto no artigo 78.º-A;

c) Omita qualquer dos elementos a que se referem as alíneas *b)*, *c)*, *d)* e *h)* do n.º 2 do artigo 78.º;

d) Não tenha sido junto nenhum dos documentos comprovativos previstos no n.º 1 do artigo 79.º;

e) Não esteja redigida em língua portuguesa;

f) Não esteja assinada;

g) (Eliminad*a*).

2 – A recusa da petição pela secretaria tem os efeitos e consequências que lhe correspondem na lei processual civil, podendo ser objeto de reclamação e recurso nos termos previstos na mesma lei.

3 – Quando a petição seja apresentada por via eletrónica, os factos referidos no n.º 1 são comprovados pelo sistema informático de suporte à atividade dos tribunais administrativos, devendo a secção de processos, após a distribuição, verificar apenas a efetiva comprovação dos factos referidos no n.º 1 do artigo anterior, bem como a ocorrência do fundamento de recusa previsto na alínea *e)* do n.º 1.

4 – Nos casos referidos na parte final do número anterior, havendo fundamento para a recusa, deve a secção de processos proceder à respetiva notificação, sendo que, decorrido que seja o prazo para reclamação da recusa, ou, havendo reclamação, após o trânsito em julgado da decisão que confirme o não recebimento, considera-se a peça recusada, dando-se a respetiva baixa na distribuição.

Artigo 81.º – Citação dos demandados

1 – Recebida a petição, incumbe à secretaria promover oficiosamente a citação dos demandados.

2 – O juiz pode, a requerimento do autor e caso o considere justificado, determinar que a citação seja urgente, nos termos e para os efeitos previstos na lei processual civil.

3 – Nos processos que tenham por objeto a impugnação de norma, o juiz manda publicar anúncio da propositura da ação, pelo meio e no local utilizados para dar publicidade à norma, a fim de permitir a intervenção no processo de eventuais contrainteressados, que é admissível até ao termo da fase dos articulados.

4 – (Eliminado).

5 – Nos processos em que haja contrainteressados em número superior a 10, o juiz, sem prejuízo de outros meios de publicitação, pode promover a respetiva citação mediante a publicação de anúncio, com a advertência de que os interessados dispõem do prazo de 15 dias para se constituírem como contrainteressados no processo.

6 – Quando esteja em causa a impugnação de um ato administrativo que tenha sido publicado, a publicação do anúncio mencionado no número anterior faz-se, sem prejuízo de outros meios de publicitação, pelo meio e no local utilizados para dar publicidade ao ato impugnado, e, se o ato não tiver sido objeto de publicação, o anúncio é publicado em dois jornais diários de circulação nacional ou local, dependendo do âmbito da matéria em causa.

7 - Na hipótese prevista no n.º 5, os contrainteressados que como tais se tenham constituído são citados para contestarem no prazo previsto no artigo seguinte.

Artigo 82.º - Prazo da contestação e cominação

1 - Os demandados podem contestar no prazo de 30 dias a contar da citação, começando o prazo a correr desde o termo da dilação, quando a esta houver lugar.

2 - Quando, por erro cometido na petição inicial, na hipótese prevista no n.º 3 do artigo 78.º, seja citado um órgão diferente daquele que praticou ou devia ter emitido a norma ou o ato administrativo, o órgão citado deve dar imediato conhecimento àquele que o deveria ter sido, beneficiando, nesse caso, a entidade demandada de um prazo suplementar de 15 dias para apresentar a contestação e enviar o processo administrativo, quando exista.

3 - Se a um contrainteressado não tiver sido facultada, em tempo útil, a consulta ao processo administrativo, ele pode dar conhecimento disso ao juiz do processo, podendo, nesse caso, apresentar a contestação no prazo de 15 dias, contado desde o momento em que venha a ser notificado de que o processo administrativo foi junto aos autos.

4 - Mediante pedido devidamente fundamentado, é concedida ao Ministério Público prorrogação de prazo, não superior a 30 dias, quando careça de informações que não possa obter dentro dele ou quando tenha de aguardar resposta a consulta feita a instância superior.

5 - [Revogado].

Artigo 83.º - Conteúdo e instrução da contestação

1 - Na contestação, deduzida por forma articulada, os demandados devem:

a) Individualizar a ação;

b) Expor as razões de facto e de direito por que se opõem à pretensão do autor;

c) Expor os factos essenciais em que se baseiam as exceções deduzidas, especificando-as separadamente.

2 - No final da contestação, os demandados devem apresentar o rol de testemunhas, juntar documentos e requerer outros meios de prova.

3 - Toda a defesa deve ser deduzida na contestação, excetuados os incidentes que a lei mande deduzir em separado, devendo os demandados nela tomar posição definida perante os factos que constituem a causa de pedir invocada pelo autor.

4 - Sem prejuízo do disposto no n.º 6 do artigo 84.º, a falta de impugnação especificada nas ações relativas a atos administrativos e normas não importa confissão dos factos articulados pelo autor, mas o tribunal aprecia livremente essa conduta para efeitos probatórios.

5 – Depois da contestação só podem ser deduzidas as exceções, incidentes e meios de defesa que sejam supervenientes, ou que a lei expressamente admita passado esse momento, ou de que se deva conhecer oficiosamente .

6 – É aplicável à contestação, com as necessárias adaptações, o disposto nas alíneas *b)* e *c)* do n.º 2 do artigo 78.º e nos n.os 1 e 2 do artigo 79.º

7 – Quando a contestação seja subscrita por licenciado em Direito com funções de apoio jurídico, nos termos do artigo 11.º, deve ser junta cópia do despacho que o designou.

Artigo 83.º-A – Reconvenção

1 – Quando na contestação seja deduzida reconvenção, esta deve ser expressamente identificada e deduzida em separado do restante articulado, e conter:

a) Exposição dos factos essenciais que constituem a causa de pedir e das razões de direito que servem de fundamento à reconvenção;

b) Formulação do pedido;

c) Declaração do valor da reconvenção.

2 – Se na contestação não for declarado o valor da reconvenção, a contestação não deixa de ser recebida, mas o reconvinte é convidado a indicar o valor, sob pena de a reconvenção não ser atendida.

3 – Quando o prosseguimento da reconvenção esteja dependente de qualquer ato a praticar pelo reconvinte, o reconvindo é absolvido da instância se, no prazo fixado, tal ato não se mostrar realizado.

Artigo 84.º – Envio do processo administrativo

1 – Com a contestação, ou dentro do respetivo prazo, a entidade demandada é obrigada a proceder ao envio do processo administrativo, quando exista, assim como de todos os demais documentos respeitantes à matéria do processo de que seja detentora.

2 – Quando a contestação seja apresentada por uma das vias previstas no n.º 5 do artigo 24.º, a entidade demandada deve remeter ao tribunal o processo administrativo e demais documentos em suporte físico.

3 – Quando o processo administrativo se encontre já apensado a outros autos, a entidade demandada deve dar conhecimento do facto ao tribunal, indicando a que autos se refere.

4 – O original do processo administrativo pode ser substituído por fotocópias autenticadas e devidamente ordenadas, sem prejuízo da sua requisição, quando tal se mostre necessário.

5 – Na falta de envio do processo administrativo sem justificação aceitável, pode o juiz determinar a aplicação de sanções pecuniárias compulsórias, nos

termos do artigo 169.º, sem prejuízo do apuramento da responsabilidade civil, disciplinar e criminal a que haja lugar.

6 – A falta do envio do processo administrativo não obsta ao prosseguimento da causa e determina que os factos alegados pelo autor se considerem provados, se aquela falta tiver tornado a prova impossível ou de considerável dificuldade.

7 – Da junção aos autos do processo administrativo é dado conhecimento a todos os intervenientes no processo.

Artigo 85.º – Intervenção do Ministério Público

1 – No momento da citação dos demandados, é remetida a petição e os documentos que a instruem ao Ministério Público, salvo nos processos em que este figure como autor ou como representante de alguma das partes.

2 – Em função dos elementos que possa coligir e daqueles que venham a ser carreados para o processo, o Ministério Público pode pronunciar-se sobre o mérito da causa, em defesa dos direitos fundamentais dos cidadãos, de interesses públicos especialmente relevantes ou de algum dos valores ou bens referidos no n.º 2 do artigo 9.º

3 – Nos processos impugnatórios, o Ministério Público pode invocar causas de invalidade diversas das que tenham sido arguidas na petição inicial e solicitar a realização de diligências instrutórias para a respetiva prova.

4 – Os poderes de intervenção previstos nos números anteriores podem ser exercidos até 30 dias após a notificação da junção do processo administrativo aos autos ou, não tendo esta lugar, da apresentação da última contestação, disso sendo, de imediato, notificadas as partes para se pronunciarem.

5 – Sendo utilizada a faculdade prevista na parte final do n.º 3:

a) Caso as diligências instrutórias requeridas devam ser realizadas em audiência final, nos termos do n.º 1 do artigo 91.º, o Ministério Público é notificado para intervir nas mesmas;

b) Caso as diligências instrutórias requeridas não devam ser realizadas em audiência final, o Ministério Público é notificado para se pronunciar, no prazo previsto no artigo 91.º-A.

Artigo 85.º-A – Réplica e tréplica

1 – É admissível réplica para o autor responder, por forma articulada, às exceções deduzidas na contestação ou às exceções perentórias invocadas pelo Ministério Público no exercício dos poderes que lhe confere o artigo anterior, assim como para deduzir toda a defesa quanto à matéria da reconvenção, não podendo a esta opor nova reconvenção.

2 – Nas ações de simples apreciação negativa, a réplica serve para o autor impugnar os factos constitutivos que o demandado tenha alegado e para alegar os factos impeditivos ou extintivos do direito invocado pelo demandado.

3 – A réplica em resposta a exceções é apresentada no prazo de 20 dias e em resposta a reconvenção no prazo de 30 dias, a contar da data em que seja ou se considere notificada a apresentação da contestação.

4 – Quando tenha havido reconvenção, o autor, na réplica, deve:

a) Expor as razões de facto e de direito por que se opõe à reconvenção;

b) Expor os factos essenciais em que se baseiam as exceções deduzidas, especificando-as separadamente.

5 – No caso previsto no número anterior, o autor, no final da réplica, deve apresentar o rol de testemunhas, juntar documentos e requerer outros meios de prova.

6 – Só é admissível tréplica para o demandado responder, por forma articulada, às exceções deduzidas na réplica quanto à matéria da reconvenção, no prazo de 20 dias a contar da notificação da réplica.

Artigo 86.º – Articulados supervenientes

1 – Os factos constitutivos, modificativos ou extintivos supervenientes podem ser deduzidos em novo articulado, pela parte a que aproveitem, até à fase das alegações.

2 – Consideram-se supervenientes tanto os factos ocorridos posteriormente ao termo dos prazos estabelecidos nos artigos precedentes como os factos anteriores de que a parte só tenha conhecimento depois de findarem esses prazos, devendo, neste caso, produzir-se prova da superveniência.

3 – Quando o novo articulado se funde na junção ao processo de elementos até aí desconhecidos ou aos quais não tinha sido possível o acesso, ele deve ser oferecido nos 10 dias posteriores à notificação da junção dos referidos elementos.

4 – Recebido o articulado, são as outras partes notificadas pela secretaria para responder no prazo de 10 dias.

5 – As provas são oferecidas com o articulado e com a resposta e os factos articulados que interessem à decisão da causa são incluídos na base instrutória.

6 – Se a base instrutória já estiver elaborada, os factos articulados são aditados, sem possibilidade de reclamação contra o aditamento, cabendo recurso do despacho que o ordene, que sobe com o recurso da decisão final.

Secção II – Saneamento, instrução e alegações

Artigo 87.º – Despacho pré-saneador

1 – Findos os articulados, o processo é concluso ao juiz, que, sendo caso disso, profere despacho pré-saneador destinado a:

a) Providenciar pelo suprimento de exceções dilatórias;

b) Providenciar pelo aperfeiçoamento dos articulados, nos termos dos números seguintes;

c) Determinar a junção de documentos com vista a permitir a apreciação de exceções dilatórias ou o conhecimento, no todo ou em parte, do mérito da causa no despacho saneador.

2 – O juiz convida as partes a suprir as irregularidades dos articulados, fixando prazo para o suprimento ou correção do vício, designadamente quando careçam de requisitos legais ou a parte não haja apresentado documento essencial ou de que a lei faça depender o prosseguimento da causa.

3 – Incumbe ainda ao juiz convidar as partes ao suprimento das insuficiências ou imprecisões na exposição ou concretização da matéria de facto alegada, fixando prazo para a apresentação de articulado em que se complete ou corrija o inicialmente produzido.

4 – Os factos objeto de esclarecimento, aditamento ou correção ficam sujeitos às regras gerais sobre contraditoriedade e prova.

5 – As alterações à matéria de facto alegada não podem implicar convolação do objeto do processo para relação jurídica diversa da controvertida, devendo conformar-se com os limites traçados pelo pedido e pela causa de pedir, se forem introduzidas pelo autor, e pelos limites impostos pelo artigo 83.º, quando o sejam pelo demandado.

6 – Não cabe recurso do despacho de convite ao suprimento de irregularidades, insuficiências ou imprecisões dos articulados.

7 – A falta de suprimento de exceções dilatórias ou de correção, dentro do prazo estabelecido, das deficiências ou irregularidades da petição inicial determina a absolvição da instância.

8 – A absolvição da instância sem prévia emissão de despacho pré-saneador, em casos em que podia haver lugar ao suprimento de exceções dilatórias ou de irregularidades, não impede o autor de, no prazo de 15 dias, contado da notificação da decisão, apresentar nova petição, com observância das prescrições em falta, a qual se considera apresentada na data em que o tinha sido a primeira, para efeitos da tempestividade da sua apresentação.

9 – Em tudo o que não esteja expressamente regulado neste artigo, aplica-se, com as necessárias adaptações, o disposto no Código de Processo Civil em matéria de despacho pré-saneador e de gestão inicial do processo.

Artigo 87.º-A – Audiência prévia

1 – Concluídas as diligências resultantes do preceituado no artigo anterior, se a elas houver lugar, e sem prejuízo do disposto no artigo seguinte, é convocada

audiência prévia, a realizar num dos 30 dias subsequentes, destinada a algum ou alguns dos fins seguintes:

a) Realizar tentativa de conciliação, nos termos do artigo 87.º-C;

b) Facultar às partes a discussão de facto e de direito, quando o juiz tencione conhecer imediatamente, no todo ou em parte, do mérito da causa;

c) Discutir as posições das partes, com vista à delimitação dos termos do litígio, e suprir as insuficiências ou imprecisões na exposição da matéria de facto que ainda subsistam ou se tornem patentes na sequência do debate;

d) Proferir despacho saneador, nos termos do n.º 1 do artigo 88.º;

e) Determinar, após debate, a adequação formal, a simplificação ou a agilização do processo;

f) Proferir, após debate, despacho destinado a identificar o objeto do litígio e enunciar os temas da prova, e decidir as reclamações deduzidas pelas partes;

g) Programar, após audição dos mandatários, os atos a realizar na audiência final, estabelecer o número de sessões e a sua duração, e designar as respetivas datas.

2 – Para efeitos do disposto na alínea *e)* do número anterior, o juiz pode determinar a adoção da tramitação processual adequada às especificidades da causa e adaptar o conteúdo e a forma dos atos processuais ao fim que visam atingir, assegurando um processo equitativo.

3 – O despacho que marque a audiência prévia indica o seu objeto e finalidade, mas não constitui caso julgado sobre a possibilidade de apreciação imediata do mérito da causa.

4 – Não constitui motivo de adiamento a falta das partes ou dos seus mandatários.

5 – A audiência prévia é, sempre que possível, gravada, aplicando-se, com as necessárias adaptações, o disposto sobre a matéria na lei processual civil.

6 – Os requerimentos probatórios podem ser alterados na audiência prévia.

Artigo 87.º-B – Não realização da audiência prévia

1 – A audiência prévia não se realiza quando seja claro que o processo deve findar no despacho saneador pela procedência de exceção dilatória.

2 – O juiz pode dispensar a realização de audiência prévia quando esta se destine apenas ao fim previsto na alínea *b)* do n.º 1 do artigo anterior.

3 – Nas ações que hajam de prosseguir, o juiz pode dispensar a realização da audiência prévia quando esta se destine apenas aos fins previstos nas alíneas *d)*, *e)* e *f)* do n.º 1 do artigo anterior, proferindo, nesse caso, despacho para os fins indicados, nos 20 dias subsequentes ao termo dos articulados.

4 – Notificadas as partes, se alguma delas pretender reclamar dos despachos proferidos para os fins previstos nas alíneas *e)*, *f)* e *g)* do n.º 1 do artigo anterior, pode requerer, em 10 dias, a realização de audiência prévia, que, neste caso, deve realizar-se num dos 20 dias seguintes e destinar-se a apreciar as questões suscitadas e, acessoriamente, a fazer uso do disposto na alínea *c)* do n.º 1 do artigo anterior, podendo haver alteração dos requerimentos probatórios.

Artigo 87.º-C – Tentativa de conciliação e mediação

1 – Quando a causa couber no âmbito dos poderes de disposição das partes, pode ter lugar, em qualquer estado do processo, tentativa de conciliação ou mediação, desde que as partes conjuntamente o requeiram ou o juiz a considere oportuna, mas as partes não podem ser convocadas exclusivamente para esse fim mais do que uma vez.

2 – Para o efeito do disposto no número anterior, as partes são notificadas para comparecer pessoalmente ou se fazerem representar por mandatário judicial com poderes especiais.

3 – A tentativa de conciliação é presidida pelo juiz, devendo este empenhar-se ativamente na obtenção da solução mais adequada aos termos do litígio.

4 – Frustrando-se, total ou parcialmente, a conciliação, ficam consignadas em ata as concretas soluções sugeridas pelo juiz, bem como os fundamentos que, no entendimento das partes, justificam a persistência do litígio.

5 – A mediação processa-se nos termos previstos na lei processual civil e no regime jurídico da mediação civil e comercial, com as necessárias adaptações.

Artigo 88.º – Despacho saneador

1 – O despacho saneador destina-se a:

a) Conhecer das exceções dilatórias e nulidades processuais que hajam sido suscitadas pelas partes, ou que, em face dos elementos constantes dos autos, o juiz deva apreciar oficiosamente;

b) Conhecer total ou parcialmente do mérito da causa, sempre que a questão seja apenas de direito ou quando, sendo também de facto, o estado do processo permita, sem necessidade de mais indagações, a apreciação dos pedidos ou de algum dos pedidos deduzidos, ou de alguma exceção perentória.

2 – As questões prévias referidas na alínea *a)* do número anterior que não tenham sido apreciadas no despacho saneador não podem ser suscitadas nem decididas em momento posterior do processo e as que sejam decididas no despacho saneador não podem vir a ser reapreciadas.

3 – O despacho saneador pode ser logo ditado para a ata da audiência prévia mas, quando não seja proferido nesse contexto ou quando a complexidade

das questões a resolver o exija, o juiz pode proferi-lo por escrito e, se for caso disso, suspendendo-se a audiência prévia e fixando-se logo data para a sua continuação.

4 – No caso previsto na alínea *a)* do n.º 1, o despacho constitui, logo que transite, caso julgado formal e, na hipótese prevista na alínea *b)*, fica tendo, para todos os efeitos, o valor de sentença.

5 – Em tudo o que não esteja expressamente regulado neste artigo, aplica-se, com as necessárias adaptações, o disposto no Código de Processo Civil em matéria de despacho saneador e de gestão inicial do processo.

Artigo 89.º – Exceções

1 – As exceções são dilatórias ou perentórias.

2 – As exceções dilatórias são de conhecimento oficioso e obstam a que o tribunal conheça do mérito da causa, dando lugar à absolvição da instância ou à remessa do processo para outro tribunal.

3 – As exceções perentórias consistem na invocação de factos que impedem, modificam ou extinguem o efeito jurídico dos factos articulados pelo autor, são de conhecimento oficioso quando a lei não faz depender a sua invocação da vontade do interessado e importam a absolvição total ou parcial do pedido.

4 – São dilatórias, entre outras, as exceções seguintes:

a) Incompetência do tribunal;

b) Nulidade de todo o processo;

c) Falta de personalidade ou de capacidade judiciária de alguma das partes;

d) Falta de autorização ou deliberação que o autor devesse obter;

e) Ilegitimidade de alguma das partes, designadamente por falta da identificação dos contrainteressados;

f) Coligação de autores ou demandados, quando entre os pedidos não exista a conexão exigida no artigo 12.º

g) Pluralidade subjetiva subsidiária, salvo caso de dúvida fundamentada sobre o sujeito da relação controvertida;

h) Falta de constituição de advogado ou de representante legal por parte do autor e a falta, insuficiência ou irregularidade de mandato judicial por parte do mandatário que propôs a ação;

i) Inimpugnabilidade do ato impugnado;

j) Ilegalidade da cumulação de pretensões;

k) Intempestividade da prática do ato processual;

l) Litispendência e caso julgado.

Artigo 89.º-A – Despacho de prova e aditamento ou alteração do rol de testemunhas

1 – Proferido despacho saneador, quando a ação deva prosseguir, o juiz profere despacho destinado a identificar o objeto do litígio e a enunciar os temas da prova.

2 – As partes podem reclamar do despacho previsto no número anterior.

3 – O despacho proferido sobre as reclamações apenas pode ser impugnado no recurso interposto da decisão final.

4 – Quando ocorram na audiência prévia e esta seja gravada, os despachos e as reclamações previstas nos números anteriores podem ter lugar oralmente, devendo constar da respetiva ata.

5 – O rol de testemunhas pode ser aditado ou alterado até 20 dias antes da data em que se realize a audiência final, sendo a parte contrária notificada para usar, querendo, de igual faculdade, no prazo de cinco dias.

6 – Incumbe às partes a apresentação das testemunhas indicadas em consequência do aditamento ou da alteração ao rol previsto no número anterior.

Artigo 90.º – Instrução e decisão parcelar da causa

1 – A instrução tem por objeto os factos relevantes para o exame e decisão da causa que devam considerar-se controvertidos ou necessitados de prova.

2 – A instrução rege-se pelo disposto na lei processual civil, sendo admissíveis todos os meios de prova nela previstos.

3 – No âmbito da instrução, o juiz ou relator ordena as diligências de prova que considere necessárias para o apuramento da verdade, podendo indeferir, por despacho fundamentado, requerimentos dirigidos à produção de prova sobre certos factos ou recusar a utilização de certos meios de prova, quando o considere claramente desnecessário.

4 – Quando tenham sido cumulados pedidos fundados no reconhecimento, a título principal, da ilegalidade da conduta administrativa e a complexidade da apreciação desses pedidos o justifique, o tribunal pode antecipar a decisão do pedido principal em relação à instrução respeitante ao pedido ou pedidos cumulados, que apenas terá lugar se a procedência destes pedidos não ficar prejudicada pela decisão tomada quanto ao pedido principal.

Artigo 91.º – Audiência final

1 – Há lugar à realização de audiência final quando haja prestação de depoimentos de parte, inquirição de testemunhas ou prestação de esclarecimentos verbais pelos peritos.

2 – Salvo em tribunal superior, a audiência decorre perante juiz singular e rege-se pelos princípios da plenitude da assistência do juiz e da publicidade e

continuidade da audiência, segundo o disposto na lei processual civil, gozando o juiz de todos os poderes necessários para tornar útil e breve a discussão e para assegurar a justa decisão da causa.

3 – No início da audiência, o juiz procura conciliar as partes, se a causa estiver no âmbito do seu poder de disposição, findo o que se realizam os seguintes atos, se a eles houver lugar:

a) Prestação dos depoimentos de parte;

b) Exibição de reproduções cinematográficas ou de registos fonográficos, podendo o juiz determinar que ela se faça apenas com assistência das partes, dos seus advogados e das pessoas cuja presença se mostre conveniente;

c) Esclarecimentos verbais dos peritos cuja comparência tenha sido determinada oficiosamente ou a requerimento das partes;

d) Inquirição das testemunhas;

e) Alegações orais, nas quais os advogados exponham as conclusões, de facto e de direito, que hajam extraído da prova produzida, podendo cada advogado replicar uma vez.

4 – O juiz pode, nos casos em que tal se justifique, alterar a ordem de produção de prova referida no número anterior e, quando o considere conveniente para a descoberta da verdade, determinar a audição em simultâneo, sobre determinados factos, de testemunhas de ambas as partes.

5 – Quando a complexidade da matéria o justifique ou qualquer das partes não prescinda da sua apresentação, o juiz, no termo da audiência, determina que as alegações previstas na alínea *e)* do n.º 3 sejam apresentadas por escrito pelo prazo simultâneo de 20 dias.

6 – [Revogado].

Artigo 91.º-A – Alegações escritas

Quando sejam realizadas diligências de prova, sem que haja lugar à realização de audiência final, as partes, finda a instrução, são notificadas para apresentarem alegações escritas pelo prazo simultâneo de 20 dias.

Secção III – Julgamento

Artigo 92.º – Conclusão ao relator e vista aos juízes-adjuntos

1 – Nos tribunais superiores, uma vez concluso o processo ao relator, tem lugar a vista simultânea aos juízes-adjuntos, que, no caso de evidente simplicidade da causa, pode ser dispensada pelo relator.

2 – Para efeitos do disposto no número anterior, a cada juiz-adjunto é facultado o acesso ao processo eletrónico.

Artigo 93.º – Julgamento em formação alargada e consulta prejudicial para o Supremo Tribunal Administrativo

1 – Quando à apreciação de um tribunal administrativo de círculo se coloque uma questão de direito nova que suscite dificuldades sérias e possa vir a ser suscitada noutros litígios, pode o respetivo presidente, oficiosamente ou por proposta do juiz da causa, adotar uma das seguintes providências:

a) Determinar que no julgamento intervenham todos os juízes do tribunal, sendo o quórum de dois terços, devendo a audiência decorrer perante o juiz da causa nos termos do no n.º 2 do artigo 91.º, e havendo lugar à aplicação do disposto no artigo anterior;

b) Submeter a sua apreciação ao Supremo Tribunal Administrativo, para que este emita pronúncia vinculativa dentro do processo sobre a questão, no prazo de três meses.

2 – Em tribunais onde o quadro de juízes seja superior a nove, a intervenção de todos os juízes prevista na alínea *a)* do número anterior é limitada a dois terços do número de juízes, incluindo o juiz da causa, tendo o Presidente do Tribunal voto de desempate.

3 – A consulta prevista na alínea *b)* do número anterior não pode ter lugar em processos urgentes e pode ser liminarmente recusada, a título definitivo, quando uma formação constituída por três juízes de entre os mais antigos da secção de contencioso administrativo do Supremo Tribunal Administrativo considere que não se encontram preenchidos os respetivos pressupostos ou que a escassa relevância da questão não justifica a emissão de uma pronúncia.

4 – [Revogado].

Artigo 94.º – Conteúdo da sentença

1 – Encerrada a audiência final ou apresentadas as alegações escritas ou decorrido o respetivo prazo, quando a essa apresentação haja lugar, o processo é concluso ao juiz, para ser proferida sentença no prazo de 30 dias.

2 – A sentença começa por identificar as partes e o objeto do litígio, enunciando as questões de mérito que ao tribunal cumpra solucionar, ao que se segue a exposição dos fundamentos de facto e de direito, a decisão e a condenação dos responsáveis pelas custas processuais, com indicação da proporção da respetiva responsabilidade.

3 – Na exposição dos fundamentos, a sentença deve discriminar os factos que julga provados e não provados, analisando criticamente as provas, e indicar, interpretar e aplicar as normas jurídicas correspondentes.

4 – O juiz aprecia livremente as provas segundo a sua prudente convicção acerca de cada facto, ressalvados os factos para cuja prova a lei exija formalidade especial e aqueles que só possam ser provados por documentos ou que estejam

plenamente provados, quer por documentos, quer por acordo ou confissão das partes.

5 – Quando o juiz ou relator considere que a questão de direito a resolver é simples, designadamente por já ter sido apreciada por tribunal, de modo uniforme e reiterado, ou que a pretensão é manifestamente infundada, a fundamentação da decisão pode ser sumária, podendo consistir na simples remissão para decisão precedente, de que se junte cópia.

6 – As sentenças e os acórdãos finais são registados no sistema informático de suporte à atividade dos tribunais administrativos e fiscais, nos termos a definir por portaria do membro do Governo responsável pela área da justiça.

Artigo 95.º – Objecto e limites da decisão

1 – A sentença deve decidir todas as questões que as partes tenham submetido à sua apreciação e não pode ocupar-se senão das questões suscitadas, salvo quando a lei lhe permita ou imponha o conhecimento oficioso de outras.

2 – A sentença não pode condenar em quantidade superior ou em objeto diverso do que se pedir, mas, se não houver elementos para fixar o objeto ou a quantidade, o tribunal condena no que vier a ser liquidado, sem prejuízo de condenação imediata na parte que já seja líquida.

3 – Nos processos impugnatórios, o tribunal deve pronunciar-se sobre todas as causas de invalidade que tenham sido invocadas contra o acto impugnado, excepto quando não possa dispor dos elementos indispensáveis para o efeito, assim como deve identificar a existência de causas de invalidade diversas das que tenham sido alegadas, ouvidas as partes para alegações complementares pelo prazo comum de 10 dias, quando o exija o respeito pelo princípio do contraditório.

4 – Nas sentenças que condenem à emissão de atos administrativos ou normas ou imponham o cumprimento de outros tipos de deveres à Administração, o tribunal tem o poder de fixar oficiosamente um prazo para o respetivo cumprimento, que, em casos justificados, pode ser prorrogado, bem como, quando tal se justifique, o poder de impor sanção pecuniária compulsória, destinada a prevenir o incumprimento, segundo o disposto no artigo 169.º

5 – Quando no processo tenha sido deduzido pedido de condenação da Administração à adoção de atos jurídicos ou comportamentos que envolvam a formulação de valorações próprias do exercício da função administrativa, sem que a apreciação do caso concreto permita identificar apenas uma atuação como legalmente possível, o tribunal não pode determinar o conteúdo do ato jurídico ou do comportamento a adotar, mas deve explicitar as vinculações a observar pela Administração.

6 – Quando, na hipótese prevista no número anterior, o quadro normativo permita ao tribunal especificar o conteúdo dos atos e operações a adotar, mas

da instrução realizada não resultem elementos de facto suficientes para proceder a essa especificação, o tribunal notifica a Administração para apresentar, no prazo de 20 dias, proposta fundamentada sobre a matéria e ouve em seguida os demais intervenientes no processo, podendo ordenar as diligências complementares que considere necessárias antes de proferir a sentença.

7 – Quando, tendo sido formulado pedido de indemnização por danos, do processo não resultem os elementos necessários à liquidação do montante da indemnização devida, terá lugar uma fase complementar de audição das partes, por 10 dias cada, e eventual realização de diligências complementares, destinada a permitir essa liquidação.

Artigo 96.º – Diferimento do acórdão

Nos tribunais superiores, quando não possa ser lavrado acórdão na sessão em que seja julgado o processo, o resultado é anotado, datado e assinado pelos juízes vencedores e vencidos e o juiz que tire o acórdão fica com o processo para lavrar a decisão respetiva que, sem embargo de o resultado ser logo publicado, será lida em conferência na sessão seguinte e aí datada e assinada pelos juízes que nela tenham intervindo, se estiverem presentes.

Título IV – Dos processos urgentes

Capítulo I – Das impugnações urgentes

Secção I – Contencioso eleitoral

Artigo 97.º – Âmbito

1 – Regem-se pelo disposto no presente capítulo e, no que com ele não contenda, pelo disposto nos capítulos II e III do título II:

a) O contencioso dos atos administrativos em matéria eleitoral da competência dos tribunais administrativos;

b) O contencioso dos atos administrativos praticados no âmbito de procedimentos de massa, com o âmbito estabelecido na secção II;

c) O contencioso dos atos relativos à formação dos contratos previstos na secção III.

2 – [Revogado].

Artigo 98.º – Contencioso eleitoral

1 – Os processos do contencioso eleitoral podem ser intentados por quem, na eleição em causa, seja eleitor ou elegível ou, quanto à omissão nos cadernos ou listas eleitorais, também pelas pessoas cuja inscrição haja sido omitida.

2 – Na falta de disposição especial, o prazo de propositura de acção é de sete dias a contar da data em que seja possível o conhecimento do acto ou da omissão.

3 – Nos processos abrangidos pelo contencioso eleitoral, a ausência de reação contra os atos relativos à exclusão, inclusão ou omissão de eleitores ou elegíveis nos cadernos eleitorais, e demais atos com eficácia externa anteriores ao ato eleitoral, assim como de cada ato eleitoral adotado no âmbito de procedimentos encadeados impede o interessado de reagir contra as decisões subsequentes com fundamento em ilegalidades de que enfermem os atos anteriormente praticados.

4 – Os prazos a observar durante a tramitação do processo são os seguintes:

a) Cinco dias para a contestação;

b) Cinco dias para a decisão do juiz ou do relator, ou para este submeter o processo a julgamento;

c) Três dias para os restantes casos.

5 – Nos processos da competência de tribunal superior, quando o processo não seja decidido pelo relator, é julgado, independentemente de vistos, na primeira sessão que tenha lugar após o despacho referido na alínea *b)* do número anterior.

Artigo 99.º – Contencioso dos procedimentos de massa

1 – Para os efeitos do disposto na presente secção, e sem prejuízo de outros casos previstos em lei especial, o contencioso dos atos administrativos praticados no âmbito de procedimentos de massa compreende as ações respeitantes à prática ou omissão de atos administrativos no âmbito de procedimentos com mais de 50 participantes, nos seguintes domínios:

a) Concursos de pessoal;

b) Procedimentos de realização de provas;

c) Procedimentos de recrutamento .

2 – Salvo disposição legal em contrário, o prazo de propositura das ações a que se refere o presente artigo é de um mês e as ações devem ser propostas no tribunal da sede da entidade demandada.

3 – O modelo a que devem obedecer os articulados é estabelecido por portaria do membro do Governo responsável pela área da justiça.

4 – Quando, por referência ao mesmo procedimento, sejam propostas diferentes ações em relação às quais se preencham os pressupostos de admissibilidade previstos para a coligação e a cumulação de pedidos, os respetivos processos são objeto de apensação obrigatória àquele que tiver sido intentado em primeiro lugar, segundo o disposto no artigo 28.º

5 – Os prazos a observar durante a tramitação do processo são os seguintes:

a) 20 dias para a contestação;

b) 30 dias para a decisão do juiz ou do relator, ou para o despacho deste a submeter o processo a julgamento;

c) 10 dias para os restantes casos.

6 – Nos processos da competência de tribunal superior, quando não seja decidido pelo relator, o processo é julgado, independentemente de vistos, na primeira sessão que tenha lugar após o despacho referido na alínea *b)* do número anterior.

7 – Quando em cumulação com os pedidos de impugnação ou de condenação à prática de atos sejam deduzidos outros pedidos, o juiz deve atender ao disposto no n.º 4 do artigo 4.º, e tendo havido apensação nos termos do n.º 4, a instrução e a decisão dos pedidos cumulados deve ser autónoma.

Secção II – Contencioso pré-contratual

Artigo 100.º – Âmbito

1 – Para os efeitos do disposto na presente secção, o contencioso pré-contratual compreende as ações de impugnação ou de condenação à prática de atos administrativos relativos à formação de contratos de empreitada de obras públicas, de concessão de obras públicas, de concessão de serviços públicos, de aquisição ou locação de bens móveis e de aquisição de serviços.

2 – Para os efeitos do disposto na presente secção, são considerados atos administrativos os atos praticados por quaisquer entidades adjudicantes ao abrigo de regras de contratação pública.

3 – [Revogado].

Artigo 102.º – Tramitação

1 – Os processos do contencioso pré-contratual obedecem à tramitação estabelecida no capítulo III do título II, salvo o preceituado nos números seguintes.

2 – Uma vez distribuído, o processo é concluso ao juiz para despacho liminar, a proferir no prazo máximo de 48 horas, no qual, sendo a petição admitida, é ordenada a citação da entidade demandada e dos contrainteressados, com advertência, se verificados os respetivos pressupostos do disposto n.º 1 do artigo 103.º-A.

3 – Constituem fundamento de indeferimento liminar a manifesta ausência dos pressupostos processuais ou a manifesta falta de fundamento das pretensões formuladas.

4 – Só são admissíveis alegações no caso de ser requerida ou produzida prova com a contestação.

5 – Os prazos a observar são os seguintes:

a) 20 dias para a contestação e para as alegações, quando estas tenham lugar;

b) 10 dias para a decisão do juiz ou relator, ou para este submeter o processo a julgamento;

c) 5 dias para os restantes casos.

6 – O objecto do processo pode ser ampliado à impugnação do contrato, segundo o disposto no artigo 63.º

7 – Quando o considere aconselhável ao mais rápido esclarecimento da questão, o tribunal pode, oficiosamente ou a requerimento de qualquer das partes, optar pela realização de uma audiência pública para discussão da matéria de facto e de direito.

8 – No âmbito do contencioso pré-contratual, há lugar à aplicação do disposto nos artigos 45.º e 45-A.º, quando se preencham os respetivos pressupostos.

9 – O disposto no número anterior é também aplicável nas situações em que, tendo sido cumulado pedido respeitante à invalidade de contrato por violação das regras relativas ao respetivo procedimento de formação, o tribunal proceda, segundo o disposto na lei substantiva, ao afastamento dessa invalidade em resultado da ponderação dos interesses públicos e privados em presença.

Artigo 103.º – Impugnação dos documentos conformadores do procedimento

1 – Regem-se pelo disposto no presente artigo e no artigo anterior, os processos dirigidos à declaração de ilegalidade de disposições contidas no programa do concurso, no caderno de encargos ou em qualquer outro documento conformador do procedimento de formação de contrato, designadamente com fundamento na ilegalidade das especificações técnicas, económicas ou financeiras que constem desses documentos.

2 – O pedido de declaração de ilegalidade pode ser deduzido por quem participe ou tenha interesse em participar no procedimento em causa, podendo ser cumulado com o pedido de impugnação de ato administrativo de aplicação das determinações contidas nos referidos documentos.

3 – O pedido de declaração de ilegalidade pode ser deduzido durante a pendência do procedimento a que os documentos em causa se referem, sem prejuízo do ónus da impugnação autónoma dos respetivos atos de aplicação.

4 – O disposto no presente artigo não prejudica a possibilidade da impugnação, nos termos gerais, dos regulamentos que tenham por objeto conformar mais do que um procedimento de formação de contratos.

Artigo 103.º-A – Efeito suspensivo automático

1 – As ações de contencioso pré-contratual que tenham por objeto a impugnação de atos de adjudicação relativos a procedimentos aos quais é aplicável o disposto no n.º 3 do artigo 95.º ou na alínea *a)* do n.º 1 do artigo 104.º do Código dos Contratos Públicos, desde que propostas no prazo de 10 dias úteis contados desde a notificação da adjudicação a todos os concorrentes, fazem suspen-

der automaticamente os efeitos do ato impugnado ou a execução do contrato, se este já tiver sido celebrado.

2 – Durante a pendência da ação, a entidade demandada e os contrainteressados podem requerer ao juiz o levantamento do efeito suspensivo previsto no número anterior.

3 – O autor dispõe de cinco dias para responder ao pedido de levantamento, seguindo-se, sem mais articulados e no prazo máximo de sete dias após a realização das diligências instrutórias absolutamente indispensáveis, a decisão do incidente pelo juiz.

4 – O efeito suspensivo é levantado quando, devidamente ponderados todos os interesses públicos e privados em presença, os prejuízos que resultariam da sua manutenção se mostrem superiores aos que podem resultar do seu levantamento.

Artigo 103.º-B – Adoção de medidas provisórias

1 – Nas ações de contencioso pré-contratual em que não se aplique ou tenha sido levantado o efeito suspensivo automático previsto no artigo anterior, o autor pode requerer ao juiz a adoção de medidas provisórias, destinadas a prevenir o risco de, no momento em que a sentença venha a ser proferida, se ter constituído uma situação de facto consumado ou já não ser possível retomar o procedimento pré-contratual para determinar quem nele seria escolhido como adjudicatário.

2 – O requerimento de adoção de medidas provisórias é processado como um incidente da ação de contencioso pré-contratual, devendo a respetiva tramitação ser determinada pelo juiz, no respeito pelo contraditório e em função da complexidade e urgência do caso

3 – As medidas provisórias são recusadas quando os danos que resultariam da sua adoção se mostrem superiores aos que podem resultar da sua não adoção, sem que tal lesão possa ser evitada ou atenuada pela adoção de outras medidas.

Capítulo II – Das intimações

Secção I – Intimação para a prestação de informações, consulta de processos ou passagem de certidões

Artigo 104.º – Objeto

1 – Quando não seja dada integral satisfação a pedidos formulados no exercício do direito à informação procedimental ou do direito de acesso aos arquivos e registos administrativos, o interessado pode requerer a correspondente intimação, nos termos e com os efeitos previstos na presente secção.

2 – O pedido de intimação é igualmente aplicável nas situações previstas no n.º 2 do artigo 60.º e pode ser utilizado pelo Ministério Público para o efeito do exercício da acção pública.

Artigo 105.º – Prazo

1 – A intimação deve ser requerida contra a pessoa coletiva de direito público, o ministério ou a secretaria regional cujos órgãos sejam competentes para facultar a informação ou a consulta, ou passar a certidão.

2 – Quando o interessado faça valer o direito à informação procedimental ou o direito de acesso aos arquivos e registos administrativos, a intimação deve ser requerida no prazo de 20 dias, a contar da verificação de qualquer dos seguintes factos:

a) Decurso do prazo legalmente estabelecido, sem que a entidade requerida satisfaça o pedido que lhe foi dirigido;

b) Indeferimento do pedido;

c) Satisfação parcial do pedido.

Artigo 106.º – Efeito interruptivo do prazo de impugnação

1 – O efeito interruptivo do prazo de impugnação que decorre da apresentação dos pedidos de informação, consulta de documentos ou passagem de certidão, quando efectuados ao abrigo do disposto no n.º 2 do artigo 60.º, mantém-se se o interessado requerer a intimação judicial e cessa com:

a) O cumprimento da decisão que defira o pedido de intimação ou com o trânsito em julgado da que o indefira;

b) O trânsito em julgado da decisão que extinga a instância por satisfação do requerido na pendência do pedido de intimação.

2 – Não se verifica o efeito interruptivo quando o tribunal competente para conhecer do meio contencioso que venha a ser utilizado pelo requerente considere que o pedido constituiu expediente manifestamente dilatório ou foi injustificado, por ser claramente desnecessário para permitir o uso dos meios administrativos ou contenciosos.

Artigo 107.º – Tramitação

1 – Deduzido o pedido de intimação, a secretaria promove oficiosamente a citação da entidade demandada e dos contrainteressados para responder no prazo de 10 dias.

2 – Apresentada a resposta ou decorrido o respetivo prazo e concluídas as diligências que se mostrem necessárias, o juiz profere decisão no prazo de cinco dias.

Artigo 108.º - Decisão

1 - Se der provimento ao processo, o juiz determina o prazo em que a intimação deve ser cumprida e que não pode ultrapassar os 10 dias.

2 - Se houver incumprimento da intimação sem justificação aceitável, deve o juiz determinar a aplicação de sanções pecuniárias compulsórias, nos termos do artigo 169.º, sem prejuízo do apuramento da responsabilidade civil, disciplinar e criminal a que haja lugar, segundo o disposto no artigo 159.º

Secção II - Intimação para protecção de direitos, liberdades e garantias

Artigo 109.º - Pressupostos

1 - A intimação para proteção de direitos, liberdades e garantias pode ser requerida quando a célere emissão de uma decisão de mérito que imponha à Administração a adoção de uma conduta positiva ou negativa se revele indispensável para assegurar o exercício, em tempo útil, de um direito, liberdade ou garantia, por não ser possível ou suficiente, nas circunstâncias do caso, o decretamento de uma providência cautelar.

2 - A intimação também pode ser dirigida contra particulares, designadamente concessionários, nomeadamente para suprir a omissão, por parte da Administração, das providências adequadas a prevenir ou reprimir condutas lesivas dos direitos, liberdades e garantias do interessado.

3 - Quando, nas circunstâncias enunciadas no n.º 1, o interessado pretenda a emissão de um acto administrativo estritamente vinculado, designadamente de execução de um acto administrativo já praticado, o tribunal emite sentença que produza os efeitos do acto devido.

Artigo 110.º - Tramitação

1 - Uma vez distribuído, o processo é concluso ao juiz com a maior urgência, para despacho liminar, a proferir no prazo máximo de 48 horas, no qual, sendo a petição admitida, é ordenada a citação da outra parte para responder no prazo de sete dias.

2 - Quando a complexidade da matéria o justifique, pode o juiz determinar que o processo siga a tramitação estabelecida no capítulo III do título II, sendo, nesse caso, os prazos reduzidos a metade.

3 - Em situações de especial urgência, em que a petição permita reconhecer a possibilidade de lesão iminente e irreversível do direito, liberdade ou garantia, o juiz pode optar, no despacho liminar, por:

a) Reduzir o prazo previsto no n.º 1 para a resposta do requerido;

b) Promover a audição do requerido através de qualquer meio de comunicação que se revele adequado;

c) Promover a realização, no prazo de 48 horas, de uma audiência oral, no termo da qual a decisão é tomada de imediato.

4 – [Revogado].

5 – [Revogado].

Artigo 110.º-A – Substituição da petição e decretamento provisório de providência cautelar

1 – Quando verifique que as circunstâncias do caso não são de molde a justificar o decretamento de uma intimação, por se bastarem com a adoção de uma providência cautelar, o juiz, no despacho liminar, fixa prazo para o autor substituir a petição, para o efeito de requerer a adoção de providência cautelar, seguindo-se, se a petição for substituída, os termos do processo cautelar.

2 – Quando, na hipótese prevista no número anterior, seja de reconhecer que existe uma situação de especial urgência que o justifique, o juiz deve, no mesmo despacho liminar, e sem quaisquer outras formalidades ou diligências, decretar provisoriamente a providência cautelar que julgue adequada, sendo, nesse caso, aplicável o disposto no artigo 131.º

3 – Na hipótese prevista no número anterior, o decretamento provisório caduca se, no prazo de cinco dias, o autor não tiver requerido a adoção de providência cautelar, segundo o disposto no n.º 1.

Artigo 111.º – Decisão e seus efeitos

1 – Sem prejuízo do disposto na alínea *c)* do n.º 3 do artigo 110.º, o juiz decide o processo no prazo necessário para assegurar o efeito útil da decisão, o qual não pode ser superior a cinco dias após a realização das diligências que se mostrem necessárias à tomada da decisão.

2 – Na decisão, o juiz determina o comportamento concreto a adotar e, sendo caso disso, o prazo para o cumprimento e o responsável pelo mesmo.

3 – A notificação da decisão é feita de imediato a quem a deva cumprir, nos termos gerais aplicáveis aos processos urgentes.

Título V – Dos processos cautelares

Capítulo I – Disposições comuns

Artigo 112.º – Providências cautelares

1 – Quem possua legitimidade para intentar um processo junto dos tribunais administrativos pode solicitar a adopção da providência ou das providências cautelares, antecipatórias ou conservatórias, que se mostrem adequadas a assegurar a utilidade da sentença a proferir nesse processo.

2 – As providências cautelares regem-se pela tramitação e são adotadas segundo os critérios previstos no presente título, podendo consistir designadamente em:

a) Suspensão da eficácia de um acto administrativo ou de uma norma;

b) Admissão provisória em concursos e exames;

c) Atribuição provisória da disponibilidade de um bem;

d) Autorização provisória ao interessado para iniciar ou prosseguir uma actividade ou adoptar uma conduta;

e) Regulação provisória de uma situação jurídica, designadamente através da imposição à Administração do pagamento de uma quantia por conta de prestações alegadamente devidas ou a título de reparação provisória;

f) Arresto;

g) Embargo de obra nova;

h) Arrolamento;

i) Intimação para adoção ou abstenção de uma conduta por parte da Administração ou de um particular por alegada violação ou fundado receio de violação do direito administrativo nacional ou do direito da União Europeia.

Artigo 113.º – Relação com a causa principal

1 – O processo cautelar depende da causa que tem por objecto a decisão sobre o mérito, podendo ser intentado como preliminar ou como incidente do processo respectivo.

2 – O processo cautelar é um processo urgente e tem tramitação autónoma em relação ao processo principal, sendo apensado a este.

3 – Quando requerida a adopção de providências antes de proposta a causa principal, o processo é apensado aos autos logo que aquela seja intentada.

4 – Na pendência do processo cautelar, o requerente pode proceder à substituição ou ampliação do pedido, com fundamento em alteração superveniente dos pressupostos de facto ou de direito, com oferecimento de novos meios de prova, de modo a que o juiz possa atender à evolução ocorrida para conceder a providência adequada à situação existente no momento em que se pronuncia.

5 – Quando assuma a posição de autor num processo principal, nos termos do artigo 62.º, o Ministério Público pode requerer o seguimento de eventual processo cautelar, que, com relação a esse processo, se encontre pendente, nele assumindo também a posição de requerente.

Artigo 114.º – Requerimento cautelar

1 – A adopção de uma ou mais providências cautelares é solicitada em requerimento próprio, apresentado:

a) Previamente à instauração do processo principal;

b) Juntamente com a petição inicial do processo principal;

c) Na pendência do processo principal.

2 – O requerimento é apresentado no tribunal competente para julgar o processo principal.

3 – No requerimento, deve o requerente:

a) Indicar o tribunal a que o requerimento é dirigido;

b) Indicar o seu nome e residência ou sede;

c) Identificar a entidade demandada;

d) Indicar a identidade e residência dos contrainteressados a quem a adoção da providência cautelar possa diretamente prejudicar;

e) Indicar a acção de que o processo depende ou irá depender;

f) Indicar a providência ou as providências que pretende ver adoptadas;

g) Especificar, de forma articulada, os fundamentos do pedido, oferecendo prova sumária da respectiva existência;

h) Quando for o caso, fazer prova do acto ou norma cuja suspensão pretende e da sua notificação ou publicação;

i) Identificar o processo principal, quando o requerimento seja apresentado na sua pendência.

4 – Na falta da indicação de qualquer dos elementos enunciados no número anterior, o interessado é notificado para suprir a falta no prazo de cinco dias – *j)* Indicar o valor da causa.

4 – No requerimento cautelar, o interessado pode pedir que a citação seja urgente, nos termos e para os efeitos previstos na lei processual civil, e que, no despacho liminar, o juiz proceda ao decretamento provisório da providência, segundo o disposto no artigo 131.º

5 – Na falta da indicação de qualquer dos elementos enunciados no n.º 3, o interessado é notificado para suprir a falta no prazo de cinco dias.

6 – A falta da designação do tribunal a que o requerimento é dirigido deve ser oficiosamente suprida, com remessa para o tribunal competente, quando não seja o próprio.

Artigo 115.º – Contra-interessados

1 – Se o interessado não conhecer a identidade e residência dos contra-interessados, pode requerer previamente certidão de que constem aqueles elementos de identificação.

2 – A certidão a que se refere o número anterior deve ser passada no prazo de vinte e quatro horas pela autoridade requerida.

3 – Se a certidão não for passada, o interessado, no requerimento cautelar, junta prova de que a requereu, indica a identidade e residência dos contrainteressados que conheça e requer a intimação judicial da entidade demandada

para fornecer ao tribunal a identidade e residência dos contrainteressados em falta.

4 – No caso previsto no número anterior, quando não haja fundamento para rejeição liminar do requerimento cautelar, o juiz, no prazo de dois dias, intima a autoridade requerida a remeter, também no prazo de dois dias, a certidão pedida, fixando sanção pecuniária compulsória, segundo o disposto no artigo 169.º

5 – O incumprimento pela entidade demandada da intimação referida no número anterior sem justificação adequada é constitutivo de responsabilidade, nos termos previstos no artigo 159.º

Artigo 116.º – Despacho liminar

1 – Uma vez distribuído, o processo é concluso ao juiz com a maior urgência, para despacho liminar, a proferir no prazo máximo de 48 horas, no qual, sendo o requerimento admitido, é ordenada a citação da entidade requerida e dos contrainteressados.

2 – Constituem fundamento de rejeição liminar do requerimento:

a) A falta de qualquer dos requisitos indicados no n.º 3 do artigo 114.º que não seja suprida na sequência de notificação para o efeito;

b) A manifesta ilegitimidade do requerente;

c) A manifesta ilegitimidade da entidade requerida;

d) A manifesta falta de fundamento da pretensão formulada;

e) A manifesta desnecessidade da tutela cautelar;

f) A manifesta ausência dos pressupostos processuais da ação principal.

3 – A rejeição com os fundamentos indicados nas alíneas *a)* e *c)* do número anterior não obsta à possibilidade de apresentação de novo requerimento.

4 – A rejeição com os fundamentos indicados nas alíneas *b), d)* e *e)* do n.º 2 não obsta à possibilidade de apresentação de novo requerimento com fundamentos diferentes ou supervenientes em relação aos invocados no requerimento anterior.

5 – O juiz, oficiosamente ou a pedido deduzido no requerimento cautelar, pode, no despacho liminar, decretar provisoriamente a providência requerida ou aquela que julgue mais adequada, segundo o disposto no artigo 131.

Artigo 117.º – Citação

1 – Não havendo fundamento para rejeição, o requerimento é admitido, sendo citados para deduzir oposição a entidade requerida e os contra-interessados, se os houver, no prazo de 10 dias.

2 – A situação prevista no n.º 3 do artigo 115.º não obsta à citação da entidade requerida e dos contrainteressados cuja identidade e residência se encontre indicada no requerimento cautelar, sendo os demais contrainteressados apenas citados se a resposta da entidade requerida o vier a permitir.

3 – Os contrainteressados incertos ou de residência desconhecida são citados por anúncio a emitir pela secretaria e que o requerente deve fazer publicar em dois jornais diários de circulação nacional ou local, dependendo do âmbito da matéria em causa, convidando-os a intervir até ao limite do prazo do n.º 6.

4 – No caso previsto no número anterior, quando a pretensão esteja relacionada com a impugnação de um acto a que tenha sido dado certo tipo de publicidade, a mesma é também utilizada para o anúncio.

5 – Se a providência cautelar for requerida como incidente em processo já intentado e a entidade requerida e os contra-interessados já tiverem sido citados no processo principal, são chamados por mera notificação.

6 – Qualquer interessado que não tenha recebido a citação só pode intervir no processo até à conclusão ao juiz ou relator para decisão.

7 – Em processos em que haja contrainteressados em número superior a 10 é ainda aplicável o disposto nos n.ºs 5 a 7 do artigo 81.º, sendo o prazo para sua constituição no processo cautelar de sete dias.

Artigo 118.º – Produção de prova

1 – Na falta de oposição, presumem-se verdadeiros os factos invocados pelo requerente.

2 – Nas contestações, a entidade requerida e os contra-interessados podem oferecer meios de prova.

3 – Juntas as contestações ou decorrido o respectivo prazo, o processo é concluso ao juiz, que pode ordenar as diligências de prova que considere necessárias.

4 – As testemunhas oferecidas são apresentadas pelas partes no dia e no local designados para a inquirição, não havendo adiamento por falta das testemunhas ou dos mandatários.

Artigo 119.º – Prazo para a decisão

1 – O juiz ou relator profere decisão no prazo de cinco dias contado da data da apresentação da última contestação ou do decurso do respectivo prazo, ou da produção de prova, quando esta tenha tido lugar.

2 – O relator pode submeter o julgamento da providência à apreciação da conferência, quando a complexidade da matéria o justifique.

3 – O presidente do tribunal de círculo pode determinar, por proposta do juiz do processo, que a questão seja decidida em conferência de três juízes.

Artigo 120.º – Critérios de decisão

1 – Sem prejuízo do disposto nos números seguintes, as providências cautelares são adotadas quando haja fundado receio da constituição de uma situação de facto consumado ou da produção de prejuízos de difícil reparação para os

interesses que o requerente visa assegurar no processo principal e seja provável que a pretensão formulada ou a formular nesse processo venha a ser julgada procedente.

2 – Nas situações previstas no número anterior, a adoção da providência ou das providências é recusada quando, devidamente ponderados os interesses públicos e privados em presença, os danos que resultariam da sua concessão se mostrem superiores àqueles que podem resultar da sua recusa, sem que possam ser evitados ou atenuados pela adoção de outras providências.

3 – As providências cautelares a adotar devem limitar-se ao necessário para evitar a lesão dos interesses defendidos pelo requerente, devendo o tribunal, ouvidas as partes, adotar outra ou outras providências, em cumulação ou em substituição daquela ou daquelas que tenham sido concretamente requeridas, quando tal se revele adequado a evitar a lesão desses interesses e seja menos gravoso para os demais interesses públicos ou privados, em presença.

4 – Se os potenciais prejuízos para os interesses, públicos ou privados, em conflito com os do requerente forem integralmente reparáveis mediante indemnização pecuniária, o tribunal pode, para efeitos do disposto no número anterior, impor ao requerente a prestação de garantia por uma das formas previstas na lei tributária.

5 – Na falta de contestação da autoridade requerida ou da alegação de que a adopção das providências cautelares pedidas prejudica o interesse público, o tribunal julga verificada a inexistência de tal lesão, salvo quando esta seja manifesta ou ostensiva.

6 – Quando no processo principal esteja apenas em causa o pagamento da quantia certa, sem natureza sancionatória, as providências cautelares são adotadas, independentemente da verificação dos requisitos previstos nos números anteriores, se tiver sido prestada garantia por uma das formas previstas na lei tributária.

Artigo 121.º – Decisão da causa principal

1 – Quando, existindo processo principal já intentado, se verifique que foram trazidos ao processo cautelar todos os elementos necessários para o efeito e a simplicidade do caso ou a urgência na sua resolução definitiva o justifique, o tribunal pode, ouvidas as partes pelo prazo de 10 dias, antecipar o juízo sobre a causa principal, proferindo decisão que constituirá a decisão final desse processo.

2 – O recurso da decisão final do processo principal, proferida nos termos do número anterior, tem efeito meramente devolutivo.

Artigo 122.º – Efeitos da decisão

1 – A decisão sobre a adoção de providências cautelares determina a notificação com urgência às partes para cumprimento imediato e, quando seja caso disso, às demais pessoas e entidades que lhe devam dar cumprimento.

2 – As providências cautelares podem ser sujeitas a termo ou condição.

3 – Na falta de determinação em contrário, as providências cautelares subsistem até caducarem ou até que seja proferida decisão sobre a sua alteração ou revogação.

Artigo 123.º – Caducidade das providências

1 – Os processos cautelares extinguem-se e, quando decretadas, as providências cautelares caducam:

a) Se o requerente não fizer uso, no respectivo prazo, do meio contencioso adequado à tutela dos interesses a que o pedido de adopção de providência cautelar se destinou;

b) Se, tendo o requerente feito uso desses meios, o correspondente processo estiver parado durante mais de três meses por negligência sua em promover os respectivos termos ou de algum incidente de que dependa o andamento do processo;

c) Se esse processo findar por extinção da instância e o requerente não intentar novo processo, nos casos em que a lei o permita, dentro do prazo fixado para o efeito;

d) Se se extinguir o direito ou interesse a cuja tutela a providência se destina;

e) Se se verificar o trânsito em julgado da decisão que ponha termo ao processo principal, no caso de ser desfavorável ao requerente;

f) Se ocorrer termo final ou se preencher condição resolutiva a que a providência cautelar estivesse sujeita;

g) [Revogada].

2 – Quando a tutela dos interesses a que a providência cautelar se destina seja assegurada por via contenciosa não sujeita a prazo, o requerente deve, para efeitos da alínea *a)* do número anterior, usar essa via no prazo de 90 dias, contado desde o trânsito em julgado da decisão.

3 – A extinção do processo cautelar ou a caducidade da providência é reconhecida pelo tribunal, oficiosamente ou a pedido fundamentado de qualquer interessado, mediante prévia audição das partes.

4 – Apresentado o requerimento, o juiz ordena a notificação do requerente da providência para responder no prazo de sete dias.

5 – Concluídas as diligências que se mostrem necessárias, o juiz decide sobre o pedido no prazo de cinco dias.

Artigo 124.º – Alteração e revogação das providências

1 – A decisão de adotar ou recusar providências cautelares pode ser revogada ou alterada, oficiosamente ou mediante requerimento, com fundamento em alteração dos pressupostos de facto e de direito inicialmente existentes.

2 – À situação prevista no número anterior é aplicável, com as devidas adaptações, o preceituado nos n.ºs 3 a 5 do artigo anterior.

3 – É, designadamente, relevante, para os efeitos do disposto no n.º 1, a eventual improcedência da causa principal, decidida por sentença de que tenha sido interposto recurso com efeito suspensivo.

Artigo 125.º – Notificação e publicação

1 – A alteração e a revogação das providências cautelares, bem como a declaração da respectiva caducidade, são imediatamente notificadas ao requerente, à entidade requerida e aos contra-interessados.

2 – A adopção de providências cautelares que se refiram à vigência de normas ou à eficácia de actos administrativos que afectem uma pluralidade de pessoas é publicada nos termos previstos para as decisões finais de provimento dos respectivos processos impugnatórios.

Artigo 126.º – Utilização abusiva da providência cautelar

1 – Sem prejuízo da possibilidade de aplicação pelo juiz da taxa sancionatória excecional, prevista no artigo 531.º do Código de Processo Civil, o requerente responde pelos danos que, com dolo ou negligência grosseira, tenha causado ao requerido e aos contrainteressados.

2 – Quando as providências cessem por causa diferente da execução de decisão do processo principal favorável ao requerente, a Administração ou os terceiros lesados pela sua adopção podem solicitar a indemnização que lhes seja devida ao abrigo do disposto no número anterior, no prazo de um ano a contar da notificação prevista no n.º 1 do artigo anterior.

3 – Decorrido o prazo referido no número anterior sem que tenha sido pedida qualquer indemnização, é autorizado o levantamento da garantia, quando exista.

Artigo 127.º – Garantia da providência

1 – A execução da decisão cautelar corre termos nos próprios autos do processo cautelar, sob as formas previstas neste Código para os processos executivos, ou sob as formas previstas na lei processual civil, quando se trate de uma execução contra particulares, sendo-lhe aplicável o regime dos processos urgentes.

2 – Quando a providência decretada exija da Administração a adopção de providências infungíveis, de conteúdo positivo ou negativo, o tribunal pode condenar de imediato o titular do órgão competente ao pagamento da sanção pecuniária compulsória que se mostre adequada a assegurar a efectividade da providência decretada, sendo, para o efeito, aplicável o disposto no artigo 169.º

3 – Sem prejuízo do disposto no número anterior, os órgãos ou agentes que infrinjam a providência cautelar decretada ficam sujeitos à responsabilidade prevista no artigo 159.º

Capítulo II – Disposições particulares

Artigo 128.º – Proibição de executar o acto administrativo

1 – Quando seja requerida a suspensão da eficácia de um ato administrativo, a entidade administrativa e os beneficiários do ato não podem, após a citação, iniciar ou prosseguir a execução, salvo se, mediante remessa ao tribunal de resolução fundamentada na pendência do processo cautelar, reconhecer que o diferimento da execução seria gravemente prejudicial para o interesse público.

2 – Sem prejuízo do previsto na parte final do número anterior, deve a entidade citada impedir, com urgência, que os serviços competentes ou os interessados procedam ou continuem a proceder à execução do ato.

3 – Considera-se indevida a execução quando falte a resolução prevista no n.º 1 ou o tribunal julgue improcedentes as razões em que aquela se fundamenta.

4 – O interessado pode requerer ao tribunal onde penda o processo de suspensão da eficácia, até ao trânsito em julgado da sua decisão, a declaração de ineficácia dos actos de execução indevida.

5 – O incidente é processado nos autos do processo de suspensão da eficácia.

6 – Requerida a declaração de ineficácia dos atos de execução indevida, o juiz ou relator ouve a entidade administrativa e os contrainteressados no prazo de cinco dias, tomando de imediato a decisão.

Artigo 129.º – Suspensão da eficácia do acto já executado

A execução de um acto não obsta à suspensão da sua eficácia quando desta possa advir, para o requerente ou para os interesses que este defenda ou venha a defender, no processo principal, utilidade relevante no que toca aos efeitos que o acto ainda produza ou venha a produzir.

Artigo 130.º – Suspensão da eficácia de normas

1 – O interessado na declaração da ilegalidade de norma emitida ao abrigo de disposições de direito administrativo cujos efeitos se produzam imediatamente, sem dependência de um acto administrativo ou jurisdicional de aplicação, pode requerer a suspensão da eficácia dessa norma, com efeitos circunscritos ao seu caso.

2 – O Ministério Público e as pessoas e entidades referidas no n.º 2 do artigo 9.º podem pedir a suspensão, com força obrigatória geral, dos efeitos de qualquer norma em relação à qual tenham deduzido ou se proponham deduzir pedido de declaração de ilegalidade com força obrigatória geral.

3 - [Revogado].

4 - Aos casos previstos no presente artigo aplica-se, com as adaptações que forem necessárias, o disposto no capítulo I, nos artigos 128.º e 129.º e no n.º 3 do artigo 81.º

Artigo 131.º - Decretamento provisório da providência

1 - Quando reconheça a existência de uma situação de especial urgência, passível de dar causa a uma situação de facto consumado na pendência do processo, o juiz, no despacho liminar, pode, a pedido do requerente ou a título oficioso, decretar provisoriamente a providência requerida ou aquela que julgue mais adequada, sem mais considerações, no prazo de 48 horas, seguindo o processo cautelar os subsequentes termos dos artigos 117.º e seguintes.

2 - O decretamento provisório também pode ter lugar durante a pendência do processo cautelar, com fundamento em alteração superveniente dos pressupostos de facto ou de direito.

3 - Quando as circunstâncias imponham que o decretamento provisório seja precedido da audição do requerido, esta pode ser realizada por qualquer meio de comunicação que se revele adequado.

4 - O decretamento provisório não é passível de impugnação.

5 - O decretamento provisório é notificado de imediato às pessoas e entidades que o devam cumprir, sendo aplicável, em caso de incumprimento, o disposto nos n.ºs 4 a 6 do artigo 128.º, com as adaptações que se mostrem necessárias.

6 - Mediante requerimento devidamente fundamentado, os requeridos, durante a pendência do processo cautelar, podem solicitar o levantamento ou a alteração da providência provisoriamente decretada, sendo o requerimento decidido por aplicação do n.º 2 do artigo 120.º, depois de ouvido o requerente pelo prazo de cinco dias e de produzida a prova que o juiz considere necessária.

7 - As decisões proferidas ao abrigo do número anterior são passíveis de impugnação nos termos gerais.

Artigo 132.º - Processos cautelares relativos a procedimentos de formação de contratos

1 - Quando esteja em causa a anulação ou declaração de nulidade ou inexistência jurídica de actos administrativos relativos à formação de contratos, podem ser requeridas providências destinadas a corrigir a ilegalidade ou a impedir que sejam causados outros danos aos interesses em presença, incluindo a suspensão do procedimento de formação do contrato.

2 - O requerimento cautelar deve ser instruído com todos os elementos de prova.

3 - A autoridade requerida e os contra-interessados dispõem do prazo de sete dias para responderem.

4 – A concessão da providência depende do juízo de probabilidade do tribunal quanto a saber se, ponderados os interesses suscetíveis de serem lesados, os danos que resultariam da adoção da providência se mostrem superiores aos prejuízos que podem resultar da sua não adoção, sem que tal lesão possa ser evitada ou atenuada pela adoção de outras providências.

5 – Quando, no processo cautelar, o juiz considere demonstrada a ilegalidade de especificações contidas nos documentos conformadores do procedimento que era invocada como fundamento do processo principal, pode determinar a sua imediata correção, decidindo, desse modo, o mérito da causa, segundo o disposto no artigo 121.º

6 – [Revogado].

7 – [Revogado].

Artigo 133.º – Regulação provisória do pagamento de quantias

1 – Quando o alegado incumprimento do dever de a Administração realizar prestações pecuniárias provoque uma situação de grave carência económica, pode o interessado requerer ao tribunal, a título de regulação provisória, e sem necessidade da prestação de garantia, a intimação da entidade competente a prestar as quantias indispensáveis a evitar a situação de carência.

2 – A regulação provisória é decretada quando:

a) Esteja adequadamente comprovada a situação de grave carência económica;

b) Seja de prever que o prolongamento dessa situação possa acarretar consequências graves e dificilmente reparáveis;

c) Seja provável que a pretensão formulada ou a formular nesse processo venha a ser julgada procedente.

3 – As quantias percebidas não podem exceder as que resultariam do reconhecimento dos direitos invocados pelo requerente, considerando-se o respectivo processamento como feito por conta das prestações alegadamente devidas em função das prestações não realizadas.

Artigo 134.º – Produção antecipada de prova

1 – Havendo justo receio de vir a tornar-se impossível ou muito difícil o depoimento de certas pessoas ou a verificação de certos factos por meio de prova pericial ou por inspecção, pode o depoimento, o arbitramento ou a inspecção realizar-se antes de intentado o processo.

2 – O requerimento, a apresentar com tantos duplicados quantas as pessoas a citar ou notificar, deve justificar sumariamente a necessidade da antecipação de prova, mencionar com precisão os factos sobre que esta há-de recair, especificar os meios de prova a produzir, identificar as pessoas que hão-de ser

ouvidas, se for caso disso, e indicar, com a possível concretização, o pedido e os fundamentos da causa a propor, bem como a pessoa ou o órgão em relação aos quais se pretende fazer uso da prova.

3 – A pessoa ou o órgão referido é notificado para intervir nos actos de preparação e produção de prova ou para deduzir oposição no prazo de três dias.

4 – Quando a notificação não possa ser feita a tempo de, com grande probabilidade, se realizar a diligência requerida, a pessoa ou o órgão são notificados da realização da diligência, tendo a faculdade de requerer, no prazo de sete dias, a sua repetição, se esta for possível.

5 – Se a causa principal vier a correr noutro tribunal, para aí é remetido o apenso, ficando o juiz da acção com exclusiva competência para os termos subsequentes à remessa.

6 – O disposto nos n.ºs 1 a 4 é aplicável, com as necessárias adaptações, aos pedidos de antecipação de prova em processo já intentado.

Título VI – Dos conflitos de competência jurisdicional e de atribuições

Artigo 135.º – Lei aplicável

1 – Os processos de conflito entre tribunais da jurisdição administrativa e fiscal ou entre órgãos administrativos regem-se pelos preceitos próprios da ação administrativa, com as seguintes especialidades, sendo, quanto ao mais, aplicável, com as necessárias adaptações, o disposto na lei processual civil:

a) Os prazos são reduzidos a metade;

b) O autor do primeiro ato é chamado ao processo na fase da resposta da entidade demandada e no mesmo prazo para se pronunciar;

c) Só é admitida prova documental;

d) Não são admissíveis alegações;

e) Da sentença não cabe qualquer recurso.

2 – [Revogado].

Artigo 136.º – Pressupostos

A resolução dos conflitos pode ser requerida por qualquer interessado e pelo Ministério Público no prazo de um ano contado da data em que se torne inimpugnável a última das decisões.

Artigo 137.º – Resposta

Não há lugar a resposta do Supremo Tribunal Administrativo e do Tribunal Central Administrativo quando o conflito respeite à competência de qualquer das suas secções.

Artigo 138.º – Decisão provisória

Se da inacção das autoridades em conflito puder resultar grave prejuízo, o relator designa a autoridade que deve exercer provisoriamente a competência em tudo o que seja urgente.

Artigo 139.º – Decisão

1 – A decisão que resolva o conflito, além de especificar a autoridade ou tribunal competente, determina a invalidade do acto ou decisão da autoridade ou tribunal incompetente.

2 – Quando razões de equidade ou de interesse público especialmente relevante o justifiquem, a decisão pode excluir os actos preparatórios da declaração de invalidade.

Título VII – Dos recursos jurisdicionais

Capítulo I – Disposições gerais

Artigo 140.º – Espécies de recursos e regime aplicável

1 – Os recursos das decisões proferidas pelos tribunais administrativos são ordinários ou extraordinários, sendo ordinários a apelação e a revista e extraordinários o recurso para uniformização de jurisprudência e a revisão.

2 – Só existe recurso de revista para o Supremo Tribunal Administrativo nos casos e termos previstos no capítulo seguinte.

3 – Os recursos das decisões proferidas pelos tribunais administrativos regem-se pelo disposto na lei processual civil, salvo o disposto no presente título.

Artigo 141.º – Legitimidade

1 – Pode interpor recurso ordinário de uma decisão jurisdicional proferida por um tribunal administrativo quem nela tenha ficado vencido e o Ministério Público, se a decisão tiver sido proferida com violação de disposições ou princípios constitucionais ou legais.

2 – Nos processos impugnatórios, considera-se designadamente vencido, para o efeito do disposto no número anterior, o autor que, tendo invocado várias causas de invalidade contra o mesmo acto administrativo, tenha decaído relativamente à verificação de alguma delas, na medida em que o reconhecimento, pelo tribunal de recurso, da existência dessa causa de invalidade impeça ou limite a possibilidade de renovação do acto anulado.

3 – Ainda que um acto administrativo tenha sido anulado com fundamento na verificação de diferentes causas de invalidade, a sentença pode ser impugnada com base na inexistência de apenas uma dessas causas de invalidade, na medida

em que do reconhecimento da inexistência dessa causa de invalidade dependa a possibilidade de o acto anulado vir a ser renovado.

4 – Pode ainda recorrer das decisões dos tribunais administrativos quem seja direta e efetivamente prejudicado por elas, ainda que não seja parte na causa ou seja apenas parte acessória.

Artigo 142.º – Decisões que admitem recurso

1 – O recurso das decisões que, em primeiro grau de jurisdição, tenham conhecido do mérito da causa é admitido nos processos de valor superior à alçada do tribunal de que se recorre, quando a decisão impugnada seja desfavorável ao recorrente em valor superior a metade da alçada desse tribunal, atendendo-se, em caso de fundada dúvida acerca do valor da sucumbência, somente ao valor da causa.

2 – Para os efeitos do disposto no número anterior, consideram-se incluídas nas decisões sobre o mérito da causa as que, em sede executiva, declarem a existência de causa legítima de inexecução, pronunciem a invalidade de actos desconformes ou fixem indemnizações fundadas na existência de causa legítima de inexecução.

3 – Para além dos casos previstos na lei processual civil, é sempre admissível recurso, independentemente do valor da causa e da sucumbência, das decisões:

a) De improcedência de pedidos de intimação para protecção de direitos, liberdades e garantias;

b) Proferidas em matéria sancionatória;

c) Proferidas contra jurisprudência uniformizada pelo Supremo Tribunal Administrativo;

d) Que ponham termo ao processo sem se pronunciarem sobre o mérito da causa.

4 – [Revogado].

5 – As decisões proferidas em despacho interlocutório podem ser impugnadas no recurso que venha a ser interposto da decisão final, exceto nos casos em que é admitida apelação autónoma nos termos da lei processual civil.

Artigo 143.º – Efeitos dos recursos

1 – Salvo disposto em lei especial, os recursos ordinários têm efeito suspensivo da decisão recorrida.

2 – Para além de outros a que a lei reconheça tal efeito, são meramente devolutivos os recursos interpostos de:

a) Intimações para proteção de direitos, liberdades e garantias;

b) Decisões respeitantes a processos cautelares e respetivos incidentes;

c) Decisões respeitantes ao pedido de levantamento do efeito suspensivo automático, previsto no n.º 1 do artigo 103.º-A;

d) Decisões respeitantes ao pedido de adoção das medidas provisórias, a que se refere o artigo 103.º-B;

e) Decisões proferidas no mesmo sentido da jurisprudência uniformizada pelo Supremo Tribunal Administrativo.

3 – Quando a suspensão dos efeitos da sentença seja passível de originar situações de facto consumado ou a produção de prejuízos de difícil reparação para a parte vencedora ou para os interesses, públicos ou privados, por ela prosseguidos, pode ser requerido que ao recurso seja atribuído efeito meramente devolutivo.

Artigo 144.º – Interposição de recurso e alegações

1 – O prazo para a interposição de recurso é de 30 dias e conta-se a partir da notificação da decisão recorrida.

2 – O recurso é interposto mediante requerimento dirigido ao tribunal que proferiu a decisão, que inclui ou junta a respetiva alegação e no qual são enunciados os vícios imputados à decisão e formuladas conclusões.

3 – Recebido o requerimento, a secretaria promove oficiosamente a notificação do recorrido ou recorridos para alegarem no prazo de 30 dias.

4 – Se o recurso tiver por objeto a reapreciação da prova gravada, ao prazo de interposição e de resposta acrescem 10 dias.

Artigo 145.º – Despacho sobre o requerimento

1 – Findos os prazos concedidos às partes, o juiz ou relator aprecia os requerimentos apresentados e pronuncia-se sobre as nulidades arguidas e os pedidos de reforma, ordenando a subida do recurso se a tal nada obstar.

2 – O requerimento é indeferido quando:

a) Se entenda que a decisão não admite recurso, que este foi interposto fora do prazo ou que o requerente não tem as condições necessárias para recorrer;

b) Não contenha ou junte a alegação do recorrente ou quando esta não tenha conclusões, sem prejuízo do disposto no n.º 4 do artigo 146.º

3 – Do despacho do juiz ou relator que não admita o recurso pode o recorrente reclamar, segundo o disposto na lei processual civil, para o tribunal que seria competente para dele conhecer.

4 – Do despacho do relator que não receba o recurso interposto de decisão da Secção de contencioso administrativo do Supremo Tribunal Administrativo para o Pleno do mesmo Tribunal, ou o retenha, cabe reclamação para a conferência e da decisão desta não há recurso.

Artigo 146.º – Intervenção do Ministério Público, conclusão ao relator e aperfeiçoamento das alegações de recurso

1 – Recebido o processo no tribunal de recurso e efectuada a distribuição, a secretaria notifica o Ministério Público, quando este não se encontre na posição de recorrente ou recorrido, para, querendo, se pronunciar, no prazo de 10 dias, sobre o mérito do recurso, em defesa dos direitos fundamentais dos cidadãos, de interesses públicos especialmente relevantes ou de algum dos valores ou bens referidos no n.º 2 do artigo 9.º

2 – No caso de o Ministério Público exercer a faculdade que lhe é conferida no número anterior, as partes são notificadas para responder no prazo de 10 dias.

3 – Cumpridos os trâmites previstos nos números anteriores, os autos são conclusos ao relator, que ordena a notificação do recorrente para se pronunciar, no prazo de 10 dias, sobre as questões prévias de conhecimento oficioso ou que tenham sido suscitadas pelos recorridos.

4 – Quando o recorrente, na alegação de recurso contra sentença proferida em processo impugnatório, se tenha limitado a reafirmar os vícios imputados ao acto impugnado, sem formular conclusões ou sem que delas seja possível deduzir quais os concretos aspectos de facto que considera incorrectamente julgados ou as normas jurídicas que considera terem sido violadas pelo tribunal recorrido, o relator deve convidá-lo a apresentar, completar ou esclarecer as conclusões formuladas, no prazo de 10 dias, sob pena de não se conhecer do recurso na parte afectada.

5 – No caso previsto no número anterior, a parte contrária é notificada da apresentação de aditamento ou esclarecimento pelo recorrente, podendo responder no prazo de 10 dias.

Artigo 147.º – Processos urgentes

1 – Nos processos urgentes, os recursos são interpostos no prazo de 15 dias e sobem imediatamente, no processo principal ou no apenso em que a decisão tenha sido proferida, quando o processo esteja findo no tribunal recorrido, ou sobem em separado, no caso contrário.

2 – Os prazos a observar durante o recurso são reduzidos a metade e o julgamento pelo tribunal superior tem lugar, com prioridade sobre os demais processos, na sessão imediata à conclusão do processo para decisão.

Artigo 148.º – Julgamento ampliado do recurso

1 – O Presidente do Supremo Tribunal Administrativo ou o do Tribunal Central Administrativo podem determinar que no julgamento de um recurso intervenham todos os juízes da secção quando tal se revele necessário ou

conveniente para assegurar a uniformidade da jurisprudência, sendo o quórum de dois terços.

2 - O julgamento nas condições previstas no número anterior pode ser requerido pelas partes e deve ser proposto pelo relator ou pelos adjuntos, designadamente quando se verifique a possibilidade de vencimento de solução jurídica em oposição com jurisprudência anteriormente firmada no domínio da mesma legislação e sobre a mesma questão fundamental de direito.

3 – Determinado o julgamento por todos os juízes da secção, nos termos previstos nos números anteriores, é facultado a cada um dos juízes o acesso ao processo eletrónico.

4 – O acórdão é publicado na 1.ª ou na 2.ª série do Diário da República, consoante seja proferido pelo Supremo Tribunal Administrativo ou pelo Tribunal Central Administrativo.

Capítulo II – Recursos ordinários

Artigo 149.º – Poderes do tribunal de apelação

1 – Ainda que declare nula a sentença, o tribunal de recurso não deixa de decidir o objecto da causa, conhecendo do facto e do direito.

2 – Se o tribunal recorrido tiver julgado do mérito da causa, mas deixado de conhecer de certas questões, designadamente por as considerar prejudicadas pela solução dada ao litígio, o tribunal superior, se entender que o recurso procede e que nada obsta à apreciação daquelas questões, conhece delas no mesmo acórdão em que revoga a decisão recorrida.

3 – Se, por qualquer motivo, o tribunal recorrido não tiver conhecido do pedido, o tribunal de recurso, se julgar que o motivo não procede e que nenhum outro obsta a que se conheça do mérito da causa, conhece deste no mesmo acórdão em que revoga a decisão recorrida.

4 – Nas situações previstas nos números anteriores, há lugar, no tribunal superior, à produção da prova que, ouvidas as partes pelo prazo de cinco dias, for julgada necessária, sendo aplicável às diligências ordenadas, com as necessárias adaptações, o disposto quanto à instrução, discussão, alegações e julgamento em primeira instância.

5 – Na situação prevista no número anterior, o relator, antes de ser proferida decisão, ouve as partes pelo prazo de 10 dias.

Artigo 150.º – Recurso de revista

1 – Das decisões proferidas em segunda instância pelo Tribunal Central Administrativo pode haver, excepcionalmente, revista para o Supremo Tribunal Administrativo quando esteja em causa a apreciação de uma questão que, pela sua

relevância jurídica ou social, se revista de importância fundamental ou quando a admissão do recurso seja claramente necessária para uma melhor aplicação do direito.

2 – A revista só pode ter como fundamento a violação de lei substantiva ou processual .

3 – Aos factos materiais fixados pelo tribunal recorrido, o tribunal de revista aplica definitivamente o regime jurídico que julgue adequado.

4 – O erro na apreciação das provas e na fixação dos factos materiais da causa não pode ser objecto de revista, salvo havendo ofensa de uma disposição expressa de lei que exija certa espécie de prova para a existência do facto ou que fixe a força de determinado meio de prova.

5 – Na revista de decisão de atribuição ou recusa de providência cautelar, o Supremo Tribunal Administrativo, quando não confirme o acórdão recorrido, substitui-o mediante decisão que decide a questão controvertida, aplicando os critérios de atribuição das providências cautelares por referência à matéria de facto fixada nas instâncias.

6 – A decisão quanto à questão de saber se, no caso concreto, se preenchem os pressupostos do n.º 1 compete ao Supremo Tribunal Administrativo, devendo ser objecto de apreciação preliminar sumária, a cargo de uma formação constituída por três juízes de entre os mais antigos da Secção de Contencioso Administrativo.

Artigo 151.º – Revista per saltum para o Supremo Tribunal Administrativo

1 – Os recursos interpostos de decisões de mérito proferidas por tribunais administrativos de círculo são da competência do Supremo Tribunal Administrativo quando as partes, nas alegações, suscitem apenas questões de direito e o valor da causa seja superior a 500 000 (euro) ou seja indeterminada, designadamente nos processos de declaração de ilegalidade ou de condenação à emissão de normas.

2 – O disposto no número anterior não se aplica a processos respeitantes a atos administrativos em matéria de emprego público ou relacionados com formas públicas ou privadas de proteção social.

3 – Os recursos previstos no n.º 1 são julgados como revista, sendo-lhes aplicável o disposto nos n.ºs 2 a 4 do artigo anterior.

4 – Se, remetido o processo ao Supremo Tribunal Administrativo, o relator entender que as questões suscitadas ultrapassam o âmbito da revista, determina, mediante decisão definitiva, que o processo baixe ao Tribunal Central Administrativo, para que o recurso aí seja julgado como apelação, com aplicação do disposto no artigo 149.º

5 – Se o relator admitir o recurso, pode haver reclamação para a conferência, nos termos gerais.

Artigo 152.º – Recurso para uniformização de jurisprudência

1 – As partes e o Ministério Público podem dirigir ao Supremo Tribunal Administrativo, no prazo de 30 dias contado do trânsito em julgado do acórdão impugnado, pedido de admissão de recurso para uniformização de jurisprudência, quando, sobre a mesma questão fundamental de direito, exista contradição:

a) Entre um acórdão do Tribunal Central Administrativo e outro acórdão anteriormente proferido pelo mesmo ou outro Tribunal Central Administrativo ou pelo Supremo Tribunal Administrativo;

b) Entre dois acórdãos do Supremo Tribunal Administrativo.

2 – A petição de recurso é acompanhada de alegação na qual se identifiquem, de forma precisa e circunstanciada, os aspetos de identidade que determinam a contradição alegada e a infração imputada ao acórdão recorrido.

3 – O recurso não é admitido se a orientação perfilhada no acórdão impugnado estiver de acordo com a jurisprudência mais recentemente consolidada do Supremo Tribunal Administrativo.

4 – O recurso é julgado pelo pleno da secção e o acórdão é publicado na 1.ª série do Diário da República.

5 – A decisão de provimento emitida pelo tribunal superior não afeta qualquer decisão anterior àquela que tenha sido impugnada, nem as situações jurídicas ao seu abrigo constituídas.

6 – A decisão que verifique a existência da contradição alegada anula o acórdão recorrido e substitui-o, decidindo a questão controvertida.

7 – O recurso de uniformização de jurisprudência deve ser interposto pelo Ministério Público, mesmo quando não seja parte na causa, caso em que não tem qualquer influência na decisão desta, destinando-se, unicamente à emissão de acórdão de uniformização sobre o conflito de jurisprudência

Artigo 153.º – Relator por vencimento

1 – Quando, no pleno da secção, o relator fique vencido quanto à decisão ou a todos os fundamentos desta, o acórdão é lavrado por juiz a determinar por sorteio, de entre os que tenham feito vencimento.

2 – Dos sorteios vão sendo sucessivamente excluídos os juízes que já tenham relatado por vencimento .

Capítulo III – Recurso de revisão

Artigo 154.º – Recurso de Revisão

1 – A revisão de sentença transitada em julgado pode ser pedida ao tribunal que a tenha proferido, sendo subsidiariamente aplicável o disposto no Código de Processo Civil, no que não colida com o que se estabelece nos artigos seguintes.

2 – No processo de revisão, pode ser cumulado o pedido de indemnização pelos danos sofridos.

Artigo 155.º – Legitimidade

1 – Têm legitimidade para requerer a revisão, com qualquer dos fundamentos previstos no Código de Processo Civil, o Ministério Público e as partes no processo.

2 – Tem igualmente legitimidade para requerer a revisão quem, devendo ser obrigatoriamente citado no processo, não o tenha sido e quem, não tendo tido a oportunidade de participar no processo, tenha sofrido ou esteja em vias de sofrer a execução da decisão a rever.

Artigo 156.º – Tramitação

1 – Uma vez admitido o recurso, o juiz ou relator manda apensá-lo ao processo a que respeita, que para o efeito é avocado ao arquivo onde se encontre, e ordena a notificação de todos os que tenham intervindo no processo em que foi proferida a decisão a rever.

2 – O processo tem o seguimento estabelecido para aquele em que tenha sido proferida a decisão a rever, sendo a questão novamente julgada e mantida ou revogada, a final, a decisão recorrida.

Título VIII – Do processo executivo

Capítulo I – Disposições gerais

Artigo 157.º – Âmbito de aplicação

1 – A execução das sentenças proferidas pelos tribunais administrativos contra entidades públicas é regulada nos termos do presente título.

2 – As vias de execução previstas no presente Título também podem ser utilizadas para obter a execução de atos administrativos inimpugnáveis a que a Administração não dê a devida execução, por quem possa fazer valer uma pretensão dirigida à execução desses atos.

3- Sem prejuízo do disposto em lei especial, o preceituado no número anterior é, designadamente, aplicável para obter a emissão de sentença que produza os efeitos de alvará ilegalmente recusado ou omitido.

4 – As vias de execução previstas no presente Título podem ser ainda utilizadas para obter a execução de qualquer outro título executivo passível de ser acionado contra uma pessoa coletiva de direito público, um ministério ou uma secretaria regional, mas, quando diga respeito a títulos executivos emitidos fora

do âmbito das relações jurídicas administrativas, a execução corre termos nos tribunais judiciais.

5 – As execuções contra particulares das sentenças proferidas pelos tribunais administrativos, assim como dos demais títulos executivos produzidos no âmbito de relações jurídico-administrativas que careçam de execução jurisdicional, correm termos nos tribunais administrativos, mas, na ausência de legislação especial, regem-se pelo disposto na lei processual civil.

Artigo 158.º – Obrigatoriedade das decisões judiciais

1 – As decisões dos tribunais administrativos são obrigatórias para todas as entidades públicas e privadas e prevalecem sobre as de quaisquer autoridades administrativas.

2 – A prevalência das decisões dos tribunais administrativos sobre as das autoridades administrativas implica a nulidade de qualquer acto administrativo que desrespeite uma decisão judicial e faz incorrer os seus autores em responsabilidade civil, criminal e disciplinar, nos termos previstos no artigo seguinte.

Artigo 159.º – Inexecução ilícita das decisões judiciais

1 – Para além dos casos em que, por acordo do interessado ou declaração judicial, nos termos previstos no presente título, seja considerada justificada por causa legítima, a inexecução, por parte da Administração, de sentença proferida por um tribunal administrativo envolve:

a) Responsabilidade civil, nos termos gerais, quer da Administração quer das pessoas que nela desempenhem funções;

b) Responsabilidade disciplinar, também nos termos gerais, dessas mesmas pessoas.

2 – A inexecução também constitui crime de desobediência qualificada, sem prejuízo de outro procedimento especialmente fixado na lei, quando, tendo a Administração sido notificada para o efeito, o órgão administrativo competente:

a) Manifeste a inequívoca intenção de não dar execução à sentença, sem invocar a existência de causa legítima de inexecução;

b) Não proceda à execução nos termos que a sentença tinha estabelecido ou que o tribunal venha a definir no âmbito do processo de execução.

Artigo 160.º – Eficácia da sentença

1 – Os prazos dentro dos quais se impõe à Administração a execução das sentenças proferidas pelos tribunais administrativos correm a partir do respectivo trânsito em julgado.

2 – Quando a sentença tenha sido objecto de recurso a que tenha sido atribuído efeito meramente devolutivo, os prazos correm com a notificação à Administração da decisão mediante a qual o tribunal tenha atribuído efeito meramente devolutivo ao recurso.

Artigo 161.º – Extensão dos efeitos da sentença

1 – Os efeitos de uma sentença transitada em julgado que tenha anulado ou declarado nulo um ato administrativo desfavorável, ou reconhecido a titularidade de uma situação jurídica favorável a uma ou várias pessoas, podem ser estendidos a outras pessoas que, quer tenham recorrido ou não à via contenciosa, tenham sido objeto de ato administrativo com idêntico conteúdo ou se encontrem colocadas na mesma situação jurídica, desde que, quanto a estas, não exista sentença transitada em julgado.

2 – O disposto no número anterior vale apenas para situações em que existam vários casos perfeitamente idênticos, nomeadamente no domínio do emprego público e em matéria de concursos, e só quando se preencham cumulativamente os seguintes pressupostos:

a) Terem sido proferidas por tribunais superiores, no mesmo sentido, cinco sentenças transitadas em julgado ou, existindo situações de processos em massa, nesse sentido terem sido decididos em três casos, por sentença transitada em julgado, os processos selecionados segundo o disposto no artigo 48.º;

b) Não ter sido proferido número superior de sentenças, também transitadas em julgado, em sentido contrário ao das sentenças referidas na alínea anterior, nem serem as referidas sentenças contrárias a doutrina assente pelo Supremo Tribunal Administrativo em recurso para uniformização de jurisprudência.

3 – Para o efeito do disposto no n.º 1, o interessado deve apresentar, no prazo de um ano, contado desde a data em que a sentença tenha transitado em julgado, um requerimento dirigido à entidade pública que, nesse processo, tenha sido demandada.

4 – Indeferida a pretensão ou decorridos três meses sem decisão da Administração, o interessado pode requerer, no prazo de dois meses, ao tribunal que tenha proferido a sentença, a extensão dos respectivos efeitos e a sua execução em seu favor, sendo aplicáveis, com as devidas adaptações, os trâmites previstos no presente título para a execução das sentenças de anulação de actos adminis-trativos.

5 – A extensão dos efeitos da sentença, no caso de existirem contra-interessados que não tenham tomado parte no processo em que ela foi proferida, só pode ser requerida se o interessado tiver lançado mão, no momento próprio, da via judicial adequada, encontrando-se pendente o correspondente processo.

6 – Quando, na pendência de processo impugnatório, o acto impugnado seja anulado por sentença proferida noutro processo, pode o autor fazer uso do

disposto nos n.ºs 3 e 4 do presente artigo para obter a execução da sentença de anulação.

Capítulo II – Execução para prestação de factos ou de coisas

Artigo 162.º – Execução espontânea por parte da Administração

1 – Se outro prazo não for por elas próprias fixado, as sentenças dos tribunais administrativos que condenem a Administração à prestação de factos ou à entrega de coisas devem ser espontaneamente executadas pela própria Administração, no máximo, no prazo procedimental de 90 dias, salvo ocorrência de causa legítima de inexecução, segundo o disposto no artigo seguinte.

2 – Extinto o órgão ao qual competiria dar execução à sentença ou tendo-lhe sido retirada a competência na matéria, o dever recai sobre o órgão que lhe tenha sucedido ou sobre aquele ao qual tenha sido atribuída aquela competência.

Artigo 163.º – Causas legítimas de inexecução

1 – Só constituem causa legítima de inexecução a impossibilidade absoluta e o excecional prejuízo para o interesse público na execução da sentença.

2 – A causa legítima de inexecução pode respeitar a toda a decisão ou a parte dela.

3 – A invocação de causa legítima de inexecução deve ser fundamentada e notificada ao interessado, com os respectivos fundamentos, dentro do prazo estabelecido no n.º 1 do artigo anterior, e só pode reportar-se a circunstâncias supervenientes ou que a Administração não estivesse em condições de invocar no momento oportuno do processo declarativo.

Artigo 164.º – Petição de execução

1 – Quando a Administração não dê execução espontânea à sentença no prazo estabelecido no n.º 1 do artigo 162.º, o interessado e o Ministério Público, quando tenha sido autor no processo ou estejam em causa os valores referidos no n.º 2 do artigo 9.º, podem pedir a respetiva execução ao tribunal que tenha proferido a sentença em primeiro grau de jurisdição.

2 – Caso outra solução não resulte de lei especial, a petição de execução, que é autuada por apenso aos autos em que foi proferida a decisão exequenda, deve ser apresentada no prazo de um ano, contado desde o termo do prazo do n.º 1 do artigo 162.º ou da notificação da invocação de causa legítima de inexecução.

3 – Na petição, o exequente pode pedir a declaração de nulidade dos actos desconformes com a sentença, bem como a anulação daqueles que mantenham, sem fundamento válido, a situação ilegal.

4 – Na petição, o exequente deve especificar os actos e operações em que entende que a execução deve consistir, podendo requerer, para além da indemnização moratória a que tenha direito:

a) A entrega judicial da coisa devida;

b) A prestação do facto devido por outrem, se o facto for fungível;

c) Estando em causa a prática de acto administrativo legalmente devido de conteúdo vinculado, a emissão pelo próprio tribunal de sentença que produza os efeitos do acto ilegalmente omitido;

d) Estando em causa a prestação de facto infungível, a fixação de um prazo limite, com imposição de uma sanção pecuniária compulsória aos titulares dos órgãos incumbidos de executar a sentença.

5 – Se a Administração tiver invocado a existência de causa legítima de inexecução, segundo o disposto no n.º 3 do artigo anterior, deve o exequente deduzir, se for caso disso, as razões da sua discordância e juntar cópia da notificação a que se refere aquele preceito.

6 – No caso de concordar com a invocação da existência de causa legítima de inexecução, o exequente pode requerer, no prazo estabelecido no n.º 2, a fixação da indemnização devida, segundo o disposto no artigo 166.º

Artigo 165.º – Oposição à execução

1 – Apresentada a petição, é ordenada a notificação da entidade ou entidades obrigadas para, no prazo de 20 dias, executarem a sentença ou deduzirem a oposição que tenham, podendo o fundamento da oposição consistir na invocação da existência de causa legítima de inexecução da sentença ou da circunstância de esta ter sido entretanto executada.

2 – O recebimento da oposição suspende a execução, sendo o exequente notificado para replicar no prazo de 10 dias.

3 – No caso de concordar com a oposição deduzida pela Administração, o exequente pode, desde logo, pedir a fixação da indemnização devida, seguindo-se os termos prescritos no artigo seguinte.

4 – Junta a réplica do exequente ou expirado o respectivo prazo sem que ele tenha manifestado a sua concordância com a oposição deduzida pela Administração, o tribunal ordena as diligências instrutórias que considere necessárias, findo o que se segue a abertura de vista simultânea aos juízes-adjuntos, caso se trate de tribunal colegial.

5 – A oposição é decidida no prazo máximo de 20 dias.

Artigo 166.º – Indemnização por causa legítima de inexecução e conversão da execução

1 – Quando o tribunal julgue procedente a oposição fundada na existência de causa legítima de inexecução, ordena a notificação da Administração e do exequente para, no prazo de 20 dias, acordarem no montante da indemnização devida pelo facto da inexecução, podendo o prazo ser prorrogado se for previsível que o acordo se possa vir a concretizar em momento próximo.

2 – Na falta de acordo, o tribunal ordena as diligências instrutórias que considere necessárias, findo o que se segue a abertura de vista simultânea aos juízes-adjuntos, caso se trate de tribunal colegial, fixando o tribunal o montante da indemnização devida no prazo máximo de 20 dias.

3 – Se a Administração não ordenar o pagamento devido no prazo de 30 dias contado da data do acordo ou da notificação da decisão judicial que tenha fixado a indemnização devida, seguem-se os termos do processo executivo para pagamento de quantia certa.

Artigo 167.º – Providências de execução

1 – Quando, dentro do prazo concedido para a oposição, a Administração não dê execução à sentença nem deduza oposição, ou a oposição deduzida venha a ser julgada improcedente, o tribunal deve adoptar as providências necessárias para efectivar a execução da sentença, declarando nulos os actos desconformes com a sentença e anulando aqueles que mantenham, sem fundamento válido, a situação ilegal.

2 – Quando o órgão competente para executar esteja sujeito a poderes hierárquicos ou de superintendência, o tribunal manda notificar o titular dos referidos poderes para dar execução à sentença em substituição desse órgão.

3 – Em ordem à execução das suas sentenças, os tribunais administrativos podem requerer a colaboração das autoridades e agentes da entidade administrativa obrigada bem como, quando necessário, de outras entidades administrativas.

4 – Todas as entidades públicas estão obrigadas a prestar a colaboração que, para o efeito do disposto no número anterior, lhes for requerida, sob pena de os responsáveis pela falta de colaboração poderem incorrer no crime de desobediência.

5 – Dependendo do caso concreto, o tribunal pode proceder à entrega judicial da coisa devida ou determinar a prestação do facto devido por outrem, se o facto for fungível, sendo aplicáveis, com as necessárias adaptações, as disposições correspondentes do Código de Processo Civil.

6 – Estando em causa a prática de acto administrativo legalmente devido de conteúdo vinculado, o próprio tribunal emite sentença que produza os efeitos do acto ilegalmente omitido.

Artigo 168.º – Execução para prestação de facto infungível

1 – Quando, dentro do prazo concedido para a oposição, a Administração não dê execução à sentença nem deduza oposição, ou a oposição deduzida venha a ser julgada improcedente, o tribunal, estando em causa a prestação de um facto infungível, fixa, segundo critérios de razoabilidade, um prazo limite para a realização da prestação e, se não o tiver já feito na sentença condenatória, impõe uma sanção pecuniária compulsória, segundo o disposto no artigo seguinte.

2 – Quando tal não resulte já do próprio teor da sentença exequenda, o tribunal especifica ainda, no respeito pelos espaços de valoração próprios do exercício da função administrativa, o conteúdo dos actos e operações que devem ser adoptados, identificando o órgão ou órgãos administrativos responsáveis pela sua adopção.

3 – Expirando o prazo a que se refere o n.º 1 sem que a Administração tenha cumprido, pode o exequente requerer ao tribunal a fixação da indemnização que lhe é devida a título de responsabilidade civil pela inexecução ilícita da sentença, seguindo-se os trâmites estabelecidos no n.º 2 do artigo 166.º

Artigo 169.º – Sanção pecuniária compulsória

1 – A imposição de sanção pecuniária compulsória consiste na condenação dos titulares dos órgãos incumbidos da execução, que para o efeito devem ser individualmente identificados, ao pagamento de uma quantia pecuniária por cada dia de atraso que, para além do prazo limite estabelecido, se possa vir a verificar na execução da sentença.

2 – A sanção pecuniária compulsória prevista no n.º 1 é fixada segundo critérios de razoabilidade, podendo o seu montante diário oscilar entre 5% e 10% do salário mínimo nacional mais elevado em vigor no momento.

3 – Se o órgão ou algum dos órgãos obrigados for colegial, não são abrangidos pela sanção pecuniária compulsória os membros do órgão que votem a favor da execução integral e imediata, nos termos judicialmente estabelecidos, e que façam registar em acta esse voto, nem aqueles que, não estando presentes na votação, comuniquem por escrito ao presidente a sua vontade de executar a sentença.

4 – A sanção pecuniária compulsória cessa quando se mostre ter sido realizada a execução integral da sentença, quando o exequente desista do pedido ou quando a execução já não possa ser realizada pelos destinatários da medida, por terem cessado ou sido suspensos do exercício das respectivas funções.

5 – A liquidação das importâncias devidas em consequência da imposição de sanções pecuniárias compulsórias, nos termos deste artigo, é feita pelo tribunal, a cada período de três meses, e, a final, uma vez cessada a aplicação da medida, podendo o exequente solicitar a liquidação.

6 – No âmbito da liquidação, o titular do órgão pode deduzir oposição com fundamento na existência de causas de justificação ou de desculpação da conduta.

7 – As importâncias que resultem da aplicação de sanção pecuniária compulsória constituem receita consignada à dotação anual, inscrita à ordem do Conselho Superior dos Tribunais Administrativos e Fiscais, a que se refere o n.º 3 do artigo 172.º

Capítulo III – Execução para pagamento de quantia certa

Artigo 170.º – Execução espontânea e petição de execução

1 – Se outro prazo não for por elas próprias fixado, as sentenças dos tribunais administrativos que condenem a Administração ao pagamento de quantia certa devem ser espontaneamente executadas pela própria Administração, no máximo, no prazo procedimental de 30 dias.

2 – Caso a Administração não dê execução à sentença no prazo estabelecido no número anterior, dispõe o interessado do prazo de um ano para pedir a respetiva execução ao tribunal competente, podendo, para o efeito, solicitar:

a) A compensação do seu crédito com eventuais dívidas que o onerem para com a mesma pessoa colectiva ou o mesmo ministério;

b) A execução do seu crédito, nos termos dos n.ºs 3 e seguintes do artigo 172.º

Artigo 171.º – Oposição à execução

1 – Apresentada a petição, é ordenada a notificação da entidade obrigada para pagar, no prazo de 20 dias, ou deduzir oposição fundada na invocação de facto superveniente, modificativo ou extintivo da obrigação.

2 – O recebimento da oposição suspende a execução, sendo o exequente notificado para responder no prazo de 10 dias.

3 – Junta a réplica do exequente ou expirado o respectivo prazo sem que ele tenha manifestado a sua concordância com a oposição deduzida pela Administração, o tribunal ordena as diligências instrutórias que considere necessárias, findo o que se segue a abertura de vista simultânea aos juízes-adjuntos, caso se trate de tribunal colegial.

4 – A oposição é decidida no prazo de 20 dias.

5 – A inexistência de verba ou cabimento orçamental que permita o pagamento imediato da quantia devida não constitui fundamento de oposição à execução, sem prejuízo de poder ser causa de exclusão da ilicitude da inexecução espontânea da sentença, para os efeitos do disposto no artigo 159.º

6 – Quando a situação de incumprimento se deva à inexistência de verba ou cabimento orçamental que permita o pagamento imediato da quantia devida,

a entidade obrigada deve, dentro do prazo previsto no n.º 1, dar conhecimento da situação ao tribunal, que convida as partes a chegarem a acordo, no prazo de 20 dias, quanto ao pagamento escalonado da quantia em dívida.

7 – Na ausência do acordo referido no número anterior, aplica-se o disposto nos n.ºs 3 a 9 do artigo 172.º

Artigo 172.º – Providências de execução

1 – O tribunal dá provimento à pretensão executiva do autor quando, dentro do prazo concedido para a oposição, a Administração não dê execução à sentença nem deduza oposição ou a eventual alegação da existência de factos supervenientes, modificativos ou extintivos da obrigação venha a ser julgada improcedente.

2 – Quando tenha sido requerida a compensação de créditos entre exequente e Administração obrigada, a compensação decretada pelo juiz funciona como título de pagamento total ou parcial da dívida que o exequente tinha para com a Administração, sendo oponível a eventuais reclamações futuras do respectivo cumprimento.

3 – No Orçamento do Estado é anualmente inscrita uma dotação à ordem do Conselho Superior dos Tribunais Administrativos e Fiscais, afecta ao pagamento de quantias devidas a título de cumprimento de decisões jurisdicionais, a qual corresponde, no mínimo, ao montante acumulado das condenações decretadas no ano anterior e respectivos juros de mora.

4 – Quando não tenha sido requerida a compensação de créditos entre exequente e Administração obrigada, o tribunal dá conhecimento da sentença e da situação de inexecução ao Conselho Superior dos Tribunais Administrativos e Fiscais, ao qual cumpre emitir, no prazo de 30 dias, a correspondente ordem de pagamento.

5 – No caso de insuficiência de dotação, o Presidente do Conselho Superior dos Tribunais Administrativos e Fiscais oficia ao Presidente da Assembleia da República e ao Primeiro-Ministro para que se promova a abertura de créditos extraordinários.

6 – Sem prejuízo do disposto no número anterior, o exequente deve ser imediatamente notificado da situação de insuficiência de dotação, assistindo-lhe, nesse caso, em alternativa:

a) O direito de requerer que o tribunal administrativo dê seguimento à execução, aplicando o regime da execução para pagamento de quantia certa, previsto na lei processual civil; ou

b) O direito de requerer a fixação à entidade obrigada de um prazo limite para proceder ao pagamento, com imposição de uma sanção pecuniária compulsória aos titulares do órgão competente para determinar tal pagamento.

7 – Quando o crédito exequendo onere uma entidade pertencente à Administração indireta do Estado ou à Administração autónoma, o crédito só pode ser satisfeito por conta da dotação orçamental a que se refere o n.º 3 desde que, através da prévia aplicação do regime da execução para pagamento de quantia certa regulado na lei processual civil, não tenha sido possível obter o pagamento da entidade devedora.

8 – Na situação prevista no número anterior, caso se mostrem esgotadas as providências de execução para pagamento de quantia certa previstas na lei processual civil sem que tenha sido possível obter a execução do crédito, a secretaria do tribunal, independentemente de despacho judicial e de tal ter sido solicitado, a título subsidiário, na petição de execução, notifica imediatamente o Conselho Superior dos Tribunais Administrativos e Fiscais para que este emita a ordem de pagamento a que se refere o n.º 4.

9 – A satisfação do crédito pelo Orçamento do Estado, na hipótese prevista no número anterior, constitui o Estado em direito de regresso, incluindo juros de mora, sobre a entidade responsável, a exercer mediante uma das seguintes formas:

a) Desconto nas transferências a efetuar para a entidade em causa no Orçamento do Estado do ano seguinte;

b) Tratando-se de entidade pertencente à Administração indireta do Estado, inscrição oficiosa no respetivo orçamento privativo pelo órgão tutelar ao qual caiba a aprovação do orçamento; ou

c) Ação de regresso a intentar no tribunal competente.

Capítulo IV – Execução de sentenças de anulação de actos administrativos

Artigo 173.º – Dever de executar

1 – Sem prejuízo do eventual poder de praticar novo ato administrativo, no respeito pelos limites ditados pela autoridade do caso julgado, a anulação de um ato administrativo constitui a Administração no dever de reconstituir a situação que existiria se o ato anulado não tivesse sido praticado, bem como de dar cumprimento aos deveres que não tenha cumprido com fundamento naquele ato, por referência à situação jurídica e de facto existente no momento em que deveria ter atuado.

2 – Para efeitos do disposto no número anterior, a Administração pode ficar constituída no dever de praticar atos dotados de eficácia retroativa, desde que não envolvam a imposição de deveres, encargos, ónus ou sujeições a aplicação de sanções ou a restrição de direitos ou interesses legalmente protegidos, assim como no dever de anular, reformar ou substituir os atos consequentes, sem dependência de prazo, e alterar as situações de facto entretanto constituídas, cuja manutenção seja incompatível com a execução da sentença de anulação.

3 – Os beneficiários de boa-fé de atos consequentes praticados há mais de um ano têm direito a ser indemnizados pelos danos que sofram em consequência da anulação, mas a sua situação jurídica não pode ser posta em causa se esses danos forem de difícil ou impossível reparação e for manifesta a desproporção existente entre o seu interesse na manutenção da situação e o interesse na execução da sentença anulatória.

4 – Quando à reintegração ou recolocação de um trabalhador que tenha obtido a anulação de um ato administrativo se oponha a existência de terceiros com interesse legítimo na manutenção de situações incompatíveis, constituídas em seu favor por ato administrativo praticado há mais de um ano, o trabalhador que obteve a anulação tem direito a ser provido em lugar ou posto de trabalho vago e na categoria igual ou equivalente àquele em que deveria ter sido colocado, ou, não sendo isso imediatamente possível, em lugar ou posto de trabalho a criar no quadro ou mapa de pessoal da entidade onde vier a exercer funções.

Artigo 174.º – Competência para a execução

1 – O cumprimento do dever de executar a que se refere o artigo anterior é da responsabilidade do órgão que tenha praticado o acto anulado.

2 – Se a execução competir, cumulativa ou exclusivamente, a outro ou outros órgãos, deve o órgão referido no número anterior enviar-lhes os elementos necessários para o efeito.

3 – Extinto o órgão ao qual competiria dar execução à sentença ou tendo-lhe sido retirada a competência na matéria, o dever recai sobre o órgão que lhe sucedeu ou sobre aquele ao qual tenha sido atribuída aquela competência.

Artigo 175.º – Prazo para a execução e causas legítimas de inexecução

1 – Salvo ocorrência de causa legítima de inexecução, o dever de executar deve ser integralmente cumprido, no máximo, no prazo procedimental de 90 dias.

2 – A existência de causa legítima de inexecução deve ser invocada segundo o disposto no artigo 163.º, mas não se exige, neste caso, que as circunstâncias invocadas sejam supervenientes.

3 – Sem prejuízo do disposto no artigo 177.º, quando a execução da sentença consista no pagamento de uma quantia pecuniária, não é invocável a existência de causa legítima de inexecução e o pagamento deve ser realizado, no máximo, no prazo procedimental de 30 dias.

Artigo 176.º – Petição de execução

1 – Quando a Administração não dê execução espontânea à sentença no prazo estabelecido no n.º 1 do artigo anterior, o interessado e o Ministério Público, quando tenha sido autor no processo ou estejam em causa os valores referidos no

n.º 2 do artigo 9.º, podem exigir o cumprimento do dever de execução perante o tribunal que tenha proferido a sentença em primeiro grau de jurisdição.

2 – A petição, que é autuada por apenso aos autos em que foi proferida a sentença de anulação, deve ser apresentada no prazo de um ano, contado desde o termo do prazo do n.º 1 do artigo anterior ou da notificação da invocação de causa legítima de inexecução a que se refere o mesmo preceito.

3 – Na petição, o autor deve especificar os actos e operações em que considera que a execução deve consistir, podendo, para o efeito, pedir a condenação da Administração ao pagamento de quantias pecuniárias, à entrega de coisas, à prestação de factos ou à prática de actos administrativos.

4 – Na petição, o autor também pode pedir a fixação de um prazo para o cumprimento do dever de executar e a imposição de uma sanção pecuniária compulsória aos titulares dos órgãos incumbidos de proceder à execução, segundo o disposto no artigo 169.º

5 – Quando for caso disso, o autor pode pedir ainda a declaração de nulidade dos actos desconformes com a sentença, bem como a anulação daqueles que mantenham, sem fundamento válido, a situação constituída pelo acto anulado.

6 – Quando a Administração tenha invocado a existência de causa legítima de inexecução, segundo o disposto no n.º 3 do artigo 163.º, deve o autor deduzir, se for caso disso, as razões da sua discordância e juntar cópia da notificação a que se refere aquele preceito.

7 – No caso de concordar com a invocação da existência de causa legítima de inexecução, o autor pode solicitar, no prazo estabelecido no n.º 2, a fixação da indemnização devida, sendo, nesse caso, aplicável o disposto no artigo 166.º

Artigo 177.º – Tramitação do processo

1 – Apresentada a petição, é ordenada a notificação da entidade ou entidades requeridas, bem como dos contra-interessados a quem a satisfação da pretensão possa prejudicar, para contestarem no prazo de 20 dias.

2 – Havendo contestação, o autor é notificado para replicar no prazo de 10 dias.

3 – No caso de concordar com a existência de causa legítima de inexecução apenas invocada na contestação, o autor pode pedir a fixação da indemnização devida, seguindo-se os termos prescritos no artigo 166.º

4 – Junta a réplica do autor ou expirado o respectivo prazo sem que ele tenha manifestado a sua concordância com a eventual contestação apresentada pela Administração, o tribunal ordena as diligências instrutórias que considere necessárias, findo o que se segue a abertura de vista simultânea aos juízes-adjuntos, caso se trate de tribunal colegial.

5 – O tribunal decide no prazo máximo de 20 dias.

6 - Caso não exista verba ou cabimento orçamental que permita o pagamento imediato de quantia devida, a entidade obrigada deve dar conhecimento da situação ao tribunal, que convida as partes a chegarem a acordo, no prazo de 20 dias, quanto aos termos em que se pode proceder a um pagamento escalonado da quantia em dívida.

7 - Na ausência do acordo referido no número anterior, seguem-se os trâmites dos n.ºs 3 e seguintes do artigo 172.º

Artigo 178.º - Indemnização por causa legítima de inexecução

1 - Quando julgue procedente a invocação da existência de causa legítima de inexecução, o tribunal ordena a notificação da Administração e do requerente para, no prazo de 20 dias, acordarem no montante da indemnização devida pelo facto da inexecução, podendo o prazo ser prorrogado quando seja previsível que o acordo se possa vir a concretizar em momento próximo.

2 - Na falta de acordo, seguem-se os trâmites previstos no artigo 166.º

3 - Se a Administração não ordenar o pagamento devido no prazo de 30 dias contado a partir da data do acordo ou da notificação da decisão judicial que tenha fixado a indemnização devida, seguem-se os termos do processo executivo para pagamento de quantia certa.

Artigo 179.º - Decisão judicial

1 - Quando julgue procedente a pretensão do autor, o tribunal especifica, no respeito pelos espaços de valoração próprios do exercício da função administrativa, o conteúdo dos actos e operações a adoptar para dar execução à sentença e identifica o órgão ou os órgãos administrativos responsáveis pela sua adopção, fixando ainda, segundo critérios de razoabilidade, o prazo em que os referidos actos e operações devem ser praticados.

2 - Sendo caso disso, o tribunal também declara a nulidade dos actos desconformes com a sentença e anula os que mantenham, sem fundamento válido, a situação ilegal.

3 - Quando tal se justifique, o tribunal condena ainda os titulares dos órgãos incumbidos de executar a sentença ao pagamento de uma sanção pecuniária compulsória, segundo o disposto no artigo 169.º

4 - Quando seja devido o pagamento de uma quantia, o tribunal determina que o pagamento seja realizado no prazo de 30 dias, seguindo-se, em caso de incumprimento, os termos do processo executivo para pagamento de quantia certa.

5 - Quando, estando em causa a prática de um acto administrativo legalmente devido de conteúdo vinculado, expire o prazo a que se refere o n.º 1 sem que a Administração o tenha praticado, pode o interessado requerer ao tribunal a emissão de sentença que produza os efeitos do acto ilegalmente omitido.

6 – Quando, estando em causa a prestação de um facto infungível, expire o prazo a que se refere o n.º 1 sem que a Administração tenha cumprido, pode o interessado requerer ao tribunal a fixação da indemnização que lhe é devida, a título de responsabilidade civil pela inexecução ilícita da sentença, seguindo-se os trâmites estabelecidos no artigo 166.º

Título IX – Tribunal arbitral e centros de arbitragem

Artigo 180.º – Tribunal arbitral

1 – Sem prejuízo do disposto em lei especial, pode ser constituído tribunal arbitral para o julgamento de:

a) Questões respeitantes a contratos, incluindo a anulação ou declaração de nulidade de atos administrativos relativos à respetiva execução;

b) Questões respeitantes a responsabilidade civil extracontratual, incluindo a efetivação do direito de regresso, ou indemnizações devidas nos termos da lei, no âmbito das relações jurídicas administrativas;

c) Questões respeitantes à validade de atos administrativos, salvo determinação legal em contrário;

d) Questões respeitantes a relações jurídicas de emprego público, quando não estejam em causa direitos indisponíveis e quando não resultem de acidente de trabalho ou de doença profissional.

2 – Quando existam contrainteressados, a regularidade da constituição de tribunal arbitral depende da sua aceitação do compromisso arbitral.

3 – Quando esteja em causa a impugnação de atos administrativos relativos à formação de algum dos contratos previstos no artigo 100.º, o recurso à arbitragem seguirá os termos previstos no Código dos Contratos Públicos, com as seguintes especialidades:

a) O regime processual a aplicar deve ser estabelecido em conformidade com o regime de urgência previsto no presente Código para o contencioso pré-contratual;

b) Em litígios de valor igual ou inferior ao previsto no n.º 5 do artigo 476.º do Código dos Contratos Públicos, da decisão arbitral cabe recurso urgente para o tribunal administrativo competente, com efeito meramente devolutivo, se essa possibilidade tiver sido salvaguardada pela entidade adjudicante nas peças do procedimento ou declarada por algum dos concorrentes ou candidatos nas respetivas propostas ou candidaturas.

Artigo 181.º – Constituição e funcionamento

1 – O tribunal arbitral é constituído e funciona nos termos da lei sobre arbitragem voluntária, com as devidas adaptações.

2 - (Revogado).

3 - Sempre que seja recusada a aplicação de uma norma, por inconstitucionalidade ou ilegalidade, constante de convenção internacional, ato legislativo ou decreto regulamentar, o tribunal arbitral notifica o representante do Ministério Público no tribunal administrativo de círculo da sede da entidade pública, para efeitos do recurso previsto no n.º 3 do artigo 72.º da Lei n.º 28/82, de 15 de novembro, na sua redação atual.

4 - Aos árbitros são aplicáveis os deveres e os impedimentos previstos no regime jurídico da arbitragem em matéria tributária, com as necessárias adaptações.

Artigo 182.º - Direito à outorga de compromisso arbitral

O interessado que pretenda recorrer à arbitragem no âmbito dos litígios previstos no artigo 180.º pode exigir da Administração a celebração de compromisso arbitral, nos casos e termos previstos na lei.

Artigo 183.º - Suspensão de prazos

A apresentação de requerimento ao abrigo do disposto no artigo anterior suspende os prazos de que dependa a utilização dos meios processuais próprios da jurisdição administrativa.

Artigo 184.º - Competência para outorgar compromisso arbitral

1 - A outorga de compromisso arbitral por parte do Estado é objeto de despacho do membro do Governo responsável em razão da matéria, a proferir no prazo de 30 dias, contado desde a apresentação do requerimento do interessado.

2 - Nas demais pessoas colectivas de direito público, a competência prevista no número anterior pertence ao presidente do respectivo órgão dirigente.

3 - No caso das Regiões Autónomas e das autarquias locais, a competência referida nos números anteriores pertence, respectivamente, ao governo regional e ao órgão autárquico que desempenha funções executivas.

Artigo 185.º - Limites da arbitragem

1 - Não pode ser objeto de compromisso arbitral a responsabilidade civil por prejuízos decorrentes do exercício da função política e legislativa ou da função jurisdicional.

2 - Nos litígios sobre questões de legalidade, os árbitros decidem estritamente segundo o direito constituído, não podendo pronunciar-se sobre a conveniência ou oportunidade da atuação administrativa, nem julgar segundo a equidade.

Artigo 185.º-A – Impugnação e recurso das decisões arbitrais

1 – As decisões proferidas pelo tribunal arbitral podem ser impugnadas nos termos e com os fundamentos estabelecidos na Lei de Arbitragem Voluntária.

2 – A decisão arbitral sobre o mérito da pretensão deduzida que ponha termo ao processo arbitral é suscetível de recurso para o Tribunal Constitucional na parte em que recuse a aplicação de qualquer norma com fundamento na sua inconstitucionalidade ou que aplique norma cuja inconstitucionalidade tenha sido suscitada.

3 – A decisão arbitral sobre o mérito da pretensão deduzida que ponha termo ao processo arbitral é ainda suscetível de recurso, com efeito meramente devolutivo, para o Supremo Tribunal Administrativo:

a) Quando esteja em oposição, quanto à mesma questão fundamental de direito, com acórdão proferido pelo Tribunal Central Administrativo ou pelo Supremo Tribunal Administrativo;

b) Quando esteja em causa a apreciação de uma questão que, pela sua relevância jurídica ou social, se revista de importância fundamental ou quando a admissão do recurso seja claramente necessária para uma melhor aplicação do direito, nos termos do artigo 150.º

Artigo 185.º-B – Publicidade das decisões arbitrais

1 – As decisões proferidas por tribunais arbitrais transitadas em julgado são obrigatoriamente publicadas por via informática, em base de dados organizada pelo Ministério da Justiça.

2 – As decisões arbitrais apenas podem ser executadas depois de depositadas, pelo tribunal arbitral, devidamente expurgadas de quaisquer elementos suscetíveis de identificar a pessoa ou pessoas a que dizem respeito, junto do Ministério da Justiça para publicação informática, nos termos a definir por portaria do membro do Governo responsável pela área da justiça.

Artigo 187.º – Centros de arbitragem

1 – O Estado pode, nos termos da lei, autorizar a instalação de centros de arbitragem institucionalizada destinados à composição de litígios passíveis de arbitragem nos termos do artigo 180.º, designadamente no âmbito das seguintes matérias:

a) [Revogada];

b) [Revogada];

d) Sistemas públicos de protecção social;

e) Urbanismo.

2 – A vinculação de cada ministério à jurisdição de centros de arbitragem depende de portaria do membro do Governo responsável pela área da justiça e

do membro do Governo competente em razão da matéria, que estabelece o tipo e o valor máximo dos litígios abrangidos, conferindo aos interessados o poder de se dirigirem a esses centros para a resolução de tais litígios.

3 – Aos centros de arbitragem previstos no n.º 1 podem ser atribuídas funções de conciliação, mediação ou consulta no âmbito de procedimentos de impugnação administrativa.

Título X – Disposições finais e transitórias

Artigo 188.º – Informação anual à Comissão Europeia

1 – Até 1 de março de cada ano, o Estado Português informa a Comissão Europeia sobre os processos principais e cautelares que tenham sido intentados durante o ano anterior, no âmbito do contencioso pré-contratual regulado neste Código e relativamente aos quais tenha sido suscitada a questão da violação de disposições europeias, bem como das decisões que tenham sido proferidas nesses processos.

2 – A recolha dos elementos a que se refere o número anterior compete ao serviço do Ministério da Justiça responsável pelas relações com a União Europeia.

Artigo 189.º – Custas

1 – O Estado e as demais entidades públicas estão sujeitos ao pagamento de custas – 2 – O regime das custas na jurisdição administrativa e fiscal é objecto de regulação própria no Código das Custas Judiciais.

Artigo 190.º – Prazo para os actos judiciais

REVOGADO

Artigo 191.º – Recurso contencioso de anulação e ação administrativa especial

As remissões que, em lei especial, forem feitas para o regime do recurso contencioso de anulação de atos administrativos ou da ação administrativa especial consideram-se feitas para o regime da ação administrativa.

Artigo 192.º – Extensão da aplicabilidade

Sem prejuízo do disposto em lei especial, os processos em matéria jurídico-administrativa cuja competência seja atribuída a tribunais pertencentes a outra ordem jurisdicional regem-se pelo disposto no presente Código, com as necessárias adaptações.

Tramitação Eletrónica dos Processos da Jurisdição Administrativa e Fiscal

Portaria n.º 380/2017, de 19 de Dezembro, na redacção da Portaria n.º 100/2020, de 22 de Abril

Na prossecução de um dos objetivos do seu Programa, a modernização das ferramentas informáticas de tramitação processual, visando a aplicação das mesmas a todas as jurisdições, o XXI Governo Constitucional tem vindo a implementar um alargado conjunto de medidas que, suportadas nessas ferramentas informáticas, permitem tornar a Justiça mais ágil, célere e transparente.

Optando-se por limitar as intervenções legislativas para a resolução de problemas concretos do sistema judiciário, o Ministério da Justiça tem focado a sua atuação na efetiva concretização de um plano de ação que, através do recurso a novas soluções de organização e gestão processual associadas a um vasto conjunto de novas soluções tecnológicas, permite melhorar, de forma estruturada e substancial, a resposta judiciária.

É nesse âmbito, de objetivos e atuações, que a presente portaria prevê um regime regulamentar de tramitação eletrónica dos processos dos Tribunais Administrativos e Fiscais abrangente, suficiente e coerente.

Sendo certo que desde a alteração concretizada pelo Decreto-Lei n.º 214-G/2015, de 2 de outubro, o Código de Processo nos Tribunais Administrativos (CPTA), tendo em vista o combate à morosidade processual e a simplificação de procedimentos na tramitação dos processos da jurisdição administrativa e fiscal, previu uma intensificação do processo de desmaterialização dos referidos processos e do recurso às tecnologias da informação na relação dos tribunais com as partes e demais intervenientes, a verdade é que esta matéria continua a ser regulada, de modo muito insuficiente, pela Portaria n.º 1417/2003, de 30 de dezembro.

É chegado por isso o momento de prever um regime de tramitação eletrónica mais completo, que reflita os desenvolvimentos tecnológicos desde então ocorridos e que tenha também em consideração as experiências bem-sucedidas noutras áreas, em particular no que respeita à tramitação eletrónica nos tribunais judiciais.

Daí que, não só devido a esse sucesso, mas também para garantir coerência e harmonização numa matéria em que não se justificam distinções entre as diferentes jurisdições, o regime previsto na presente portaria, tendo como ponto de partida a realidade dos Tribunais Administrativos a Fiscais e do sistema informático que suporta a sua atividade, se aproxima o mais possível das soluções já previstas no âmbito da tramitação eletrónica nos tribunais judiciais.

Mas ao mesmo tempo, é também um regime com traços inovadores, o mais relevante deles o facto de, pela primeira vez, se prever a tramitação eletrónica em toda uma jurisdição – Deste modo, um processo será tramitado eletronicamente não apenas nos tribunais administrativos de círculo e nos tribunais tributários (tribunais de 1.ª instânci*a)* mas também nos tribunais centrais administrativos e no Supremo Tribunal Administrativo, caso exista recurso para essas instâncias. A aplicação deste regime às instâncias superiores será efetuada de forma gradual, não só para garantir a necessária realização dos desenvolvimentos aplicacionais e a formação dos seus utilizadores, mas também para garantir que os processos que sejam remetidos para uma instância superior (nomeadamente dos tribunais centrais administrativos para o Supremo Tribunal Administrativo) contenham já em formato eletrónico toda a informação relevante para a decisão da causa.

Deste modo, a presente portaria regulamenta aspetos como a prática de atos processuais por meios eletrónicos por juízes, magistrados do Ministério Público e oficiais de justiça, a apresentação das peças processuais, documentos e processo instrutor por transmissão eletrónica de dados por mandatário, a comprovação do prévio pagamento da taxa de justiça ou da concessão do benefício do apoio judiciário, a distribuição dos processos por meios eletrónicos, as notificações por transmissão eletrónica de dados, a consulta eletrónica de processos ou a organização dos elementos do processo que constem do respetivo suporte físico.

Relativamente à assinatura de peças processuais pelos mandatários e representantes em juízo, e tendo em consideração as especiais necessidades de desenvolvimentos aplicacionais neste âmbito, é previsto que o regime da presente portaria apenas entrará em vigor no dia 15 de maio de 2018, sendo que, de modo a garantir um período para adaptação dos mandatários a esta nova solução, até dia 15 de junho poderão escolher se assinam as peças processuais nos termos ora previstos ou se não procedem a essa assinatura, aplicando-se nesses casos ainda o regime previsto na Portaria n.º 1417/2003, de 30 de dezembro.

A entrada em vigor do regime ora previsto é assim mais um contributo para simplificar a atuação de todos os intervenientes processuais, mas também para libertar os funcionários judiciais de atos processuais que são eliminados (como, por exemplo, os relacionados com o envio de notificações a mandatários que utilizem os meios eletrónicos) ou passam a ser assegurados pelo sistema, permitindo que se concentrem em atos mais relevantes para o processo.

Reduzem-se custos e burocracias (por exemplo quando se determina que quando um ato é praticado por via eletrónica, os mandatários deixam de ter que remeter por essa via o comprovativo de pagamento de taxas de justiça e de outras custas judiciais, bastando a indicação do número do Documento Único de Cobrança através do qual foi efetuado o prévio pagamento da taxa de justiça), agilizam-se e simplificam-se procedimentos, aumenta-se a capacidade de gestão processual e introduz-se maior celeridade e transparência na tramitação dos processos.

Foram ouvidos o Conselho Superior dos Tribunais Administrativos e Fiscais, a Procuradoria-Geral da República, a Ordem dos Advogados, a Ordem dos Solicitadores e dos Agentes de Execução e a Comissão Nacional de Proteção de Dados.

Assim:

Ao abrigo do disposto no n.º 1 do artigo 24.º, nos n.ºs 1 e 3 do artigo 25.º, no n.º 1 do artigo 26.º, no n.º 2 do artigo 79.º e no artigo 84.º do Código de Processo nos Tribunais Administrativos, aprovado pela Lei n.º 15/2002, de 22 de fevereiro, alterado pela Lei n.º 4-A/2003, de 19 de fevereiro, pela Lei n.º 59/2008, de 11 de setembro, pela Lei n.º 63/2011, de 14 de dezembro, e pelo Decreto-Lei n.º 214-G/2015, de 2 de outubro, e no artigo 4.º do Decreto-Lei n.º 325/2003, de 29 de dezembro, alterado pelos Decretos-Leis n.os 182/2007, de 9 de maio, e 190/2009, de 17 de agosto, manda o Governo, pela Secretária de Estado da Justiça, o seguinte:

CAPÍTULO I – Disposições gerais

Artigo 1.º – Objeto

A presente portaria regula a tramitação eletrónica dos processos nos tribunais administrativos de círculo, nos tribunais tributários, nos tribunais centrais administrativos e no Supremo Tribunal Administrativo, incluindo os seguintes aspetos:

a) Definição do sistema de informação no qual é efetuada a tramitação eletrónica de processos, de acordo com o previsto no n.º 1 do artigo 24.º do Código de Processo nos Tribunais Administrativos e no n.º 1 do artigo 4.º do Decreto-Lei n.º 325/2003, de 29 de dezembro;

b) Apresentação das peças processuais, documentos e processo instrutor por transmissão eletrónica de dados, nos termos do disposto nos n.ºs 1 e 2 do artigo 24.º do Código de Processo nos Tribunais Administrativos e nas alíneas *a)* e *e)* do n.º 1 e no n.º 4 do artigo 4.º do Decreto-Lei n.º 325/2003, de 29 de dezembro;

c) Apresentação de peças processuais e documentos pelos magistrados do Ministério Público nos processos em que intervenham no exercício das competências previstas nas alíneas *a)*, *e)* e *g)* do n.º 1 do artigo 3.º do Estatuto do Ministério Público;

d) Prática de atos processuais e consulta de processos por entidades públicas no âmbito do processo judicial tributário, nos termos da alínea *e)* do n.º 1 do artigo 10.º, do n.º 5 do artigo 110.º, do n.º 7 do artigo 203.º, do n.º 1 do artigo 208.º, da alínea *c)* do artigo 232.º, do n.º 4 do artigo 245.º e do n.º 4 do artigo 278.º do Código de Procedimento e de Processo Tributário;

e) Comprovação do prévio pagamento da taxa de justiça ou da concessão do benefício do apoio judiciário, de acordo com o disposto no n.º 1 do artigo 79.º do Código de Processo nos Tribunais Administrativos;

f) Definição dos casos em que a digitalização das peças processuais e dos documentos não é materialmente possível, nos termos do n.º 7 do artigo 24.º do Código de Processo nos Tribunais Administrativos;

g) Distribuição dos processos por meios eletrónicos, nos termos do disposto no n.º 1 do artigo 26.º do Código de Processo nos Tribunais Administrativos, na alínea *b)* do n.º 1 do artigo 4.º e no n.º 4 do artigo 5.º do Decreto-Lei n.º 325/2003, de 29 de dezembro;

h) Publicação do anúncio de citação edital em página informática de acesso público, nos termos do disposto no n.º 1 do artigo 25.º do Código de Processo nos Tribunais Administrativos;

i) Prática de atos processuais por meios eletrónicos por juízes, magistrados do Ministério Público e oficiais de justiça, nos termos do disposto na alínea *c)* do n.º 1 do artigo 4.º do Decreto-Lei n.º 325/2003, de 29 de dezembro;

j) Notificações por transmissão eletrónica de dados, nos termos do disposto no n.º 3 do artigo 25.º do Código de Processo nos Tribunais Administrativos e no n.º 2 do artigo 4.º do Decreto-Lei n.º 325/2003, de 29 de dezembro;

k) Consulta dos processos, nos termos do disposto na alínea *f)* do n.º 1 do artigo 4.º do Decreto-Lei n.º 325/2003, de 29 de dezembro;

l) Organização dos elementos do processo que constem em suporte físico;

m) Comunicações entre tribunais, nos termos do n.º 5 do artigo 172.º do Código de Processo Civil.

Artigo 2.º – Sistema informático de suporte à atividade dos tribunais administrativos e fiscais

1 – A tramitação eletrónica dos processos administrativos e fiscais prevista na presente portaria é efetuada no sistema informático de suporte à atividade dos tribunais administrativos e fiscais.

2 – O sistema informático de suporte à atividade dos tribunais administrativos e fiscais disponibiliza módulos específicos para a tramitação do processo e a prática de atos por juízes, magistrados do Ministério Público e oficiais de justiça, e para a prática de atos e consulta de processos por mandatários e representantes em juízo.

CAPÍTULO II – Apresentação de peças processuais, documentos e processo instrutor por mandatários e representantes em juízo e prática de atos processuais por entidades públicas no âmbito do processo judicial tributário

Artigo 3.º – Apresentação de peças processuais, documentos e processo instrutor por via electrónica

1 – A apresentação de peças processuais, documentos e processo instrutor por transmissão eletrónica de dados por mandatários e representantes em juízo é efetuada através do sistema informático de suporte à atividade dos tribunais administrativos e fiscais, acessível, através de certificado digital emitido por entidade certificadora credenciada ou por recurso ao Sistema de Certificação de Atributos Profissionais associado ao Cartão do Cidadão e à Chave Móvel Digital, no endereço https://www.taf.mj.pt, de acordo com os procedimentos e instruções aí constantes.

2 – A apresentação de peças processuais, documentos e processo instrutor por transmissão eletrónica de dados dispensa a remessa dos respetivos originais, duplicados e cópias, nos termos da lei.

3 – O disposto no número anterior não prejudica o dever de exibição das peças processuais em suporte de papel e dos originais dos documentos ou do processo instrutor junto pelas partes por transmissão eletrónica de dados, sempre que o juiz o determine, designadamente quando:

a) Duvidar da autenticidade ou genuinidade das peças, documentos ou processo instrutor;

b) For necessário realizar perícia à letra ou assinatura de documento ou processo instrutor.

4 - A apresentação de peças processuais, documentos e processo instrutor pelos magistrados do Ministério Público é efetuada por transmissão eletrónica de dados, através de módulo específico do sistema informático de suporte à atividade dos tribunais administrativos e fiscais.

Artigo 4.º - Registo de utilizadores

1 - O registo e a gestão de acessos ao sistema informático referido no n.º 1 do artigo anterior por advogados, advogados estagiários e solicitadores são efetuados pela entidade responsável pela gestão de acessos ao sistema informático, com base na informação transmitida, respetivamente, pela Ordem dos Advogados e pela Ordem dos Solicitadores e dos Agentes de Execução, respeitante à validade e às vicissitudes da inscrição junto dessas associações públicas profissionais.

2 - O registo e a gestão de acessos ao sistema informático referido no n.º 1 do artigo anterior por licenciados em direito ou em solicitadoria com funções de apoio jurídico é efetuada pela entidade responsável pela gestão de acessos ao sistema informático.

3 - Para efeito do disposto no número anterior, os licenciados em direito ou em solicitadoria com funções de apoio jurídico solicitam a configuração do utilizador no sistema, mediante indicação de:

a) Nome profissional;

b) Morada profissional, incluindo código postal e localidade;

c) Endereço de correio eletrónico constante do certificado;

d) Número de identificação civil;

e) Número de identificação fiscal.

4 - O registo e a gestão de acessos ao sistema informático referido no n.º 1 do artigo anterior por representantes da Fazenda Pública são efetuados pela entidade responsável pela gestão de acessos ao sistema informático, com base na informação transmitida, por via eletrónica, pela Autoridade Tributária e Aduaneira.

Artigo 5.º - Formulários e ficheiros anexos

1 - A apresentação de peças processuais por via eletrónica é efetuada através do preenchimento de formulários disponibilizados no sistema informático de suporte à atividade dos tribunais administrativos e fiscais, aos quais se anexam:

a) Ficheiros com o conteúdo material da peça processual e demais informação que o apresentante considere relevante e que não se enquadre em nenhum campo dos formulários;

b) Os documentos que devem acompanhar a peça processual, anexados de forma individualizada;

c) O processo instrutor.

2 – A informação inserida nos formulários é refletida num documento que, juntamente com os ficheiros anexos referidos nas alíneas *a)* e *b)* do número anterior, faz parte, para todos os efeitos, da peça processual.

3 – O documento contendo a informação inserida nos formulários deve ser assinado digitalmente através de certificado de assinatura eletrónica que garanta de forma permanente a qualidade profissional do signatário, podendo ser utilizado para o efeito o Sistema de Certificação de Atributos Profissionais associado ao Cartão do Cidadão e à Chave Móvel Digital.

4 – A assinatura referida no número anterior é efetuada no sistema informático de suporte à atividade dos tribunais administrativos e fiscais no momento de apresentação da peça processual, assegurando o sistema informático que essa assinatura garante a integridade, integralidade e não repúdio da peça processual.

5 – Podem ser entregues em suporte físico os documentos:

a) Cujo suporte físico não seja em papel ou cujo papel tenha uma espessura superior a 127 g/m2 ou inferior a 50 g/m2;

b) Em formatos superiores a A4.

6 – A entrega dos documentos referidos no número anterior deve ser efetuada na secretaria do tribunal no prazo de cinco dias após o envio dos formulários e ficheiros.

Artigo 6.º – Preenchimento dos formulários

1 – Quando existam campos no formulário para a inserção de informação específica, essa informação deve ser indicada no campo respetivo, não podendo ser apresentada unicamente nos ficheiros anexos.

2 – Em caso de desconformidade entre o conteúdo dos formulários e o conteúdo dos ficheiros anexos, prevalece a informação constante dos formulários, ainda que estes não se encontrem preenchidos.

3 – O disposto no número anterior não prejudica a possibilidade de a mesma ser corrigida, a requerimento da parte, sem prejuízo de a questão poder ser suscitada oficiosamente.

4 – Nos casos em que o formulário não se encontre preenchido na parte relativa à identificação das testemunhas e demais informação referente a estas, constando tais elementos da respetiva peça processual, a secretaria procede à notificação da parte para preencher, no prazo de 10 dias, o respetivo formulário, sob pena de se considerar apenas o conteúdo do formulário inicial.

5 – Existindo um formulário específico para a finalidade ou peça processual que se pretende apresentar, deve o mesmo ser usado obrigatoriamente pelo mandatário ou representante em juízo.

Artigo 7.º – Formato dos ficheiros e documentos anexos

Os ficheiros e documentos referidos no n.º 1 do artigo 5.º devem ter os seguintes formatos:

a) Portable document format (.pdf), preferencialmente na versão PDF/A e com conteúdo pesquisável, quando se trate de documento escrito;

b) Moving Pictures Expert Group 4 Part 14 (MP4) com codificação vídeo H.264 AVC e codificação áudio MPEG-2 Audio Layer III (MP3) ou Advanced Audio Coding (AAC), quando se trate de documento vídeo;

c) Portable Network Graphics (PNG) ou Joint Photographic Experts Group (JPEG), quando o documento seja exclusivamente uma imagem;

d) MPEG-2 Audio Layer III (MP3) ou Ogg Encapsulation Format Version 0 (OGG) com codificação áudio Vorbis I, quando se trate de documento áudio.

Artigo 8.º – Pagamento da taxa de justiça e benefício do apoio judiciário

1 – O responsável pelo prévio pagamento da taxa de justiça ou de outra quantia devida a título de custas, de multa ou outra penalidade deve indicar, em campo próprio dos formulários de apresentação de peça processual constantes do sistema informático de suporte à atividade dos tribunais administrativos e fiscais, a referência que consta do documento único de cobrança (DUC), encontrando-se dispensado de juntar ao processo o respetivo documento comprovativo do pagamento.

2 – Nos casos referidos no número anterior, a comprovação do prévio pagamento é efetuada automaticamente por comunicação entre o Sistema de Cobranças do Estado, o sistema informático de registo das custas processuais e o sistema informático de suporte à atividade dos tribunais administrativos e fiscais.

3 – Nos casos em que cabe à secretaria notificar o responsável para o pagamento da taxa de justiça ou de outra quantia devida a título de custas, de multa ou outra penalidade, e seja emitida guia acompanhada de DUC para esse efeito, a comprovação do pagamento efetua-se automaticamente por simples comunicação eletrónica entre os sistemas referidos no número anterior, estando o responsável pelo pagamento dispensado de indicar, nos termos do n.º 1, a referência que consta do DUC.

4 – Nos casos em que a lei exija a junção de documento comprovativo do pagamento das quantias a que se refere o n.º 1, o mesmo é apresentado por transmissão eletrónica de dados, nos termos da alínea *b)* do n.º 1 do artigo 5.º

5 – O pedido ou a concessão do benefício do apoio judiciário são comprovados através da apresentação, por transmissão eletrónica de dados, dos correspondentes documentos comprovativos, nos termos definidos para os restantes documentos na alínea *b)* do n.º 1 do artigo 5.º

Artigo 9.º – Pluralidade de mandatários ou representantes

Nos casos em que a parte disponha de mais do que um mandatário ou representante em juízo, um deles procede ao envio da peça processual, indicando os demais no formulário.

Artigo 10.º – Dimensão da peça processual e dos documentos

1 – A peça processual, ou o conjunto da peça processual e dos documentos, não pode exceder a dimensão de 10 MB.

2 – Nos casos em que o limite previsto no número anterior seja excedido em virtude da dimensão da peça processual, a sua apresentação, bem como dos documentos que a acompanhem, deve ser efetuada através dos meios previstos nas alíneas *a)* a *c)* do n.º 5 do artigo 24.º do Código de Processo nos Tribunais Administrativos.

3 – Nos casos em que o limite previsto no n.º 1 seja excedido em virtude da dimensão dos documentos, a peça processual deve ser apresentada através do sistema informático de suporte à atividade dos tribunais, devendo os documentos, no mesmo dia, ser apresentados pela mesma via, através de um único requerimento ou, quando tal não seja possível por desrespeitar o limite previsto no n.º 1, através do menor número possível de requerimentos.

4 – Quando a peça em causa seja uma petição inicial ou outro ato processual sujeito a distribuição, a apresentação dos documentos prevista no número anterior deve ser efetuada até ao final do dia seguinte ao da distribuição.

5 – Os documentos previstos nos n.ºs 3 e 4 que, por si só, desrespeitem o limite previsto no n.º 1 devem ser apresentados pelos meios previstos nas alíneas *a)* a *c)* do n.º 5 do artigo 24.º do Código de Processo nos Tribunais Administrativos, no prazo de cinco dias após a entrega da peça processual, juntamente com o respetivo comprovativo de entrega disponibilizado pelo sistema informático de suporte à atividade dos tribunais administrativos e fiscais.

6 – Nas situações previstas nos n.ºs 2 e 5, não devem ser apresentados os duplicados ou cópias da peça processual ou dos documentos.

7 – Os documentos nos formatos previstos nas alíneas *b)* e *d)* do artigo 7.º não são tidos em consideração para efeitos do disposto no n.º 1, podendo o conjunto desses documentos ter, por peça processual, uma dimensão que não exceda os 100 MB.

8 – Nos casos em que o limite previsto no número anterior seja ultrapassado devem os documentos ser divididos no menor número possível de requerimentos que respeitem esse limite.

9 – Nos casos em que um único documento por si só exceda o limite previsto no n.º 7, deve o mesmo:

a) Caso a sua dimensão não exceda 1 GB, ser entregue ao tribunal através de suporte eletrónico de dados com interface de acesso USB 2.0 ou 3.0 do tipo A e com sistema de ficheiros formatado em FAT32;

b) Caso a sua dimensão exceda 1 GB, ser dividido no menor número de ficheiros que respeitem esse limite, que devem ser entregues ao tribunal através de suporte eletrónico de dados com interface de acesso USB 2.0 ou 3.0 do tipo A e com sistema de ficheiros formatado em FAT32.

Artigo 10.º-A – Prática de atos processuais por entidades públicas no âmbito do processo judicial tributário

1 – O disposto no presente artigo é aplicável aos atos e comunicações que se realizem, no âmbito do processo judicial tributário, entre os serviços da administração tributária, o serviço periférico local e o órgão de execução fiscal e os tribunais tributários, nomeadamente:

a) Ao envio, pelos serviços da administração tributária, ao tribunal tributário competente, das petições iniciais nos processos de impugnação judicial que neles sejam entregues, nos termos da alínea *e)* do n.º 1 do artigo 10.º do Código de Procedimento e Processo Tributário, aprovado pelo Decreto-Lei n.º 433/99, de 26 de outubro;

b) A remessa ao tribunal, pelo serviço periférico local, do processo administrativo quando tal seja ordenado pelo juiz nos termos do n.º 5 do artigo 110.º do Código de Procedimento e Processo Tributário;

c) Aos seguintes atos do órgão de execução fiscal:

i) A comunicação, ao tribunal tributário de 1.ª instância onde pender a oposição, do pagamento da dívida exequenda nos termos do n.º 7 do artigo 203.º do Código de Procedimento e Processo Tributário;

i*i)* A remessa do processo de execução fiscal ao tribunal tributário, quando for apresentada oposição, nos termos do n.º 1 do artigo 208.º do Código de Procedimento e Processo Tributário;

ii*i)* A remessa da reclamação sobre a verificação e graduação de créditos ao tribunal tributário, nos termos do n.º 4 do artigo 245.º do Código de Procedimento e Processo Tributário;

iv) A disponibilização, ao tribunal tributário de 1.ª instância, dos elementos necessários para poder efetuar a liquidação, nos termos do n.º 2 do artigo 247.º do Código de Procedimento e Processo Tributário;

v) A remessa da reclamação das decisões adotadas no âmbito do processo de execução fiscal ao tribunal tributário, nos termos do n.º 4 do artigo 278.º do Código de Procedimento e Processo Tributário.

2 – Aos atos previstos no número anterior é aplicável o disposto no presente capítulo com as seguintes adaptações:

a) O acesso ao sistema informático de suporte à atividade dos tribunais administrativos e fiscais é efetuado pelos representantes das entidades identificadas no número anterior no endereço https://pro.tribunais.org.pt, de acordo com os procedimentos e instruções aí constantes, através de:

i) No caso dos administradores ou coordenadores das entidades públicas, certificado digital emitido por entidade certificadora credenciada ou por recurso ao Sistema de Certificação de Atributos Profissionais associado ao Cartão do Cidadão e à Chave Móvel Digital;

ii) No caso de utilizadores, através de credenciais de acesso fornecidas para o efeito pela entidade responsável pela gestão de acessos ao sistema informático;

b) O registo dos representantes das entidades identificadas no número anterior é efetuado nos seguintes termos:

i) Compete ao dirigente máximo da entidade solicitar, junto da entidade responsável pela gestão de acessos ao sistema informático, a criação da entidade pública no portal referido na alínea anterior bem como o seu registo como administrador, através de envio de mensagem de correio eletrónico assinada digitalmente com recurso a certificado que comprove o seu cargo na entidade;

ii) Uma vez registado, o administrador pode registar e gerir o acesso ao sistema dos utilizadores da entidade pública;

iii) O administrador pode ainda registar e gerir o acesso de coordenadores, que, após envio de mensagem de correio eletrónico assinada digitalmente com recurso a certificado que comprove o seu cargo na entidade, podem igualmente proceder ao registo e gestão de acessos dos utilizadores da entidade pública;

iv) A anulação do registo do administrador ou qualquer outro motivo que limite o acesso do mesmo ao sistema informático tem como consequência a limitação de acesso a todos os coordenadores ou utilizadores da entidade pública;

c) Os atos praticados ao abrigo do presente artigo não carecem de qualquer tipo de assinatura para serem válidos, garantindo o sistema informático de suporte à atividade dos tribunais administrativos e fiscais a integralidade e autenticidade dos mesmos.

3 – Mediante protocolo a celebrar com o Instituto de Gestão Financeira e Equipamentos da Justiça, I – P., as entidades públicas podem realizar as comunicações previstas neste artigo através de serviço de interoperabilidade entre o sistema informático de suporte à atividade dos tribunais administrativos e fiscais e o respetivo sistema de informação.

Artigo 11.º – Requisitos da transmissão eletrónica de dados

O sistema informático de suporte à atividade dos tribunais administrativos e fiscais assegura:

a) A certificação da data e hora de expedição;

b) A disponibilização ao utilizador de cópia da peça processual e dos documentos enviados com a aposição da data e hora de entrega certificada;

c) A disponibilização ao utilizador de mensagem nos casos em que não seja possível a receção, informando da impossibilidade de entrega da peça processual e dos documentos através do sistema.

Artigo 11.º-A – Requisitos técnicos para acesso e prática de atos

1 – Os requisitos técnicos para acesso, consulta e prática eletrónica de atos processuais através do sistema informático de suporte à atividade dos tribunais administrativos e fiscais ou da Área de Serviços Digitais dos Tribunais, por mandatários e representantes em juízo, pelas partes ou por quem revele interesse atendível na consulta, são fixados por despacho do membro do Governo responsável pela área de sistemas de informação da Justiça, o qual determina, nomeadamente:

a) Os sistemas operativos suportados e respetivas versões;

b) Os navegadores de acesso suportados e respetivas versões;

c) O sistema de assinatura eletrónica de peças processuais.

2 – O suporte técnico a incidentes relacionados com a utilização do sistema de suporte à atividade dos tribunais administrativos e fiscais por mandatários e representantes em juízo apenas pode ser dado às incidências ocorridas com recurso à utilização das versões dos sistemas operativos e navegadores estabelecidos nos termos do número anterior e que sejam também contemporaneamente suportados pelo respetivo fabricante.

Artigo 12.º – Digitalização pela secretaria e consulta de documentos em suporte físico

1 – Sem prejuízo do disposto nos números seguintes, a apresentação de peças processuais e documentos em suporte físico implica a sua digitalização pela secretaria do tribunal, após a qual as peças processuais e os documentos são devolvidos às partes.

2 – Nos casos previstos no número anterior, se a secretaria constatar que a digitalização não permite um adequado exame da peça processual ou documento, arquiva e conserva o seu original, nos termos da lei.

3 – Podem não ser digitalizados pela secretaria, sendo arquivados e conservados nos termos da lei, os documentos:

a) Cujo suporte físico não seja em papel ou cujo papel tenha uma espessura superior a 127 g/m2 ou inferior a 50 g/m2;

b) Em formatos superiores a A4;

c) Que possam ser danificados pelo processo de digitalização, atendendo, designadamente, ao seu estado de conservação.

4 – Os documentos que não se encontrem em suporte informático são consultados na secretaria do tribunal administrativo e fiscal onde é tramitado o respetivo processo, nos termos da lei.

CAPÍTULO III – Distribuição

Artigo 13.º – Distribuição

1 – O sistema informático de suporte à atividade dos tribunais administrativos e fiscais assegura a distribuição automática dos processos e demais documentos sujeitos a distribuição duas vezes por dia, às 9 e às 16 horas.

2 – A distribuição automática referida no número anterior não obsta a que se realize uma distribuição extraordinária quando a urgência do processo o justifique.

3 – A distribuição automática não obsta a que se proceda a uma classificação manual prévia dos processos quando apresentados em suporte físico.

Artigo 14.º – Tramitação da recusa de atos processuais

(Revogado.)

Artigo 15.º – Publicação

A publicação dos resultados da distribuição diária é efetuada no endereço eletrónico https://tribunais.org.pt.

CAPÍTULO IV – Atos processuais de magistrados e oficiais de justiça

Artigo 16.º – Atos processuais de magistrados

1 – Os atos processuais de juízes e de magistrados do Ministério Público são praticados no sistema informático de suporte à atividade dos tribunais administrativos e fiscais, com aposição de assinatura eletrónica qualificada ou avançada.

2 – A aposição de assinatura eletrónica qualificada dispensa para todos os efeitos a assinatura autógrafa em suporte de papel dos atos processuais.

3 – O disposto no n.º 1 não é obrigatório:

a) Para os atos praticados nos processos no Supremo Tribunal Administrativo por juízes conselheiros;

b) Para as decisões das secções de contencioso administrativo e tributário dos tribunais centrais administrativos.

4 – Nas situações previstas no número anterior, compete à secretaria proceder à digitalização e inserção do ato no sistema informático de suporte à atividade dos tribunais administrativos e fiscais.

Artigo 17.º – Atos dos funcionários

1 – As notificações ou comunicações eletrónicas, as comunicações internas ou as remessas do processo para o juiz, Ministério Público ou outra secção do mesmo tribunal ou de outro tribunal administrativo e fiscal realizadas pelos funcionários de justiça são praticadas através do sistema informático de suporte à atividade dos tribunais.

2 – Os atos referidos no número anterior não carecem de qualquer tipo de assinatura para serem válidos nem devem ser impressos, valendo apenas, para todos os efeitos legais, a sua versão eletrónica, da qual consta a identificação do funcionário que os praticou.

Artigo 18.º – Requisito adicional de segurança

Para os efeitos previstos no artigo 16.º, apenas podem ser utilizados os seguintes meios de assinatura eletrónica:

a) Certificados de assinatura eletrónica qualificada emitidos no âmbito do Sistema de Certificação Eletrónica do Estado;

b) Certificados de assinatura eletrónica avançada especialmente emitidos para o efeito pelo Instituto de Gestão Financeira e Equipamentos da Justiça, I – P..

Artigo 19.º – Consulta de informação

1 – Quando, no âmbito do processo, seja necessário consultar informação disponível eletronicamente da titularidade de serviços da Administração Pública, essa consulta deve ser efetuada diretamente pelo tribunal por meios eletrónicos sempre que as condições técnicas o permitam.

2 – A informação consultada nos termos do número anterior tem valor idêntico a uma certidão emitida pelo serviço competente, nos termos da lei.

Artigo 20.º – Assinatura dos autos e termos pelas partes, seus representantes ou testemunhas

Quando não for possível apor a assinatura eletrónica aos autos e termos que, de acordo com os n.os 1 e 2 do artigo 160.º do Código de Processo Civil, devem ser assinados pelas partes, seus representantes ou testemunhas, estes são impressos e é-lhes aposta assinatura autógrafa, devendo a secretaria digitalizar o ato para constar do processo eletrónico, mantendo o seu original no suporte físico até ao momento do arquivo do processo.

CAPÍTULO V – Citação edital e notificações

Artigo 21.º – Citação edital

O anúncio mediante o qual se realiza a citação edital nos termos do n.º 1 do artigo 25.º do Código de Processo nos Tribunais Administrativos é publicado em https://tribunais.org.pt.

Artigo 22.º – Notificações eletrónicas aos mandatários e representantes em juízo

1 – As notificações por transmissão eletrónica de dados aos mandatários e representantes em juízo são realizadas através do sistema informático de suporte à atividade dos tribunais administrativos e fiscais, que assegura automaticamente a sua disponibilização e consulta na área reservada do referido sistema disponibilizada em https://www.taf.mj.pt.

2 – (Revogado.)

3 – Quando o ato processual a notificar contenha documentos que não tenha sido possível digitalizar, nos termos do n.º 3 do artigo 12.º, deve constar da notificação esse facto bem como a indicação de que esses documentos podem ser consultados na secretaria do tribunal administrativo e fiscal onde é tramitado o respetivo processo, nos termos da lei.

Artigo 23.º – Notificações eletrónicas entre mandatários ou representantes em juízo

1 – As notificações entre mandatários e representantes em juízo são realizadas por transmissão eletrónica de dados, através do sistema informático de suporte à atividade dos tribunais administrativos e fiscais.

2 – (Revogado.)

3 – O sistema informático de suporte à atividade dos tribunais administrativos e fiscais assegura, aquando da apresentação de qualquer peça processual e mediante indicação do mandatário ou representante em juízo notificante, a notificação por transmissão eletrónica de dados do representante da contraparte.

4 – Sem prejuízo do disposto nos números seguintes, o notificante fica dispensado do envio à contraparte de qualquer cópia ou duplicado da peça processual ou documento entregue através do sistema de informação e de juntar aos autos documento comprovativo da data de notificação à contraparte.

5 – Quando o ato processual a notificar contenha documentos entregues em suporte físico, nos termos do disposto no n.º 5 do artigo 5.º ou do n.º 5 do artigo 10.º, deve ser disponibilizada cópia dos mesmos à contraparte, no prazo máximo de cinco dias, por remessa pelo correio, sob registo.

6 – A declaração feita pelo mandatário ou representante em juízo, nos formulários, da data em que procedeu ou vai proceder ao envio dos documentos referidos no número anterior dispensa o envio de documento comprovativo desse envio, sem prejuízo de o juiz poder determinar a sua apresentação, caso a data declarada seja contestada ou exista outro motivo que o justifique.

7 – Nos casos em que não seja possível proceder à notificação do representante da contraparte por via eletrónica, a declaração feita pelo mandatário, nos formulários, da data em que procedeu ou vai proceder à notificação da contraparte dispensa o envio de documento comprovativo, sem prejuízo de o juiz poder determinar a sua apresentação, caso a data declarada seja contestada ou exista outro motivo que o justifique.

8 – Nos casos previstos no número anterior em que o mandatário declare que vai proceder à notificação da contraparte, essa notificação deve ser feita no prazo máximo de um dia útil.

CAPÍTULO VI – Consulta eletrónica de processo

Artigo 24.º – Consulta de processos por mandatários e representantes em juízo

1 – A consulta de processos por parte dos mandatários e representantes em juízo é efetuada:

a) Relativamente à informação processual, incluindo as peças e os documentos, existentes em suporte eletrónico, através do sistema informático de suporte à atividade dos tribunais administrativos e fiscais, com base no número identificador do processo; ou

b) Junto da secretaria.

2 – O acesso ao sistema informático de suporte à atividade dos tribunais administrativos e fiscais para efeitos de consulta de processos requer o prévio registo dos mandatários e representantes em juízo, nos termos do artigo 4.º

3 – À consulta eletrónica de processos aplicam-se as restrições de acesso e consulta legalmente previstas.

4 – A consulta por mandatários e representantes em juízo de processos nos quais não exerçam o mandato judicial é solicitada à secretaria, que disponibiliza o processo por um período de 10 dias para consulta na área reservada do mandatário no sistema informático de suporte à atividade dos tribunais administrativos e fiscais.

Artigo 24.º-A – Consulta de processos pelas partes e por quem revele interesse atendível

1 – A consulta pelas partes dos processos nos tribunais administrativos e fiscais efetua-se na Área de Serviços Digitais dos Tribunais, acessível no endereço

eletrónico https://tribunais.org.pt, mediante autenticação prévia com recurso ao certificado digital de autenticação integrado no cartão do cidadão ou à chave móvel digital, podendo ser utilizado para o efeito o Sistema de Certificação de Atributos Profissionais associado a estes, e processa-se de acordo com os procedimentos e instruções constantes daquele endereço eletrónico.

2 – O acesso à área reservada do endereço eletrónico referido no número anterior pode ser efetuado também, em computadores existentes para o efeito nos tribunais, através de código de acesso, válido por 4 horas, emitido por qualquer secretaria de um tribunal judicial ou administrativo e fiscal, após confirmação da identidade do requerente e, quando aplicável, dos seus poderes de representação.

3 – A consulta de processo por quem nisso revele interesse atendível efetua-se nos termos previstos nos números anteriores, sendo o processo disponibilizado na área reservada do referido endereço eletrónico apenas após apreciação do tribunal ou da secretaria, consoante os casos, pelo período de 10 dias.

4 – Aplica-se à consulta eletrónica de processos nos termos do presente artigo o disposto no n.º 3 do artigo anterior.

Artigo 24.º-B – Consulta de processos por entidades públicas no âmbito do processo judicial tributário

As entidades públicas identificadas no n.º 1 do artigo 10.º-A podem proceder à consulta dos processos nos quais pratiquem os atos previstos nesse artigo, através do sistema informático de suporte à atividade dos tribunais administrativos e fiscais, no endereço https://pro.tribunais.org.pt, ou, nos casos previstos no n.º 3 daquele artigo, através do serviço de interoperabilidade previsto no protocolo.

CAPÍTULO VII – Organização de suporte físico

Artigo 25.º – Peças processuais e documentos em suporte físico

1 – Do suporte físico do processo devem constar as peças, os autos e os termos processuais que, ouvidos os juízes em exercício de funções no respetivo tribunal, sejam determinados por provimento do juiz presidente, homologado pelo Conselho Superior dos Tribunais Administrativos e Fiscais.

2 – Do suporte físico do processo podem também constar quaisquer outros atos e documentos que, sendo relevantes para a decisão material da causa, sejam indicados pelo juiz, em despacho fundamentado em cada processo, considerando-se como não sendo relevantes, designadamente:

a) Requerimentos para alteração da marcação de audiência de julgamento;

b) Despachos de expediente e respetivos atos de cumprimento, que visem atos de mera gestão processual e respostas obtidas, tais como:

i) Despachos que ordenem a citação ou notificação das partes;

i*i)* Despachos de marcação de audiência de julgamento;

ii*i)* Despachos de remessa de um processo ao Ministério Público;

iv) Despachos de realização de diligências entre serviços, nomeadamente órgãos de polícia criminal, conservatórias de registos, Instituto Nacional de Medicina Legal e Ciências Forenses, I.P., Direção-Geral de Reinserção e Serviços Prisionais e Direção-Geral da Segurança Social;

v) Vistos em fiscalização e em correição;

c) Aceitação da designação do agente de execução para efetuar a citação;

d) Comunicações internas;

e) Certidões negativas resultantes da consulta às bases de dados de serviços da Administração Pública através de meios eletrónicos.

3 – Em caso de recurso ou reclamação dirigida a tribunal superior, o suporte físico deve incluir os articulados, a decisão recorrida, as alegações e as contra-alegações apresentadas.

CAPÍTULO VIII – Comunicações entre tribunais

Artigo 26.º – Comunicação de atos entre secretarias de tribunais

1 – A passagem de certidões de termos e atos prevista no n.º 1 do artigo 170.º do Código de Processo Civil, quando a mesma tenha sido solicitada por outro tribunal com vista a junção das mesmas a processo judicial pendente nos tribunais administrativos e fiscais, é efetuada eletronicamente através do sistema informático, devendo a secretaria indicar o processo a que se destina e quem requereu a certidão.

2 – A transmissão de quaisquer mensagens entre secretarias de tribunais administrativos e fiscais e a expedição ou devolução de cartas precatórias é efetuada através do sistema informático de suporte à atividade dos tribunais administrativos e fiscais, sem prejuízo do disposto no n.º 5 do artigo 172.º do Código de Processo Civil quanto aos atos urgentes.

3 – Nos casos previstos no artigo 175.º do Código de Processo Civil, não sendo possível o exame do autógrafo, planta, desenho ou gráfico em virtude do seu envio eletrónico ou através de reprodução fotográfica digital, este é remetido com a carta por via postal registada.

CAPÍTULO IX – Recursos

Artigo 27.º – Recursos

1 – Sem prejuízo do disposto no número seguinte, em caso de recurso o processo é remetido eletronicamente ao tribunal superior através do sistema informático de suporte à atividade dos tribunais administrativos e fiscais.

2 – Na apelação com subida em separado, o processo instruído nos termos do artigo 646.º do Código de Processo Civil é remetido eletronicamente ao tribunal superior através do sistema informático de suporte à atividade dos tribunais administrativos e fiscais.

3 – Quando haja lugar a reclamação contra o indeferimento do recurso, esta é remetida eletronicamente ao tribunal superior através do sistema informático de suporte à atividade dos tribunais administrativos e fiscais.

4 – Nas situações referidas nos números anteriores, deve também ser remetido ao tribunal superior, quando exista, o suporte físico do processo constituído nos termos do artigo 25.º

CAPÍTULO X – Registo de Sentenças e Acórdãos

Artigo 27.º-A – Registo de sentenças e acórdãos

O sistema informático de suporte à atividade dos tribunais administrativos garante o registo das sentenças e dos acórdãos finais, permitindo a sua consulta nos termos e para os efeitos legalmente previstos.

CAPÍTULO XI – Disposições transitórias e finais

Artigo 28.º – Aplicação no tempo

1 – Para efeitos dos dispostos nas alíneas *a)* do n.º 2 do artigo 22.º e *a)* do n.º 1 do artigo 23.º só são relevantes as peças processuais apresentadas pelos mandatários e representantes em juízo após a entrada em vigor da presente portaria.

2 – O disposto nos n.os 3 e 4 do artigo 5.º entra em vigor no dia 15 de maio de 2018, sendo a sua aplicação obrigatória apenas para as peças enviadas a partir do dia 15 de junho de 2018.

3 – A aplicação do regime de tramitação eletrónica previsto na presente portaria aos processos no Supremo Tribunal Administrativo ocorre a partir do dia 18 de setembro de 2018.

4 – A aplicação do regime de tramitação eletrónica previsto na presente portaria aos processos nos tribunais centrais administrativos ocorre a partir do dia 3 de maio de 2018.

5 – O regime previsto na presente portaria aplica-se aos processos e incidentes instaurados ou deduzidos antes de 1 de janeiro de 2004 a partir de 3 de maio de 2018, constando obrigatoriamente do processo eletrónico apenas os atos praticados após esta data.

6 – A aplicação da presente portaria aos processos e incidentes referidos no número anterior determina a sua renumeração, devendo o tribunal notificar as partes do novo número único de identificação do processo atribuído ao processo ou incidente.

Artigo 29.º – Norma revogatória

É revogada a Portaria n.º 1417/2003, de 30 de dezembro.

Artigo 30.º – Entrada em vigor

A presente portaria entra em vigor no dia 4 de janeiro de 2018.

A Secretária de Estado da Justiça, Anabela Damásio Caetano Pedroso, em 18 de dezembro de 2017.

Estatuto do Ministério Público

Lei n.º 68/2019, de 27 de Agosto

Aprova o Estatuto do Ministério Público – Aprova o Estatuto do Ministério Público A Assembleia da República decreta, nos termos da alínea *c)* do artigo 161.º da Constituição, o seguinte:

Parte I – Do Ministério Público

Título I – Estrutura, funções e regime de intervenção

Capítulo I – Estrutura e funções

Artigo 1.º – Objeto

A presente lei aprova o Estatuto do Ministério Público.

Artigo 2.º – Definição

O Ministério Público representa o Estado, defende os interesses que a lei determinar, participa na execução da política criminal definida pelos órgãos de soberania, exerce a ação penal orientado pelo princípio da legalidade e defende a legalidade democrática, nos termos da Constituição, do presente Estatuto e da Lei.

Artigo 3.º – Autonomia

1 – O Ministério Público goza de autonomia em relação aos demais órgãos do poder central, regional e local, nos termos da presente lei.

2 – A autonomia do Ministério Público caracteriza-se pela sua vinculação a critérios de legalidade e objetividade e pela exclusiva sujeição dos magistrados do Ministério Público às diretivas, ordens e instruções previstas na presente lei.

Artigo 4.º – Atribuições

1 – Compete, especialmente, ao Ministério Público:

a) Defender a legalidade democrática;

b) Representar o Estado, as regiões autónomas, as autarquias locais, os incapazes, os incertos e os ausentes em parte incerta;

c) Participar na execução da política criminal definida pelos órgãos de soberania;

d) Exercer a ação penal orientado pelo princípio da legalidade;

e) Dirigir a investigação e as ações de prevenção criminal que, no âmbito das suas competências, lhe incumba realizar ou promover, assistido, sempre que necessário, pelos órgãos de polícia criminal;

f) Intentar ações no contencioso administrativo para defesa do interesse público, dos direitos fundamentais e da legalidade administrativa;

g) Exercer o patrocínio oficioso dos trabalhadores e suas famílias na defesa dos seus direitos de caráter social;

h) Assumir, nos casos previstos na lei, a defesa de interesses coletivos e difusos;

i) Assumir, nos termos da lei, a defesa e a promoção dos direitos e interesses das crianças, jovens, idosos, adultos com capacidade diminuída, bem como de outras pessoas especialmente vulneráveis;

j) Defender a independência dos tribunais, na área das suas atribuições, e velar para que a função jurisdicional se exerça em conformidade com a Constituição e as leis;

k) Promover a execução das decisões dos tribunais para que tenha legitimidade;

l) Fiscalizar a constitucionalidade dos atos normativos;

m) Intervir nos processos de insolvência e afins, bem como em todos os que envolvam interesse público;

n) Exercer funções consultivas, nos termos da presente lei;

o) Fiscalizar a atividade processual dos órgãos de polícia criminal, nos termos do presente Estatuto;

p) Coordenar a atividade dos órgãos de polícia criminal, nos termos da lei;

q) Recorrer sempre que a decisão seja efeito de conluio das partes no sentido de fraudar a lei ou tenha sido proferida com violação de lei expressa;

r) Exercer as demais funções conferidas por lei.

2 – A competência referida na alínea *j)* do número anterior inclui a obrigatoriedade de recurso nos casos e termos previstos na Lei de Organização, Funcionamento e Processo do Tribunal Constitucional.

3 – Para cumprimento das competências previstas nas alíneas *i)*, *j)*, *k)*, *l)* e *q)* do n.º 1, deve o Ministério Público ser notificado das decisões finais proferidas por todos os tribunais.

Artigo 5.º – Dever de colaboração

1 – Todas as entidades públicas e privadas têm o dever de colaborar com o Ministério Público, facultando documentos e prestando as informações e os esclarecimentos solicitados de modo devidamente justificado em função da competência a exercer, nos limites da lei, sem prejuízo dos regimes de sigilo aplicáveis.

2 – Em caso de recusa ou de não prestação tempestiva ou injustificada de informações, o Ministério Público solicita ao tribunal competente para o julgamento da ação proposta ou a propor a adoção dos meios coercitivos adequados, sem prejuízo da aplicação das sanções previstas na lei processual civil para as situações de recusa ilegítima de colaboração para a descoberta da verdade.

3 – O Ministério Público, exceto em matéria penal ou contraordenacional, pode fixar por escrito prazo não inferior a 10 dias para a prestação da colaboração devida, advertindo que o respetivo incumprimento faz incorrer na prática do crime de desobediência.

4 – A colaboração das entidades públicas e privadas em matéria criminal e contraordenacional é disciplinada pelas correspondentes leis do processo e demais legislação aplicável, incluindo a relativa aos órgãos de polícia criminal.

Artigo 6.º – Informação

1 – É assegurado o acesso, pelo público e pelos órgãos de comunicação social, à informação relativa à atividade do Ministério Público, nos termos da lei.

2 – Para o efeito enunciado no número anterior, a Procuradoria-Geral da República dispõe de um gabinete de imprensa e comunicação, que funciona no âmbito do gabinete do Procurador-Geral da República.

3 – Podem ser organizados gabinetes de imprensa e comunicação junto das procuradorias-gerais regionais, sob a orientação dos procuradores-gerais regionais e a superintendência do Procurador-Geral da República.

Artigo 7.º – Coadjuvação e assessoria

No exercício das suas funções, o Ministério Público é coadjuvado por funcionários de justiça e órgãos de polícia criminal e dispõe de serviços de assessoria e de consultadoria.

Capítulo II – Representação e regime de intervenção

Artigo 8.º – Representação do Ministério Público

1 – O Ministério Público é representado:

a) No Tribunal Constitucional, no Supremo Tribunal de Justiça, no Supremo Tribunal Administrativo e no Tribunal de Contas, pelo Procurador-Geral da República;

b) Nos tribunais da Relação e nos Tribunais Centrais Administrativos, por procuradores-gerais-adjuntos;

c) Nos tribunais de 1.ª instância, por procuradores-gerais-adjuntos e procuradores da República.

2 – O Ministério Público é representado nos demais tribunais nos termos da lei.

3 – Os magistrados do Ministério Público fazem-se substituir nos termos previstos no presente Estatuto e, no que não o contrariar, na Lei de Organização do Sistema Judiciário.

Artigo 9.º – Intervenção principal

1 – O Ministério Público tem intervenção principal nos processos:

a) Quando representa o Estado;

b) Quando representa as regiões autónomas e as autarquias locais;

c) Quando representa incapazes, incertos ou ausentes em parte incerta;

d) Quando assume, nos termos da lei, a defesa e a promoção dos direitos e interesses das crianças, jovens, idosos, adultos com capacidade diminuída bem como de outras pessoas especialmente vulneráveis;

e) Quando exerce o patrocínio oficioso dos trabalhadores e suas famílias na defesa dos seus direitos de caráter social;

f) Quando representa interesses coletivos ou difusos;

g) Nos demais casos em que a lei lhe atribua competência para intervir nessa qualidade.

2 – Em caso de representação de região autónoma, de autarquia local ou, nos casos em que a lei especialmente o permita, do Estado, a intervenção principal cessa quando for constituído mandatário próprio.

3 – Em caso de representação de incapazes ou de ausentes em parte incerta, a intervenção principal cessa logo que seja constituído mandatário judicial do incapaz ou ausente, ou quando, deduzindo o respetivo representante legal oposição à intervenção principal do Ministério Público, o juiz, ponderado o interesse do representado, a considere procedente.

Artigo 10.º – Intervenção acessória

1 – O Ministério Público intervém nos processos acessoriamente:

a) Quando, não se verificando nenhum dos casos do n.º 1 do artigo anterior, sejam interessados na causa as regiões autónomas, as autarquias locais, outras pessoas coletivas públicas, pessoas coletivas de utilidade pública, incapazes ou ausentes, ou a ação vise a realização de interesses coletivos ou difusos;

b) Nos demais casos previstos na lei.

2 – Quando intervém acessoriamente, o Ministério Público zela pelos interesses que lhe estão confiados, promovendo o que tiver por conveniente.

3 – Os termos da intervenção são os previstos na lei de processo aplicável.

Artigo 11.º – Procedimentos do Ministério Público

1 – O Ministério Público, no exercício das suas atribuições, pode organizar dossiês para a preparação e acompanhamento da sua intervenção.

2 – O Procurador-Geral da República define os critérios a que devem obedecer a criação, o registo e a tramitação daqueles dossiês.

3 – O Procurador-Geral da República estabelece, em especial, as diretivas que assegurem o controlo de legalidade nas ações de prevenção criminal da responsabilidade do Ministério Público, nomeadamente quanto à data da instauração, à comunicação que lhe dá origem, ao tratamento e registo das informações recolhidas, ao prazo e respetivas prorrogações e à data de arquivamento do procedimento ou do conhecimento da prática de crime e da correspondente abertura de inquérito.

Título II – Órgãos e magistrados do Ministério Público

Capítulo I – Disposições gerais

Artigo 12.º – Órgãos

São órgãos do Ministério Público:

a) A Procuradoria-Geral da República;

b) As procuradorias-gerais regionais;

c) As procuradorias da República de comarca e as procuradorias da República administrativas e fiscais.

Artigo 13.º – Magistrados do Ministério Público

São magistrados do Ministério Público:

a) O Procurador-Geral da República;

b) O Vice-Procurador-Geral da República;

c) Os procuradores-gerais-adjuntos;

d) Os procuradores da República;

e) Os magistrados do Ministério Público na qualidade de procuradores europeus delegados;

f) Os magistrados do Ministério Público representante de Portugal na EUROJUST e respetivos adjunto e assistente.

Artigo 14.º – Direção e hierarquia

1 – No exercício das suas funções detêm poderes de direção, hierarquia e, nos termos da lei, intervenção processual, os seguintes magistrados:

a) O Procurador-Geral da República;

b) O Vice-Procurador-Geral da República;

c) O procurador-geral regional;

d) O diretor do departamento central de investigação e ação penal (DCIAP);

e) O diretor do departamento central de contencioso do Estado e de interesses coletivos e difusos;

f) O magistrado do ministério Público coordenador de Procuradoria da República de comarca;

g) O magistrado do Ministério Público coordenador de Procuradoria da República administrativa e fiscal;

h) O diretor do departamento de investigação e ação penal (DIAP) regional;

i) O diretor do DIAP.

2 – Os procuradores da República que dirigem procuradorias e secções dos DIAP detêm poderes de hierarquia processual, bem como os poderes que lhes sejam delegados pelo imediato superior hierárquico.

Capítulo II – Procuradoria-Geral da República

Secção I – Estrutura e competência

Artigo 15.º – Estrutura

1 – A Procuradoria-Geral da República é o órgão superior do Ministério Público.

2 – A Procuradoria-Geral da República compreende o Procurador-Geral da República, o Vice-Procurador-Geral da República, o Conselho Superior do Ministério Público, o Conselho Consultivo da Procuradoria-Geral da República, os auditores jurídicos, os gabinetes de coordenação nacional e a Secretaria-Geral.

3 – Na dependência da Procuradoria-Geral da República funcionam o DCIAP, o departamento das tecnologias e sistemas de informação, o departamento de cooperação judiciária e relações internacionais, o departamento central de contencioso do Estado e interesses coletivos e difusos e o núcleo de assessoria técnica.

4 – A organização interna e os regimes de pessoal da Secretaria-Geral e das estruturas referidas no número anterior são definidos em diplomas próprios.

Artigo 16.º – Competência

Compete à Procuradoria-Geral da República:

a) Promover a defesa da legalidade democrática;

b) Nomear, colocar, transferir, promover, exonerar, apreciar o mérito profissional, exercer a ação disciplinar e praticar, em geral, todos os atos de idêntica natureza respeitantes aos magistrados do Ministério Público, com exceção do Procurador-Geral da República;

c) Dirigir, coordenar e fiscalizar a atividade do Ministério Público e emitir as diretivas, ordens e instruções a que deve obedecer a atuação dos magistrados do Ministério Público no exercício das respetivas funções;

d) Pronunciar-se sobre a legalidade dos contratos em que o Estado seja interessado, quando o seu parecer for exigido por lei ou solicitado pelo Governo;

e) Emitir parecer nos casos de consulta previstos na lei e a solicitação do Presidente da Assembleia da República, dos membros do Governo, dos Representantes da República para as regiões autónomas ou dos órgãos de governo próprio das regiões autónomas;

f) Propor ao membro do Governo responsável pela área da justiça providências legislativas com vista ao incremento da eficiência do Ministério Público e ao aperfeiçoamento das instituições judiciárias;

g) Informar, por intermédio do membro do Governo responsável pela área da justiça, a Assembleia da República e o Governo acerca de quaisquer obscuridades, deficiências ou contradições dos textos legais;

h) Fiscalizar superiormente a atividade processual dos órgãos de polícia criminal, nos termos do presente Estatuto;

i) Coordenar a atividade processual dos órgãos de polícia criminal entre si, nos termos da lei;

j) Decidir sobre matéria relativa aos sistemas e tecnologias de informação do Ministério Público;

k) Garantir a produção estatística relativa à atividade do Ministério Público, promovendo a transparência do sistema de justiça;

l) Exercer as demais funções conferidas por lei.

Artigo 17.º – Presidência e direção

A Procuradoria-Geral da República é presidida e dirigida pelo Procurador-Geral da República.

Artigo 18.º – Autonomia administrativa e financeira

1 – A Procuradoria-Geral da República, com a composição estabelecida no n.º 2 do artigo 15.º, é dotada de autonomia administrativa e financeira, dispondo

de orçamento próprio, inscrito nos encargos gerais do Estado, com respeito pelas regras de enquadramento orçamental e nos demais termos a definir por decreto-lei.

2 – O disposto no número anterior, e nas condições nele definidas, é extensivo ao âmbito referido no n.º 3 do artigo 15.º

3 – A proposta de dotação orçamental nos termos previstos nos números anteriores é apresentada ao Governo, através da área da justiça, pelo Procurador-Geral da República.

4 – O Procurador-Geral da República pode suscitar ou ser suscitado a expor, no âmbito da comissão competente da Assembleia da República, as orientações constantes do orçamento da Procuradoria.

Secção II – Procurador-Geral da República

Artigo 19.º – Competência

1 – Compete ao Procurador-Geral da República:

a) Presidir e dirigir a Procuradoria-Geral da República;

b) Representar o Ministério Público nos tribunais referidos na alínea *a)* do n.º 1 do artigo 8.º;

c) Requerer ao Tribunal Constitucional a declaração, com força obrigatória geral, da inconstitucionalidade ou ilegalidade de qualquer norma.

2 – Como dirigente da Procuradoria-Geral da República, compete ao Procurador-Geral da República:

a) Promover a defesa da legalidade democrática;

b) Dirigir, coordenar e fiscalizar a atividade do Ministério Público e emitir as diretivas, ordens e instruções a que deve obedecer a atuação dos respetivos magistrados;

c) Emitir, em especial, as diretivas, ordens e instruções destinadas a fazer cumprir as leis de orientação da política criminal, no exercício da ação penal e das ações de prevenção atribuídas ao Ministério Público;

d) Convocar o Conselho Superior do Ministério Público e o Conselho Consultivo da Procuradoria-Geral da República e presidir às respetivas reuniões;

e) Informar o membro do Governo responsável pela área da justiça e a Assembleia da República da necessidade de medidas legislativas tendentes a conferir exequibilidade aos preceitos constitucionais;

f) Representar o Ministério Público nas relações institucionais com o Presidente da República, a Assembleia da República, o Governo e as organizações internacionais para que seja designado por lei ou convenção internacional;

g) Intervir hierarquicamente nos inquéritos, nos termos previstos no Código de Processo Penal;

h) Fiscalizar superiormente a atividade processual dos órgãos de polícia criminal, nos termos do presente Estatuto;

i) Determinar superiormente os critérios de coordenação da atividade processual no decurso do inquérito e de prevenção levada a cabo pelos órgãos de polícia criminal que assistirem o Ministério Público, quando necessidades de participação conjunta o justifiquem, nos termos da lei;

j) Determinar, de acordo com o disposto na alínea anterior, diretamente e quando necessário, a mobilização e os procedimentos de coordenação relativamente aos órgãos de polícia criminal chamados a coadjuvar o Ministério Público no decurso de inquérito; *k)* Participar nas reuniões do conselho coordenador dos órgãos de polícia criminal, nos termos previstos na lei;

l) Inspecionar ou mandar inspecionar a atividade e funcionamento do Ministério Público, designadamente dos seus órgãos e secretarias, e ordenar a instauração de inquérito, sindicâncias e processos criminais ou disciplinares aos seus magistrados;

m) Propor ao membro do Governo responsável pela área da justiça e à Assembleia da República providências legislativas com vista ao incremento da eficiência do Ministério Público e ao aperfeiçoamento das instituições judiciárias ou a pôr termo a decisões divergentes dos tribunais ou dos órgãos da Administração Pública;

n) Informar o membro do Governo responsável pela área da justiça e a Assembleia da República acerca de quaisquer obscuridades, deficiências ou contradições dos textos legais;

o) Intervir, pessoalmente ou por substituição, nos contratos em que o Estado seja outorgante, quando a lei o exigir;

p) Superintender os serviços de inspeção do Ministério Público;

q) Dar posse aos magistrados do Ministério Público, nos termos do presente Estatuto;

r) Exercer, na Procuradoria-Geral da República, os poderes administrativos e financeiros idênticos aos que integram a competência ministerial;

s) Estabelecer os objetivos estratégicos do Ministério Público e homologar as propostas de objetivos processuais de todos os órgãos e departamentos do Ministério Público;

t) Elaborar o relatório anual de atividades do Ministério Público e proceder à sua apresentação institucional, bem como à sua divulgação pública;

u) Apresentar à Assembleia da República e ao membro do Governo responsável pela área da justiça o relatório bianual sobre execução da lei de política criminal;

v) Garantir a produção estatística relativa à atividade do Ministério Público, promovendo a transparência do sistema de justiça;

w) Apreciar os recursos hierárquicos dos atos administrativos praticados por magistrados do Ministério Público;

x) Exercer as demais funções que lhe sejam atribuídas por lei.

3 – As diretivas a que se referem a alínea *b)*, que interpretem disposições legais, e a alínea *c)* do número anterior, bem como as relativas ao cumprimento do disposto no n.º 3 do artigo 11.º, são publicadas na 2.ª série do Diário da República, sem prejuízo do registo documental interno de todas as demais diretivas, ordens e instruções.

4 – Em aplicação do disposto na alínea *h)* do n.º 2, o Procurador-Geral da República, velando pelos direitos, liberdades e garantias dos cidadãos e pelo cumprimento dos pertinentes deveres legais, por si ou nos termos da alínea *e)* do artigo 101.º, ordena periodicamente auditorias, sindicâncias ou inquéritos aos serviços dos órgãos de polícia criminal, destinados a fiscalizar o adequado cumprimento e efetivação das atribuições judiciárias e as inerentes condições legais do seu exercício, podendo emitir diretivas ou instruções genéricas sobre o cumprimento da lei.

5 – É apresentado até ao dia 31 de maio de cada ano o relatório de atividade respeitante ao ano judicial anterior.

6 – O Procurador-Geral da República é apoiado, no exercício das suas funções, por um gabinete.

7 – A estrutura e composição do gabinete do Procurador-Geral da República são definidas em diploma próprio.

8 – Os atos administrativos praticados pelo Procurador-Geral da República são impugnáveis perante o Supremo Tribunal Administrativo.

Artigo 20.º – Coadjuvação e substituição

1 – O Procurador-Geral da República é coadjuvado e substituído pelo Vice-Procurador-Geral da República.

2 – Nos tribunais referidos na alínea *a)* do n.º 1 do artigo 8.º, a coadjuvação e a substituição são ainda asseguradas por procuradores-gerais-adjuntos, em número constante de quadro a fixar por portaria do membro do Governo responsável pela área da justiça, sob proposta do Conselho Superior do Ministério Público.

3 – O Procurador-Geral da República designa, bienalmente, o procurador-geral-adjunto que coordena a atividade do Ministério Público em cada um dos tribunais referidos no número anterior.

4 – O Vice-Procurador-Geral da República é substituído nas suas faltas e impedimentos, pelo procurador-geral-adjunto que o Procurador-Geral da República indicar ou, na falta de designação, pelo mais antigo dos procuradores-gerais-adjuntos que exerçam funções em Lisboa.

Secção III – Conselho Superior do Ministério Público

Subsecção I – Competência, organização e funcionamento

Artigo 21.º – Competência

1 – A Procuradoria-Geral da República exerce a sua competência disciplinar e de gestão dos quadros do Ministério Público através do Conselho Superior do Ministério Público.

2 – Compete ao Conselho Superior do Ministério Público:

a) Nomear, colocar, transferir, promover, exonerar, apreciar o mérito profissional, exercer a ação disciplinar e, em geral, praticar todos os atos de idêntica natureza respeitantes aos magistrados do Ministério Público, com exceção do Procurador-Geral da República;

b) Aprovar o regulamento eleitoral do Conselho Superior do Ministério Público, o regulamento interno da Procuradoria-Geral da República, o regulamento da Inspeção do Ministério Público, o regulamento dos concursos para provimento dos lugares de magistrados do Ministério Público e os demais regulamentos cuja competência lhe seja atribuída pelo presente Estatuto;

c) Aprovar o projeto de orçamento da Procuradoria-Geral da República, na dimensão constante do n.º 1 do artigo 18.º;

d) Deliberar e emitir diretivas em matéria de organização interna e de gestão de quadros, no âmbito da sua competência;

e) Propor ao Procurador-Geral da República a emissão de diretivas a que deve obedecer a atuação dos magistrados do Ministério Público;

f) Propor ao membro do Governo responsável pela área da justiça, por intermédio do Procurador-Geral da República, providências legislativas com vista ao incremento da eficiência do Ministério Público e ao aperfeiçoamento das instituições judiciárias;

g) Conhecer no âmbito das suas competências, das reclamações e recursos previstos na lei;

h) Aprovar o plano anual de inspeções e determinar a realização de averiguações, inspeções, sindicâncias, inquéritos e processos disciplinares;

i) Emitir parecer em matéria de organização judiciária e, em geral, de administração da justiça;

j) Elaborar, de acordo com os objetivos e a estratégia definidos para cada órgão do Ministério Público, a previsão das necessidades de colocação de magistrados do Ministério Público;

k) Exercer as demais funções que lhe sejam atribuídas por lei.

3 – Compete ainda ao Conselho:

a) Assegurar o cumprimento das regras legais relativas à emissão e ao controlo das declarações de rendimentos e património dos magistrados do Ministério Público e aprovar, em conformidade com a lei, os instrumentos necessários de aplicação;

b) Em relação ao disposto na alínea anterior, desencadear o competente processo disciplinar em casos de recusa de apresentação da declaração, sem prejuízo da aplicação das sanções penais e tributárias previstas na lei para o incumprimento dos deveres declaratórios.

4 – A requerimento de pelo menos um terço dos membros do Conselho Superior, pode ser proposta à consideração do Procurador-Geral da República a submissão a parecer do Conselho Consultivo de questões inerentes ao Ministério Público com relevo para o cumprimento da legalidade democrática e a realização dos direitos, liberdades e garantias dos cidadãos.

Artigo 22.º – Composição

Compõem o Conselho Superior do Ministério Público:

a) O Procurador-Geral da República, que preside;

b) Os procuradores-gerais regionais;

c) Um procurador-geral-adjunto, eleito de entre e pelos procuradores-gerais-adjuntos;

d) Seis procuradores da República eleitos de entre e pelos procuradores da República, assegurando-se a representatividade da área de competência das quatro procuradorias-gerais regionais;

e) Cinco membros eleitos pela Assembleia da República, de entre personalidades de reconhecido mérito;

f) Dois membros designados pelo membro do Governo responsável pela área da justiça, de entre personalidades de reconhecido mérito.

Artigo 23.º – Princípios eleitorais

1 – A eleição do magistrado a que se refere a alínea *c)* do artigo anterior faz-se por sufrágio secreto e universal, com base num colégio eleitoral formado pelos procuradores-gerais-adjuntos em efetividade de funções.

2 – A eleição dos magistrados do Ministério Público a que se refere a alínea *d)* do artigo anterior faz-se por sufrágio secreto e universal, com base em quatro colégios eleitorais, abrangendo cada um a área geográfica de uma das procuradorias-gerais regionais, e os magistrados que aí exerçam funções, em qualquer jurisdição, à data da eleição.

3 – Os quatro colégios eleitorais mencionados no número anterior elegem seis magistrados, sendo dois eleitos pelo distrito de Lisboa, dois pelo distrito do Porto, um pelo distrito de Coimbra e outro pelo distrito de Évora.

4 – A conversão de votos em mandatos é efetuada de acordo com o método da média mais alta de Hondt.

5 – O recenseamento dos magistrados do Ministério Público é organizado oficiosamente pela Procuradoria-Geral da República.

6 – A cada eleitor é facultada a possibilidade de exercer o direito de voto presencialmente, por meios eletrónicos ou por correspondência, em termos a definir pelo regulamento eleitoral.

Artigo 24.º – Capacidade eleitoral ativa e passiva

1 – São eleitores os magistrados pertencentes a cada categoria em exercício efetivo de funções no Ministério Público, bem como os que exercem as funções referidas no n.º 2 do artigo 95.º, na área do respetivo colégio eleitoral.

2 – São elegíveis os magistrados pertencentes a cada categoria em exercício efetivo de funções no Ministério Público na área do respetivo colégio eleitoral.

Artigo 25.º – Data das eleições

1 – As eleições têm lugar dentro dos 30 dias anteriores à cessação dos cargos ou nos primeiros 60 posteriores à ocorrência de vacatura.

2 – O Procurador-Geral da República anuncia a data da eleição, com a antecedência mínima de 45 dias, por aviso publicado no Diário da República.

Artigo 26.º – Organização de listas e forma de eleição

1 – Os vogais do Conselho Superior do Ministério Público referidos na alínea *d)* do artigo 22.º são eleitos mediante listas subscritas por um mínimo de 15 eleitores do correspondente colégio eleitoral.

2 – As listas incluem dois suplentes em relação a cada candidato efetivo.

3 – Não pode haver candidatos inscritos por mais de uma lista.

4 – Na falta de candidaturas, o Conselho Superior do Ministério Público abre novo processo eleitoral e organiza listas nos termos no n.º 2 do artigo 24.º, sem possibilidade de recusa por parte dos designados, podendo nesta fase ser ainda apresentadas candidaturas.

Artigo 27.º – Comissão de eleições

1 – A fiscalização da regularidade dos atos eleitorais e o apuramento final da votação competem a uma comissão de eleições.

2 – Constituem a comissão de eleições o Procurador-Geral da República e os procuradores-gerais regionais.

3 – Tem o direito de integrar a comissão de eleições um representante de cada lista concorrente ao ato eleitoral.

4 – As funções de presidente são exercidas pelo Procurador-Geral da República e as deliberações tomadas à pluralidade de votos, cabendo ao presidente voto de qualidade.

Artigo 28.º – Competência da comissão de eleições

Compete especialmente à comissão de eleições resolver as dúvidas suscitadas na interpretação do regulamento eleitoral e decidir as reclamações que surjam no decurso das operações eleitorais.

Artigo 29.º – Contencioso eleitoral

1 – A impugnação contenciosa das decisões da comissão de eleições deve ser interposta, no prazo de 48 horas, para o Supremo Tribunal Administrativo.

2 – As irregularidades na votação ou no apuramento só são suscetíveis de anular a eleição se influírem no seu resultado.

Artigo 30.º – Disposições regulamentares

Os trâmites do processo eleitoral não constantes dos artigos anteriores são estabelecidos em regulamento a publicar no Diário da República.

Artigo 31.º – Estatuto dos membros do Conselho Superior do Ministério Público

1 – Aos vogais do Conselho Superior do Ministério Público que não sejam magistrados do Ministério Público é aplicável, com as devidas adaptações, o regime de deveres, direitos e garantias destes magistrados.

2 – Os vogais do Conselho Superior do Ministério Público que não sejam magistrados do Ministério Público não podem participar no processo de classificação ou decisão disciplinar de magistrados que tenham intervindo em processo no âmbito do qual aqueles tenham participado na qualidade de mandatários ou parte, nem podem intervir em qualquer assunto relativamente ao qual tenham intervindo como mandatário ou parte.

3 – Os membros do Conselho Superior do Ministério Público estão sujeitos ao regime relativo às garantias de imparcialidade previsto no Código do Procedimento Administrativo.

4 – O Conselho Superior do Ministério Público determina os casos em que o cargo de vogal deve ser exercido a tempo integral, assegurando, salvo manifesta impossibilidade, a representatividade geral do Conselho.

5 – Os vogais do Conselho Superior do Ministério Público que exerçam funções em regime de tempo integral auferem as remunerações correspondentes às do vogal magistrado de categoria mais elevada.

6 – Os membros de entre si eleitos pelos magistrados do Ministério Público podem beneficiar de redução de serviço em percentagem a determinar pelo Conselho Superior do Ministério Público.

7 – Os membros do Conselho Superior do Ministério Público têm direito a senhas de presença no valor correspondente a três quartos da UC, e, se domiciliados fora da área metropolitana de Lisboa, a ajudas de custo e despesas de transporte, nos termos da lei.

8 – Os vogais do Conselho Superior do Ministério Público gozam das prerrogativas legalmente estatuídas para os magistrados dos tribunais superiores quando indicados como testemunhas em qualquer processo.

9 – Os vogais do Conselho Superior do Ministério Público demandados judicialmente em razão do exercício das suas funções de vogal têm direito a patrocínio judiciário suportado pelo Conselho Superior do Ministério Público.

Artigo 32.º – Exercício dos cargos

1 – Os vogais do Conselho Superior do Ministério Público referidos nas alíneas *c)* e *d)* do artigo 22.º exercem os cargos por um período de três anos, não podendo ser eleitos para mais de dois mandatos consecutivos.

2 – Em caso de cessação dos respetivos mandatos, os membros eleitos ou designados mantêm-se em exercício até à entrada em funções de quem os substitua.

3 – Sem prejuízo da invocação de motivo atendível de verificação ou conhecimento superveniente à apresentação da lista, os magistrados do Ministério Público não podem recusar o cargo de vogal do Conselho Superior do Ministério Público.

4 – Nos casos em que, durante o exercício do cargo, o magistrado do Ministério Público deixe de pertencer à categoria de origem, seja colocado em distrito diverso do da eleição ou se encontre impedido, é chamado o elemento seguinte da mesma lista, se o houver e, em seguida, o primeiro suplente, sendo chamado, na falta deste, o segundo suplente.

5 – Na falta do segundo suplente a que alude o número anterior, faz-se declaração de vacatura, procedendo-se a nova eleição nos termos dos artigos anteriores.

6 – Os suplentes e os membros subsequentemente eleitos exercem os respetivos cargos até ao termo da duração do mandato em que se encontrava investido o primitivo titular.

7 – Determina a suspensão do mandato de vogal:

a) A pronúncia ou a designação de dia para julgamento por crime doloso, praticado no exercício de funções ou punível com pena de prisão superior a três anos;

b) A suspensão preventiva por motivo de procedimento disciplinar.

8 – Determina a perda do mandato:

a) A renúncia;

b) O impedimento definitivo, nomeadamente o que resulte de doença incapacitante para o exercício de funções;

c) A falta não justificada pelo plenário de qualquer vogal do Conselho, a três reuniões consecutivas ou cinco interpoladas das secções a que deva comparecer;

d) A aplicação de sanção que importe afastamento do serviço.

9 – A renúncia torna-se eficaz com a apresentação da respetiva declaração escrita ao presidente do Conselho Superior do Ministério Público e é publicada no Diário da República.

10 – Os vogais podem requerer a suspensão temporária do mandato em caso de doença ou para gozo de licença de maternidade ou paternidade por período não superior a 180 dias.

11 – O prolongamento da suspensão de funções por período superior ao previsto no número anterior equivale a impedimento definitivo.

12 – Nas situações de perda de mandato dos vogais referidos nas alíneas *e)* e *f)* do artigo 22.º, o Conselho Superior do Ministério Público delibera sobre a verificação dos respetivos pressupostos, que comunica, para decisão, à entidade que designou o vogal.

13 – O mandato dos vogais eleitos pela Assembleia da República e dos vogais designados pelo membro do Governo responsável pela área da justiça caduca, respetivamente, com a primeira reunião de Assembleia da República subsequentemente eleita ou com a tomada de posse de novo membro do Governo responsável pela área da justiça, devendo este confirmá-los ou proceder a nova designação.

Artigo 33.º – Funcionamento

1 – O Conselho Superior do Ministério Público funciona em plenário ou em secções.

2 – O plenário é constituído por todos os membros do Conselho Superior do Ministério Público.

3 – As reuniões do plenário do Conselho Superior do Ministério Público têm lugar, ordinariamente, uma vez por mês e, extraordinariamente, sempre que convocadas pelo Procurador-Geral da República, por sua iniciativa ou a requerimento de, pelo menos, sete dos seus membros.

4 – As deliberações são tomadas à pluralidade de votos, cabendo ao Procurador-Geral da República voto de qualidade.

5 – Para a validade das deliberações do Conselho Superior do Ministério Público exige-se a presença do seguinte número mínimo de membros:

a) Treze membros para o plenário;

b) Sete membros para as secções disciplinar e de apreciação do mérito profissional;

c) Três membros para a secção permanente.

6 – Os procuradores-gerais regionais e os magistrados eleitos não participam em deliberações respeitantes a magistrados que sejam, ou tenham sido no momento dos factos em apreço, seus imediatos superiores ou subordinados.

7 – Tratando-se da secção disciplinar ou da secção de avaliação do mérito profissional, quando não seja possível deliberar validamente por falta de quórum, o membro impedido nos termos do número anterior é substituído por vogal da mesma condição ou categoria.

Artigo 34.º – Secções

1 – O Conselho Superior do Ministério Público dispõe de uma secção permanente, de uma ou mais secções de avaliação do mérito profissional e de uma secção disciplinar.

2 – A secção permanente tem as competências que lhe forem delegadas pelo plenário e que não caibam nas competências das restantes secções, podendo aquele, por iniciativa própria ou a pedido, avocá-las.

3 – Compõem a secção permanente o Procurador-Geral da República e quatro vogais designados pelo plenário, por um período de três anos, renovável por uma única vez, salvaguardando-se, sempre que possível, quanto aos vogais, a representação paritária de magistrados e não magistrados.

4 – O Conselho Superior do Ministério Público funciona numa ou mais secções de avaliação do mérito profissional, nos termos a definir no regulamento interno da Procuradoria-Geral da República.

5 – O exercício da ação disciplinar é da competência da secção disciplinar.

6 – Compõem a secção disciplinar o Procurador-Geral da República e os seguintes membros do Conselho Superior do Ministério Público:

a) Cinco dos membros referidos nas alíneas *b)* e *d)* do artigo 22.º, em número proporcional à respetiva representação;

b) O procurador-geral-adjunto referido na alínea *c)* do artigo 22.º;

c) Três das personalidades a se refere a alínea *e)* do artigo 22.º, eleitos por e de entre aquelas, para períodos de 18 meses;

d) Uma das personalidades a que se refere a alínea *f)* do artigo 22.º, designada por sorteio, para períodos rotativos de 18 meses.

7 – Não sendo possível a eleição, ou havendo empate, o Procurador-Geral da República designa os membros não eleitos, com respeito pelo disposto na parte final da alínea *a)* do número anterior.

8 – Das deliberações das secções cabe recurso necessário para o plenário do Conselho Superior do Ministério Público.

Artigo 35.º – Distribuição de processos

1 – Os processos são distribuídos por sorteio pelos membros do Conselho, nos termos do regulamento interno.

2 – O vogal a quem o processo for distribuído é o seu relator.

3 – Em caso de reclamação para o plenário, o processo é distribuído a diferente relator.

4 – O relator pode requisitar documentos ou processos, bem como solicitar as diligências que considerar necessárias, sendo os processos requisitados pelo tempo indispensável, com ressalva do segredo de justiça e por forma a não causar prejuízo às partes.

5 – No caso de o relator ficar vencido, a redação da deliberação cabe ao vogal que for designado pelo presidente.

6 – Se a matéria for de manifesta simplicidade, pode o relator submetê-la a apreciação com dispensa de vistos.

7 – A deliberação que adote os fundamentos e propostas, ou apenas os primeiros, do inspetor ou instrutor do processo pode ser expressa por acórdão de concordância, com dispensa de relatório.

Artigo 36.º – Delegação de poderes

1 – O Conselho Superior do Ministério Público pode delegar no Procurador-Geral da República a prática de atos que, pela sua natureza, não devam aguardar a reunião do Conselho e não estejam delegados na secção permanente.

2 – A delegação de poderes cessa com a mudança de sete ou mais membros do órgão delegante ou com a tomada de posse de novo Procurador-Geral da República.

Artigo 37.º – Comparência do membro do Governo responsável pela área da justiça

O membro do Governo responsável pela área da justiça comparece às reuniões do Conselho Superior do Ministério Público a convite ou quando entender oportuno, para fazer comunicações e solicitar ou prestar esclarecimentos.

Artigo 38.º – Impugnação contenciosa

As deliberações do plenário do Conselho Superior do Ministério Público são impugnáveis perante o Supremo Tribunal Administrativo.

Subsecção II – Inspeção do Ministério Público

Artigo 39.º – Atribuições

A Inspeção do Ministério Público funciona junto do Conselho Superior do Ministério Público e exerce funções auxiliares de avaliação, auditoria e inspeção ao funcionamento dos órgãos do Ministério Público e das respetivas secretarias e, complementarmente, de avaliação do mérito e da disciplina dos magistrados do Ministério Público.

Artigo 40.º – Competência

Compete à Inspeção do Ministério Público, nos termos da lei e em conformidade com as deliberações do Conselho Superior do Ministério Público ou por iniciativa do Procurador-Geral da República:

a) Inspecionar e avaliar a atividade e o funcionamento dos órgãos do Ministério Público e respetivas secretarias;

b) Inspecionar a atividade dos magistrados do Ministério Público com vista ao conhecimento da sua prestação e avaliação do seu mérito pelos órgãos competentes;

c) Dirigir e instruir os procedimentos disciplinares, bem como as averiguações, inquéritos, sindicâncias e demais procedimentos instaurados aos órgãos do Ministério Público e respetivas secretarias;

d) Propor a aplicação da suspensão preventiva, formular acusação nos procedimentos disciplinares e propor a instauração de procedimentos nas demais formas procedimentais;

e) Realizar inspeções determinadas pelo Procurador-Geral da República no exercício da competência constante na alínea *l)* do n.º 2 do artigo 19.º, bem como de outras previstas na lei;

f) Identificar medidas para melhorar o funcionamento do Ministério Público, incluindo boas práticas de gestão processual, necessidades formativas específicas e soluções tecnológicas de apoio, facultando à Procuradoria-Geral da República elementos com vista ao aperfeiçoamento e à uniformização de procedimentos;

g) Facultar ao Conselho Superior do Ministério Público, por intermédio do Procurador-Geral da República, informação sobre o estado, necessidades e deficiências dos serviços, a fim de o habilitar à tomada de providências nas áreas da sua competência ou a propor ao membro do Governo responsável pela área da justiça as medidas que requeiram a intervenção do Governo;

h) Comunicar ao Conselho Superior do Ministério Público, por intermédio do Procurador-Geral da República, todas as situações de aparente incapacidade ou invalidez, ou de inadaptação para o serviço por parte de magistrados do Ministério Público.

Artigo 41.º – Composição e funcionamento

1 – A inspeção do Ministério Público é composta por magistrados do Ministério Público, em número constante de quadro aprovado pelo Conselho Superior do Ministério Público.

2 – A inspeção deve integrar inspetores com experiência nas várias áreas de intervenção do Ministério Público.

3 – Salvo em caso de impossibilidade, as inspeções são realizadas por inspetores que tenham desempenhado funções efetivas nas áreas de jurisdição sob inspeção.

4 – As inspeções destinadas a colher informações sobre o serviço e o mérito dos magistrados do Ministério Público, bem como os inquéritos e processos disciplinares, não podem ser realizados por inspetores de categoria ou antiguidade inferiores às dos inspecionados.

5 – Inexistindo inspetor nas condições referidas no número anterior, o Conselho Superior do Ministério Público pode nomear, com a sua anuência, um procurador-geral-adjunto, ainda que jubilado.

6 – Os inspetores são coadjuvados por secretários de inspeção.

7 – Os secretários de inspeção são recrutados de entre oficiais de justiça e nomeados em comissão de serviço.

8 – Os secretários de inspeção, quando secretários judiciais, com classificação de Muito Bom, auferem o vencimento correspondente ao de secretário de tribunal superior.

9 – Em qualquer fase do procedimento, o Procurador-Geral da República pode designar peritos para, no decorrer da ação inspetiva, prestarem a colaboração técnica que se revelar necessária.

Artigo 42.º – Inspetor coordenador

Para coordenação do serviço de inspeção é nomeado, pelo Conselho Superior do Ministério Público, um inspetor coordenador, a quem compete:

a) Colaborar na elaboração do plano anual de inspeções;

b) Apresentar ao Conselho Superior do Ministério Público, anualmente, por intermédio do Procurador-Geral da República, um relatório da atividade da Inspeção;

c) Apresentar ao Conselho Superior do Ministério Público, por intermédio do Procurador-Geral da República, propostas de aperfeiçoamento do serviço de inspeção e do respetivo regulamento, bem como propostas de formação dirigidas aos inspetores e aos magistrados do Ministério Público;

d) Assegurar a articulação e coordenação com os serviços de inspeção do Conselho Superior da Magistratura e do Conselho dos Oficiais de Justiça;

e) Propor ao Conselho Superior do Ministério Público, por intermédio do Procurador-Geral da República, medidas tendentes à uniformização dos critérios inspetivos e dos critérios de avaliação;

f) Propor ao Conselho Superior do Ministério Público, por intermédio do Procurador-Geral da República, medidas adequadas ao tratamento sistemático dos indicadores de gestão e demais informação relevante sobre a atividade do Ministério Público.

Secção IV – Conselho Consultivo da Procuradoria-Geral da República

Artigo 43.º – Composição

1 – A Procuradoria-Geral da República exerce funções consultivas por intermédio do seu Conselho Consultivo.

2 – O Conselho Consultivo da Procuradoria-Geral da República é constituído pelo Procurador-Geral da República, que preside, e por vogais em número constante de quadro aprovado por portaria do membro do Governo responsável pela área da justiça, providos nos termos do artigo 170.º

Artigo 44.º – Competência

Compete ao Conselho Consultivo da Procuradoria-Geral da República:

a) Emitir parecer restrito a matéria de legalidade nos casos de consulta previstos na lei ou por solicitação do Presidente da Assembleia da República, dos membros do Governo, dos Representantes da República para as regiões autónomas ou dos órgãos de governo próprio das regiões autónomas;

b) Pronunciar-se, a pedido do Governo, acerca da formulação e conteúdo jurídico de projetos de diplomas legislativos, assim como das convenções internacionais a que Portugal pondere vincular-se;

c) Pronunciar-se sobre a legalidade dos contratos em que o Estado seja interessado, quando o seu parecer for exigido por lei ou solicitado pelo Governo;

d) Pronunciar-se sobre as questões que o Procurador-Geral da República, no exercício das suas funções, submeta à sua apreciação;

e) Aprovar o regimento interno;

f) Informar o membro do Governo responsável pela área da justiça, através do Procurador-Geral da República, acerca de quaisquer obscuridades, deficiências ou contradições dos textos legais, propondo as devidas alterações.

Artigo 45.º – Funcionamento

1 – A distribuição de pareceres faz-se por sorteio, segundo a ordem de antiguidade dos membros do Conselho Consultivo a ela admitidos.

2 – Sem prejuízo do disposto no número anterior, o Procurador-Geral da República pode determinar que os pareceres sejam distribuídos segundo critério de especialização dos membros do Conselho Consultivo.

3 – O Conselho Consultivo só pode funcionar com, pelo menos, metade e mais um dos seus membros.

Artigo 46.º – Prazo de elaboração dos pareceres

1 – Os pareceres são elaborados no prazo de 60 dias, salvo se, pela sua complexidade, for indispensável maior prazo, devendo, nesta hipótese, comunicar-se previamente à entidade consulente a demora provável.

2 – Os pareceres solicitados com declaração de urgência têm prioridade sobre os demais.

Artigo 47.º – Reuniões

1 – O Conselho Consultivo reúne ordinariamente uma vez por quinzena e extraordinariamente quando for convocado pelo Procurador-Geral da República.

2 – Durante as férias judiciais de verão há uma reunião para apreciação de assuntos urgentes.

3 – O Conselho Consultivo é secretariado pelo secretário-geral da Procuradoria-Geral da República.

Artigo 48.º – Votação

1 – As resoluções do Conselho Consultivo são tomadas à pluralidade de votos e os pareceres assinados pelos procuradores-gerais-adjuntos que neles intervierem, com as declarações a que houver lugar.

2 – O Procurador-Geral da República tem voto de qualidade e assina os pareceres.

Artigo 49.º – Valor jurídico dos pareceres

1 – O Procurador-Geral da República pode determinar, no uso da competência que lhe é atribuída pela alínea *b)* do n.º 2 do artigo 19.º, que a doutrina dos pareceres do Conselho Consultivo seja seguida e sustentada pelo Ministério Público, mediante emissão de diretiva.

2 – Os pareceres a que se refere o número anterior são divulgados por todos os magistrados do Ministério Público e as suas conclusões publicadas na 2.ª série do Diário da República, com indicação do despacho que lhes confere força obrigatória, sem prejuízo da sua divulgação em base de dados de acesso eletrónico.

3 – Por sua iniciativa ou sob exposição fundamentada de qualquer magistrado do Ministério Público, pode o Procurador-Geral da República submeter as questões a nova apreciação para eventual revisão da doutrina firmada.

Artigo 50.º – Homologação dos pareceres e sua eficácia

1 – Quando homologados pelas entidades que os tenham solicitado ou a cujo setor respeite o assunto apreciado, as conclusões dos pareceres do Conselho

Consultivo sobre disposições de ordem genérica são publicados na 2.ª série do Diário da República para valerem como interpretação oficial, perante os respetivos serviços, das matérias que se destinam a esclarecer.

2 – Se o objeto de consulta interessar a duas ou mais áreas governativas que não estejam de acordo sobre a homologação do parecer, esta compete ao Primeiro-Ministro.

Secção V – Auditores jurídicos

Artigo 51.º – Auditores jurídicos

1 – Junto da Assembleia da República, de cada área governativa e dos Representantes da República para as regiões autónomas pode haver um procurador-geral-adjunto com a categoria de auditor jurídico.

2 – Os auditores jurídicos podem acumular as suas funções com as que lhes sejam distribuídas pelo Procurador-Geral da República no âmbito das atribuições do Ministério Público que, por lei, não pertençam a órgãos próprios.

3 – Os auditores jurídicos exercem as suas funções com autonomia e dispõem de meios adequados ao exercício das suas funções nas entidades onde estão sedeados.

4 – Os encargos com os auditores jurídicos são suportados pelas verbas próprias do orçamento do Ministério da Justiça.

Artigo 52.º – Competência

1 – Os auditores jurídicos exercem funções de consulta jurídica, a solicitação do Presidente da Assembleia da República, dos membros do Governo ou dos Representantes da República para as regiões autónomas junto dos quais funcionem.

2 – Os auditores jurídicos devem propor ao Procurador-Geral da República que sejam submetidos ao Conselho Consultivo da Procuradoria-Geral da República os pareceres sobre que tenham fundadas dúvidas, cuja complexidade justifique a discussão em conferência ou em que esteja em causa matéria respeitante a mais do que uma área governativa.

3 – Quando não concordarem com as soluções propostas pelos auditores jurídicos ou tenham dúvidas sobre a doutrina por eles defendida, podem as entidades consulentes submeter o assunto à apreciação do Conselho Consultivo da Procuradoria-Geral da República.

4 – Tratando-se de discutir consultas relativas à Assembleia da República ou a áreas governativas junto das quais exerçam funções, os auditores jurídicos intervêm nas sessões do Conselho Consultivo da Procuradoria-Geral da República com direito a voto.

Secção VI – Departamentos e Gabinetes de Coordenação Nacional

Subsecção I – Departamento das Tecnologias e Sistemas de Informação

Artigo 53.º – Estrutura e competência

1 – Ao departamento das tecnologias e sistemas de informação cabe a coordenação e gestão dos sistemas e tecnologias de informação do Ministério Público, competindo-lhe:

a) Propor ao Procurador-Geral da República as linhas de ação para a definição da estratégia de gestão dos sistemas de informação do Ministério Público;

b) Planear, promover o desenvolvimento e gerir as aplicações e demais sistemas de suporte ao bom funcionamento dos órgãos, departamentos e serviços do Ministério Público, garantindo a sua uniformização e centralização;

c) Criar, manter e aperfeiçoar a produção estatística do Ministério Público;

d) Assegurar o apoio aos utilizadores dos sistemas de informação e a manutenção das estruturas tecnológicas e de informação;

e) Promover a criação de mecanismos de interoperabilidade entre os sistemas informáticos do Ministério Público e os sistemas de informação de suporte à atividade dos tribunais, bem como com os das demais entidades com as quais se relaciona;

f) Garantir a segurança da informação, dos sistemas e das infraestruturas informáticas, em articulação com as entidades e organismos com responsabilidades na matéria;

g) Assegurar a representação da Procuradoria-Geral da República nos projetos de informatização que relevem para a atividade dos tribunais;

h) Propor e assegurar programas de formação em matéria de sistemas de informação.

2 – O departamento das tecnologias de informação tem um diretor, que é provido nos termos do artigo 166.º

Subsecção II – Departamento de Cooperação Judiciária e Relações Internacionais

Artigo 54.º – Competência

1 – Ao departamento de cooperação judiciária e relações internacionais cabe assegurar a cooperação judiciária internacional e apoiar a Procuradoria-Geral da República nas relações internacionais.

2 – Compete ao departamento de cooperação judiciária e relações internacionais, no âmbito da cooperação judiciária internacional:

a) Assegurar as funções de autoridade central para efeitos de receção e transmissão de pedidos e de apoio à cooperação judiciária internacional em matéria penal, assim como noutros domínios em que essa competência lhe seja legalmente atribuída;

b) Assegurar os procedimentos relativos a pedidos de cooperação judiciária internacional em matéria penal, instruindo a fase administrativa dos processos de cooperação;

c) Assegurar as funções de correspondente nacional da EUROJUST, de ponto de contacto da Rede Judiciária Europeia em matéria penal e de ponto de contacto de outras redes de cooperação judiciária, através de magistrado designado pelo Procurador-Geral da República, sem prejuízo das atribuições de outras entidades;

d) Apoiar os magistrados do Ministério Público na preparação e execução de pedidos de cooperação judiciária internacional e nos procedimentos relativos à aplicação de instrumentos internacionais e da União Europeia;

e) Dinamizar e coordenar a rede nacional de magistrados para a cooperação judiciária internacional;

f) Proceder à recolha e tratamento de informação relativa à aplicação de instrumentos jurídicos internacionais e da União Europeia no domínio da cooperação judiciária internacional em matéria penal;

g) Propor ao Procurador-Geral da República diretivas e instruções em matéria de cooperação judiciária internacional.

3 – Compete ao departamento de cooperação judiciária e relações internacionais, no âmbito das relações internacionais:

a) Apoiar a atividade da Procuradoria-Geral da República em matéria de representação internacional;

b) Acompanhar a execução de acordos e protocolos internacionais, nomeadamente com os Ministérios Públicos de outros países;

c) Assegurar a participação em reuniões internacionais, bem como apoiar e prestar colaboração aos peritos nomeados para nelas participar.

4 – Compete ainda ao departamento de cooperação judiciária e relações internacionais, sem prejuízo das atribuições do Ministério da Justiça:

a) Prestar apoio jurídico, recolher, tratar e difundir informação jurídica e realizar estudos especialmente nos domínios do direito da União Europeia, direito estrangeiro, direito internacional e direitos humanos;

b) Realizar, no âmbito da atividade do Ministério Público, serviços de tradução, retroversão, correspondência e interpretação, incluindo as peças pertinentes aos processos do Tribunal Europeu dos Direitos do Homem quando o Representante do Estado seja magistrado;

c) Exercer outras funções que lhe sejam conferidas em matéria documental e de informação jurídica.

5 – O departamento de cooperação judiciária e relações internacionais é dirigido por um procurador-geral-adjunto ou procurador da República, provido nos termos do artigo 167.º

Subsecção III – Gabinetes de coordenação nacional

Artigo 55.º – Estrutura e competência

1 – Os gabinetes de coordenação nacional têm a missão de promover a articulação a nível nacional da atividade do Ministério Público, com vista a uma intervenção integrada e harmonizada no âmbito das suas atribuições nas diversas jurisdições.

2 – Compete aos gabinetes de coordenação nacional:

a) Propor ao Procurador-Geral da República diretivas, instruções e orientações nas áreas específicas da sua intervenção;

b) Promover a uniformização da atividade dos magistrados, nomeadamente elaborando manuais, protocolos e guias de boas práticas;

c) Promover a criação de redes de magistrados e pontos de contacto;

d) Acompanhar e dinamizar as redes existentes nos diversos órgãos do Ministério Público, com faculdade de participar nas respetivas reuniões e promover o alinhamento das conclusões;

e) Identificar necessidades formativas e propor programas de formação específicos;

f) Assegurar o intercâmbio de informação e a articulação entre as redes;

g) Prestar apoio jurídico aos magistrados do Ministério Público, recolher e tratar informação jurídica, realizar estudos e difundir informação pelo Ministério Público.

3 – Os gabinetes de coordenação nacional são criados pelo Conselho Superior do Ministério Público sob proposta do Procurador-Geral da República.

4 – Os gabinetes de coordenação nacional são dirigidos por procuradores-gerais-adjuntos, nele podendo exercer funções outros procuradores-gerais-adjuntos ou procuradores da República.

Secção VII – Secretaria-Geral da Procuradoria-Geral da República

Artigo 56.º – Missão, atribuições e organização

1 – A Secretaria-Geral da Procuradoria-Geral da República tem por missão assegurar o apoio técnico e administrativo nos domínios do planeamento e gestão dos recursos humanos, financeiros e materiais, de documentação e produção estatística, de relações públicas e protocolo, bem como o apoio geral aos órgãos e serviços que integram a Procuradoria-Geral da República ou que dela

diretamente dependem, ao agente do Governo português junto do Tribunal Europeu dos Direitos do Homem, quando magistrado do Ministério Público, e ao membro nacional da EUROJUST.

2 – Compete ainda à Secretaria-Geral, em articulação com o departamento das tecnologias e sistema de informação, a gestão do parque informático.

Secção VIII – Departamentos Centrais

Subsecção I – Departamento Central de Investigação e Ação Penal

Artigo 57.º – Definição

1 – O DCIAP é um órgão de coordenação e de direção da investigação e de prevenção da criminalidade violenta, económico-financeira, altamente organizada ou de especial complexidade.

2 – O DCIAP é dirigido por um procurador-geral-adjunto, nele exercendo também funções outros procuradores-gerais-adjuntos e procuradores da República.

Artigo 58.º – Competência

1 – Compete ao DCIAP coordenar a direção da investigação dos seguintes crimes: *a)* Violações do direito internacional humanitário;

b) Organização terrorista e terrorismo;

c) Contra a segurança do Estado, com exceção dos crimes eleitorais;

d) Tráfico de pessoas e associação criminosa para o tráfico;

e) Tráfico internacional de estupefacientes, substâncias psicotrópicas e precursores de droga e associação criminosa para o tráfico;

f) Tráfico internacional de armas e associação criminosa para o tráfico;

g) Branqueamento de capitais e financiamento do terrorismo;

h) Corrupção, recebimento indevido de vantagem, tráfico de influência, participação económica em negócio, bem como de prevaricação punível com pena superior a dois anos;

i) Administração danosa em unidade económica do setor público;

j) Fraude na obtenção ou desvio de subsídio, subvenção ou crédito;

k) Infrações económico-financeiras cometidas de forma organizada, nomeadamente com recurso à tecnologia informática;

l) Infrações económico-financeiras de dimensão internacional ou transnacional;

m) Crimes de mercado de valores mobiliários;

n) Crimes previstos na lei do cibercrime.

2 – Compete ao DCIAP dirigir o inquérito e exercer a ação penal relativamente aos crimes indicados no n.º 1 em casos de especial relevância decorrente

da manifesta gravidade ou da especial complexidade do crime, devido ao número de arguidos ou de ofendidos, ao seu caráter altamente organizado ou às especiais dificuldades da investigação, desde que este ocorra em comarcas pertencentes a diferentes procuradorias-gerais regionais.

3 – Precedendo despacho do Procurador-Geral da República, compete ainda ao DCIAP dirigir o inquérito e exercer a ação penal quando, relativamente a crimes de manifesta gravidade, a especial complexidade ou dispersão territorial da atividade criminosa justificarem a direção concentrada da investigação.

4 – Compete ao DCIAP promover ou realizar as ações de prevenção admitidas na lei relativamente aos seguintes crimes:

a) Branqueamento de capitais e financiamento do terrorismo;

b) Corrupção, recebimento indevido de vantagem, tráfico de influência, participação económica em negócio, bem como de prevaricação punível com pena superior a dois anos;

c) Administração danosa em unidade económica do setor público;

d) Fraude na obtenção ou desvio de subsídio, subvenção ou crédito;

e) Infrações económico-financeiras cometidas de forma organizada, nomeadamente com recurso à tecnologia informática;

f) Infrações económico-financeiras de dimensão internacional ou transnacional.

5 – O exercício das funções de coordenação do DCIAP compreende:

a) A análise, em colaboração com os demais órgãos e departamentos do Ministério Público, da natureza e tendências de evolução da criminalidade bem como dos resultados obtidos na respetiva prevenção, deteção e controlo;

b) A identificação de metodologias de trabalho e a articulação com outros departamentos e serviços, com vista ao reforço da simplificação, racionalidade e eficácia dos procedimentos.

Artigo 59.º – Direção

1 – O DCIAP é dirigido por um procurador-geral-adjunto, provido nos termos do artigo 164.º, a quem compete:

a) Estabelecer orientações genéricas que assegurem métodos de direção do inquérito idóneos à realização da sua finalidade, em prazo razoável;

b) Proceder à distribuição de serviço nos termos previstos no regulamento do departamento;

c) Intervir hierarquicamente nos inquéritos, nos termos previstos no Código de Processo Penal;

d) Acompanhar o movimento processual do departamento, identificando, designadamente, os processos que estão pendentes por tempo considerado excessivo ou que não são resolvidos em prazo considerado razoável;

e) Propor ao Procurador-Geral da República os objetivos para o departamento, monitorizar a sua prossecução e elaborar o relatório anual;

f) Garantir a recolha e o tratamento da informação estatística e procedimental relativa à atividade do departamento e transmiti-la ao Procurador-Geral da República;

g) Proceder à articulação com os órgãos de polícia criminal, com os peritos oficiais, com os organismos de reinserção social e com os gabinetes responsáveis pela administração de bens e liquidação de ativos provenientes da prática de crime;

h) Elaborar a proposta de regulamento do departamento e apresentá-la ao Procurador-Geral da República para sua apreciação e posterior aprovação pelo Conselho Superior do Ministério Público;

i) Assegurar a representação externa do departamento;

j) Criar equipas de investigação e unidades de missão destinadas ao exercício da atividade do departamento;

k) Exercer as demais competências previstas na lei.

2 – Compete ainda ao diretor do departamento, no exercício das funções de coordenação:

a) Promover e garantir a articulação com os DIAP regionais e as Procuradorias da República;

b) Assegurar a articulação com os demais órgãos e estruturas do Ministério Público, incluindo as que intervêm noutras áreas ou noutras fases processuais;

c) Propor ao Procurador-Geral da República diretivas, instruções e ordens de serviço para uniformização, simplificação, racionalidade e eficácia da intervenção do Ministério Público.

Artigo 60.º – Composição

1 – O número de procuradores-gerais-adjuntos e procuradores da República a exercer funções no departamento é estabelecido em quadro aprovado por portaria do membro do governo responsável pela área da justiça, sob proposta do Conselho Superior do Ministério Público.

2 – O DCIAP pode organizar-se em secções especializadas.

3 – No DCIAP exercem funções consultores técnicos e elementos de órgãos de polícia criminal designados pelo Procurador-Geral da República, ouvido o diretor, em número constante do mapa de pessoal da Secretaria-Geral da Procuradoria-Geral da República.

4 – As funções previstas no número anterior são exercidas em regime de comissão de serviço, pelo período de três anos, renovável.

5 – A disponibilidade para o exercício das funções previstas nos números anteriores depende da competente autorização da tutela, ouvido o organismo em causa.

Subsecção II – Contencioso do Estado e interesses coletivos e difusos

Artigo 61.º – Departamentos de contencioso do Estado

1 – O departamento central de contencioso do Estado e interesses coletivos e difusos da Procuradoria-Geral da República é um órgão de coordenação e de representação do Estado em juízo, nos termos estabelecidos na alínea *a)* do n.º 1 do artigo 63.º

2 – O departamento central de contencioso do Estado e interesses coletivos e difusos tem competência em matéria cível, administrativa e tributária.

3 – Podem ser criados, por portaria do membro do Governo responsável pela área da justiça, departamentos de contencioso do Estado e interesses coletivos e difusos nas Procuradorias-Gerais Regionais.

4 – A criação dos departamentos referidos no número anterior é precedida de deliberação do Conselho Superior do Ministério Público, sob proposta do Procurador-Geral da República, ouvido o procurador-geral regional respetivo.

5 – O Procurador-Geral da República, ouvidos os Procuradores-Gerais Regionais, fixa por despacho os critérios de intervenção dos departamentos de contencioso do Estado e interesses coletivos e difusos, ponderando, entre outros fatores, a complexidade, o valor e a repercussão pública das causas.

Artigo 62.º – Composição

1 – Os departamentos de contencioso do Estado e interesses coletivos e difusos são dirigidos por procuradores-gerais-adjuntos ou procuradores da República.

2 – Nos departamentos de contencioso do Estado e interesses coletivos e difusos exercem funções procuradores-gerais-adjuntos e procuradores da República .

Artigo 63.º – Competência

1 – Compete aos departamentos de contencioso do Estado e interesses coletivos e difusos: *a)* A representação do Estado em juízo, na defesa dos seus interesses patrimoniais, em casos de especial complexidade ou de valor patrimonial particularmente relevante, mediante decisão do Procurador-Geral da República;

b) Organizar a representação do Estado em juízo, na defesa dos seus interesses patrimoniais;

c) Assegurar a defesa dos interesses coletivos e difusos;

d) Preparar, examinar e acompanhar formas de composição extrajudicial de conflitos em que o Estado seja interessado.

2 – Compete ainda aos departamentos de contencioso do Estado e interesses coletivos e difusos:

a) Apoiar os magistrados do Ministério Público na representação do Estado em juízo;

b) Propor ao Procurador-Geral da República diretivas, instruções e orientações nas áreas específicas da sua intervenção;

c) Promover a uniformização da atividade dos magistrados, desenvolvendo estudos e elaborando manuais, protocolos e guias de boas práticas.

3 – O Procurador-Geral da República pode atribuir aos departamentos do contencioso do Estado e interesses coletivos e difusos o acompanhamento e a preparação de causas não previstas no n.º 1.

Secção IX – Núcleo de assessoria técnica

Artigo 64.º – Competência e organização

1 – Compete ao núcleo de assessoria técnica, com autonomia técnico-científica, assegurar assessoria e consultadoria técnica à Procuradoria-Geral da República e, em geral, ao Ministério Público, nomeadamente em matéria económica, financeira, bancária, contabilística, de mercado de instrumentos financeiros, informática, ambiental, de urbanismo e ordenamento do território e de fiscalidade.

2 – O núcleo de assessoria técnica é dirigido por um coordenador designado pelo Procurador-Geral da República e nele exercem funções especialistas com formação científica e experiência profissional, designadamente nas matérias referidas no número anterior.

3 – As funções previstas no número anterior são exercidas em regime de comissão de serviço, pelo período de três anos, renovável.

4 – Em situações excecionais, justificadas pela especial complexidade de um processo, o exercício de funções no núcleo de assessoria técnica é prestado em regime de mobilidade na categoria ou de cedência de interesse público.

5 – A disponibilidade para o exercício das funções previstas nos números anteriores depende da competente autorização da tutela, ouvido o organismo em causa.

Capítulo III – Procuradorias-gerais regionais

Secção I – Procuradoria-geral regional

Artigo 65.º – Estrutura

1 – As procuradorias-gerais regionais têm sede em Coimbra, Évora, Lisboa e Porto, com a área territorial definida no anexo i ao presente Estatuto, do qual faz parte integrante.

2 – A procuradoria-geral regional assegura a representação do Ministério Público no Tribunal da Relação e no Tribunal Central Administrativo e a dire-

ção, coordenação e fiscalização da atividade do Ministério Público no âmbito da respetiva área territorial.

3 – A procuradoria-geral regional abrange a Procuradoria junto do Tribunal da Relação, a Procuradoria junto do Tribunal Central Administrativo, o DIAP regional e demais departamentos de âmbito regional e superintende as Procuradorias da República da comarca e as Procuradorias da República Administrativas e Fiscais.

Artigo 66.º – Competência

Compete à procuradoria-geral regional:

a) Promover a defesa da legalidade democrática;

b) Dirigir, coordenar e fiscalizar a atividade do Ministério Público no âmbito da sua área territorial e emitir as ordens e instruções a que deve obedecer a atuação dos magistrados, no exercício das suas funções;

c) Propor ao Procurador-Geral da República diretivas tendentes a uniformizar a ação do Ministério Público;

d) Promover a articulação da intervenção do Ministério Público nas diversas jurisdições e fases processuais;

e) Coordenar a atividade dos órgãos de polícia criminal entre si, nos termos da lei;

f) Fiscalizar a atividade processual dos órgãos de polícia criminal, nos termos do presente Estatuto;

g) Fiscalizar a observância da lei na execução das penas e das medidas de segurança e no cumprimento de quaisquer medidas de internamento ou tratamento compulsivo, requisitando os esclarecimentos e propondo as inspeções que se mostrarem necessários;

h) Efetuar e divulgar estudos de tendência relativamente a doutrina e a jurisprudência, tendo em vista a unidade do direito e a defesa do princípio da igualdade dos cidadãos perante a lei;

i) Realizar, em articulação com os órgãos de polícia criminal, estudos sobre fatores e tendências de evolução da criminalidade;

j) Elaborar o relatório anual de atividade e os relatórios de progresso que se mostrarem necessários ou que forem superiormente determinados;

k) Exercer as demais funções conferidas por lei.

Secção II – Procuradores-gerais regionais

Artigo 67.º – Direção

1 – As procuradorias-gerais regionais são dirigidas por um procurador-geral-adjunto com a designação de procurador-geral regional.

2 – O procurador-geral regional é substituído, nas suas faltas e impedimentos, pelo procurador-geral-adjunto que indicar ou, na falta de designação, pelo mais antigo.

3 – Os procuradores-gerais-adjuntos que exercem funções junto do Tribunal da Relação e do Tribunal Central Administrativo assumem, nesses tribunais, a representação do Ministério Público, sob a direção do procurador-geral regional.

4 – Nos tribunais da Relação com sede fora do concelho onde está sedeada a procuradoria-geral regional, o Ministério Público é representado pelo procurador-geral-adjunto coordenador.

5 – O procurador-geral-adjunto coordenador mencionado no número anterior dirige e coordena a atividade do Ministério Público nesse tribunal e integra a procuradoria-geral regional da respetiva área territorial.

6 – O procurador-geral regional pode delegar poderes de gestão da atividade do Ministério Público e, excecionalmente, poderes de hierarquia processual, no coordenador referido nos números antecedentes, bem como no magistrado coordenador das procuradorias administrativas e fiscais.

7 – O procurador-geral regional pode designar, de entre os procuradores-gerais-adjuntos que exercem funções na Procuradoria-Geral Regional, coordenadores setoriais segundo áreas de intervenção material do Ministério Público.

8 – Na procuradoria-geral regional podem exercer funções de coadjuvação e assessoria procuradores da República, nos termos a definir pelo procurador-geral regional.

9 – O procurador-geral regional pode propor a designação de funcionário judicial ou dos serviços do Ministério da Justiça para, em comissão de serviço, exercer funções de seu secretário.

Artigo 68.º – Competência

1 – Compete ao procurador-geral regional:

a) Dirigir, coordenar e fiscalizar a atividade do Ministério Público no âmbito da sua área de competência territorial e emitir ordens e instruções;

b) Representar o Ministério Público no Tribunal da Relação e no Tribunal Central Administrativo;

c) Propor ao Procurador-Geral da República a adoção de diretivas que visem a uniformização de procedimentos do Ministério Público;

d) Planear e definir, anualmente, a atividade e os objetivos da procuradoria-geral regional, acompanhar a sua execução, proceder à correspondente avaliação e transmiti-la ao Procurador-Geral da República;

e) Assegurar a coordenação da atividade do Ministério Público no Tribunal da Relação e no Tribunal Central Administrativo, designadamente quanto à interposição de recursos visando a uniformização da jurisprudência, ouvido o magistrado do Ministério Público Coordenador da Procuradoria da República administrativa e fiscal respetiva;

f) Intervir hierarquicamente nos inquéritos, nos termos previstos no Código de Processo Penal;

g) Atribuir, por despacho fundamentado, processos concretos a outro magistrado que não o seu titular sempre que razões ponderosas de especialização, complexidade processual ou repercussão social o justifiquem;

h) Promover a articulação da atividade do Ministério Público nas diversas jurisdições e áreas especializadas, designadamente com a criação e dinamização de redes, em colaboração com os gabinetes de coordenação nacional e os departamentos centrais, ouvidos os magistrados do Ministério Público Coordenadores das respetivas jurisdições e áreas especializadas;

i) Analisar e difundir, periodicamente, informação quantitativa e qualitativa relativa à atividade do Ministério Público;

j) Promover a coordenação da atividade processual no decurso do inquérito e de prevenção levadas a cabo pelos órgãos de polícia criminal, nos termos do disposto na alínea *i)* do n.º 2 do artigo 19.º;

k) Proceder à fiscalização da atividade processual dos órgãos de polícia criminal, nos termos estabelecidos pelo Procurador-Geral da República;

l) Velar pela legalidade da execução das medidas restritivas de liberdade e de internamento ou tratamento compulsivo e propor medidas de inspeção aos estabelecimentos ou serviços, bem como a adoção das providências disciplinares ou criminais que devam ter lugar;

m) Proceder à distribuição de serviço entre os procuradores-gerais-adjuntos que exerçam funções na procuradoria-geral regional, sem prejuízo do disposto na lei do processo;

n) Promover a articulação com entidades que devam colaborar com o Ministério Público no âmbito das suas atribuições;

o) Apreciar os regulamentos das procuradorias e departamentos do Ministério Público e apresentá-los à Procuradoria-Geral da República para aprovação;

p) Decidir os pedidos de justificação de falta ao serviço e de autorização ou justificação de ausência por motivo ponderoso, formulados pelos magistrados do Ministério Público em funções na procuradoria-geral regional, pelo diretor do DIAP regional e pelos magistrados coordenadores das procuradorias da República das comarcas e administrativas e fiscais;

q) Exercer as demais funções conferidas por lei.

2 – A medida a que se refere a alínea *g)* do número anterior é precedida de audição do magistrado titular do processo, a qual, contrariando a fundamentação expressa pelo procurador-geral regional, exige prévia decisão por parte do Procurador-Geral da República para a sua concretização.

Secção III – Quadros complementares de magistrados do Ministério Público

Artigo 69.º – Quadro complementar

1 – Na sede de cada procuradoria-geral regional pode ser criado um quadro complementar de magistrados do Ministério Público para colocação nos juízos, nas procuradorias e nos departamentos da circunscrição em que se verifique a falta ou o impedimento dos titulares, a vacatura do lugar, ou quando o número ou a complexidade dos processos existentes o justifiquem.

2 – O quadro de magistrados do Ministério Público referido no número anterior pode ser desdobrado ao nível de cada uma das procuradorias da República das comarcas ou administrativas e fiscais.

3 – Os magistrados do Ministério Público nomeados para o quadro, quando colocados em procuradoria ou departamento situado em concelho diverso daquele em que se situa a sede da procuradoria-geral regional ou o domicílio autorizado, auferem ajudas de custo nos termos da lei geral, relativas aos dias em que prestam serviço efetivo.

4 – O número de magistrados do Ministério Público que integram os quadros é fixado por portaria dos membros do Governo responsáveis pelas áreas das finanças e da justiça, sob proposta do Conselho Superior do Ministério Público.

5 – Compete ao Conselho Superior do Ministério Público aprovar o regulamento dos quadros complementares e efetuar a gestão respetiva.

«Secção IV – Departamentos de Investigação e Ação Penal Regionais

Artigo 70.º – Estrutura e direção

1 – O DIAP regional está sedeado na comarca sede da procuradoria-geral regional, dirige o inquérito e exerce a ação penal em matéria de criminalidade violenta, económico-financeira, altamente organizada ou de especial complexidade.

2 – Os DIAP regionais são dirigidos por procuradores-gerais-adjuntos e neles exercem funções procuradores-gerais-adjuntos e procuradores da República.

3 – O diretor do DIAP regional pode exercer simultaneamente as funções de direção do DIAP da comarca onde está sedeado, em regime de agregação.

4 – O DIAP regional pode estruturar-se em unidades desconcentradas e organizar-se em secções de competência genérica ou especializada.

5 – Nos DIAP regionais podem ser criadas equipas de investigação e unidades de missão destinadas a articular segmentos específicos da atividade do departamento.

Artigo 71.º – Competência

1 – Os DIAP regionais são competentes para:

a) Dirigir o inquérito e exercer a ação penal relativamente aos crimes indicados no n.º 1 do artigo 58.º, quando a atividade criminosa ocorrer em comarcas que integram a área da procuradoria-geral regional respetiva;

b) Precedendo despacho do procurador-geral regional, dirigir o inquérito e exercer a ação penal quando, relativamente a crimes de manifesta gravidade, a complexidade ou dispersão territorial da atividade criminosa justificarem a direção concentrada da investigação.

2 – Por despacho fundamentado, o procurador-geral regional pode atribuir competência aos DIAP da Procuradoria da República da comarca para dirigir o inquérito e exercer a ação penal relativamente a crimes indicados na alínea *a)* do número anterior, nomeadamente em casos de menor complexidade e gravidade.

Artigo 72.º – Competência do diretor do DIAP regional

Compete ao diretor do DIAP regional:

a) Dirigir e coordenar a atividade do Ministério Público no departamento;

b) Intervir hierarquicamente nos inquéritos, nos termos previstos no Código de Processo Penal;

c) Assegurar a representação externa do departamento;

d) Assegurar a articulação com os órgãos de polícia criminal, com as estruturas de suporte à investigação e de apoio à vítima e com os gabinetes responsáveis pela liquidação de ativos provenientes da prática de crime;

e) Criar equipas de investigação e unidades de missão destinadas ao exercício da atividade do departamento;

f) Propor ao procurador-geral regional que determine a intervenção nas fases subsequentes do processo do magistrado que dirigiu o inquérito, sempre que razões ponderosas de complexidade processual o justifiquem;

g) Assegurar a articulação com o DCIAP e com os DIAP das procuradorias da República das comarcas;

h) Promover mecanismos de articulação e conexão entre magistrados que intervêm em diferentes fases processuais ou em áreas materiais conexas com os factos em investigação;

i) Acompanhar o volume processual, identificando, designadamente, os processos que estão pendentes por tempo excessivo ou que não são resolvidos em prazo razoável, informando, sem prejuízo das iniciativas gestionárias que adote, o procurador-geral regional;

j) Acompanhar a prossecução dos objetivos fixados para o departamento, proceder à análise sistémica do tempo de resposta e da qualidade do serviço de justiça prestado e promover reuniões de planeamento e de avaliação dos resultados;

k) Garantir a recolha e o tratamento da informação estatística e procedimental e transmiti-la ao procurador-geral regional;

l) Proferir decisões em conflitos internos de competência;

m) Exercer as demais funções previstas na lei.

Capítulo IV – Procuradorias da República de comarca

Secção I – Estrutura, competência e direção

Artigo 73.º – Estrutura

1 – Em cada comarca existe uma procuradoria da República, com sede no concelho onde está sedeado o tribunal de comarca.

2 – A procuradoria da República de comarca integra o DIAP de comarca e as procuradorias dos juízos de competência especializada, dos juízos de competência genérica, dos juízos de proximidade e dos tribunais de competência territorial alargada aí sedeados.

3 – A procuradoria da República de comarca é dirigida por um procurador-geral-adjunto ou procurador da República designado magistrado do Ministério Público coordenador, nela exercendo funções procuradores-gerais-adjuntos e procuradores da República.

4 – A procuradoria da República de comarca dispõe de secretarias integradas por oficiais de justiça, em número que, nos termos da lei, garanta a autonomia do Ministério Público.

5 – As procuradorias da República de comarca regem-se por regulamento e dispõem de apoio administrativo próprios.

Artigo 74.º – Competência

Compete especialmente às procuradorias da República de comarca dirigir, coordenar e fiscalizar a atividade do Ministério Público na área da comarca e nos departamentos e procuradorias que a integram.

Artigo 75.º – Direção

1 – O magistrado do Ministério Público coordenador dirige e coordena a atividade do Ministério Público na comarca, incluindo as procuradorias dos tribunais de competência territorial alargada ali sedeados, emitindo ordens e instruções, competindo-lhe:

a) Representar o Ministério Público no tribunal da comarca e nos tribunais de competência territorial alargada ali sedeados;

b) Monitorizar o movimento processual da procuradoria da República de comarca, identificando, designadamente, os processos que estão pendentes por tempo considerado excessivo ou que não são resolvidos em prazo considerado razoável, adotando as medidas gestionárias tidas por adequadas, informando o procurador-geral regional;

c) Elaborar e apresentar ao Procurador-Geral da República, através do procurador-geral regional, propostas para os objetivos processuais do Ministério Público na comarca;

d) Acompanhar a prossecução dos objetivos fixados para a procuradoria da República de comarca, promovendo a realização de reuniões de planeamento e de avaliação dos resultados da procuradoria da República da comarca;

e) Elaborar um relatório semestral sobre o estado dos serviços e a qualidade da resposta prestada;

f) Proceder à distribuição de serviço entre os magistrados do Ministério Público, nos termos do regulamento da procuradoria da República da comarca e sem prejuízo do disposto na lei;

g) Intervir hierarquicamente nos inquéritos, nos termos previstos no Código de Processo Penal;

h) Intervir hierarquicamente nos demais processos e dossiês do Ministério Público;

i) Proferir decisão em conflitos internos de competência, sem prejuízo das competências e atribuições nessa matéria conferidas ao diretor do DIAP e aos procuradores dirigentes de secção;

j) Promover métodos de trabalho e adotar medidas de agilização processual, desburocratização e simplificação de procedimentos e propor ao procurador-geral regional a emissão de ordens e instruções;

k) Propor ao Conselho Superior do Ministério Público, através do procurador-geral regional, a reafetação de magistrados do Ministério Público;

l) Afetar grupos de processos ou inquéritos para tramitação a outro magistrado que não o seu titular;

m) Propor ao procurador-geral regional, por despacho fundamentado, a atribuição de processos concretos a outro magistrado que não o seu titular, sempre que razões ponderosas de especialização, complexidade processual ou repercussão social o justifiquem;

n) Propor ao Conselho Superior do Ministério Público, através do procurador-geral regional, o exercício de funções de magistrados em mais de uma Procuradoria ou secção de departamento da mesma comarca, nos termos do artigo 79.º;

o) Pronunciar-se sempre que seja ponderada a realização de sindicâncias ou inspeções aos serviços da comarca pelo Conselho Superior do Ministério Público;

p) Dar posse e elaborar os mapas de turnos e de férias dos magistrados do Ministério Público;

q) Apreciar os pedidos de justificação de falta ao serviço e de autorização ou justificação de ausência por motivo ponderoso, formulados pelos magistrados do Ministério Público que exercem funções na sua comarca;

r) Exercer a ação disciplinar sobre os oficiais de justiça em funções nas secretarias do Ministério Público, relativamente a sanção de gravidade inferior à de multa, e, nos restantes casos, ordenar a instauração de processo disciplinar, se a infração ocorrer nos respetivos serviços;

s) Participar no processo de avaliação dos oficiais de justiça em funções nos serviços do Ministério Público, nos termos da legislação específica aplicável;

t) Pronunciar-se sempre que seja ponderada pelo Conselho dos Oficiais de Justiça a realização de sindicâncias relativamente aos serviços do Ministério Público;

u) Identificar necessidades formativas e, em articulação com o Conselho Superior do Ministério Público, promover a frequência equilibrada de ações de formação pelos magistrados do Ministério Público da comarca;

v) Propor ao Procurador-Geral da República, por intermédio do procurador-geral regional, a aprovação do regulamento da procuradoria da República de comarca, ouvido o presidente do tribunal e o administrador judiciário.

2 – As decisões previstas nas alíneas *k)*, *l)* e *m)* do número anterior devem ser precedidas da audição dos magistrados visados.

3 – O magistrado do Ministério Público coordenador é substituído nas suas faltas e impedimentos pelo magistrado do Ministério Público que indicar, ou, na falta de designação, pelo mais antigo a exercer funções na sua comarca

Artigo 76.º – Instrumentos de mobilidade e gestão processual

1 – Os instrumentos de mobilidade e gestão processual visam melhorar o equilíbrio da carga processual e a eficiência dos serviços, destinam-se a satisfazer necessidades pontuais de serviço e devem respeitar o princípio da especialização.

2 – São instrumentos de mobilidade e gestão processual:

a) A reafetação de magistrados;

b) A afetação de processos;

c) A acumulação;

d) A agregação;

e) A substituição.

3 – O Conselho Superior do Ministério Público define e publicita os critérios gerais a que devem obedecer as decisões mencionadas no número anterior, considerando o princípio da proporcionalidade, regras de equilíbrio na distribuição do serviço e as implicações de prejuízo sério para a vida pessoal e familiar do magistrado.

Artigo 77.º – Reafetação

1 – A reafetação consiste na colocação transitória do magistrado em tribunal, procuradoria ou secção de departamento diverso daquele em que está colocado.

2 – A reafetação é determinada pelo Conselho Superior do Ministério Público, depende da prévia audição do magistrado e não pode implicar que este passe a exercer funções em comarca diversa ou em local que diste mais de 60 quilómetros daquele onde se encontra colocado.

3 – A reafetação cessa com a produção de efeitos do movimento seguinte e não pode ser renovada, quanto ao mesmo magistrado, sem o acordo deste, antes de decorridos três anos.

Artigo 78.º – Afetação de processos

A afetação de processos corresponde à redistribuição, aleatória ou por atribuição, de grupos de processos ou inquéritos a magistrado diverso do seu titular original, em termos a regulamentar pelo Conselho Superior do Ministério Público.

Artigo 79.º – Acumulação

1 – A acumulação consiste no exercício de funções de magistrados em mais de um tribunal, procuradoria ou secção de departamento da mesma comarca.

2 – A acumulação é determinada pelo Conselho Superior do Ministério Público, é precedida da audição do magistrado, tem caráter excecional e pressupõe a avaliação do volume processual existente e das necessidades do serviço.

3 – O procurador-geral regional avalia, semestralmente, a justificação da manutenção da situação de acumulação, transmitindo-a ao Conselho Superior do Ministério Público através do Procurador-Geral da República.

Artigo 80.º – Agregação

1 – A agregação consiste na colocação, pelo Conselho Superior do Ministério Público, no âmbito do movimento anual, de magistrados a exercer mais do que uma função ou a exercer funções em mais do que um tribunal, secção ou departamento da mesma comarca.

2 – A agregação de lugares ou de funções é publicitada no anúncio do movimento.

3 – A colocação em agregação pressupõe a ponderação sobre as necessidades do serviço, os valores de referência processual e a proximidade e acessibilidade dos lugares a agregar.

Artigo 81.º – Substituições

1 – Os magistrados do Ministério Público são substituídos nas suas faltas e impedimentos por magistrados da mesma comarca ou área de jurisdição adminis-

trativa e fiscal, preferencialmente por magistrado que exerça funções em idêntica área de especialização, segundo a ordem estabelecida no regulamento da procuradoria da República da comarca ou por determinação do magistrado coordenador da comarca.

2 – Se a falta ou impedimento for superior a 15 dias, o magistrado coordenador pode recorrer aos mecanismos previstos nas alíneas *a)* a *c)* do n.º 2 do artigo 76.º 3 – Nas procuradorias e nos departamentos onde prestam funções dois ou mais magistrados, estes substituem-se reciprocamente.

Secção II – Procuradores-gerais-adjuntos na 1.ª instância

Artigo 82.º – Competência

Na 1.ª instância podem exercer funções procuradores-gerais-adjuntos nos casos previstos neste Estatuto e em termos a regulamentar pelo Conselho Superior do Ministério Público.

Secção III – Procuradores da República

Artigo 83.º – Competência

1 – Os procuradores da República representam o Ministério Público na primeira instância nos juízos de competência genérica, de competência especializada, de proximidade e nos tribunais de competência territorial alargada, e integram os DIAP.

2 – Compete aos procuradores da República que dirigem procuradorias, sem prejuízo das competências do magistrado coordenador de comarca:

a) Representar o Ministério Público nos tribunais de 1.ª instância, assumindo pessoalmente essa representação, designadamente quando o justifique a gravidade da infração, a complexidade do processo ou a especial relevância do interesse a sustentar;

b) Coordenar e fiscalizar a intervenção do Ministério Público no âmbito das suas funções, mantendo informado o imediato superior hierárquico;

c) Proferir as decisões previstas nas leis de processo;

d) Exercer as funções que lhe sejam delegadas pelo magistrado coordenador da comarca bem como as demais conferidas por lei.

3 – Compete aos procuradores da República que dirigem secções dos DIAP:

a) Assumir a direção de inquéritos e exercer a ação penal quando a complexidade do processo ou a especial relevância do interesse a sustentar o justifique, assegurando, quando determinado nos termos deste Estatuto, a instrução e o julgamento dos processos em que intervém;

b) Coordenar e fiscalizar a intervenção do Ministério Público no âmbito das suas funções, mantendo informado o imediato superior hierárquico;

c) Proferir as decisões previstas nas leis de processo;

d) Exercer as demais funções previstas na lei.

4 – Os procuradores da República nos DIAP podem chefiar equipas de investigação.

Secção IV – Coordenadores setoriais

Artigo 84.º – Competência

1 – Os magistrados coordenadores da comarca podem propor ao Conselho Superior do Ministério Público, através do procurador-geral regional, a nomeação, de entre os procuradores-gerais-adjuntos e procuradores da República na comarca, de magistrados que, para além das funções que lhes estão atribuídas, assegurem a coordenação setorial de áreas de intervenção material do Ministério Público.

2 – Os magistrados referidos no número anterior designam-se por coordenadores setoriais.

3 – O coordenador setorial coadjuva o magistrado coordenador de comarca, competindo-lhe:

a) Dinamizar e criar boas práticas de intervenção na área de especialização respetiva e assegurar a articulação com os gabinetes de coordenação nacional previstos no artigo 55.º;

b) Estabelecer a articulação com os coordenadores setoriais da mesma área de especialização ou de áreas conexas, visando a abordagem intrassistémica da atuação dos magistrados do Ministério Público;

c) Apoiar o magistrado do Ministério Público coordenador na articulação com entidades públicas e órgãos de polícia criminal;

d) Propor ao magistrado coordenador da comarca a emissão de ordens ou instruções, nomeadamente em matéria de distribuição de serviço.

4 – Os coordenadores setoriais podem beneficiar de redução de serviço a decidir pelo Conselho Superior do Ministério Público, sob proposta do magistrado coordenador de comarca.

5 – Os coordenadores setoriais podem frequentar o curso de formação referido no artigo 97.º da Lei da Organização do Sistema Judiciário.

Capítulo V – Departamentos de investigação e ação penal

Artigo 85.º – Estrutura e competência

1 – Existem DIAP em todas as comarcas em que o volume processual de inquéritos penais o justifique.

2 – Os DIAP das comarcas são criados por portaria do membro do Governo responsável pela área da justiça, sob proposta do Conselho Superior do Ministério Público.

3 – Nas comarcas em que existe DIAP, este integra todas as unidades do Ministério Público responsáveis pela direção do inquérito e exercício da ação penal.

4 – Os DIAP podem estruturar-se em unidades desconcentradas que assumem a designação do concelho em que se encontram localizadas.

5 – As unidades do DIAP podem organizar-se em secções, podendo estas ter competência genérica ou especializada.

6 – Compete aos DIAP dirigir o inquérito e exercer a ação penal por crimes cometidos na área da circunscrição respetiva.

7 – Nos DIAP podem ser criadas equipas de investigação e unidades de missão destinadas a articular a atividade do departamento em funções de suporte à atividade processual.

Artigo 86.º – Composição e direção

1 – Os DIAP são integrados por procuradores da República.

2 – Os DIAP podem ser dirigidos por procuradores-gerais-adjuntos ou por procuradores da República.

3 – As secções dos DIAP são dirigidas por procuradores da República designados dirigentes de secção.

4 – Os procuradores da República podem dirigir mais do que uma secção, ainda que sedeadas em diferentes concelhos.

Artigo 87.º – Competência do diretor do DIAP

Compete ao diretor do DIAP:

a) Dirigir a atividade do Ministério Público no departamento;

b) Intervir hierarquicamente nos inquéritos, nos termos previstos no Código de Processo Penal;

c) Assegurar a representação externa do departamento;

d) Assegurar a articulação com os órgãos de polícia criminal, com as estruturas de suporte à investigação e de apoio à vítima e com os gabinetes responsáveis pela liquidação de ativos provenientes da prática de crime;

e) Garantir a interlocução externa do departamento e assegurar a articulação com o DIAP regional, bem como com o DCIAP;

f) Criar mecanismos de articulação entre magistrados que intervêm em diferentes fases processuais ou em áreas materiais conexas com os factos em investigação;

g) Acompanhar o volume processual, designadamente identificando os processos que estão pendentes por tempo excessivo ou que não são resolvidos em prazo razoável, informando, sem prejuízo das iniciativas gestionárias que adote, o magistrado coordenador de comarca;

h) Propor ao magistrado coordenador de comarca que determine a intervenção nas fases subsequentes do processo do magistrado que dirigiu o inquérito, sempre que razões ponderosas de complexidade processual o justifiquem;

i) Acompanhar a prossecução dos objetivos fixados para o departamento e promover reuniões de planeamento e de avaliação dos resultados;

j) Garantir a recolha e o tratamento da informação estatística e procedimental e transmiti-la ao magistrado coordenador de comarca;

k) Proceder à análise sistémica do tempo de resposta e da qualidade do serviço de justiça prestado;

l) Proferir decisões em conflitos internos de competência;

m) Exercer as demais funções previstas na lei.

Capítulo VI – Procuradorias da República administrativas e fiscais

Secção I – Procuradorias da República administrativas e fiscais

Artigo 88.º – Estrutura e direção

1 – Existem quatro procuradorias da República administrativas e fiscais com sede e área territorial correspondentes às zonas administrativas e fiscais enunciadas no anexo i ao presente Estatuto.

2 – As procuradorias da República administrativas e fiscais integram as procuradorias localizadas nos tribunais administrativos de círculo, tributários e administrativos e fiscais da área de competência territorial respetiva, nos termos do anexo referido no número anterior.

3 – A procuradoria da República administrativa e fiscal é coordenada por um procurador-geral-adjunto, designado magistrado do Ministério Público coordenador da procuradoria da República administrativa e fiscal.

4 – Sem prejuízo do disposto no artigo 68.º, compete ao magistrado do Ministério Público coordenador da procuradoria da República administrativa e fiscal:

a) Dirigir, coordenar e fiscalizar a atividade do Ministério Público na procuradoria da República administrativa e fiscal respetiva;

b) Representar o Ministério Público nos respetivos tribunais administrativos e fiscais;

c) Propor ao procurador-geral regional a adoção de diretivas que visem a uniformização de procedimentos do Ministério Público;

d) Planear e definir anualmente a atividade e os objetivos do Ministério Público na procuradoria da República administrativa e fiscal, acompanhar a sua execução, proceder à avaliação, e transmiti-la ao Procurador-Geral da República através do procurador-geral regional;

e) Promover a articulação com o Ministério Público na jurisdição dos tribunais judiciais, bem como com outras entidades que devam colaborar com o Ministério Público no âmbito da atuação deste na jurisdição administrativa e fiscal;

f) Proceder à distribuição de serviço entre os magistrados do Ministério Público que exercem funções na procuradoria da República administrativa e fiscal;

g) Acompanhar o movimento processual do Ministério Público, identificando, designadamente, os processos que estão pendentes por tempo considerado excessivo ou que não são resolvidos em prazo considerado razoável;

h) Propor ao Conselho Superior do Ministério Público, através do procurador-geral regional, a reafetação de magistrados;

i) Propor ao Conselho Superior do Ministério Público, através do procurador-geral regional, o exercício de funções de magistrado em mais do que um tribunal ou juízo da mesma zona geográfica, com observância do estatuído no n.º 2 do artigo 77.º;

j) Afetar grupos de processos para tramitação a outro magistrado que não o seu titular;

k) Pronunciar-se sempre que seja ponderada a realização de sindicâncias ou inspeções aos serviços pelo Conselho Superior do Ministério Público;

l) Dar posse e elaborar os mapas de turnos e de férias dos magistrados do Ministério Público;

m) Apreciar os pedidos de justificação de falta ao serviço e de autorização ou justificação de ausência por motivo ponderoso, formulados pelos magistrados do Ministério Público que exercem funções na procuradoria da República administrativa e fiscal;

n) Exercer a ação disciplinar sobre os oficiais de justiça em funções nas secretarias do Ministério Público, relativamente a sanção de gravidade inferior à de multa, e, nos restantes casos, ordenar a instauração de processo disciplinar, se a infração ocorrer nos respetivos serviços;

o) Participar no processo de avaliação dos oficiais de justiça em funções nas secretarias do Ministério Público, nos termos da legislação específica aplicável;

p) Pronunciar-se sempre que seja ponderada pelo Conselho dos Oficiais de Justiça a realização de sindicâncias relativamente aos serviços do Ministério Público;

q) Determinar a aplicação de medidas de simplificação e de agilização processuais;

r) Assegurar a frequência equilibrada de ações de formação pelos magistrados do Ministério Público, em articulação com o Conselho Superior do Ministério Público;

s) Exercer as demais competências previstas na lei e desenvolver as ações que lhe forem superiormente determinadas.

5 – Ao exercício das competências previstas nas alíneas *h)*, *i)* e *j)* do número anterior aplica-se o disposto nos artigos 76.º a 81.º

6 – O magistrado do Ministério Público coordenador da procuradoria da República administrativa e fiscal é substituído nas suas faltas e impedimentos pelo magistrado que indicar, ou, na falta de designação, pelo mais antigo a exercer funções na respetiva área de jurisdição.

Secção II – Procuradorias dos tribunais administrativos e fiscais

Artigo 89.º – Estrutura e competência

1 – Nas procuradorias dos tribunais administrativos de círculo, tributários e administrativos e fiscais, exercem funções procuradores-gerais-adjuntos e procuradores da República, em número constante de portaria a aprovar pelos membros do Governo responsáveis pelas áreas das finanças e da justiça, competindo-lhes representar o Ministério Público naqueles tribunais.

2 – Nas procuradorias cujo volume processual o justifique, podem ser criadas equipas de magistrados destinadas a intervir em áreas temáticas ou específicas de atividade, designadamente para a propositura de ações.

Capítulo VII – Representação do Ministério Público

Artigo 90.º – Princípios gerais

1 – A atribuição de processos e a representação do Ministério Público faz-se nos termos do presente Estatuto, das leis de processo, das leis de organização do sistema judiciário e dos regulamentos de organização dos órgãos do Ministério Público.

2 – O magistrado a quem o processo seja distribuído pode ser coadjuvado por outros magistrados do Ministério Público, da mesma ou de diferentes unidades orgânicas, quando a complexidade processual ou razões processuais o justifiquem, por decisão do superior hierárquico comum.

3 – Quando a mesma matéria, ou matéria conexa, for objeto de processos em jurisdições distintas e se verificar a necessidade de uma ação integrada e articulada do Ministério Público, podem ser constituídas equipas de magistrados, por decisão do superior hierárquico comum.

Artigo 91.º – Representação especial do Estado nas ações cíveis ou administrativas

Nas ações cíveis ou administrativas em que o Estado seja parte, o Procurador-Geral da República, ouvido o procurador-geral regional, pode nomear qualquer magistrado do Ministério Público para substituir ou coadjuvar o magistrado a quem incumba a representação do Estado.

Artigo 92.º – Representação especial nos processos criminais

1 – Nos processos criminais, o Procurador-Geral da República pode nomear qualquer magistrado do Ministério Público para coadjuvar ou substituir outro magistrado a quem o processo esteja distribuído, sempre que razões ponderosas de complexidade processual ou de repercussão social o justifiquem.

2 – O procurador-geral regional pode proferir a decisão prevista no número anterior caso ambos os magistrados exerçam funções na respetiva procuradoria-geral regional ou em procuradorias da República por ela abrangidas, dando conhecimento ao Procurador-Geral da República.

3 – Pode ser determinado, por superior hierárquico comum, que intervenha nas fases subsequentes do processo o magistrado que dirigiu o inquérito ou que o coadjuvou, sempre que razões ponderosas de complexidade processual o justifiquem.

Artigo 93.º – Conflito na representação pelo Ministério Público

1 – Em caso de conflito entre entidades, pessoas ou interesses que o Ministério Público deva representar, os magistrados coordenadores das procuradorias da República de comarca e administrativas e fiscais, com faculdade de delegação, solicitam à Ordem dos Advogados a indicação de um advogado para representar uma das partes.

2 – Quando uma das entidades referidas no número anterior seja o Estado, a solicitação deve ser dirigida ao diretor do Centro de Competências Jurídicas do Estado – JURISAPP.

3 – Caso o JURISAPP não tenha disponibilidade para satisfazer uma solicitação feita nos termos do número anterior, o seu diretor reencaminha, atempadamente, a solicitação à Ordem dos Advogados, comunicando a remessa à entidade requerente.

4 – Havendo urgência, e enquanto a nomeação não possa fazer-se nos termos do n.º 1, o juiz designa advogado para intervir nos atos processuais.

5 – Os honorários devidos pelo patrocínio referido nos números anteriores constituem encargos do Estado.

Parte II – Magistratura do Ministério Público

Capítulo I – Organização e estatuto

Artigo 94.º – Âmbito

1 – Os magistrados do Ministério Público estão sujeitos às disposições do presente Estatuto, qualquer que seja a situação em que se encontrem.

2 – As disposições da presente lei são também aplicáveis, com as devidas adaptações, aos substitutos dos magistrados do Ministério Público quando em exercício de funções, e enquanto estas se mantiverem, a título excecional.

Artigo 95.º – Funções

1 – São funções de Ministério Público as exercidas em procuradorias, tribunais, órgãos e departamentos do Ministério Público previstos no presente Estatuto.

2 – Consideram-se equiparadas a funções de Ministério Público:

a) As funções correspondentes às de magistratura e de assessoria em tribunais internacionais e no âmbito da cooperação judiciária internacional;

b) As funções exercidas na Procuradoria Europeia;

c) As funções de direção exercidas na Polícia Judiciária;

d) As funções de direção, coordenação ou docência exercidas no Centro de Estudos Judiciários;

e) As funções de apoio técnico-legislativo relativo à reforma do sistema judiciário no âmbito do Ministério da Justiça;

f) Todas as funções que a lei expressamente estabelecer que devem ser exercidas exclusivamente por magistrado.

Artigo 96.º – Paralelismo em relação à magistratura judicial

1 – A magistratura do Ministério Público é paralela à magistratura judicial e dela independente, sem prejuízo das especificidades próprias da função.

2 – Nas audiências e atos oficiais a que presidam magistrados judiciais, os do Ministério Público que sirvam junto do mesmo tribunal tomam lugar à sua direita.

3 – Os magistrados do Ministério Público apresentam declarações de rendimento e património, nos termos da lei.

Artigo 97.º – Estatuto

1 – Com respeito pelo princípio da autonomia do Ministério Público, os seus magistrados são responsáveis e hierarquicamente subordinados, nos termos da Constituição e do presente Estatuto.

2 – A responsabilidade consiste em responderem, nos termos da lei, pelo cumprimento dos seus deveres e pela observância das diretivas, ordens e instruções que receberem.

3 – A hierarquia é de natureza funcional e consiste na subordinação dos magistrados aos seus superiores hierárquicos, nos termos definidos no presente Estatuto, e na consequente obrigação de acatamento por aqueles das diretivas, ordens e instruções recebidas, sem prejuízo do disposto nos artigos 100.º e 101.º

4 – A intervenção hierárquica em processos de natureza criminal é regulada pela lei processual penal.

5 – Salvaguardado o disposto no número anterior, as decisões finais proferidas pelos magistrados do Ministério Público em procedimentos de natureza não criminal podem ser objeto de reapreciação pelo imediato superior hierárquico.

6 – A impugnação judicial dos atos administrativos praticados pelos magistrados do Ministério Público é precedida de impugnação administrativa necessária, nos termos do presente Estatuto.

Artigo 98.º – Efetivação da responsabilidade

1 – Fora dos casos em que a falta constitua crime, a responsabilidade civil apenas pode ser efetivada, mediante ação de regresso do Estado, em caso de dolo ou culpa grave.

2 – A decisão de exercer o direito de regresso sobre os magistrados do Ministério Público, nos termos do artigo 6.º do regime da responsabilidade extracontratual do Estado e demais entidades públicas, aprovado em anexo à Lei n.º 67/2007, de 31 de dezembro, na sua redação atual, cabe ao Conselho Superior do Ministério Público, a título oficioso ou por iniciativa do membro do Governo responsável pela área da justiça.

Artigo 99.º – Estabilidade

Os magistrados do Ministério Público não podem ser transferidos, suspensos, promovidos, aposentados ou reformados, demitidos ou, por qualquer forma, mudados de situação a não ser nos casos previstos no presente Estatuto.

Artigo 100.º – Limite aos poderes diretivos

1 – Os magistrados do Ministério Público podem solicitar ao superior hierárquico que a ordem ou instrução sejam emitidas por escrito, devendo sempre sê-lo por esta forma quando se destine a produzir efeitos em processo determinado.

2 – A intervenção processual do superior hierárquico efetua-se nos termos do presente Estatuto e da lei de processo.

3 – Os magistrados do Ministério Público devem recusar o cumprimento de diretivas, ordens e instruções ilegais e podem recusá-lo com fundamento em grave violação da sua consciência jurídica.

4 – A recusa faz-se por escrito, precedendo representação das razões invocadas.

5 – No caso previsto nos números anteriores, o magistrado que tiver emitido a diretiva, ordem ou instrução pode avocar o procedimento ou distribuí-lo a outro magistrado.

6 – Não podem ser objeto de recusa:

a) As decisões proferidas por via hierárquica nos termos da lei de processo;

b) As diretivas, ordens e instruções emitidas pelo Procurador-Geral da República, salvo com fundamento em ilegalidade.

7 – O exercício injustificado da faculdade de recusa constitui falta disciplinar, punida nos termos do artigo 215.º

Artigo 101.º – Poderes do membro do Governo responsável pela área da justiça

Compete ao membro do Governo responsável pela área da justiça:

a) Transmitir, por intermédio do Procurador-Geral da República, instruções de ordem específica nas ações cíveis e nos procedimentos tendentes à composição extrajudicial de conflitos em que o Estado seja interessado;

b) Autorizar o Ministério Público, ouvido o departamento governamental de tutela, a confessar, transigir ou desistir nas ações cíveis em que o Estado seja parte;

c) Solicitar ao Procurador-Geral da República relatórios e informações de serviço;

d) Solicitar ao Conselho Superior do Ministério Público informações e esclarecimentos e fazer perante ele as comunicações que entender convenientes;

e) Solicitar ao Procurador-Geral da República inspeções, sindicâncias e inquéritos, designadamente aos órgãos de polícia criminal.

Capítulo II – Deveres, direitos e incompatibilidades dos magistrados

Secção I – Deveres e incompatibilidades

Artigo 102.º – Deveres de sigilo e reserva

1 – Os magistrados do Ministério Público não podem revelar informações ou documentos a que tenham tido acesso no exercício das suas funções e que, nos termos da lei, se encontrem cobertos por segredo.

2 – Os magistrados do Ministério Público não podem fazer declarações ou comentários públicos sobre quaisquer processos judiciais, salvo, quando autori-

zados pelo Procurador-Geral da República, para defesa da honra ou para a realização de outro interesse legítimo.

3 – Não são abrangidas pelo dever de reserva as informações ou declarações que, em matéria não coberta por segredo de justiça ou por sigilo profissional, visem a realização de direitos ou interesses legítimos, nomeadamente o de acesso à informação, ou que se destinem à realização de trabalhos técnico-científicos académicos ou de formação.

4 – As informações ou declarações referidas no número anterior, quando visem garantir o acesso à informação, são preferencialmente prestadas pela Procuradoria-Geral da República ou pelas procuradorias-gerais regionais, nos termos do artigo 6.º

Artigo 103.º – Dever de zelo

1 – Os magistrados do Ministério Público devem exercer as suas funções no respeito pela Constituição, pela lei e pelas ordens e instruções legítimas dos superiores hierárquicos.

2 – Os magistrados do Ministério Público devem igualmente exercer as suas funções com competência, eficiência e diligência, de modo a ser assegurada a realização da justiça com qualidade e em prazo razoável.

3 – Os magistrados do Ministério Público devem ainda respeitar os horários designados para a realização dos atos processuais a que devam presidir ou em que devam intervir, iniciando-os ou comparecendo tempestivamente.

Artigo 104.º – Dever de isenção e objetividade

1 – Os magistrados do Ministério Público devem atuar sempre com independência em relação a interesses de qualquer espécie e às suas convicções políticas, religiosas ou filosóficas, abstendo-se de obter vantagens indevidas, direta ou indiretamente, patrimoniais ou outras, para si ou para terceiro, das funções que exercem.

2 – Os magistrados do Ministério Público devem igualmente desempenhar as suas funções tendo exclusivamente em vista a realização da justiça, a prossecução do interesse público e a defesa dos direitos dos cidadãos.

3 – Os magistrados do Ministério Público devem ainda cumprir e fazer cumprir as ordens ou instruções legítimas que lhes sejam dirigidas pelos superiores hierárquicos, dadas no âmbito das suas atribuições e com a forma legal, sem prejuízo do disposto no artigo 100.º

4 – Os magistrados do Ministério Público, no exercício da ação penal, devem velar pela correta aplicação da lei, averiguando todos os factos que relevem para o apuramento da verdade, independentemente de estes agravarem, atenuarem ou extinguirem a responsabilidade criminal.

Artigo 105.º - Dever de urbanidade

No exercício da sua atividade, os magistrados do Ministério Público devem adotar um comportamento correto com todos os cidadãos com quem contactem no exercício das suas funções, designadamente com os demais magistrados, funcionários, advogados, outros profissionais do foro e demais sujeitos e intervenientes processuais.

Artigo 106.º - Domicílio necessário

1 - Os magistrados do Ministério Público têm domicílio necessário na área da comarca onde se encontra sedeado o tribunal ou instalado o serviço no qual exercem funções, podendo, todavia, residir em qualquer local da comarca, desde que não haja prejuízo para o exercício de funções.

2 - Os magistrados do Ministério Público do quadro complementar consideram-se domiciliados na sede da respetiva procuradoria-geral regional ou, em caso de desdobramento, da respetiva procuradoria da República de comarca ou administrativa e fiscal, podendo, todavia, residir em qualquer local da circunscrição judicial, desde que não haja prejuízo para o exercício de funções.

3 - Quando as circunstâncias o justifiquem e não haja prejuízo para o exercício das suas funções, os magistrados do Ministério Público podem ser autorizados, pelo Conselho Superior do Ministério Público, a residir em local diferente do previsto nos números anteriores.

4 - Os magistrados do Ministério Público devem manter o domicílio atualizado e não podem indicar mais do que uma morada.

Artigo 107.º - Incompatibilidades

1 - Os magistrados do Ministério Público em efetividade de funções ou em situação de jubilação não podem desempenhar qualquer outra função pública ou privada de natureza profissional.

2 - Para os efeitos do número anterior, não são consideradas de natureza profissional as funções diretivas não remuneradas em fundações ou associações das quais os magistrados sejam associados que, pela sua natureza e objeto, não ponham em causa a observância dos respetivos deveres funcionais.

3 - O exercício das funções previstas no número anterior deve ser precedido de comunicação ao Conselho Superior do Ministério Público.

4 - A docência ou a investigação científica de natureza jurídica, não remuneradas, são compatíveis com o desempenho das funções de magistrado do Ministério.

5 - O exercício das funções referidas no número anterior não pode envolver prejuízo para o serviço e carece de autorização do Conselho Superior do Ministério Público.

6 – Carece ainda de autorização do Conselho Superior do Ministério Público o exercício de funções:

a) Em quaisquer órgãos estatutários de entidades públicas ou privadas que tenham como fim específico exercer a atividade disciplinar ou dirimir litígios;

b) Em quaisquer órgãos estatutários de entidades envolvidas em competições desportivas profissionais, incluindo as respetivas sociedades acionistas.

7 – A autorização a que se refere o número anterior apenas é concedida se o exercício das funções não for renumerado e não envolver prejuízo para o serviço ou para a independência, dignidade e prestígio da função de magistrado do Ministério Público.

8 – Os magistrados do Ministério Público podem receber as quantias resultantes da sua produção e criação literária, artística, científica e técnica, assim como das publicações derivadas.

Artigo 108.º – Atividades político-partidárias

1 – É vedado aos magistrados do Ministério Público o exercício de atividades político-partidárias de caráter público.

2 – Os magistrados do Ministério Público não podem ocupar cargos políticos, à exceção dos de Presidente da República, de membro do Governo, de membro do Conselho de Estado ou de Representante da República para as regiões autónomas.

3 – A nomeação para os cargos referidos no número anterior determina a perda do lugar, se este estivesse a ser exercido em comissão de serviço.

4 – Após a cessação de funções, o magistrado nomeado nos termos do n.º 2 tem direito a reingressar no quadro de origem, sem perda de antiguidade e do direito à promoção.

Artigo 109.º – Impedimentos

Os magistrados do Ministério Público não podem exercer funções:

a) No mesmo tribunal de competência territorial alargada, juízo, secção de departamento ou tribunal administrativo de círculo, tributário ou administrativo e fiscal em que desempenhem funções juízes de direito ou funcionários de justiça a que estejam ligados por casamento ou união de facto, parentesco ou afinidade em qualquer grau da linha reta ou até ao 2.º grau da linha colateral;

b) Na mesma procuradoria de comarca, tribunal de competência territorial alargada, juízo, secção de departamento ou tribunal administrativo de círculo, tributário ou administrativo e fiscal em que fiquem em relação de hierarquia com magistrado do Ministério Público a que estejam ligados por casamento ou união de facto, parentesco ou afinidade em qualquer grau da linha reta ou até ao 2.º grau da linha colateral;

c) Na mesma secção do Supremo Tribunal de Justiça ou dos tribunais da Relação em que exerçam funções magistrados judiciais a que estejam ligados por casamento ou união de facto, parentesco ou afinidade em qualquer grau da linha reta ou até ao 2.º grau da linha colateral;

d) Em procuradorias de comarca ou procuradorias administrativas e fiscais cuja área territorial abranja o concelho em que, nos últimos cinco anos, tenham desempenhado funções de advogado ou defensor nomeado no âmbito do apoio judiciário ou em que, em igual período, tenham tido escritório de advogado, solicitador, agente de execução ou administrador judicial.

Secção II – Direitos e prerrogativas

Artigo 110.º – Protocolo e trajo profissional

1 – O Procurador-Geral da República tem categoria, tratamento e honras iguais aos do Presidente do Supremo Tribunal de Justiça e usa o trajo profissional que a este compete.

2 – O Vice-Procurador-Geral da República tem categoria, tratamento e honras iguais aos dos juízes do Supremo Tribunal de Justiça e usa o trajo profissional que a estes compete.

3 – Os procuradores-gerais-adjuntos colocados no Supremo Tribunal de Justiça, no Tribunal Constitucional, no Supremo Tribunal Administrativo e no Tribunal de Contas têm categoria, tratamento e honras iguais aos dos juízes que aí exercem funções e usam o trajo profissional que a estes compete.

4 – Os procuradores-gerais regionais e os magistrados coordenadores das procuradorias da República administrativas e fiscais têm categoria, tratamento e honras iguais aos dos presidentes dos tribunais da Relação e dos tribunais centrais administrativos e usam o trajo profissional que a estes compete.

5 – Os restantes procuradores-gerais-adjuntos, designadamente os colocados nos tribunais da Relação e nos tribunais centrais administrativos têm categoria, tratamento e honras iguais aos dos juízes que aí exercem funções e usam o trajo profissional que a estes compete.

6 – Os procuradores da República na primeira instância têm tratamento e honras iguais aos dos juízes dos tribunais junto dos quais exercem funções e usam o trajo profissional que a estes compete.

7 – Os magistrados do Ministério Público guardam entre si precedência segundo a categoria e as funções hierárquicas, preferindo a antiguidade em caso de igual categoria.

Artigo 111.º – Direitos especiais

1 – Os magistrados do Ministério Público têm especialmente direito:

a) Ao uso, porte e manifesto gratuito de armas da classe B, de acordo com a legislação em vigor, e à aquisição das respetivas munições, independentemente de licença ou participação, podendo requisitá-las aos serviços do Ministério da Justiça através da Procuradoria-Geral da República, bem como à formação necessária ao seu uso e porte;

b) Quando em exercício de funções, à entrada e livre-trânsito em gares, cais de embarque e aeroportos, mediante exibição de cartão de identificação profissional;

c) Quando em exercício de funções, dentro da respetiva área da circunscrição, à entrada e livre-trânsito nos navios ancorados ou acostados nos portos, nas casas e recintos de espetáculos ou de outras diversões, nas sedes das associações de recreio e, em geral, em todos os lugares onde se realizem reuniões públicas ou onde seja permitido o acesso ao público mediante o pagamento de uma taxa, a realização de certa despesa ou a apresentação de bilhete que qualquer pessoa possa obter;

d) À utilização gratuita de transportes coletivos públicos, terrestres e fluviais, dentro da área da circunscrição em que exerçam funções, e, nas hipóteses previstas nos n.ºs 2 e 3 do artigo 106.º, desde esta até à residência;

e) À utilização gratuita de transportes aéreos, entre as regiões autónomas e o continente português, quando exerçam funções nos tribunais superiores e, para esse efeito, tenham residência autorizada naquelas regiões, independentemente da jurisdição em causa, bem como, quando exerçam funções nas regiões autónomas e se desloquem em serviço, entre as respetivas ilhas, tendo neste caso prioridade;

f) Ao livre acesso, em todo o território nacional, aos transportes coletivos terrestres, fluviais e marítimos, enquanto em missão de serviço como autoridade judiciária, se devidamente identificados;

g) Ao acesso gratuito, nos termos legais, a bibliotecas e bases de dados documentais públicas, designadamente às dos tribunais superiores, do Tribunal Constitucional, da Procuradoria-Geral da República e do Centro de Estudos Judiciários;

h) À vigilância especial da sua pessoa, família e bens, a requisitar pelo Conselho Superior do Ministério Público ou pelo procurador-geral regional, por delegação daquele, ou, em caso de urgência, pelo próprio magistrado, ao comando da força policial da área da sua residência, sempre que ponderosas razões de segurança o exijam;

i) À isenção de custas em qualquer ação em que sejam parte principal ou acessória por causa do exercício das suas funções;

j) À dedução ao rendimento, para cálculo do imposto sobre o rendimento de pessoas singulares, de quantias despendidas com a valorização profissional e trajo profissional, até ao montante a fixar anualmente na lei do Orçamento do Estado;

k) Ao uso, durante o turno, do telemóvel de serviço, para fins profissionais;

l) À participação em pelo menos duas ações de formação contínua por ano;

m) Ao gozo dos direitos previstos na legislação sindical e ao benefício de redução na distribuição de serviço, mediante deliberação do Conselho Superior do Ministério Público, quando exerçam funções em órgão executivo de associação sindical da magistratura do Ministério Público ou em organizações internacionais representativas destes magistrados.

2 – O cartão de identificação referido no número anterior é atribuído pelo Conselho Superior do Ministério Público e renovado no caso de mudança de situação, devendo constar dele, nomeadamente, o cargo desempenhado e os direitos que lhe são inerentes.

3 – O direito previsto na alínea *a)* do n.º 1 pode ser exercido mediante a aquisição a título pessoal ou requisição de arma de serviço dirigida ao Ministério da Justiça, através do Conselho Superior do Ministério Público.

4 – O Procurador-Geral da República, o Vice-Procurador-Geral da República e os procuradores-gerais regionais têm direito a passaporte diplomático, e os procuradores-gerais-adjuntos em funções na Procuradoria-Geral da República, nos tribunais superiores e os auditores jurídicos, a passaporte especial, podendo ainda este documento ser atribuído aos demais magistrados do Ministério Público, sempre que se desloquem ao estrangeiro em virtude das funções que exercem.

5 – São extensivos a todos os membros do Conselho Superior do Ministério Público os direitos previstos nas alíneas *d)*, *e)* e *g)* do n.º 1, no n.º 2 e no n.º 4, na modalidade de passaporte especial.

Artigo 112.º – Prisão preventiva

1 – Os magistrados do Ministério Público não podem ser detidos senão mediante mandado de juiz para os efeitos previstos no Código de Processo Penal, salvo se em flagrante delito por crime punível com pena de prisão de máximo superior a três anos.

2 – Os magistrados do Ministério Público não podem ser sujeitos a medidas de coação privativas da liberdade antes de ser proferido despacho que designe dia para o julgamento relativamente a acusação contra si deduzida, salvo por crime doloso punível com pena de prisão de máximo superior a cinco anos.

3 – Em caso de detenção, o magistrado do Ministério Público é imediatamente apresentado à autoridade judiciária competente, que deve informar o Conselho Superior do Ministério Público, pela forma mais expedita, da detenção e da decisão que aplique as medidas de coação.

4 – O cumprimento de prisão preventiva e de pena privativa da liberdade por magistrados do Ministério Público faz-se em estabelecimento prisional comum, em regime de separação dos restantes detidos ou presos.

5 – A busca no domicílio pessoal ou profissional de magistrado do Ministério Público é presidida, sob pena de nulidade, pelo juiz competente, que avisa previamente o Conselho Superior do Ministério Público, para que um membro designado por este órgão possa estar presente.

Artigo 113.º – Foro

1 – O tribunal competente para os atos do inquérito, instrução e julgamento dos magistrados do Ministério Público por infração penal, bem como para os recursos em matéria contraordenacional, é o de categoria imediatamente superior àquele em que o magistrado se encontra colocado, sendo, para o Procurador-Geral da República, o Vice-Procurador-Geral da República e os procuradores-gerais-adjuntos não colocados na primeira instância, o Supremo Tribunal de Justiça.

2 – Se forem objeto da notícia do crime o Procurador-Geral da República ou o Vice-Procurador-Geral da República, a competência para o inquérito pertence a um juiz do Supremo Tribunal de Justiça, designado por sorteio, que fica impedido de intervir nos subsequentes atos do processo.

Artigo 114.º – Exercício da advocacia

1 – Os magistrados do Ministério Público podem advogar em causa própria, do seu cônjuge, unido de facto e descendentes.

2 – Nos casos previstos no número anterior os magistrados podem praticar os atos processuais por qualquer meio, não estando vinculados à transmissão eletrónica de dados.

Artigo 115.º – Formação contínua

1 – Os magistrados em exercício de funções têm o direito e o dever de participar em ações de formação contínua, asseguradas pelo Centro de Estudos Judiciários, em colaboração com o Conselho Superior do Ministério Público, devendo a formação ser prestada na sede da circunscrição onde exercem funções, caso seja exequível.

2 – Os magistrados em exercício de funções devem participar anualmente em, pelo menos, duas ações de formação contínua.

3 – O Conselho Superior do Ministério Público, com base na identificação de necessidades formativas, designadamente em razão dos movimentos de magistrados, pode determinar a obrigatoriedade de frequência de cursos e atividades de formação a alguns magistrados, consoante a sua área de especialização e as suas necessidades concretas.

4 – A frequência e o aproveitamento dos magistrados nos cursos especializados são tidos em conta para efeitos do disposto no n.º 4 do artigo 157.º

5 – A frequência e o aproveitamento dos magistrados do Ministério Público nas atividades de formação contínua são tidos em conta para efeitos do disposto no artigo 139.º

6 – A participação dos magistrados do Ministério Público em atividades de formação contínua fora do concelho onde exercem funções confere-lhes o direito a abono de ajudas de custo, bem como, tratando-se de magistrados residentes nas regiões autónomas que se desloquem para o efeito ao continente, o direito ao reembolso, se não optarem pelo recebimento antecipado, das despesas resultantes da utilização de transportes aéreos, nos termos da lei.

7 – Os direitos previstos no número anterior apenas são conferidos para as atividades de frequência obrigatória ou, quando se trate de atividades facultativas, até ao máximo de duas por ano, e desde que estas não sejam acessíveis por meios técnicos que permitam a sua frequência à distância.

Artigo 116.º – Disposições subsidiárias

É aplicável subsidiariamente aos magistrados do Ministério Público, quanto a incompatibilidades, impedimentos, deveres e direitos, o regime previsto para os trabalhadores em funções públicas.

Secção III – Férias, faltas e licenças

Artigo 117.º – Férias

1 – Os magistrados do Ministério Público têm direito a 22 dias úteis de férias, a que acresce um dia útil de férias por cada 10 anos de serviço efetivamente prestado.

2 – O gozo de férias tem lugar preferencialmente durante os períodos das férias judiciais, sem prejuízo da realização dos turnos para que os magistrados tenham sido previamente designados, tendo direito ao gozo de 20 dias úteis seguidos.

3 – Por razões de serviço público, por motivo justificado ou outro legalmente previsto, os magistrados do Ministério Público podem gozar as suas férias em períodos diferentes do referido no número anterior.

4 – Antes do início das férias, os magistrados do Ministério Público devem indicar ao seu imediato superior hierárquico a forma mais expedita pela qual podem ser contactados.

5 – O imediato superior hierárquico do magistrado do Ministério Público pode determinar, em situação devidamente justificada e fundamentada, o seu regresso ao serviço, sem prejuízo do direito que cabe aos magistrados do Ministério Público de gozarem, em cada ano civil, os dias úteis de férias a que tenham direito.

6 – Os magistrados do Ministério Público em serviço nas regiões autónomas têm direito ao gozo de férias no continente, para si e agregado familiar, ficando as despesas de deslocação, uma vez por ano, a cargo do Estado.

7 – Quando, em gozo de férias ao abrigo do disposto no número anterior, os magistrados do Ministério Público tenham que deslocar-se à região autónoma para cumprir o serviço de turno que lhes couber, as correspondentes despesas de deslocação ficam a cargo do Estado, tendo neste caso direito a transporte aéreo prioritário.

Artigo 118.º – Mapas de férias

1 – A elaboração e aprovação dos mapas anuais de férias é feita sob proposta e com audição dos interessados e compete:

a) Ao Procurador-Geral da República, com a faculdade de delegação, no que respeita aos magistrados do Ministério Público que exercem funções na Procuradoria-Geral da República e aos dirigentes dos departamentos que a ela reportam;

b) Aos procuradores-gerais-adjuntos coordenadores, no Tribunal Constitucional, no Supremo Tribunal de Justiça, no Supremo Tribunal Administrativo e no Tribunal de Contas, no que respeita aos magistrados do Ministério Público que aí exercem funções;

c) Aos procuradores-gerais regionais, no que respeita aos magistrados do Ministério Público que exercem funções nos tribunais da Relação, nos tribunais centrais administrativos e nos DIAP regionais;

d) Aos magistrados do Ministério Público coordenadores das Procuradorias da República da comarca e administrativas e fiscais, no que respeita aos magistrados do Ministério Público que aí exercem funções, com faculdade de delegação no que se refere aos DIAP.

2 – Com vista a garantir o regular funcionamento do Ministério Público, os responsáveis pela elaboração dos mapas de férias devem garantir a sua harmonização com os mapas de férias anuais propostos para os magistrados judiciais e funcionários de justiça da respetiva área de circunscrição.

3 – Os mapas de férias devem ser aprovados até ao final do mês de fevereiro e logo comunicados, para conhecimento, ao imediato superior hierárquico.

4 – Os mapas de férias devem ainda ser comunicados aos respetivos magistrados, aos juízes e funcionários em exercício de funções nos mesmos tribunais, juízos, órgãos ou serviços.

5 – Os mapas de férias ficam disponíveis para consulta, em versão integral ou abreviada, nas procuradorias e departamentos do Ministério Público.

6 – O mapa de férias é elaborado de acordo com o modelo definido e aprovado pelo Conselho Superior do Ministério Público, nele se referenciando, para cada magistrado, a unidade orgânica em que presta funções, o período ou períodos

de férias marcados e o magistrado substituto, observando-se o regime de substituição previsto na lei nos casos em que este não seja indicado.

Artigo 119.º – Turnos e serviço urgente

1 – As entidades referidas no n.º 1 do artigo anterior organizam turnos para assegurar o serviço urgente, durante as férias judiciais ou quando o serviço o justifique.

2 – No período de férias judiciais, o serviço urgente é sempre assegurado pelos magistrados do Ministério Público de turno, independentemente do gozo de férias pessoais dos restantes magistrados do Ministério Público.

3 – É correspondente aplicável, com as devidas adaptações, o previsto nos n.ºs 4 a 6 do artigo anterior.

Artigo 120.º – Faltas e ausências

1 – Quando ocorra motivo ponderoso, os magistrados do Ministério Público podem ausentar-se da circunscrição respetiva por número de dias que não exceda três em cada mês e 10 em cada ano, mediante autorização prévia do superior hierárquico ou, não sendo possível obtê-la, comunicando e justificando a ausência imediatamente após o seu regresso.

2 – O exercício de funções que pela sua natureza não careça de ser realizado no tribunal pode, excecionalmente e mediante autorização do superior hierárquico, ser assegurado pelo magistrado fora das respetivas instalações, não sendo considerado ausência ao serviço.

3 – Não são ainda contadas como faltas nem carecem de autorização do Conselho Superior do Ministério Público, até ao limite de quatro por mês, as ausências que ocorram em virtude do exercício de funções de direção em organizações sindicais da magistratura do Ministério Público.

4 – Para além das ausências mencionadas no número anterior, os magistrados que exerçam funções diretivas em organizações representativas da magistratura do Ministério Público, gozam ainda, nos termos da lei, do direito a faltas justificadas, que contam, para todos os efeitos, como serviço efetivo.

5 – Em caso de ausência nos termos dos números anteriores, os magistrados do Ministério Público devem informar o seu imediato superior hierárquico sobre o local onde podem ser encontrados e a forma pela qual podem ser contactados.

6 – A ausência ilegítima e as faltas injustificadas implicam, além de responsabilidade disciplinar, a perda de vencimento durante o período em que se tenha verificado.

7 – As faltas por doença devem ser imediatamente comunicadas pelo magistrado ao seu imediato superior hierárquico.

8 – No caso de faltas por doença que se prolonguem por mais de cinco dias úteis, ou sempre que o considere justificado, deve ser exigida pelo superior hierárquico a apresentação de atestado médico.

9 – As faltas e as ausências previstas no presente artigo são comunicadas, via hierárquica, à Procuradoria-Geral da República.

Artigo 121.º – Dispensa de serviço

1 – Não existindo inconveniente para o serviço, o Procurador-Geral da República ou o procurador-geral regional, por delegação daquele, pode conceder aos magistrados do Ministério Público dispensa de serviço para participação em congressos, simpósios, cursos, seminários, reuniões ou outras realizações que tenham lugar no País ou no estrangeiro, conexas com a sua atividade profissional.

2 – Pode ainda ser autorizada dispensa de serviço, independentemente da finalidade e verificada a inexistência de inconveniente para o serviço, até ao limite de seis dias por ano, por períodos não superiores a dois dias consecutivos, não acumuláveis entre si ou com o período ou períodos de gozo de férias.

3 – É aplicável aos magistrados do Ministério Público, com as devidas adaptações, o disposto no Decreto-Lei n.º 272/88, de 3 de agosto, quando se proponham realizar programas de trabalho e estudo, bem como frequentar cursos ou estágios de reconhecido interesse público.

4 – As pretensões a que se refere o número anterior são submetidas a despacho do membro do Governo responsável pela área da justiça, sob proposta do Conselho Superior do Ministério Público, que fixa os respetivos termos, condições e duração.

5 – As condições, os critérios e as formalidades da dispensa de serviço previstas no presente artigo são regulamentadas e publicitadas pelo Conselho Superior do Ministério Público.

Artigo 122.º – Abandono de lugar

1 – Considera-se que existe abandono de lugar quando um magistrado do Ministério Público deixe de comparecer ao serviço durante 10 dias, manifestando expressamente a intenção de abandonar o lugar, ou faltar injustificadamente durante 30 dias úteis seguidos.

2 – A ausência injustificada do lugar durante 30 dias úteis seguidos constitui presunção de abandono.

3 – Sempre que ocorra uma das situações descritas nos números anteriores é levantado auto por abandono.

4 – A presunção referida no n.º 2 pode ser ilidida em processo disciplinar por qualquer meio de prova.

Artigo 123.º – Licença sem remuneração

A licença sem remuneração consiste na ausência prolongada do serviço com perda total de remuneração, mediante autorização do Conselho Superior do Ministério Público, sob requerimento fundamentado do magistrado do Ministério Público interessado.

Artigo 124.º – Modalidades de licença sem remuneração

As licenças sem remuneração podem revestir as seguintes modalidades:

a) Licença até um ano;

b) Licença para formação;

c) Licença para exercício de funções em organizações internacionais;

d) Licença para acompanhamento do cônjuge ou unido de facto colocado no estrangeiro;

e) Licença de longa duração, superior a um ano e inferior a 15 anos.

Artigo 125.º – Pressupostos de concessão

1 – A licença sem remuneração só é concedida a magistrados do Ministério Público que tenham prestado serviço efetivo por mais de cinco anos.

2 – A licença sem remuneração a que se refere a alínea *a)* do artigo anterior é gozada de forma ininterrupta.

3 – A concessão das licenças previstas nas alíneas *a)*, *b)*, *d)* e *e)* do artigo anterior depende de prévia ponderação da conveniência de serviço e, no caso das previstas nas alíneas *b)* e *c)*, também do interesse público subjacente à sua concessão, sendo para esse efeito motivo atendível a valorização profissional do magistrado do Ministério Público.

4 – No caso das licenças previstas nas alíneas *a)* e *e)* do artigo anterior, a autorização pelo Conselho Superior do Ministério Público depende ainda da aferição da compatibilidade entre as concretas funções até então desempenhadas pelo magistrado do Ministério Público e as funções a desempenhar na situação de licença.

5 – Para efeito da aferição prevista no número anterior, o requerente informa o Conselho Superior do Ministério Público da atividade ou função que pretende desempenhar, bem como de qualquer alteração superveniente que ocorra nos cinco anos subsequentes.

6 – A concessão da licença prevista na alínea *c)* do artigo anterior depende de demonstração da situação do interessado face à organização internacional e de audição prévia do membro do Governo responsável pela área da justiça para aferição do respetivo interesse público.

7 – A licença prevista na alínea *d)* do artigo anterior é concedida quando o cônjuge do magistrado do Ministério Público ou a pessoa com quem viva em união de facto, tenha ou não a qualidade de trabalhador em funções públicas,

for colocado no estrangeiro, por período de tempo superior a noventa dias ou indeterminado, em missões de defesa ou representação de interesses do país ou em organizações internacionais de que Portugal seja membro.

Artigo 126.º – Efeitos e cessação de licença

1 – O magistrado do Ministério Público a quem tenha sido concedida uma das licenças previstas nas alíneas *a)* ou *b)* do artigo 124.º pode requerer o regresso antecipado ao serviço, quando tiverem cessado as circunstâncias que determinaram a concessão da licença.

2 – A licença prevista na alínea *c)* do artigo 124.º é concedida pelo período do exercício das funções, estando a sua concessão, bem como o regresso do magistrado ao serviço, dependentes de prova da situação face à organização internacional, mediante documento comprovativo emitido por esta.

3 – A licença prevista na alínea *d)* do artigo 124.º é concedida pelo período da colocação do cônjuge ou unido de facto do magistrado do Ministério Público no estrangeiro para o exercício das funções, mesmo que a concessão ocorra após o início dessas, e cessa, a requerimento do interessado, com o seu regresso antecipado ao serviço.

4 – O Conselho Superior do Ministério Público pode determinar a cessação das licenças previstas nas alíneas *a)* e *e)* do artigo 124.º quando se verificar alteração superveniente das circunstâncias previstas no n.º 4 do artigo anterior.

5 – A concessão das licenças previstas nas alíneas *a)* e *c)* do artigo 124.º não implica a abertura de vaga no lugar de origem.

6 – A licença para formação é prorrogável até ao limite de três anos.

7 – A licença prevista no número anterior que tenha duração superior a um ano, ainda que resultante de prorrogações, implica a abertura de vaga no lugar de origem.

8 – As licenças previstas nas alíneas *a)*, *d)* e *e)* do artigo 124.º implicam o desconto na antiguidade para efeitos de carreira, aposentação ou reforma e sobrevivência.

9 – Salvo no caso da licença prevista na alínea *e)* do artigo 124.º, o período de tempo de licença pode contar para efeitos de aposentação, reforma ou jubilação, sobrevivência e fruição dos benefícios do respetivo sistema de proteção social, se o interessado mantiver as correspondentes contribuições e quotizações ou quotas com base na remuneração auferida à data da sua concessão.

10 – Os magistrados do Ministério Público a quem for concedida a licença prevista na alínea *e)* do artigo 124.º, e enquanto esta perdurar, não estão sujeitos ao presente Estatuto nem podem invocar aquela qualidade em quaisquer circunstâncias.

11 – O decurso do prazo máximo previsto na alínea *e)* do artigo 124.º implica a exoneração automática do magistrado do Ministério Público que beneficie da referida licença.

12 – O Conselho Superior do Ministério Público, na colocação subsequente ao termo da licença, pondera a atividade desempenhada pelo magistrado do Ministério Público no decurso daquela, com vista a assegurar a prevenção de conflito de interesses e a garantir a imparcialidade no exercício de funções.

Artigo 127.º – Férias após licença

1 – Quando o início e o termo de uma das licenças a que se referem as alíneas *a)* a *d)* do artigo 124.º ocorram no mesmo ano civil, o magistrado do Ministério Público tem direito, no ano seguinte, a um período de férias proporcional ao tempo de serviço prestado no ano da licença.

2 – Quando as referidas licenças abranjam dois anos civis, o magistrado do Ministério Público tem direito, no ano de regresso e no ano seguinte, a um período de férias proporcional ao tempo de serviço prestado, respetivamente no ano de início da licença e no ano de regresso ao exercício de funções.

3 – O magistrado do Ministério Público deve gozar as férias vencidas no dia 1 de janeiro do ano civil de passagem à situação de licença sem remuneração para formação, antes do início da mesma, e, na impossibilidade daquele gozo, tem direito a receber, nos 60 dias subsequentes ao início daquela situação, a remuneração correspondente ao período de férias não gozadas, bem como o respetivo subsídio, e a gozar as férias vencidas em 1 de janeiro desse ano imediatamente após a cessação da licença.

4 – No ano de regresso ou no ano seguinte, o magistrado do Ministério Público tem direito a um período de férias proporcional ao tempo de serviço prestado, respetivamente, no ano do início da licença e no ano de regresso.

5 – O magistrado do Ministério Público deve gozar as férias a que tem direito no ano civil de passagem à situação de licença sem remuneração de longa duração antes do início da mesma e, na impossibilidade daquele gozo, o magistrado do Ministério Público tem direito a receber, nos 60 dias subsequentes ao início da licença, a remuneração correspondente ao período de férias não gozadas, bem como ao respetivo subsídio.

6 – Para além do disposto no número anterior, o magistrado do Ministério Público tem direito a receber a remuneração referente ao período de férias relativo ao tempo de serviço prestado nesse ano, bem como o subsídio de férias correspondente.

7 – Quando as licenças referidas nas alíneas *c)* e *d)* do artigo 124.º tiverem sido concedidas por período inferior a dois anos, aplica-se o disposto no n.º 2 e, sendo igual ou superior ao referido período, aplica-se o disposto nos n.os 5 e 6.

Secção IV – Retribuição

Artigo 128.º – Da retribuição e suas componentes

1 – A remuneração dos magistrados do Ministério Público deve ser ajustada à dignidade das suas funções e à responsabilidade de quem as exerce, garantindo as condições de autonomia desta magistratura.

2 – O sistema retributivo dos magistrados do Ministério Público é exclusivo, próprio e composto por uma remuneração base e pelos suplementos expressamente previstos no presente Estatuto e na lei.

3 – As componentes remuneratórias elencadas no número anterior não podem ser reduzidas, salvo em situações excecionais e transitórias, sem prejuízo do disposto no n.º 1.

4 – O nível remuneratório dos magistrados do Ministério Público colocados como efetivos não pode sofrer diminuições em resultado de alterações ao regime da organização judiciária que impliquem movimentação obrigatória.

Artigo 129.º – Remuneração base e subsídios

1 – A estrutura da remuneração base a abonar mensalmente aos magistrados do Ministério Público é a que se desenvolve na escala indiciária constante do anexo ii, o qual faz parte integrante do presente Estatuto.

2 – A antiguidade, para efeitos de aferição do escalão indiciário, conta-se do início da formação como auditor de justiça no Centro de Estudos Judiciários.

3 – Os magistrados auferem pelo índice 135 da escala indiciária constante anexo ii, a partir da data em que tomam posse como procuradores da República.

4 – A remuneração base é anual e automaticamente revista, sem pendência de qualquer formalidade, mediante atualização do valor correspondente ao índice 100, nos termos do disposto no artigo 2.º da Lei n.º 26/84, de 31 de julho, na sua redação atual.

5 – A remuneração base anual é paga em 14 mensalidades, das quais 12 correspondem à remuneração mensal, incluindo a do período de férias, e as demais a um subsídio de Natal, pago em novembro de cada ano, de valor igual à remuneração auferida naquele mês, e a um subsídio de férias, pago no mês de junho de cada ano, de valor igual à remuneração auferida naquele mês.

Artigo 130.º – Subsídio de compensação

1 – Nas localidades onde se mostre necessário, o Ministério da Justiça, através do Instituto de Gestão Financeira e Equipamentos da Justiça, I. P., coloca à disposição dos magistrados do Ministério Público, durante o exercício da sua função, casa de habitação mobilada, mediante o pagamento de uma contraprestação mensal, a fixar pelo membro do Governo responsável pela área da justiça.

2 – Os magistrados do Ministério Público que não disponham de casa de habitação nos termos referidos no número anterior ou não a habitem, conforme o disposto no n.º 3 do artigo 106.º, têm direito ao subsídio de compensação, constante do anexo iii do presente Estatuto, equiparado a ajudas de custo e que de igual modo se destina a compensar a disponibilidade e exclusividade absolutas, cujo valor pode ser fixado pelos membros do Governo responsáveis pelas áreas da justiça e das finanças, ouvidos o Conselho Superior do Ministério Público e as organizações representativas dos magistrados, sem prejuízo do disposto no n.º 4 do artigo 129.º

3 – O subsídio referido no número anterior é, para os efeitos previstos no presente Estatuto e na alínea *d)* do n.º 3 do artigo 2.º do Código do IRS, integrado na remuneração referida no artigo 129.º, sendo pago 14 vezes por ano e sujeito apenas à dedução da correspondente quota para a Caixa Geral de Aposentações ou da quotização para a segurança social.

4 – A contraprestação mensal referida no n.º 1 é devida desde a data da publicação do despacho de nomeação até àquela em que for publicado o despacho que altere a situação anterior, ainda que o magistrado não habite a casa.

Artigo 131.º – Execução de serviço urgente

O suplemento remuneratório diário devido aos magistrados pelo serviço urgente executado aos sábados, nos feriados que recaiam em segunda-feira e no segundo dia feriado, em caso de feriados consecutivos, é pago nos termos da lei geral, calculando-se o valor da hora normal de trabalho com referência ao índice 100 da escala salarial.

Artigo 132.º – Fixação nas regiões autónomas

Ouvidos o Conselho Superior do Ministério Público e as organizações representativas dos magistrados do Ministério Público, é atribuído, por despacho dos membros do Governo responsáveis pelas áreas das finanças e da justiça, um suplemento de fixação a magistrados do Ministério Público que exerçam funções nas regiões autónomas.

Artigo 133.º – Subsídio de refeição

Os magistrados do Ministério Público têm direito a subsídio de refeição por cada dia de trabalho efetivamente prestado, correspondente ao valor do subsídio de refeição previsto para os trabalhadores em funções públicas.

Artigo 134.º – Despesas de representação

1 – O Procurador-Geral da República tem direito a um subsídio correspondente a 20 % do vencimento, a título de despesas de representação.

2 – O Vice-Procurador-Geral da República, os procuradores-gerais regionais, o diretor do DCIAP, os diretores dos departamentos de contencioso do Estado e interesses coletivos e difusos, os diretores dos departamentos de investigação e ação penal regional e os magistrados do Ministério Público coordenadores de procuradorias da República de comarca e administrativa e fiscal têm direito a um subsídio correspondente a 10 % do vencimento, a título de despesas de representação.

Artigo 135.º – Despesas de movimentação

1 – Os magistrados do Ministério Público têm direito ao reembolso, se não optarem pelo recebimento adiantado, das despesas resultantes da sua deslocação e do agregado familiar, bem como, dentro dos limites a estabelecer por despacho dos membros do Governo responsáveis pelas áreas das finanças e da justiça, ouvido o Conselho Superior do Ministério Público, do transporte dos seus bens pessoais, qualquer que seja o meio de transporte utilizado, quando nomeados, promovidos, transferidos, colocados ou reafetados, salvo por motivos de natureza disciplinar.

2 – Não é devido reembolso quando a mudança de situação se verifique a pedido do magistrado do Ministério Público, exceto:

a) Quando se trate de deslocação entre o continente e as regiões autónomas;

b) Quando a deslocação resulte de movimentação obrigatória.

Artigo 136.º – Exercício de funções em acumulação e substituição

1 – Pelo exercício de funções em regime de acumulação ou de substituição que se prolongue por período superior a 30 dias seguidos ou 90 dias interpolados no mesmo ano judicial, é devida remuneração em montante a fixar pelo membro do Governo responsável pela área da justiça, ouvido o Conselho Superior do Ministério Público.

2 – A remuneração prevista no número anterior é fixada tendo como limites um quinto e a totalidade da remuneração correspondente ao exercício de funções no juízo, tribunal ou departamento em causa, em função do grau de concretização dos objetivos estabelecidos para cada acumulação.

Artigo 137.º – Ajudas de custo e despesas de deslocação de magistrados em exercício de funções nos tribunais de primeira instância

1 – Nos termos da lei geral, são devidas ajudas de custo, a regulamentar pela entidade processadora, sempre que um magistrado do Ministério Público se desloque em serviço para fora da área do concelho onde se encontra instalado a sede do tribunal de competência territorial alargada, do juízo ou do departamento onde exerce funções.

2 – O magistrado do Ministério Público que, devidamente autorizado, se desloque em viatura automóvel própria tem direito ao pagamento das respetivas despesas de deslocação, de acordo com o regime aplicável aos trabalhadores em funções públicas.

Artigo 138.º – Ajudas de custo e despesas por outras deslocações no país e estrangeiro

1 – Os magistrados do Ministério Público em missão oficial, em representação do Conselho Superior do Ministério Público ou por nomeação deste órgão, têm direito a ajudas de custo, por todos os dias da deslocação no país, nos termos fixados para os membros do Governo.

2 – Quando, nas circunstâncias referidas no número anterior, os magistrados do Ministério Público, devidamente autorizados, se desloquem em viatura automóvel própria têm direito ao pagamento das respetivas despesas de deslocação.

3 – Os magistrados do Ministério Público têm direito a ajudas de custo por todos os dias de deslocação quando, no exercício de funções ou em missão oficial, se desloquem ao estrangeiro, nos termos fixados para os membros do Governo.

Capítulo III – Avaliação do mérito e classificação

Artigo 139.º – Classificação dos magistrados do Ministério Público

1 – Os procuradores-gerais-adjuntos e os procuradores da República são classificados pelo Conselho Superior do Ministério Público, de acordo com o seu mérito, de Muito Bom, Bom com distinção, Bom, Suficiente e Medíocre.

2 – As classificações de Muito Bom e de Bom com distinção são consideradas de mérito.

3 – A classificação de serviço inferior a Bom é impeditiva de progressão em índice superior a 175, por referência ao anexo ii do presente Estatuto.

4 – No caso de falta de classificação não imputável ao magistrado, presume-se a de Bom, salvo se tiver havido classificação anterior, caso em que esta prevalece.

Artigo 140.º – Critérios das classificações

A classificação deve atender ao modo como os magistrados do Ministério Público desempenham a função, nomeadamente:

a) À sua preparação técnica e capacidade intelectual;

b) À sua idoneidade e prestígio intelectual;

c) Ao respeito pelos seus deveres;

d) Ao volume e gestão do serviço a seu cargo;

e) À produtividade e observância dos prazos definidos para a prática dos atos processuais, considerando o volume processual existente e os meios e recursos disponíveis;

f) Às circunstâncias em que o trabalho é prestado;

g) Ao nível de participação e contributos para o bom funcionamento do serviço;

h) Às classificações de serviço atribuídas em inspeções anteriores;

i) Aos elementos curriculares que constem do seu processo individual;

j) Ao tempo de serviço;

k) Às sanções disciplinares aplicadas no período a que se reporta a inspeção;

l) À capacidade de simplificação dos atos processuais.

Artigo 141.º – Primeira avaliação e classificação

1 – Os procuradores da República são obrigatoriamente sujeitos, no final do primeiro ano de exercício efetivo de funções, a uma ação inspetiva que culminará com uma avaliação de desempenho positiva ou negativa, propondo-se, no caso de avaliação negativa, medidas específicas de correção.

2 – No caso de avaliação negativa, o Conselho Superior do Ministério Público, decorrido que seja um ano sobre a notificação do relatório, ordena a realização de uma inspeção extraordinária.

3 – Sem prejuízo do disposto nos números anteriores, a primeira notação a atribuir aos magistrados do Ministério Público realiza-se ao fim de três anos de exercício de funções.

Artigo 142.º – Procedimento

1 – O magistrado do Ministério Público é obrigatoriamente ouvido sobre os relatórios informativo e inspetivo, podendo fornecer os elementos que tenha por convenientes.

2 – A resposta do inspetor é comunicada ao inspecionado e não pode aduzir factos ou meios de prova novos que o desfavoreçam.

3 – O disposto no número anterior é aplicável quando, no exercício do seu direito de audiência, o interessado se pronuncie sobre a matéria de facto sustentada no relatório inspetivo.

Artigo 143.º – Periodicidade

1 – Após a primeira notação a que se refere o n.º 3 do artigo 141.º, os magistrados do Ministério Público são classificados em inspeção ordinária:

a) Decorridos quatro anos;

b) Depois do período referido na alínea anterior, de cinco em cinco anos.

2 – A classificação de Medíocre implica a instauração de inquérito por inaptidão para o exercício de funções, no âmbito do qual pode ser determinada a suspensão desse exercício.

3 – O inquérito previsto no número anterior destina-se a avaliar toda a carreira do magistrado desde o início de funções, incluindo a apreciação de todos os inquéritos, processos disciplinares ou criminais a que tenha anteriormente sido sujeito e a avaliar a repercussão destes na aptidão para o cargo.

4 – Os procuradores-gerais-adjuntos são inspecionados a requerimento fundamentado dos mesmos.

5 – Pode ser efetuada inspeção extraordinária por iniciativa do Conselho Superior do Ministério Público, em qualquer altura, ou a requerimento fundamentado dos interessados, desde que a última inspeção tenha ocorrido há mais de três anos, ou para efeitos de promoção.

6 – A renovação da classificação de Muito Bom dispensa a realização da inspeção seguinte, salvo se o Conselho Superior do Ministério Público a reputar necessária.

7 – A classificação relativa a serviço posterior desatualiza a referente a serviço anterior.

8 – Findo o período de licença de longa duração, o magistrado do Ministério Público é sujeito a nova inspeção, decorrido um ano sobre o reinício de funções.

9 – A inspeção deve ser concluída no prazo de 90 dias.

Artigo 144.º – Classificação de magistrados em comissão de serviço

1 – Os magistrados em comissão de serviço que não seja considerada função de Ministério Público não são classificados.

2 – Os magistrados que tenham estado em comissão de serviço que não seja considerada função de Ministério Público apenas podem ser classificados quando tenham decorrido dois anos desde a cessação de tal situação.

3 – Considera-se atualizada a última classificação dos magistrados do Ministério Público que se encontrem nas situações referidas nos números anteriores.

Artigo 145.º – Regulamentação

A matéria tratada no presente capítulo é regulamentada pelo Conselho Superior do Ministério Público.

Capítulo IV – Provimentos

Secção I – Recrutamento e acesso

Artigo 146.º – Requisitos para ingresso na magistratura do Ministério Público

São requisitos para ingresso na magistratura do Ministério Público:

a) Ser cidadão português;

b) Estar no pleno gozo dos direitos civis e políticos;

c) Possuir licenciatura em Direito de cinco anos ou de duração inferior, desde que complementada, neste caso, por mestrado ou doutoramento em área do Direito, obtidos em universidade portuguesa ou por graus académicos equivalentes reconhecidos em Portugal;

d) Ter frequentado com aproveitamento os cursos ou estágios de formação;

e) Satisfazer os demais requisitos estabelecidos na lei para a constituição de vínculo de trabalho em funções públicas.

Artigo 147.º – Cursos e estágios de formação

Os cursos e estágios de formação decorrem no Centro de Estudos Judiciários, nos termos do diploma que organiza este Centro.

Artigo 148.º – Acesso a procurador-geral-adjunto

1 – A promoção a procurador-geral-adjunto faz-se por concurso, restrito a procuradores da República com classificação de mérito.

2 – Por deliberação do Conselho Superior do Ministério Público, são chamados a concurso o dobro dos procuradores da República face aos lugares a concurso, classificados de Muito Bom ou Bom com distinção, na proporção de um Bom com distinção para cada dois Muito Bom, que detenham maior antiguidade na categoria e não declarem renunciar à promoção.

3 – O concurso tem natureza curricular e compreende uma audição pública perante o júri.

4 – A graduação faz-se segundo o mérito relativo dos concorrentes, tomando-se globalmente em conta a avaliação curricular.

5 – A avaliação curricular pondera o percurso profissional do magistrado e tem em consideração, entre outros, os seguintes fatores:

a) A classificação de serviço;

b) O desempenho de cargos de direção em órgãos do Ministério Público;

c) Outros fatores que abonem a idoneidade do concorrente.

6 – O júri do concurso é presidido pelo Procurador-Geral da República, com faculdade de delegação, e é composto por dois procuradores-gerais-adjuntos, com um mínimo de cinco anos na categoria, e por dois juristas de reconhecido mérito, todos a nomear pelo Conselho Superior do Ministério Público.

7 – As funções de cada júri cumprem-se com a graduação dos candidatos admitidos, segundo os critérios definidos no regulamento próprio.

8 – A graduação a que alude o n.º 4 é válida pelo período definido pelo Conselho Superior do Ministério Público, de entre um e três anos, para as vagas que vierem a ocorrer nesse período.

9 – A lista provisória é notificada aos interessados para audiência prévia em prazo não inferior a 10 dias.

10 – O Conselho Superior do Ministério Público regulamenta os demais termos do concurso.

Artigo 149.º – Preenchimento de vagas

1 – O provimento dos lugares de procurador-geral-adjunto faz-se por transferência ou por promoção de entre procuradores da República.

2 – Os lugares que não sejam preenchidos por transferência são preenchidos por promoção.

3 – A colocação é efetuada mediante concurso, nos movimentos subsequentes à graduação, com o limite temporal decorrente do estabelecido no n.º 8 do artigo anterior, e sempre que, por ocasião destes, se verifique a existência e a necessidade de provimento de vagas de procurador-geral-adjunto.

4 – Quando razões de conveniência de serviço o justifiquem, pode o Conselho Superior do Ministério Público, fora dos movimentos de magistrados, proceder à colocação, até ao movimento de magistrados seguinte, dos magistrados graduados como procurador-geral-adjunto, respeitando a respetiva ordem de graduação.

5 – O requerimento de admissão a concurso a que se refere o n.º 3 pode ser feito para os tribunais da Relação e para os Tribunais Centrais Administrativos, ou apenas para uma destas jurisdições.

6 – A colocação tem preferencialmente em atenção o exercício efetivo de funções enquanto procurador da República na jurisdição correspondente à área para que concorre.

7 – O preenchimento dos lugares que dependem de indicação do Procurador-Geral da República ao Conselho Superior do Ministério Público pode ser efetuado de entre magistrados graduados nos termos do artigo anterior.

Secção II – Movimentos e disposições especiais

Subsecção I – Movimentos

Artigo 150.º – Movimentos

1 – O movimento anual é efetuado entre os meses de maio e julho.

2 – Fora do movimento anual podem efetuar-se outros quando extraordinárias razões de urgência no preenchimento de vagas o exijam.

3 – O aviso do movimento elenca os critérios de colocação, transferência e promoção de magistrados e especifica os de abertura, preenchimento e extinção de vagas.

4 – Os movimentos, bem como a graduação e colocação dos magistrados do Ministério Público na primeira instância, nos tribunais superiores e no Conselho Consultivo da Procuradoria-Geral da República, dependem, em exclusivo, de deliberação do Conselho Superior do Ministério Público.

Artigo 151.º – Preparação de movimentos

1 – O Conselho Superior do Ministério Público articula-se com o Conselho Superior da Magistratura e o Conselho Superior dos Tribunais Administrativos e Fiscais para identificação do número de magistrados necessário a assegurar as funções de representação nos tribunais e procede ao levantamento das necessidades relativas aos demais serviços.

2 – Os magistrados do Ministério Público que, por nomeação, transferência, promoção, termo de comissão ou regresso à efetividade, pretendam ser providos enviam os seus requerimentos à Procuradoria-Geral da República.

3 – Os requerimentos a que se refere o número anterior revestem a forma fixada no aviso de movimento, são registados e caducam com a sua realização.

4 – São considerados em cada movimento os requerimentos cuja entrada se tenha verificado no prazo fixado no aviso de movimento.

Artigo 152.º – Transferências e permutas

1 – Os magistrados do Ministério Público são transferidos a seu pedido ou em resultado de decisão disciplinar.

2 – Os magistrados do Ministério Público em exercício de funções, como efetivos, em lugares nos DIAP, nas procuradorias junto dos juízos centrais, dos tribunais de competência territorial alargada, dos tribunais administrativos de círculo, dos tribunais tributários e dos tribunais administrativos e fiscais só podem ser transferidos, a seu pedido, dois anos após a data da nomeação para essas funções.

3 – Não se aplica o prazo referido no número anterior sempre que a colocação não tenha sido a pedido, nos casos de provimento em novos lugares, e quando o Conselho Superior do Ministério Público assim o delibere por necessidades gerais de serviço.

4 – Considera-se que a colocação não foi a pedido quando a movimentação tenha sido obrigatória.

5 – Sem prejuízo dos direitos de terceiros, são autorizadas permutas.

Artigo 153.º – Princípios gerais de colocação

1 – A colocação de magistrados do Ministério Público deve fazer-se com prevalência das necessidades de serviço e de modo a conciliar a vida pessoal e familiar dos interessados com a sua vida profissional.

2 – Os procuradores da República não podem recusar a primeira colocação após o exercício de funções nos juízos locais de competência genérica.

3 – Sem prejuízo do estatuído no n.º 5, os procuradores da República com mais de cinco anos de serviço efetivo não podem requerer a sua colocação em juízos locais de competência genérica se já estiverem colocados em juízos especializados.

4 – Na colocação dos lugares para os quais não se estabeleçam critérios específicos, ou em caso de igualdade de condições, constituem critérios gerais de colocação, por ordem decrescente, a classificação e a antiguidade.

5 – Os procuradores da República que percam os requisitos de colocação exigidos para o lugar onde exercem funções são de novo inspecionados no prazo máximo de dois anos a contar da data da atribuição dessa classificação pelo Conselho Superior do Ministério Público.

6 – Na situação prevista no número anterior, se a nova inspeção atribuir, de novo, ao magistrado do Ministério Público classificação determinante da perda dos requisitos exigidos para o lugar onde exerce funções, este é obrigado a concorrer no movimento seguinte.

Artigo 154.º – Magistrados auxiliares

O Conselho Superior do Ministério Público, ponderadas as necessidades de serviço, pode destacar temporariamente para os diversos lugares os magistrados auxiliares que se mostrem necessários.

Subsecção II – Disposições especiais

Artigo 155.º – Primeira nomeação

1 – A primeira nomeação para a magistratura do Ministério Público realiza-se na categoria de procurador da República para os lugares, preferencialmente de competência genérica, identificados pelo Conselho Superior do Ministério Público através de deliberação anterior aos movimentos.

2 – As nomeações fazem-se segundo a ordem de graduação obtida nos cursos ou estágios de ingresso, fixada em lista única de graduação final.

Artigo 156.º – Provimento nos quadros complementares

1 – O provimento dos lugares nos quadros complementares efetua-se de entre procuradores da República com pelo menos três anos de serviço, em termos a regulamentar pelo Conselho Superior do Ministério Público, e vigora até ao movimento de magistrados seguinte.

2 – Todos os lugares nos quadros complementares são colocados a concurso nos movimentos anuais de magistrados.

Artigo 157.º – Provimento nos juízos centrais, nos tribunais de competência territorial alargada e nos tribunais administrativos e fiscais

1 – O provimento dos lugares nos juízos centrais, nos juízos de instrução criminal, de família e menores, do trabalho, do comércio, de execução, nos tribunais de competência territorial alargada, nos tribunais administrativos de círculo, nos tribunais tributários e nos tribunais administrativos e fiscais efetua-se de entre procuradores da República com classificação de mérito e, pelo menos, 10 anos de serviço.

2 – Para o preenchimento dos lugares referidos no número anterior constituem fatores de preferência, por ordem decrescente, o currículo profissional aferido pelas classificações de serviço, a experiência na área respetiva e a formação específica.

3 – Para a aferição da experiência tem-se em consideração a anterior prestação de funções na área especializada em causa.

4 – A formação específica implica a aprovação em cursos especializados a promover pelo Centro de Estudos Judiciários.

5 – O provimento dos lugares referidos no n.º 1 de magistrados sem experiência prévia ou formação específica pode implicar a frequência, após a colocação, de formação complementar.

6 – O Conselho Superior do Ministério Público deve atribuir relevância a outros tipos de formação especializada.

Artigo 158.º – Provimento dos dirigentes de secções de DIAP e de Procuradorias

1 – O provimento do lugar de procurador dirigente de procuradoria e de secção nos DIAP efetua-se de entre procuradores da República com classificação de mérito e, pelo menos, 10 anos de serviço.

2 – Para o preenchimento dos lugares referidos no número anterior constituem fatores de preferência, por ordem decrescente, o currículo profissional aferido pelas classificações de serviço e a experiência na área respetiva.

Artigo 159.º – Provimento do diretor dos DIAP

1 – O provimento do lugar de diretor dos DIAP efetua-se de entre procuradores-gerais-adjuntos ou procuradores da República que exerçam funções na comarca, estes com classificação de mérito e pelo menos 15 anos de serviço, nomeados pelo Conselho Superior do Ministério Público, sob proposta fundamentada do magistrado coordenador da comarca.

2 – As funções previstas no número anterior são exercidas em comissão de serviço por um período de três anos, renovável por duas vezes.

3 – O diretor de DIAP pode frequentar o curso de formação referido no artigo 97.º da Lei da Organização do Sistema Judiciário.

Artigo 160.º – Provimento nos DIAP regionais

1 – O provimento do lugar de diretor dos DIAP regionais efetua-se, de entre procuradores-gerais-adjuntos, nomeado pelo Conselho Superior do Ministério Público, sob proposta do Procurador-Geral da República e por indicação fundamentada do procurador-geral regional.

2 – O provimento do lugar de magistrado dirigente de secção nos DIAP regionais efetua-se de entre procuradores-gerais-adjuntos e procuradores da República, estes com classificação de mérito e, pelo menos, 10 anos de serviço, nomeados pelo Conselho Superior do Ministério Público após apreciação curricular dos interessados e prévia audição do diretor do departamento.

3 – O provimento dos lugares de procurador da República nos DIAP regionais efetua-se de entre procuradores da República com classificação de mérito, por deliberação do Conselho Superior do Ministério Público, após apreciação curricular dos interessados.

4 – Constituem fatores de preferência para o provimento dos lugares referidos nos n.ºs 2 e 3:

a) Experiência na área criminal, designadamente no respeitante à direção ou participação em investigações;

b) Formação específica ou realização de trabalhos de investigação no domínio das ciências criminais.

5 – As funções previstas nos números anteriores são exercidas em comissão de serviço renovável, sendo a do diretor do departamento renovável por duas vezes.

Artigo 161.º – Magistrado do Ministério Público coordenador da procuradoria da República administrativa e fiscal

1 – A coordenação das procuradorias da República administrativas e fiscais é exercida por um procurador-geral-adjunto em funções no Tribunal Central Administrativo, designado pelo Conselho Superior do Ministério Público, após apreciação curricular dos interessados.

2 – O magistrado coordenador das procuradorias administrativas e fiscais assegura a direção de duas procuradorias da República administrativas e fiscais, em regime de agregação.

3 – As funções previstas no número anterior são exercidas em comissão de serviço de três anos, renovável por duas vezes.

Artigo 162.º – Magistrado do Ministério Público coordenador da comarca

1 – O provimento dos lugares de Magistrado do Ministério Público coordenadores da comarca efetua-se de entre magistrados que exerçam funções

efetivas como procurador-geral-adjunto ou procurador da República, estes com, pelo menos, 15 anos de serviço e classificação de Muito Bom ou Bom com distinção, por deliberação do Conselho Superior do Ministério Público, após apreciação curricular dos interessados.

2 – As funções previstas no número anterior são exercidas em comissão de serviço de três anos, renovável por igual período, podendo ser excecionalmente renovada por novo período de igual duração caso não exista outro candidato para a comarca em causa.

3 – O exercício de funções de magistrado do Ministério Público coordenador de comarca implica a aprovação em curso de formação específica.

Artigo 163.º – Procuradores-gerais-adjuntos nos tribunais de Relação e nos tribunais centrais administrativos

1 – O provimento do lugar de procurador-geral-adjunto coordenador do Tribunal da Relação com sede fora do concelho onde está sedeada a procuradoria-geral regional efetua-se por deliberação do Conselho Superior do Ministério Público, sob proposta fundamentada do Procurador-Geral da República.

2 – Os lugares de procurador-geral-adjunto nos tribunais da Relação e nos tribunais centrais administrativos são providos por concurso de entre procuradores-gerais-adjuntos.

3 – As funções previstas no n.º 1 são exercidas em comissão de serviço por um período de três anos, renovável por duas vezes.

Artigo 164.º – Provimento no Departamento Central de Investigação e Ação Penal

1 – O provimento do lugar de diretor do DCIAP efetua-se de entre procuradores-gerais-adjuntos, sob proposta fundamentada do Procurador-Geral da República, pelo Conselho Superior do Ministério Público, que não pode vetar mais de dois nomes.

2 – O provimento dos lugares no DCIAP efetua-se de entre procuradores-gerais-adjuntos e procuradores da República estes com classificação de mérito e, pelo menos, 15 anos de serviço, nomeados pelo Conselho Superior do Ministério Público, após apreciação curricular dos interessados, entrevista e audição prévia do diretor do departamento.

3 – Para o preenchimento dos lugares referidos no número anterior, constituem fatores relevantes:

a) Experiência na área criminal, designadamente no respeitante à direção ou participação em investigações;

b) Formação específica ou realização de trabalhos de investigação no domínio das ciências criminais.

4 – As funções previstas nos n.ºs 1 e 2 são exercidas em comissão de serviço renovável, sendo a do diretor do departamento renovável por duas vezes.

Artigo 165.º – Provimento no departamento de contencioso do Estado e interesses coletivos e difusos

1 – O provimento do lugar de diretor do departamento de contencioso do Estado e interesses coletivos e difusos efetua-se de entre procuradores-gerais-adjuntos, sob proposta fundamentada do Procurador-Geral da República, pelo Conselho Superior do Ministério Público, que não pode vetar mais de dois nomes.

2 – O lugar previsto no número anterior pode ainda ser provido por procurador da República com classificação de mérito e pelo menos 25 anos de serviço.

3 – O provimento dos lugares no departamento de contencioso do Estado e interesses coletivos e difusos efetua-se de entre procuradores-gerais-adjuntos e procuradores da República, estes com classificação de mérito e, pelo menos, 15 anos de serviço, nomeados pelo Conselho Superior do Ministério Público, após apreciação curricular dos interessados, entrevista e audição prévia do diretor do departamento.

4 – As funções previstas no n.º 1 são exercidas em comissão de serviço renovável, sendo a do diretor do departamento renovável por duas vezes.

Artigo 166.º – Provimento de diretor do departamento das tecnologias de informação

1 – O lugar de diretor do departamento das tecnologias de informação é provido de entre procuradores-gerais-adjuntos ou procuradores da República, estes com classificação de mérito e pelo menos 25 anos de serviço, pelo Conselho Superior do Ministério Público, sob proposta do Procurador-Geral da República.

2 – A função prevista no número anterior é exercida em comissão de serviço de três anos, renovável por duas vezes.

Artigo 167.º – Provimento de diretor do departamento de cooperação judiciária e relações internacionais

1 – O lugar de diretor do departamento de cooperação judiciária e relações internacionais é provido de entre procuradores-gerais-adjuntos ou procuradores da República, estes com classificação de mérito e pelo menos 25 anos de serviço, pelo Conselho Superior do Ministério Público, sob proposta do Procurador-Geral da República.

2 – A função prevista no número anterior é exercida em comissão de serviço de três anos, renovável por duas vezes.

Artigo 168.º – Provimento nos gabinetes de coordenação nacional

1 – O lugar de diretor dos gabinetes de coordenação nacional é provido de entre procuradores-gerais-adjuntos ou procuradores da República, estes com classificação de mérito e pelo menos 25 anos de serviço, pelo Conselho Superior do Ministério Público, sob proposta do Procurador-Geral da República.

2 – O provimento dos lugares nos gabinetes de coordenação efetua-se de entre procuradores da República com classificação de mérito e, no mínimo, 10 anos de serviço, nomeados pelo Conselho Superior do Ministério Público sob proposta do Procurador-Geral da República, ouvido o diretor do gabinete respetivo.

Artigo 169.º – Inspetores

1 – Os inspetores são nomeados, em comissão de serviço, de entre procuradores-gerais-adjuntos e procuradores da República, estes com classificação de serviço de Muito Bom e pelo menos 15 anos de serviço, pelo Conselho Superior do Ministério Público, após apreciação curricular dos interessados e entrevista.

2 – As funções previstas no número anterior são exercidas em comissão de serviço, renovável por duas vezes.

3 – Os inspetores têm direito às remunerações correspondentes à categoria de procurador-geral-adjunto.

Artigo 170.º – Vogais do Conselho Consultivo

1 – Os lugares de vogal do Conselho Consultivo da Procuradoria-Geral da República são preenchidos por magistrados do Ministério Público, preferencialmente com a categoria de procuradores-gerais-adjuntos, bem como por magistrados judiciais e juristas de mérito, não podendo o número dos primeiros ser inferior a dois terços do número total de vogais.

2 – São condições de provimento:

a) Para todos os vogais, reconhecimento de mérito científico e comprovada capacidade de investigação no domínio das ciências jurídicas;

b) Para os magistrados judiciais e do Ministério Público, 15 anos de atividade em qualquer das magistraturas e, tratando-se de magistrados que devam ser classificados, com classificação de serviço de Muito Bom;

c) Para os restantes juristas, idoneidade cívica, 15 anos de atividade profissional no domínio das ciências jurídicas e idade não superior a 70 anos.

3 – A nomeação realiza-se sob proposta do Procurador-Geral da República, não podendo o Conselho Superior do Ministério Público vetar, para cada vaga, mais de dois nomes.

4 – Os lugares de vogal do Conselho Consultivo, quando preenchidos por magistrado judicial, procurador da República ou jurista de mérito, conferem direito à remuneração correspondente a procurador-geral-adjunto.

5 – O provimento realiza-se em comissão de serviço de três anos, renovável.

6 – Aos vogais do Conselho Consultivo que não sejam magistrados do Ministério Público é aplicável, com as devidas adaptações, o regime de deveres, direitos e garantias destes magistrados.

Artigo 171.º – Auditores jurídicos

1 – Os auditores jurídicos são nomeados de entre procuradores-gerais-adjuntos.

2 – A nomeação realiza-se sob proposta do Procurador-Geral da República, não podendo o Conselho Superior do Ministério Público vetar, para cada vaga, mais de dois nomes.

3 – As funções previstas no n.º 1 são exercidas em comissão de serviço, renovável.

Artigo 172.º – Procuradores-gerais-adjuntos nos supremos tribunais

1 – Os lugares de procurador-geral-adjunto no Tribunal Constitucional, no Supremo Tribunal de Justiça, no Supremo Tribunal Administrativo e no Tribunal de Contas são providos de entre procuradoresgerais-adjuntos.

2 – A nomeação realiza-se sob proposta fundamentada do Procurador-Geral da República não podendo o Conselho Superior do Ministério Público vetar, para cada vaga, mais de dois nomes.

3 – As funções previstas no n.º 1 são exercidas em comissão de serviço, renovável.

Artigo 173.º – Procuradores-gerais regionais

1 – Os lugares de procuradores-gerais regionais são providos pelo Conselho Superior do Ministério Público de entre procuradores-gerais-adjuntos, sob proposta fundamentada do Procurador-Geral da República.

2 – O Conselho Superior do Ministério Público nomeia um dos nomes propostos para cada vaga de entre um mínimo de três.

3 – As funções previstas no n.º 1 são exercidas em comissão de serviço, renovável por duas vezes.

Artigo 174.º – Nomeação e exoneração do Vice-Procurador-Geral da República

1 – O Vice-Procurador-Geral da República é nomeado pelo Conselho Superior do Ministério Público de entre procuradores-gerais-adjuntos, exercendo as respetivas funções em comissão de serviço.

2 – A nomeação realiza-se sob proposta do Procurador-Geral da República, não podendo o Conselho Superior do Ministério Público vetar mais de dois nomes.

3 – O Vice-Procurador-Geral da República cessa funções com a tomada de posse de novo Procurador-Geral da República.

Artigo 175.º – Nomeação e exoneração do Procurador-Geral da República

1 – O Procurador-Geral da República é nomeado e exonerado nos termos da Constituição.

2 – O mandato do Procurador-Geral da República tem a duração de seis anos, sem prejuízo do disposto na alínea *m)* do artigo 133.º da Constituição.

3 – A nomeação implica a exoneração de anterior cargo quando recaia em magistrado judicial ou do Ministério Público ou em trabalhador com vínculo de emprego público.

4 – Após a cessação de funções, o Procurador-Geral da República nomeado nos termos do número anterior tem direito a reingressar no quadro de origem, sem perda de antiguidade e do direito à promoção.

5 – Ao Procurador-Geral da República que não seja magistrado judicial ou do Ministério Público ou trabalhador com vínculo de emprego público é aplicável o disposto no artigo 29.º da Lei n.º 4/85, de 9 de abril.

6 – Se o Procurador-Geral da República for magistrado, o tempo de serviço desempenhado no cargo conta por inteiro, como se o tivesse prestado na magistratura, indo ocupar o lugar que lhe competiria se não tivesse interrompido o exercício da função, nomeadamente sem prejuízo das promoções e do acesso a que entretanto tivesse direito.

7 – Sendo nomeado Procurador-Geral da República um magistrado judicial que, na altura da nomeação, se encontre graduado para o Supremo Tribunal de Justiça, aquele tem direito, na data em que cessar funções, à reconstituição da situação que teria, caso aquela nomeação não tivesse ocorrido.

Artigo 176.º – Nomeação para o cargo de juiz

Os magistrados do Ministério Público podem ser nomeados juízes nos termos previstos no estatuto privativo de cada ordem de tribunais.

Artigo 177.º – Regulamentação

O Conselho Superior do Ministério Público aprova os regulamentos necessários à execução das disposições prevista na presente secção.

Secção III – Comissões de serviço

Artigo 178.º – Competência, natureza e pressupostos

1 – A nomeação, autorização e renovação de comissões de serviço de magistrados do Ministério Público compete ao Conselho Superior do Ministério Público.

2 – As comissões de serviço são consideradas internas ou externas, conforme respeitem ou não a funções do Ministério Público ou equiparadas, nos termos do artigo 95.º

3 – A autorização de nomeação para comissões de serviço externas só pode ser concedida se existir compatibilidade entre o cargo do magistrado e a categoria funcional do lugar a prover, desde que esse lugar tenha forte conexão com a área da justiça, da sua administração ou com áreas de intervenção do Ministério Público, ou quando o seu desempenho por magistrado do Ministério Público se mostre particularmente relevante para a prossecução do superior interesse público.

4 – A autorização para as comissões de serviço só é concedida relativamente a magistrados que tenham, pelo menos, cinco anos de exercício da magistratura, e na decisão deve ser ponderado o interesse do serviço.

5 – Não são autorizadas nomeações em comissão de serviço externas relativamente a magistrados do Ministério Público que já tenham anteriormente exercido funções nesse regime, sem que estes permaneçam no exercício de funções na magistratura do Ministério Público, pelo menos, por período de tempo igual ao da comissão de serviço anteriormente exercida, salvo relevante e fundamentado interesse público.

Artigo 179.º – Prazos e efeitos

1 – Na falta de disposição especial, as comissões de serviço têm a duração de três anos e são renováveis.

2 – As comissões de serviço externas e as comissões de serviço internas respeitantes às funções previstas nas alíneas *b)* a *f)* do n.º 2 do artigo 95.º só podem ser renovadas uma vez, por igual período de três anos.

3 – Excetuam-se do disposto no número anterior as situações em que se verifiquem motivos de excecional interesse público, caso em que pode ser autorizada nova renovação, por um período até três anos.

4 – As comissões de serviço a que se refere a alínea *a)* do n.º 2 do artigo 95.º têm o prazo que durar essa atividade, sem prejuízo de renovação.

5 – Na primeira instância, as comissões de serviço internas não originam abertura de vaga no lugar de origem.

6 – As comissões de serviço externas originam abertura de vaga no lugar de origem, salvo nas situações previstas em legislação especial.

7 – O tempo em comissão de serviço é considerado, para todos os efeitos, como de efetiva atividade na função.

Artigo 180.º – Cessação das comissões de serviço

1 – Para além dos casos previstos na lei, a comissão de serviço cessa: *a)* A requerimento do interessado, apresentado nos serviços com a antecedência mínima de 60 dias sobre a data em que pretenda ver cessada a comissão, e que se considera deferido se, no prazo de 30 dias a contar da data da sua entrada, sobre ele não recair despacho de indeferimento;

b) No caso de comissão de serviço externa, por colocação em vaga de auxiliar a requerimento do interessado;

c) No caso de comissão de serviço interna, por decisão fundamentada do Conselho Superior do Ministério Público, nas situações em que se verifique o incumprimento dos objetivos da função ou inadequação às exigências do cargo.

2 – A cessação da comissão de serviço com fundamento na alínea *c)* do número anterior pressupõe a prévia audição do magistrado sobre as razões invocadas.

Secção IV – Posse

Artigo 181.º – Requisitos e prazo da posse

1 – A posse é tomada pessoalmente e no lugar onde está sedeada a entidade que a confere.

2 – Quando não se fixe prazo especial, o prazo para tomar posse é de 10 dias e começa a correr no dia imediato ao da publicação da nomeação no Diário da República.

3 – Em casos justificados, o Conselho Superior do Ministério Público pode prorrogar o prazo para a posse ou autorizar que esta seja tomada em local diverso do referido no n.º 1.

Artigo 182.º – Entidade que confere a posse

1 – Os magistrados do Ministério Público tomam posse na categoria e na função perante:

a) O Presidente da República, no caso do Procurador-Geral da República;

b) O Procurador-Geral da República, no caso do Vice-Procurador-Geral da República, dos vogais do Conselho Consultivo da Procuradoria-Geral da República e dos procuradores-gerais-adjuntos;

c) Os procuradores-gerais regionais, no caso dos magistrados coordenadores das procuradorias da República das comarcas ou administrativas e fiscais;

d) O magistrado coordenador da procuradoria da República da comarca ou administrativa e fiscal, no caso dos procuradores da República.

2 – Em casos justificados, o Conselho Superior do Ministério Público pode autorizar que os magistrados referidos na alínea *d)* tomem posse perante entidade diversa.

Artigo 183.º – Falta de posse

1 – A falta não justificada de posse é equiparada a abandono do lugar.

2 – Na primeira nomeação, a falta não justificada de posse dentro do prazo importa, sem dependência de qualquer formalidade, a anulação da nomeação e inabilita o faltoso para ser nomeado para o mesmo cargo durante dois anos.

3 – A justificação da falta deve ser requerida no prazo de oito dias a contar da cessação de causa justificativa.

Artigo 184.º – Posse de magistrados em comissão

Os magistrados do Ministério Público que sejam promovidos estando em comissão de serviço ingressam na nova categoria, independentemente de posse, a partir da publicação da respetiva nomeação.

Capítulo V – Aposentação ou reforma, jubilação, cessação e suspensão de funções

Secção I – Aposentação ou reforma e jubilação

Artigo 185.º – Aposentação ou reforma a requerimento

Os requerimentos para aposentação ou reforma são enviados à Procuradoria-Geral da República, que os remete à instituição de proteção social competente.

Artigo 186.º – Incapacidade

1 – São aposentados por incapacidade ou reformados por invalidez os magistrados do Ministério Público que, por debilidade ou entorpecimento das faculdades físicas ou intelectuais, relevantes para o exercício normal da função, não possam manter esse exercício sem grave transtorno da justiça ou dos respetivos serviços.

2 – Os magistrados do Ministério Público que se encontrem na situação referida no número anterior são notificados para, no prazo de 30 dias:

a) Requererem a aposentação ou reforma; ou

b) Apresentarem, por escrito, as observações que tiverem por convenientes.

3 – Decorrido o prazo referido no número anterior sem formulação do requerimento de aposentação ou reforma, o Conselho Superior do Ministério Público, por deliberação fundamentada e acompanhada dos documentos necessários à instrução do processo, promove, junto do sistema de proteção social competente, a apresentação do magistrado a exame médico e submissão a junta médica para verificação da incapacidade para o exercício das suas funções, nos termos previstos no n.º 1.

4 – No mesmo prazo, o Conselho Superior do Ministério Público pode ainda apresentar quesitos à junta médica referida no número anterior.

5 – Para aferição da incapacidade funcional referida no n.º 3, a junta médica solicita ao Conselho Superior do Ministério Público a informação tida por pertinente.

6 – No caso previsto no n.º 1, o Conselho pode determinar a suspensão provisória do exercício de funções do magistrado do Ministério Público cuja incapacidade especialmente a justifique.

7 – A suspensão prevista no número anterior é executada por forma a resguardar o prestígio da função e a dignidade do magistrado e não tem efeito sobre as remunerações auferidas.

Artigo 187.º – Reconversão profissional

1 – Em alternativa à aposentação ou reforma previstas no artigo anterior, o magistrado do Ministério Público pode requerer a reconversão profissional, quando a incapacidade permanente decorra de doença natural, doença profissional ou acidente em serviço que o torne incapaz para o exercício das suas funções mas apto para o desempenho de outras.

2 – O procedimento administrativo que conduz à reconversão determinada por incapacidade permanente deve ser iniciado dentro do prazo indicado no n.º 2 do artigo anterior, salvo se a incapacidade tiver sido originada por doença profissional ou acidente em serviço.

3 – No procedimento de reconversão profissional, o Conselho Superior do Ministério Público deve ter em consideração:

a) O parecer da junta médica;

b) As aptidões e a opinião do requerente sobre a área funcional de inserção;

c) O interesse, a conveniência do serviço e a existência de vagas disponíveis de preenchimento pelo Conselho.

4 – Inexistindo vagas, o magistrado do Ministério Público pode requerer a sua colocação na administração pública, em lugar adequado às suas qualificações académicas e profissionais, caso em que o procedimento é enviado ao membro do Governo responsável pela área da justiça para efeitos de apreciação e decisão.

5 – A reconversão profissional implica a perda da condição de magistrado do Ministério Público, determinando a cessação de funções no dia seguinte imediato ao da publicação da nova situação no Diário da República.

Artigo 188.º – Pensão por incapacidade

O magistrado aposentado por incapacidade ou reformado por invalidez tem direito a que a pensão seja calculada com base no tempo de serviço correspondente a uma carreira completa.

Artigo 189.º – Aposentação e reforma

1 – A pensão de aposentação ou reforma dos magistrados aposentados ou reformados é calculada com base na seguinte fórmula: R x T1/C em que: R é a remuneração mensal relevante nos termos do Estatuto da Aposentação, deduzida da percentagem da quota para aposentação e pensão de sobrevivência no âmbito do regime da Caixa Geral de Aposentações; T1 é a expressão em anos do

número de meses de serviço, com o limite máximo de C; C é o número constante do anexo iv do presente Estatuto, do qual faz parte integrante.

2 – Integra a remuneração mensal relevante o subsídio previsto nos n.ºs 2 e 3 do artigo 130.º, pelo número de meses correspondente à quotização realizada para a Caixa Geral de Aposentações ou para a segurança social.

Artigo 190.º – Jubilação

1 – Consideram-se jubilados os magistrados do Ministério Público que se aposentem ou reformem, por motivos não disciplinares, com a idade e o tempo de serviço previstos no anexo v do presente Estatuto e desde que contem, pelo menos, 25 anos de serviço na magistratura, dos quais os últimos cinco tenham sido prestados ininterruptamente no período que antecedeu a jubilação, exceto se o período de interrupção for motivado por razões de saúde ou se decorrer do exercício de funções públicas emergentes de comissão de serviço.

2 – Os magistrados jubilados continuam vinculados aos deveres estatutários e ligados ao tribunal ou serviço de que faziam parte, gozam dos títulos, honras, direitos e imunidades correspondentes à sua categoria e podem assistir de trajo profissional às cerimónias solenes que se realizem no referido tribunal ou serviço, tomando lugar à direita dos magistrados em serviço ativo.

3 – Aos magistrados jubilados é aplicável o disposto nas alíneas *a)*, *d)*, *g)*, *h)* e *i)* do n.º 1 e no n.º 2 do artigo 111.º, no n.º 5 do artigo 129.º e nos n.os 2 e 3 do artigo 130.º

4 – A pensão é calculada em função de todas as remunerações sobre as quais incidiu o desconto respetivo, não podendo a pensão do magistrado jubilado ser superior nem inferior à remuneração do magistrado do Ministério Público no ativo de categoria e índice remuneratório idênticos, deduzida da quota para a Caixa Geral de Aposentações ou da quotização para a segurança social.

5 – As pensões dos magistrados jubilados são automaticamente atualizadas e na mesma proporção em função das remunerações dos magistrados de categoria e escalão correspondentes àqueles em que se verifica a jubilação.

6 – A pensão calculada nos termos do n.º 4 inclui o valor correspondente ao subsídio previsto no artigo 130.º, independentemente do número de anos da quotização prevista no n.º 3 do mesmo preceito.

7 – Até à liquidação definitiva, os magistrados jubilados têm direito ao abono de pensão provisória, calculada e abonada nos termos legais pela repartição processadora.

8 – Os magistrados jubilados encontram-se obrigados à reserva exigida pela sua condição.

9 – O estatuto de jubilado pode ser retirado por via de procedimento disciplinar.

10 – Os magistrados podem renunciar à condição de jubilado, ficando sujeitos ao regime geral da aposentação ou reforma, não podendo readquirir aquela condição.

11 – Aos magistrados com mais de 40 anos de idade na data de admissão no Centro de Estudos Judiciários não é aplicável o requisito de 25 anos de tempo de serviço na magistratura previsto no n.º 1.

Artigo 191.º – Disponibilidade e prestação de serviço por magistrados jubilados

1 – A prestação de serviço ativo por magistrados jubilados é decidida pelo Conselho Superior do Ministério Público, fundamentada em interesse relevante para o serviço.

2 – A prestação de serviço a que se reporta o número anterior é promovida por deliberação do Conselho Superior do Ministério Público, obtida a anuência do magistrado a nomear, ou por iniciativa do próprio magistrado manifestada em requerimento.

Artigo 192.º – Regime subsidiário

As matérias não expressamente reguladas no presente Estatuto, nomeadamente as condições de aposentação ou reforma dos magistrados do Ministério Público, regem-se, com as necessárias adaptações, pelo que se encontrar estabelecido para os trabalhadores em funções públicas, nomeadamente, no Estatuto da Aposentação, nas Leis n.os 60/2005, de 29 de dezembro, 52/2007, de 31 de agosto, 11/2008, de 20 de fevereiro, e 3-B/2010, de 28 de abril.

Secção II – Cessação e suspensão de funções

Artigo 193.º – Cessação de funções

1 – Os magistrados do Ministério Público cessam funções:

a) No dia em que completem 70 anos de idade;

b) No dia 1 do mês seguinte àquele em que for publicado o despacho do seu desligamento ao serviço;

c) Nos casos não abrangidos pelas alíneas anteriores, no dia seguinte ao da publicação da nova situação no Diário da República;

d) No dia seguinte àquele em que perfaçam 15 anos ininterruptos de licença sem remuneração de longa duração.

2 – Nos casos previstos nas alíneas *a)* a *c)* do número anterior, o magistrado que tenha iniciado qualquer julgamento prossegue, se anuir, os seus termos até final, salvo se a mudança de situação resultar de ação disciplinar.

Artigo 194.º - Suspensão de funções

1 - Os magistrados do Ministério Público suspendem as respetivas funções:

a) No dia em que forem notificados do despacho de pronúncia ou do despacho que designa dia para julgamento por crime doloso praticado no exercício de funções ou punível com pena de prisão superior a três anos;

b) No dia em que lhes for notificada a suspensão preventiva por motivo de procedimento disciplinar ou aplicação de pena que importe afastamento do serviço;

c) No dia em que lhes for notificada a suspensão prevista no n.º 6 do artigo 186.º;

d) No dia em que lhes for notificada a deliberação que determinar tal suspensão na sequência da instauração do processo de inquérito referido no n.º 2 do artigo 143.º 2 - Fora dos casos referidos na alínea *a)* do número anterior, a suspensão pela prática de crime doloso por força do despacho de pronúncia ou do despacho que designa dia para julgamento fica dependente de deliberação do Conselho Superior do Ministério Público.

Capítulo VI - Antiguidade

Artigo 195.º - Antiguidade na magistratura e na categoria

1 - A antiguidade dos magistrados do Ministério Público na magistratura conta-se desde o ingresso no Centro de Estudos Judiciários.

2 - A antiguidade dos magistrados do Ministério Público na categoria conta-se desde a data da publicação da nomeação no Diário da República ou da data que constar do ato de nomeação.

3 - A publicação das nomeações deve respeitar, na sua ordem, a graduação feita pelo Conselho Superior do Ministério Público.

4 - Aos vogais nomeados para o Conselho Consultivo da Procuradoria-Geral da República de entre não magistrados é atribuída, no quadro, antiguidade igual à do procurador-geral-adjunto que à data da publicação do provimento tiver menor antiguidade, ficando colocado à sua esquerda.

Artigo 196.º - Tempo de serviço que conta para a antiguidade

Conta, para efeito de antiguidade:

a) O tempo de exercício de funções de Presidente da República, de Representante da República para as regiões autónomas e de membro do Governo;

b) O tempo de suspensão preventiva ordenada em procedimento disciplinar ou determinada por despacho de pronúncia ou por despacho que designar dia para julgamento por crime doloso quando os processos terminem por arquivamento ou absolvição;

c) O tempo de suspensão de exercício ordenada nos termos do n.º 6 do artigo 186.º; *d)* O tempo de prisão preventiva, quando o processo termine por arquivamento ou absolvição;

e) As faltas por motivo de doença que não excedam 180 dias em cada ano, sem prejuízo do disposto em legislação especial;

f) As ausências, nos termos e limites definidos pelo artigo 120.º;

g) O período das licenças previstas nas alíneas *b)* e *c)* do artigo 124.º;

h) O tempo de suspensão de funções nos termos da alínea *d)* do n.º 1 do artigo 194.º, se a deliberação não vier a ser confirmada.

Artigo 197.º – Tempo de serviço que não conta para a antiguidade

Não conta para efeito de antiguidade:

a) O tempo decorrido na situação de licença sem remuneração prevista nas alíneas *a)*, *d)* e *e)* do artigo 124.º, sem prejuízo do disposto no n.º 9 do artigo 126.º;

b) O tempo que, de acordo com as disposições sobre procedimento disciplinar, for considerado perdido;

c) O tempo de ausência ilegítima do serviço.

Artigo 198.º – Contagem da antiguidade

Quando vários magistrados forem nomeados ou promovidos na mesma data, observa-se o seguinte:

a) Se as nomeações forem precedidas de cursos de formação, findos os quais tenha sido elaborada lista de graduação, a antiguidade é determinada pela ordem nela estabelecida;

b) Nas promoções e nomeações por concurso, a antiguidade é determinada pela ordem de acesso.

Artigo 199.º – Lista de antiguidade

1 – A lista de antiguidade dos magistrados do Ministério Público é anualmente publicada pelo Conselho Superior do Ministério Público no Diário da República e divulgada no sistema de informação interno do Ministério Público.

2 – Os magistrados do Ministério Público são graduados em cada categoria de harmonia com o tempo de serviço, mencionando-se a respeito de cada um a data de nascimento, a naturalidade, o cargo ou a função que desempenha e a data da colocação.

Artigo 200.º – Reclamações

1 – Os magistrados do Ministério Público que se considerem lesados pela graduação constante da lista de antiguidade podem reclamar, no prazo de 15 dias

a contar da data da publicação, em requerimento dirigido ao Conselho Superior do Ministério Público.

2 – Os magistrados do Ministério Público que possam ser prejudicados pela reclamação são notificados por via eletrónica pelo Conselho Superior do Ministério Público para se pronunciarem no prazo de 15 dias.

3 – Apresentadas as pronúncias ou decorrido o prazo a elas reservado, o Conselho Superior do Ministério Público delibera no prazo de 30 dias.

Artigo 201.º – Efeito de reclamação em movimentos já efetuados

A procedência da reclamação implica a integração do reclamante no lugar de que haja sido preterido, com todas as consequências legais.

Artigo 202.º – Correção oficiosa de erros materiais

1 – Quando o Conselho Superior do Ministério Público verifique que houve erro material na graduação pode, a todo o tempo, ordenar as necessárias correções, ouvindo previamente todos os interessados.

2 – As correções referidas no número anterior são publicadas pelo Conselho Superior do Ministério Público e ficam sujeitas ao regime dos artigos 200.º e 201.º

Capítulo VII – Disponibilidade

Artigo 203.º – Disponibilidade

1 – Consideram-se na situação de disponibilidade os magistrados do Ministério Público que aguardam colocação em vaga da sua categoria:

a) Por ter findado a comissão de serviço ou a licença sem remuneração em que se encontravam;

b) Por terem regressado à atividade após cumprimento de pena;

c) Por terem sido extintos os lugares que ocupavam;

d) Nos demais casos previstos na lei.

2 – A situação de disponibilidade não implica a perda de antiguidade nem de retribuição.

Capítulo VIII – Regime disciplinar

Secção I – Disposições gerais

Artigo 204.º – Responsabilidade disciplinar

Os magistrados do Ministério Público estão sujeitos a responsabilidade disciplinar nos casos previstos e com as garantias estabelecidas no presente Estatuto.

Artigo 205.º – Infração disciplinar

Constituem infração disciplinar os atos, ainda que meramente culposos, praticados pelos magistrados do Ministério Público com violação dos princípios e deveres consagrados no presente Estatuto e os demais atos por si praticados que, pela sua natureza e repercussão, se mostrem incompatíveis com a responsabilidade e a dignidade indispensáveis ao exercício das suas funções.

Artigo 206.º – Sujeição à jurisdição disciplinar

1 – A exoneração ou mudança de situação não impedem a punição por infrações cometidas durante o exercício da função.

2 – Em caso de cessação, suspensão do vínculo ou ausência ao serviço, o magistrado do Ministério Público cumpre a sanção disciplinar se regressar à atividade.

Artigo 207.º – Autonomia da jurisdição disciplinar

1 – O procedimento disciplinar é autónomo relativamente ao procedimento criminal e contraordenacional instaurado pelos mesmos factos.

2 – Quando, em procedimento disciplinar, se apure a existência de infração criminal, o inspetor dá imediato conhecimento deste facto ao Conselho Superior do Ministério Público e ao Procurador-Geral da República.

3 – Proferido despacho de validação da constituição de magistrado do Ministério Público como arguido, a autoridade judiciária competente dá desse facto imediato conhecimento ao Conselho Superior do Ministério Público.

Artigo 208.º – Extinção da responsabilidade disciplinar

A responsabilidade disciplinar extingue-se por:

a) Caducidade e prescrição do procedimento disciplinar;

b) Prescrição da sanção;

c) Cumprimento da sanção;

d) Morte do arguido;

e) Amnistia e perdão genérico.

Artigo 209.º – Caducidade do direito de instaurar procedimento disciplinar

1 – O direito de instaurar procedimento disciplinar caduca passado um ano sobre a data em que a infração tenha sido cometida.

2 – Caduca igualmente quando, conhecida a infração pelo plenário ou pela secção disciplinar do Conselho Superior do Ministério Público, reunidos colegialmente, não seja instaurado o competente procedimento disciplinar ou inquérito no prazo de 60 dias.

3 – Quando o facto qualificado como infração disciplinar seja também considerado infração penal, o direito previsto no n.º 1 tem o prazo e o regime da prescrição estabelecidos na lei penal.

Artigo 210.º – Prescrição do procedimento disciplinar

1 – O procedimento disciplinar prescreve decorridos 18 meses a contar da data em que foi instaurado, ressalvado o tempo de suspensão, quando, nesse prazo, o visado não tenha sido notificado da decisão final.

2 – A prescrição do procedimento disciplinar referida no número anterior suspende-se durante o tempo em que, por força de decisão jurisdicional ou de apreciação jurisdicional de qualquer questão, a marcha do correspondente processo não possa começar ou prosseguir.

3 – É correspondentemente aplicável o disposto no n.º 3 do artigo anterior.

Artigo 211.º – Suspensão da prescrição

1 – O prazo de prescrição suspende-se, por um período até um máximo de seis meses, com a instauração de procedimento de sindicância aos órgãos ou serviços, bem como com a instauração de procedimento de inquérito ou procedimento disciplinar comum, mesmo que não dirigidos contra o magistrado do Ministério Público a quem a prescrição aproveite, quando em qualquer deles venham a apurar-se infrações pelas quais seja responsável.

2 – A suspensão do prazo de prescrição apenas opera quando, cumulativamente:

a) Os processos referidos no número anterior tenham sido instaurados nos 60 dias seguintes à suspeita da prática de factos disciplinarmente puníveis;

b) O procedimento disciplinar subsequente tenha sido instaurado nos 60 dias seguintes à receção daqueles processos, para decisão;

c) À data da instauração dos processos e procedimento referidos nas alíneas anteriores não se encontre já caducado o direito de instaurar procedimento disciplinar.

3 – O prazo de prescrição volta a correr a partir do dia em que cesse a causa da suspensão.

Artigo 212.º – Direito subsidiário

Em tudo o que se não mostre expressamente previsto no presente Estatuto em matéria disciplinar, são aplicáveis, com as devidas adaptações, o Código de Procedimento Administrativo, o Código Penal e o Código de Processo Penal, a Lei Geral do Trabalho em Funções Públicas e, na sua falta, os princípios gerais do direito sancionatório.

Secção II – Classificação das infrações

Artigo 213.º – Classificação das infrações

As infrações disciplinares cometidas pelos magistrados do Ministério Público no exercício das suas funções, ou com repercussão nas mesmas, e que correspondam à violação de deveres previstos neste Estatuto, assumem a categoria de muito graves, graves e leves, em função das circunstâncias de cada caso.

Artigo 214.º – Infrações muito graves

Constituem infrações muito graves os atos praticados com dolo ou negligência grosseira que, pela reiteração ou gravidade da violação dos deveres e incompatibilidades previstos neste Estatuto, se revelem como desprestigiantes para a administração da justiça e para o exercício da magistratura do Ministério Público, nomeadamente:

a) A recusa de promoção processual, ainda que com fundamento na falta, obscuridade ou ambiguidade da lei;

b) A intromissão, mediante ordens ou pressões de qualquer tipo ou natureza, nas funções de outro magistrado com o fim de alcançar, por meio de decisão favorável, vantagens ilegítimas para si ou para outrem;

c) O exercício de qualquer atividade incompatível com a função, ainda que o magistrado se encontre na situação de jubilação;

d) A inobservância do dever de se declarar impedido ou de acionar os mecanismos de impedimento legalmente previstos, visando prejudicar, favorecer ou propiciar vantagens ou benefícios processuais, económicos ou outros a parte ou a interveniente em processo judicial ou procedimento de outra natureza;

e) A revelação ilegítima de factos ou dados conhecidos no exercício das suas funções, que causem prejuízo à tramitação de um processo, a qualquer pessoa ou à imagem ou prestígio do sistema de justiça;

f) A ausência ilegítima e continuada por mais de 10 dias úteis seguidos ou 20 dias úteis interpolados em cada ano, da circunscrição judicial em que o magistrado se encontre colocado, ou quando deixe de comparecer ao serviço com expressa manifestação da intenção de abandonar o lugar, presumindo-se o abandono na ausência injustificada durante 30 dias úteis seguidos;

g) A falsidade ou omissão relevante na prestação de dados e elementos constantes de solicitações ou requerimentos de licenças, declarações de compatibilidade, retribuições, ajudas económicas ou quaisquer outros documentos que possam servir para apreciação de uma pretensão ou para o cumprimento de um dever legal do requerente;

h) A utilização abusiva da condição de magistrado do Ministério Público para obter vantagens pessoais, para si ou para terceiro, de autoridades, funcionários ou profissionais de outras categorias;

i) A prática de atividade político-partidária de caráter público;

j) O incumprimento reiterado dos deveres legais de apresentação de declaração de rendimentos e património.

Artigo 215.º – Infrações graves

1 – Constituem infrações graves os atos praticados com dolo ou negligência grosseira que revelem grave desinteresse pelo cumprimento dos deveres funcionais, nomeadamente:

a) O não acatamento das diretivas, ordens e instruções emitidas pelo Procurador-Geral da República;

b) O excesso ou abuso de autoridade, ou grave falta de consideração e respeito devidos aos cidadãos e a todos aqueles com quem se relacione no exercício das suas funções;

c) A revelação pública e ilegítima, fora dos canais ou meios de informação estabelecidos, de factos ou dados conhecidos no exercício da sua função ou por causa dela;

d) A ausência ilegítima e continuada por mais de cinco e menos de 11 dias úteis da circunscrição judicial em que o magistrado do Ministério Público se encontre colocado;

e) O incumprimento injustificado, reiterado ou revelador de grave falta de zelo profissional, dos horários estabelecidos para os atos público, bem como dos prazos estabelecidos para a resolução de processos ou para o exercício de quaisquer competências legalmente atribuídas, designadamente quando decorrerem três meses desde o fim do prazo;

f) O incumprimento injustificado de pedidos, legítimos e com a forma legal, de informações, instruções, deliberações ou provimentos funcionais emitidos por superior hierárquico, proferidos no âmbito das suas atribuições;

g) A obtenção de autorização para exercício de atividade compatível com o exercício de funções de magistrado do Ministério Público mediante a prestação de elementos falsos;

h) A prestação de informações falsas relativas à carreira profissional ou ao exercício da função;

i) A omissão reiterada das obrigações de direção, de orientação e de avocação, nos casos previstos na lei;

j) A interferência ilegítima na atividade funcional de outro magistrado;

k) O acesso a bases de dados pessoais disponibilizadas para o exercício funcional, não livremente acessíveis ao público, para fins alheios à função;

l) A utilização do conteúdo das bases de dados pessoais referidas na alínea anterior para fins alheios à função;

m) O exercício injustificado da faculdade de recusa;

n) Qualquer das condutas elencadas no artigo anterior que não reúna todos os pressupostos enunciados no respetivo corpo e que, por esse motivo, não seja considerada infração muito grave.

2 – Constitui, ainda, infração grave a formulação, por superiores hierárquicos, de pedidos de informação, instruções, deliberações ou provimentos fora do âmbito das suas atribuições, ainda que com a forma legal.

Artigo 216.º – Infrações leves

Constituem faltas leves as infrações praticadas com culpa leve que traduzam uma deficiente compreensão dos deveres funcionais, nomeadamente:

a) A ausência ilegítima e continuada por mais de três e menos de sete dias úteis da circunscrição judicial em que o magistrado esteja colocado;

b) O exercício de atividade compatível com o exercício de funções de magistrado do Ministério Público, sem obter, quando exigível, a pertinente autorização;

c) Qualquer das condutas elencadas no artigo anterior que não reúna todos os pressupostos enunciados no respetivo proémio do n.º 1 e que, por esse motivo, não seja considerada infração grave.

Artigo 217.º – Incumprimento injustificado

A aferição do incumprimento injustificado previsto na alínea *e)* do n.º 1 do artigo 215.º exige a ponderação concreta do volume e caraterísticas do serviço a cargo do magistrado do Ministério Público, incluindo o número de processos findos, se aplicável, as circunstâncias do exercício de funções, a percentagem de processos em que os despachos foram proferidos com atraso, bem como a ponderação, em concreto, sobre se, face a estas circunstâncias e às condições pessoais, teria sido razoável exigir ao magistrado comportamento diferente.

Secção III – Sanções

Subsecção I – Escolha e medida da sanção disciplinar

Artigo 218.º – Escolha e medida da sanção disciplinar

Na escolha e medida da sanção disciplinar a aplicar, o Conselho Superior do Ministério Público tem em conta todas as circunstâncias que, não estando contempladas no tipo de infração cometida, deponham a favor ou contra o arguido, nomeadamente:

a) O grau de ilicitude dos factos, o modo de execução, a gravidade das suas consequências e o grau de violação dos deveres impostos;

b) A intensidade e o grau de culpa e os fins que determinaram a prática da infração;

c) As condições pessoais do arguido, a sua situação económica e a conduta anterior e posterior à prática da infração.

Artigo 219.º – Causas de exclusão da ilicitude ou da culpa

Excluem a ilicitude do comportamento ou a culpa do magistrado do Ministério Público, afastando a sua responsabilidade disciplinar:

a) A coação;

b) A privação acidental e involuntária do exercício das faculdades intelectuais no momento da prática da infração;

c) A legítima defesa, própria ou alheia;

d) A não exigibilidade de conduta diversa;

e) O exercício de um direito ou o cumprimento de um dever.

Artigo 220.º – Atenuação especial da sanção disciplinar

A sanção disciplinar pode ser especialmente atenuada, aplicando-se a sanção de escalão inferior, quando existam circunstâncias anteriores ou posteriores à infração, ou contemporâneas dela, que diminuam acentuadamente a gravidade do facto ou a culpa do arguido, nomeadamente:

a) O exercício de funções, por mais de 10 anos, sem que haja sido cometida qualquer outra infração grave ou muito grave;

b) A confissão espontânea e relevante da infração;

c) A provocação injusta, a atuação sob ameaça grave ou a prática da infração ter sido determinada por motivo honroso;

d) A verificação de atos demonstrativos de arrependimento ativo.

Artigo 221.º – Circunstâncias agravantes especiais

São circunstâncias agravantes da infração disciplinar as seguintes:

a) A vontade determinada de produzir resultados prejudiciais para o sistema de justiça;

b) A reincidência.

Artigo 222.º – Reincidência

1 – Se, antes de decorridos três anos sobre a data da condenação de uma infração punida com sanção disciplinar superior à de advertência, total ou parcialmente cumprida, o magistrado do Ministério Público cometer outra infração, é

punido como reincidente, desde que as circunstâncias do caso revelem ausência de eficácia preventiva da condenação anterior.

2 – Se a sanção disciplinar aplicável for a de multa ou suspensão de exercício, em caso de reincidência, o seu limite mínimo é igual a um terço ou um quarto do limite máximo, respetivamente.

3 – Tratando-se de sanção diversa das referidas no número anterior, é aplicada sanção de escalão imediatamente superior.

Artigo 223.º – Concurso de infrações

1 – Verifica-se o concurso de infrações quando o magistrado do Ministério Público comete duas ou mais infrações antes de se tornar inimpugnável a condenação por qualquer delas.

2 – No concurso de infrações aplica-se uma única sanção disciplinar e, quando lhes correspondam diferentes sanções disciplinares, aplica-se a de maior gravidade, agravada em função do concurso, se a sua moldura for variável.

Artigo 224.º – Suspensão da execução das sanções disciplinares

1 – As sanções de advertência, multa e suspensão de exercício podem ser suspensas na sua execução quando, atendendo à personalidade do arguido, às condições da sua vida, à sua conduta anterior e posterior à infração e às circunstâncias desta, se conclua que a simples censura do comportamento e a ameaça da sanção realizam de forma adequada e suficiente as finalidades da sanção.

2 – O tempo de suspensão não é inferior a seis meses para a advertência e para a multa e a um ano para a suspensão de exercício, nem superior a um e dois anos, respetivamente .

3 – Os tempos previstos no número anterior contam-se desde a data da notificação ao arguido da respetiva decisão.

4 – A suspensão é revogada quando o magistrado do Ministério Público cometa, no seu decurso, nova infração disciplinar pela qual seja sancionado, revelando que as finalidades que estavam na base da suspensão não puderam, por meio dela, ser alcançadas.

5 – A revogação determina o cumprimento da sanção disciplinar que havia sido previamente suspensa.

Artigo 225.º – Prescrição das sanções disciplinares

1 – As sanções disciplinares previstas neste Estatuto prescrevem nos seguintes prazos:

a) Seis meses, nos casos de advertência e multa;

b) Um ano, nos casos de transferência;

c) Três anos, nos casos de suspensão de exercício de funções;

d) Cinco anos, nos casos de aposentação ou reforma compulsiva e demissão.

2 – O prazo de prescrição conta-se a partir do dia em que se tornar inimpugnável a decisão que tiver aplicado a sanção disciplinar.

Artigo 226.º – Substituição de sanções disciplinares

Para os magistrados aposentados ou reformados, jubilados ou que, por qualquer outra razão, se encontrem fora da atividade, a multa e a suspensão de exercício são substituídas pela perda de pensão ou remuneração pelo tempo correspondente.

Subsecção II – Espécies de sanções disciplinares

Artigo 227.º – Escala de sanções

1 – Os magistrados do Ministério Público estão sujeitos às seguintes sanções:

a) Advertência;

b) Multa;

c) Transferência;

d) Suspensão de exercício;

e) Aposentação ou reforma compulsiva;

f) Demissão.

2 – As sanções aplicadas são sempre registadas, salvo a advertência, em que o registo pode ser dispensado.

Artigo 228.º – Advertência

A advertência consiste num reparo pela irregularidade praticada ou numa repreensão destinada a prevenir o magistrado do Ministério Público de que a ação ou omissão é suscetível de causar perturbação no exercício das funções ou de nele se repercutir de forma incompatível com a dignidade que lhe é exigível.

Artigo 229.º – Multa

1 – A sanção de multa é fixada em quantia certa e tem como limite mínimo o valor correspondente a uma remuneração base diária e como limite máximo o valor correspondente a seis remunerações base diárias.

2 – No caso de cúmulo de sanções de multa, a multa aplicável não pode ser superior a 90 remunerações base diárias.

Artigo 230.º – Transferência

A transferência consiste na colocação do magistrado do Ministério Público em cargo da mesma categoria fora da área de jurisdição do tribunal, departamento, juízo ou serviço em que anteriormente exercia funções.

Artigo 231.º - Suspensão de exercício

1 - A suspensão de exercício consiste no afastamento completo do serviço durante o período da sanção.

2 - A suspensão pode ser de 20 a 240 dias.

Artigo 232.º - Aposentação ou reforma compulsiva

A aposentação ou reforma compulsiva consiste na imposição da aposentação ou da reforma.

Artigo 233.º - Demissão

A demissão consiste no afastamento definitivo do magistrado do Ministério Público, com cessação do vínculo à função.

Subsecção III - Aplicação das sanções

Artigo 234.º - Advertência

A advertência é aplicável a infrações leves.

Artigo 235.º - Multa

1 - A multa é aplicável às infrações graves em que não se mostre necessária ou adequada, face às circunstâncias do caso, a aplicação de outra sanção disciplinar mais gravosa.

2 - A requerimento do sancionado, pode ser autorizado o pagamento em prestações da sanção disciplinar de multa, sempre que o quantitativo em que o magistrado do Ministério Público tenha sido sancionado seja superior a um terço do vencimento líquido auferido pelo mesmo.

3 - Quando o sancionado em multa não a pague no prazo de 30 dias contados da notificação para o pagamento, a respetiva importância é descontada na remuneração que lhe seja devida.

4 - O desconto previsto no número anterior é efetuado em prestações mensais que não excedam a sexta parte da remuneração até perfazerem o valor total em dívida, segundo deliberação do Conselho Superior do Ministério Público.

5 - O disposto no número anterior não prejudica, quando necessário, a execução, que segue os termos do processo de execução fiscal, constituindo título executivo a certidão da decisão condenatória.

Artigo 236.º - Transferência

1 - A transferência é aplicável a infrações graves ou muito graves que afetem o prestígio exigível ao magistrado do Ministério Público e ponham em causa a

sua manutenção no meio social em que desempenha o cargo ou no tribunal, juízo ou departamento onde exerce funções.

2 – O magistrado do Ministério Público transferido não pode regressar à comarca, ao tribunal administrativo e fiscal ou ao tribunal de competência territorial alargada em que anteriormente desempenhava o cargo nos três anos subsequentes à aplicação da sanção.

Artigo 237.º – Suspensão de exercício

1 – A suspensão de exercício é aplicável a infrações graves ou muito graves que revelem a falta de interesse pelo exercício funcional e manifesto desprestígio para a função de magistrado do Ministério Público ou quando o magistrado for condenado em pena de prisão.

2 – O tempo de prisão cumprido é descontado na sanção disciplinar.

Artigo 238.º – Aposentação ou reforma compulsiva e demissão

1 – A aposentação ou reforma compulsiva e a demissão são aplicáveis a infrações muito graves quando se verifique alguma das seguintes circunstâncias:

a) Definitiva ou manifesta e reiterada incapacidade de adaptação às exigências da função;

b) Conduta desonrosa ou manifestamente violadora da integridade, isenção, prudência e correção pessoal exigida;

c) Condenação por crime praticado com flagrante e grave abuso da função ou com manifesta e grave violação dos deveres a ela inerentes.

2 – Ao abandono de lugar corresponde sempre a sanção de demissão.

Subsecção IV – Efeitos das sanções

Artigo 239.º – Transferência

1 – A sanção de transferência implica a perda de 60 dias de antiguidade.

2 – Em casos excecionais, devidamente fundamentados, o Conselho Superior do Ministério Público pode reduzir ou eliminar este efeito.

Artigo 240.º – Suspensão de exercício

1 – A sanção de suspensão de exercício implica a perda do tempo correspondente à sua duração para efeitos de remuneração, antiguidade e aposentação ou reforma.

2 – Se a suspensão aplicada for igual ou inferior a 120 dias, pode implicar ainda, além dos efeitos previstos no número anterior, o previsto na alínea *b)* do número seguinte, quando o magistrado sancionado não possa manter-se no meio em que exerce as funções sem quebra do prestígio que lhe é exigível, o que deve constar da decisão disciplinar.

3 – Se a sanção de suspensão aplicada for superior a 120 dias, pode implicar ainda, além dos efeitos previstos no n.º 1:

a) A impossibilidade de promoção durante dois anos, contados do termo do cumprimento da sanção;

b) A transferência para cargo idêntico em tribunal, juízo, departamento ou serviço diferente daquele em que o magistrado exercia funções na data da prática da infração.

4 – A aplicação da sanção de suspensão de exercício não prejudica o direito do magistrado do Ministério Público à assistência a que tenha direito e à perceção de prestações complementares que não dependam do exercício efetivo de funções.

Artigo 241.º – Aposentação ou reforma compulsiva

A sanção de aposentação ou reforma compulsiva implica o imediato desligamento do serviço e a perda dos direitos conferidos pelo presente Estatuto, sem prejuízo do direito à pensão fixada na lei.

Artigo 242.º – Demissão

1 – A sanção de demissão implica o imediato desligamento do serviço e a perda dos direitos conferidos pelo presente Estatuto.

2 – A demissão não implica a perda do direito à aposentação ou reforma, nos termos e condições estabelecidos na lei, nem impede o magistrado de ser nomeado para cargos públicos ou outros que possam ser exercidos sem as particulares condições de dignidade e confiança exigidas pelas funções da magistratura do Ministério Público.

Artigo 243.º – Efeitos sobre a promoção de magistrados arguidos

1 – Os magistrados do Ministério Público contra quem esteja pendente processo disciplinar ou criminal são graduados para promoção ou nomeação, sem prejuízo de estas ficarem suspensas quanto a eles, reservando-se a respetiva vaga até à decisão final.

2 – Se o processo terminar sem condenação ou for aplicada uma sanção que não prejudique a promoção ou nomeação, o magistrado é promovido ou nomeado e ocupa o seu lugar na lista de antiguidade, com direito a receber as diferenças de remuneração.

3 – Se o magistrado do Ministério Público houver de ser preterido, completa-se a promoção ou a nomeação em relação à vaga que lhe havia ficado reservada.

4 – Em situações devidamente fundamentadas, o Conselho Superior do Ministério Público pode levantar a suspensão prevista no n.º 1.

Artigo 244.º - Efeito da amnistia

A amnistia não apaga os efeitos produzidos pela aplicação das sanções, devendo ser averbada no competente processo individual.

Secção IV - Procedimento disciplinar

Artigo 245.º - Formas do procedimento disciplinar

1 - O procedimento disciplinar é comum ou especial.

2 - O procedimento especial aplica-se aos casos expressamente previstos neste Estatuto.

3 - O procedimento especial regula-se pelas disposições que lhe são próprias e, subsidiariamente, pelas disposições do procedimento comum.

Subsecção I - Procedimento comum

Artigo 246.º - Procedimento disciplinar

1 - O procedimento disciplinar é o meio de efetivar a responsabilidade disciplinar.

2 - O procedimento disciplinar é sempre escrito, garantindo a audiência com possibilidade de defesa do arguido.

3 - Sempre que possível, o procedimento disciplinar pode ser tramitado eletronicamente, desde que salvaguardada a confidencialidade e a qualidade dos dados.

4 - A sanção de advertência não sujeita a registo pode ser aplicada independentemente de processo, desde que com audiência e possibilidade de defesa do arguido.

Artigo 247.º - Apensação de procedimentos disciplinares

1 - Para todas as infrações cometidas e ainda não sancionadas pode ser instaurado um único procedimento.

2 - Tendo sido instaurados diversos procedimentos, pode ser determinada a sua apensação àquele que primeiro tenha sido instaurado.

Artigo 248.º - Natureza confidencial do procedimento

1 - Sem prejuízo do disposto no artigo 259.º, o procedimento disciplinar é de natureza confidencial até à decisão final, ficando arquivado no Conselho Superior do Ministério Público.

2 - O arguido, o defensor nomeado ou o mandatário constituído podem, a todo o tempo e a seu pedido, examinar o processo e obter cópias ou certidões, salvo se o instrutor, por despacho fundamentado, considerar que o acesso ao processo pode obstar à descoberta da verdade.

3 – O requerimento da emissão de certidões ou cópias a que se refere o número anterior é dirigido ao instrutor, a quem é deferida a sua apreciação, no prazo máximo de cinco dias.

4 – A partir da notificação a que se refere o artigo 256.º, o arguido, o defensor nomeado ou o mandatário constituído podem consultar e obter cópias de todos os elementos constantes do processo, ainda que anteriormente o instrutor tenha proferido despacho nos termos do n.º 2.

Artigo 249.º – Constituição de advogado

O arguido pode constituir advogado em qualquer fase do procedimento, nos termos gerais de direito.

Artigo 250.º – Nomeação de defensor

1 – Se o arguido estiver impossibilitado de elaborar a defesa, nomeadamente por motivo de ausência, doença, anomalia mental ou incapacidade física, o Conselho Superior do Ministério Público nomeia-lhe defensor.

2 – Quando o defensor for nomeado em data posterior à da notificação da acusação do arguido, reabre-se o prazo para a defesa com a sua notificação.

Artigo 251.º – Suspensão preventiva do arguido

1 – O magistrado do Ministério Público sujeito a procedimento disciplinar pode ser preventivamente suspenso de funções, nomeadamente, sob proposta do instrutor, desde que haja fortes indícios de que a conduta investigada constitua infração à qual caiba, pelo menos, a sanção de transferência e a continuação na efetividade de serviço seja prejudicial ao prestígio e dignidade da função, ao serviço ou à instrução do procedimento.

2 – A suspensão preventiva é executada por forma a assegurar o resguardo da dignidade pessoal e profissional do magistrado.

3 – A suspensão preventiva não pode exceder 180 dias, excecionalmente prorrogáveis por mais 60 dias, e não tem os efeitos consignados no artigo 240.º

4 – Coexistindo processo criminal relativamente aos mesmos factos, o período máximo de suspensão preventiva do arguido a que se refere o número anterior é alargado para o período máximo previsto na lei processual penal para a medida de coação de suspensão de exercício de função.

Artigo 252.º – Impedimentos, suspeições, recusas e escusas do instrutor

É aplicável ao procedimento disciplinar, com as necessárias adaptações, o regime de impedimentos, suspeições, recusas e escusas estabelecidos para o processo penal.

Artigo 253.º - Prazo de instrução

1 - A instrução do procedimento disciplinar deve ultimar-se no prazo de 60 dias.

2 - O instrutor, no prazo máximo de cinco dias a contar da data em que tiver sido notificado do despacho de instauração do procedimento, deve dar conhecimento ao Conselho Superior do Ministério Público e ao arguido da data em que iniciar a instrução do procedimento.

3 - O prazo referido no n.º 1 pode ser prorrogado até 30 dias por motivo atendível, nomeadamente em razão da especial complexidade do procedimento disciplinar, sendo a justificação dirigida ao Conselho Superior do Ministério Público, que a aprecia.

Artigo 254.º - Instrução do procedimento

1 - O instrutor ouve obrigatoriamente o arguido, a requerimento deste ou quando o entenda conveniente, até se ultimar a instrução.

2 - Sem prejuízo do disposto no número anterior, o arguido pode requerer ao instrutor que promova as diligências de prova que considere essenciais ao apuramento da verdade, as quais podem ser indeferidas, por despacho fundamentado, quando este julgue suficiente a prova produzida.

3 - Na fase de instrução, as testemunhas podem ser inquiridas através de equipamento tecnológico que permita a comunicação, por meio visual e sonoro, em tempo real.

Artigo 255.º - Termo da instrução

1 - Concluída a instrução, na hipótese de o instrutor entender que não se indiciam suficientemente factos constitutivos da infração disciplinar ou da responsabilidade do arguido, ou que o procedimento disciplinar se encontra extinto, elabora, em 10 dias, proposta de arquivamento.

2 - O Conselho Superior do Ministério Público delibera sobre a proposta de arquivamento e notifica o arguido.

3 - Na hipótese contrária à prevista no n.º 1, o instrutor deduz acusação no prazo de 10 dias, articulando discriminadamente os factos constitutivos da infração disciplinar, as circunstâncias de tempo, modo e lugar da sua prática e os factos que integram circunstâncias agravantes ou atenuantes, indicando os preceitos legais e as sanções aplicáveis.

4 - Obtida a anuência do arguido, o instrutor pode propor a imediata aplicação da sanção de advertência, que é aplicada pelo Conselho Superior do Ministério Público sem mais formalidades.

Artigo 256.º – Notificação do arguido

1 – A decisão de arquivamento ou de acusação é entregue pessoalmente ao arguido ou remetida pelo correio, sob registo, com aviso de receção.

2 – Se não for conhecido o paradeiro do arguido, procede-se à sua notificação mediante a afixação de um edital na porta do tribunal ou departamento do exercício de funções e da última residência conhecida.

3 – O arguido dispõe de um prazo de 20 dias para apresentação da defesa.

4 – O prazo referido no número anterior pode ser prorrogado até 30 dias, oficiosamente ou a requerimento do arguido.

Artigo 257.º – Defesa do arguido

1 – Com a defesa, o arguido pode indicar testemunhas, até ao limite de 20, juntar documentos ou requerer outras diligências de prova.

2 – O instrutor pode indeferir, por despacho fundamentado, as diligências de prova requeridas pelo arguido quando as considerar manifestamente dilatórias, impertinentes ou desnecessárias, não podendo em qualquer circunstância deixar de ouvir as cinco primeiras testemunhas indicadas pelo arguido, bem como admitir os documentos apresentados.

3 – Do despacho que indefira o requerimento de quaisquer diligências probatórias cabe impugnação administrativa para a secção disciplinar do Conselho Superior do Ministério Público, a interpor no prazo de 10 dias.

4 – O arguido é notificado da data designada para inquirição das testemunhas para, querendo, estar presente.

Artigo 258.º – Relatório

Terminada a produção da prova, o instrutor elabora, no prazo de 15 dias, um relatório, do qual devem constar os factos que considera provados, a sua qualificação e a sanção concreta aplicável, o qual constitui a proposta de deliberação a tomar pelo Conselho Superior do Ministério Público, que pode ser feita por remissão.

Artigo 259.º – Audiência pública

1 – O arguido pode requerer a realização de audiência pública para apresentação da sua defesa.

2 – A audiência pública é presidida pelo Procurador-Geral da República, nela participam os membros da secção disciplinar, o instrutor, o arguido e o seu defensor ou mandatário.

3 – A audiência pública só pode ser adiada por uma vez por falta do arguido ou do seu defensor ou mandatário.

4 – Aberta a audiência, o instrutor lê o relatório final sendo em seguida dada a palavra ao arguido ou ao seu defensor ou mandatário para alegações orais, e após estas é encerrada a audiência.

Artigo 260.º – Notificação de decisão

A decisão final, acompanhada de cópia do relatório a que se refere o artigo 258.º, é notificada ao arguido com observância do disposto nos n.ºs 1 e 2 do artigo 256.º

Artigo 261.º – Impugnação

A ação de impugnação da decisão final do procedimento disciplinar pode incidir sobre matéria de facto e de direito em que assentou a decisão, procedendo-se à produção da prova requerida e sendo o número de testemunhas limitado a 10.

Artigo 262.º – Início da produção de efeitos das sanções

A decisão que aplicar a sanção disciplinar não carece de publicação, começando a sanção a produzir os seus efeitos no dia seguinte ao da notificação do arguido nos termos do artigo 260.º, ou 15 dias após a afixação do edital, no caso de desconhecimento do paradeiro daquele.

Artigo 263.º – Nulidades e irregularidades

1 – Constitui nulidade insuprível a falta de audiência do arguido com possibilidade de defesa e a omissão de diligências essenciais para a descoberta da verdade que ainda pudessem utilmente realizar-se ou cuja realização fosse obrigatória.

2 – As restantes nulidades e irregularidades consideram-se sanadas se não forem arguidas na defesa ou, quando ocorram posteriormente, no prazo de cinco dias contados da data do seu conhecimento.

Subsecção II – Procedimentos especiais

Artigo 264.º – Averiguação

1 – O Conselho Superior do Ministério Público pode ordenar a realização de processo de averiguação sobre queixa, participação ou informação que não constitua violação manifesta dos deveres dos magistrados do Ministério Público.

2 – O processo de averiguação destina-se a apurar a veracidade da participação, queixa ou informação, e a aferir se a conduta denunciada é suscetível de constituir infração disciplinar.

Artigo 265.º – Tramitação do processo de averiguação

O Conselho Superior do Ministério Público nomeia instrutor que procede, no prazo de 30 dias, à recolha de todos os elementos relevantes, propondo o arquivamento do processo, a instauração do procedimento disciplinar ou a mera aplicação da sanção de advertência não sujeita a registo, nos termos do n.º 4 do artigo 246.º

Artigo 266.º – Inquérito e sindicância

1 – O inquérito tem por finalidade a averiguação de factos determinados.

2 – A sindicância tem lugar quando haja notícia de factos que exijam uma averiguação geral do funcionamento dos serviços.

Artigo 267.º – Prazo do inquérito

1 – O inquérito deve ser ultimado no prazo de três meses.

2 – Não sendo possível ultimá-lo no prazo indicado no número anterior, o instrutor dá disso conhecimento ao Conselho Superior do Ministério Público.

3 – O Conselho Superior do Ministério Público pode prorrogar o prazo até ao limite previsto no n.º 1, desde que tal haja sido solicitado pelo instrutor, em requerimento justificativo das razões da impossibilidade da ultimação.

Artigo 268.º – Tramitação inicial do procedimento de sindicância

1 – No início do processo de sindicância, o Conselho Superior do Ministério Público nomeia sindicante, o qual faz constar o início do processo por anúncio publicado no sítio eletrónico da Procuradoria-Geral da República, com comunicação ao Conselho Superior da Magistratura, à Ordem dos Advogados, à Ordem dos Solicitadores e dos Agentes de Execução e ao Conselho dos Oficiais de Justiça.

2 – As comunicações e anúncio devem indicar a identificação do serviço ou serviços sindicados e a possibilidade de, no prazo indicado, qualquer interessado que tenha razão de queixa relativa ao regular funcionamento dos serviços sindicados se apresentar ao sindicante ou a ele apresentar queixa por escrito.

3 – Quando seja apresentada queixa por escrito nos termos da parte final do n.º 2, esta deve conter a identificação completa do queixoso.

4 – No prazo de 48 horas após a receção da queixa por escrito nos termos da parte final do n.º 2, o sindicante designa dia, hora e local para a prestação de declarações do queixoso.

Artigo 269.º – Tramitação e prazo da sindicância

1 – A instrução de sindicância conclui-se no prazo de seis meses.

2 – Concluída a instrução, o inquiridor ou o sindicante elabora, no prazo de 10 dias, o seu relatório, que remete imediatamente ao Conselho Superior do Ministério Público.

3 – Os prazos fixados nos números anteriores podem ser prorrogados pelo Conselho Superior do Ministério Público, até ao limite máximo da respetiva duração, quando a complexidade do processo o justifique.

Artigo 270.º – Conversão em procedimento disciplinar

1 – Se apurar a existência de infração, o Conselho Superior do Ministério Público pode deliberar que o processo de inquérito ou de sindicância, em que o magistrado do Ministério Público tenha sido ouvido, constitua a parte instrutória do processo disciplinar.

2 – No caso previsto no número anterior, a notificação ao magistrado da deliberação do Conselho Superior do Ministério Público fixa o início do procedimento disciplinar.

Secção V – Revisão das sanções disciplinares

Artigo 271.º – Revisão

1 – As decisões sancionatórias proferidas em processo disciplinar podem ser revistas a todo o tempo perante circunstâncias ou meios de prova suscetíveis de demonstrar a inexistência dos factos que determinaram a sanção e que não puderam ser oportunamente invocados pelo arguido.

2 – A revisão não pode determinar o agravamento da sanção.

Artigo 272.º – Processo

1 – A revisão é requerida pelo interessado ao Conselho Superior do Ministério Público.

2 – O requerimento, processado por apenso ao processo disciplinar, deve conter os fundamentos do pedido e a indicação dos meios de prova a produzir, e ser instruído com os documentos que o interessado tenha podido obter após findar o procedimento disciplinar.

Artigo 273.º – Sequência do processo de revisão

1 – Recebido o requerimento, o Conselho Superior do Ministério Público decide da verificação dos pressupostos da revisão no prazo de 30 dias.

2 – Se decidir pela revisão, é nomeado novo instrutor para o procedimento, seguindo-se os termos da fase de defesa com as necessárias adaptações.

Artigo 274.º – Procedência da revisão

1 – Se o pedido de revisão for julgado procedente, revoga-se ou altera-se a decisão proferida no procedimento revisto.

2 – No caso referido no número anterior, e sem prejuízo de outros direitos legalmente previstos, o interessado é reembolsado das remunerações que tenha deixado de auferir em consequência da decisão revista e na medida da sua revogação ou alteração.

Secção VI – Reabilitação

Artigo 275.º – Reabilitação

1 – É concedida a reabilitação a quem demonstre merecer, pela boa conduta posterior à aplicação da sanção.

2 – É competente para o procedimento de reabilitação o Conselho Superior do Ministério Público.

3 – Os magistrados do Ministério Público condenados nas sanções disciplinares previstas nas alíneas *a)* a *d)* do n.º 1 do artigo 227.º podem ser reabilitados independentemente de revisão do procedimento disciplinar.

Artigo 276.º – Tramitação da reabilitação

1 – A reabilitação pode ser requerida pelo magistrado do Ministério Público, decorridos os prazos seguintes sobre a aplicação das sanções disciplinares de advertência ou de transferência, ou sobre o cumprimento de sanções disciplinares de multa ou de suspensão de exercício, bem como do decurso do período de suspensão de qualquer sanção:

a) Seis meses, no caso de advertência;

b) Um ano, no caso de multa;

c) Dois anos, no caso de transferência;

d) Três anos, no caso de suspensão de exercício de funções.

2 – A reabilitação faz cessar os efeitos ainda subsistentes das sanções disciplinares que hajam sido aplicadas, ficando averbada no registo individual das sanções aplicadas ao magistrado.

Secção VII – Registo de sanções disciplinares

Artigo 277.º – Registo

1 – No Conselho Superior do Ministério Público é constituído um registo individual das sanções aplicadas aos magistrados do Ministério Público.

2 – No registo referido no número anterior são inscritas as sanções disciplinares que devam ser registadas, bem como o procedimento em que foram aplicadas.

3 – O registo de sanções organizado no âmbito do Conselho Superior do Ministério Público observa os requisitos exigidos para a proteção de dados pessoais.

4 – A consulta e o acesso ao registo de sanções apenas pode ser efetuado pelo próprio magistrado, pelos membros do Conselho Superior do Ministério Público e pelos inspetores no âmbito das suas competências.

Artigo 278.º – Cancelamento do registo

As decisões inscritas no registo são canceladas decorridos os seguintes prazos sobre a sua execução, ou extinção no caso da alínea *b)*, e desde que, entretanto, o magistrado não tenha incorrido em nova infração disciplinar:

a) Dois anos, nos casos de advertência registada;

b) Cinco anos, nos casos de multa;

c) Oito anos, nos casos de transferência;

d) Dez anos, nos casos de suspensão do exercício de funções.

Capítulo IX – Órgãos auxiliares

Artigo 279.º – Secretarias e funcionários

1 – Sem prejuízo do apoio e coadjuvação prestados pelas repartições e secretarias judiciais, o Ministério Público dispõe de serviços técnico-administrativos próprios.

2 – Os serviços técnico-administrativos asseguram o apoio, nomeadamente, nos seguintes domínios:

a) Prevenção e investigação criminal;

b) Cooperação judiciária internacional;

c) Articulação com órgãos de polícia criminal, instituições de tratamento, recuperação e reinserção social, de apoio à vítima e de liquidação de bens provenientes do crime;

d) Direção de recursos humanos, gestão e economato;

e) Notação e análise estatística;

f) Comunicações e apoio informático.

3 – No departamento de contencioso do Estado, as funções de coadjuvação podem ser também asseguradas por trabalhador com vínculo de emprego público, em comissão de serviço ou mobilidade, e por peritos e solicitadores contratados para o efeito.

Parte III – Disposições complementares, transitórias e finais

Artigo 280.º – Isenções

A Procuradoria-Geral da República goza de isenção de imposto do selo e de quaisquer impostos, prémios, descontos ou percentagens nos depósitos, guarda, transferência e levantamentos de dinheiro efetuados na Agência de Gestão da Tesouraria e da Dívida Pública – IGCP.

Artigo 281.º – Receitas

1 – Além das receitas provenientes de dotações do Orçamento do Estado, são receitas próprias da Procuradoria-Geral da República:

a) O saldo de gerência do ano anterior;

b) O produto da cobrança de apostilas;

c) O produto da venda de publicações editadas;

d) Os emolumentos por atos praticados pela secretaria;

e) O produto de atividades de divulgação científica e cultural;

f) As multas aplicadas nos termos do presente Estatuto, qualquer que seja a situação jurídico-funcional do magistrado do Ministério Público na data da aplicação da sanção;

g) Quaisquer outras que lhe sejam atribuídas por lei, contrato ou outro título.

2 – O produto das receitas próprias pode, nos termos da lei de execução orçamental, ser aplicado na realização de despesas correntes e de capital que, em cada ano, não possam ser suportadas pelas verbas inscritas no Orçamento do Estado, designadamente despesas de edição de publicações ou realização de estudos, análises ou outros trabalhos extraordinários.

Artigo 282.º – Adequação do regime geral de segurança social

Sem prejuízo do disposto no artigo 5.º do Decreto-Lei n.º 55/2006, de 15 de março, a matéria complementar necessária à concretização do regime especial dos magistrados do Ministério Público face ao regime geral de segurança social é objeto de regulamentação, no prazo de seis meses a contar da data da entrada em vigor da presente lei.

Artigo 283.º – Regime supletivo

Em tudo o que não esteja expressamente previsto no presente Estatuto, é subsidiariamente aplicável aos magistrados do Ministério Público o regime previsto para os trabalhadores em funções públicas.

Artigo 284.º – Limite remuneratório

Para efeitos previstos no presente Estatuto podem ser percebidas remunerações ilíquidas superiores ao limite previsto no artigo 3.º da Lei n.º 102/88, de 25 de agosto, desde que não ultrapassem noventa por cento do montante equivalente ao somatório do vencimento e abono mensal para despesas de representação do Presidente da República.

Artigo 285.º – Norma transitória

1 – Os substitutos não magistrados já nomeados nos termos do n.º 3 do artigo 65.º da Lei n.º 47/86, de 15 de outubro, podem continuar, pelo prazo máximo de três anos contados da entrada em vigor do presente Estatuto, a exercer funções e a receber a correspondente remuneração.

2 – Da aplicação da presente lei não pode resultar diminuição do estatuto remuneratório de qualquer magistrado do Ministério Público.

3 – A lista de antiguidade referida no artigo 199.º é reformulada, posicionando-se o primeiro procurador-adjunto da atual lista imediatamente a seguir ao último procurador da República ali inscrito.

4 – O disposto no n.º 4 do artigo 190.º não é aplicável aos magistrados do Ministério Público que, após a entrada em vigor do presente Estatuto, já adquiriram a condição de jubilados ou que, nessa data, reúnam os requisitos necessários à aquisição dessa condição.

Artigo 286.º – Norma revogatória

É revogada a Lei n.º 47/86, de 15 de outubro.

Artigo 287.º – Entrada em vigor

A presente lei entra em vigor no dia 1 de janeiro de 2020.

Aprovada em 19 de julho de 2019.
O Presidente da Assembleia da República, Eduardo Ferro Rodrigues.
Promulgada em 13 de agosto de 2019.
Publique-se.
O Presidente da República, Marcelo Rebelo de Sousa.
Referendada em 19 de agosto de 2019.
O Primeiro-Ministro, António Luís Santos da Costa.

Lei do Tribunal Arbitral do Desporto

Lei n.º 74/2013, na redacção da Lei n.º 33/2014, de 16 de Junho

Cria o Tribunal Arbitral do Desporto e aprova a respetiva lei

A Assembleia da República decreta, nos termos da alínea *c)* do artigo 161.º da Constituição, o seguinte:

Artigo 1.º – Objeto

1 – A presente lei cria o Tribunal Arbitral do Desporto (TAD), com competência específica para administrar a justiça relativamente a litígios que relevam do ordenamento jurídico desportivo ou relacionados com a prática do desporto.

2 – A presente lei aprova, ainda, a lei do TAD.

Artigo 2.º – Aprovação da lei do Tribunal Arbitral do Desporto

É aprovada, em anexo à presente lei, da qual faz parte integrante, a lei do TAD que estabelece:

a) A natureza, a competência, a organização e os serviços do TAD; e

b) As regras dos processos de arbitragem e de mediação a submeter ao TAD.

Artigo 3.º – Norma transitória

1 – A presente lei aplica-se aos processos iniciados após a sua entrada em vigor.

2 – A aplicação da presente lei aos litígios pendentes à data da sua entrada em vigor carece de acordo das partes.

3 – As comissões arbitrais às quais tenha sido atribuída competência exclusiva ou prévia, nos termos e para os efeitos do artigo 30.º da Lei n.º 28/98, de 26 de junho, alterada pela Lei n.º 114/99, de 3 de agosto, mantêm-se em vigor até 31 de julho de 2016, data a partir da qual a respetiva competência arbitral é atribuída ao TAD.

Artigo 4.º – Norma revogatória

São revogados:

a) O artigo 30.º da Lei n.º 28/98, de 26 de junho, alterada pela Lei n.º 114/99, de 3 de agosto;

b) O artigo 18.º da Lei n.º 5/2007, de 16 de janeiro;

c) O artigo 12.º do Decreto-Lei n.º 248-B/2008, de 31 de dezembro;

d) Os n.os 2 e 3 do artigo 31.º do Decreto-Lei n.º 273/2009, de 1 de outubro.

Artigo 5.º – Entrada em vigor

A presente lei entra em vigor no prazo de 90 dias após a instalação do TAD.

Aprovada em 29 de julho de 2013.
A Presidente da Assembleia da República, Maria da Assunção A. Esteves.
Promulgada em 27 de agosto de 2013.
Publique-se.
O Presidente da República, Aníbal Cavaco Silva.
Referendada em 29 de agosto de 2013.
O Primeiro-Ministro, Pedro Passos Coelho.

ANEXO

(a que se refere o artigo 2.º)

Lei do Tribunal Arbitral do Desporto

TÍTULO I – Natureza, competência, organização e serviços

CAPÍTULO I – Natureza e competência

Artigo 1.º – Natureza e regime

1 – O Tribunal Arbitral do Desporto (TA*D)* é uma entidade jurisdicional independente, nomeadamente dos órgãos da administração pública do desporto e dos organismos que integram o sistema desportivo, dispondo de autonomia administrativa e financeira.

2 – O TAD tem competência específica para administrar a justiça relativamente a litígios que relevam do ordenamento jurídico desportivo ou relacionados com a prática do desporto.

3 – São receitas do TAD as custas processuais cobradas nos correspondentes processos e outras que possam ser geradas pela sua atividade, nomeadamente as receitas provenientes dos serviços de consulta e de mediação previstos na presente lei.

4 – Incumbe ao Comité Olímpico de Portugal promover a instalação e o funcionamento do TAD.

Artigo 2.º - Jurisdição e sede

O TAD exerce a sua jurisdição em todo o território nacional e tem a sua sede no Comité Olímpico de Portugal.

Artigo 3.º - Âmbito da jurisdição

No julgamento dos recursos e impugnações previstas nos artigos anteriores, o TAD goza de jurisdição plena, em matéria de facto e de direito.

Artigo 4.º - Arbitragem necessária

1 - Compete ao TAD conhecer dos litígios emergentes dos atos e omissões das federações desportivas, ligas profissionais e outras entidades desportivas, no âmbito do exercício dos correspondentes poderes de regulamentação, organização, direção e disciplina.

2 - Salvo disposição em contrário e sem prejuízo do disposto no número seguinte, a competência definida no número anterior abrange as modalidades de garantia contenciosa previstas no Código de Processo nos Tribunais Administrativos que forem aplicáveis.

3 - O acesso ao TAD só é admissível em via de recurso de:

a) Deliberações do órgão de disciplina ou decisões do órgão de justiça das federações desportivas, neste último caso quando proferidas em recurso de deliberações de outro órgão federativo que não o órgão de disciplina;

b) Decisões finais de órgãos de ligas profissionais e de outras entidades desportivas.

4 - Com exceção dos processos disciplinares a que se refere o artigo 59.º da Lei n.º 38/2012, de 28 de agosto, compete ainda ao TAD conhecer dos litígios referidos no n.º 1 sempre que a decisão do órgão de disciplina ou de justiça das federações desportivas ou a decisão final de liga profissional ou de outra entidade desportiva não seja proferida no prazo de 45 dias ou, com fundamento na complexidade da causa, no prazo de 75 dias, contados a partir da autuação do respetivo processo.

5 - Nos casos previstos no número anterior, o prazo para a apresentação pela parte interessada do requerimento de avocação de competência junto do TAD é de 10 dias, contados a partir do final do prazo referido no número anterior, devendo este requerimento obedecer à forma prevista para o requerimento inicial.

6 - É excluída da jurisdição do TAD, não sendo assim suscetível designadamente do recurso referido no n.º 3, a resolução de questões emergentes da aplicação das normas técnicas e disciplinares diretamente respeitantes à prática da própria competição desportiva.

Artigo 5.º – Arbitragem necessária em matéria de dopagem

Compete ao TAD conhecer dos recursos das deliberações tomadas por órgãos disciplinares das federações desportivas ou pela Autoridade Antidopagem de Portugal em matéria de violação das normas antidopagem, nos termos da Lei n.º 38/2012, de 28 de agosto, que aprova a lei antidopagem no desporto.

Artigo 6.º – Arbitragem voluntária

1 – Podem ser submetidos à arbitragem do TAD todos os litígios, não abrangidos pelos artigos 4.º e 5.º, relacionados direta ou indiretamente com a prática do desporto, que, segundo a lei da arbitragem voluntária (LAV), sejam suscetíveis de decisão arbitral.

2 – A submissão ao TAD dos litígios referidos no número anterior pode operar-se mediante convenção de arbitragem ou, relativamente a litígios decorrentes da correspondente relação associativa, mediante cláusula estatutária de uma federação ou outro organismo desportivo.

Artigo 7.º – Arbitragem voluntária em matéria laboral

1 – O disposto no artigo anterior é designadamente aplicável a quaisquer litígios emergentes de contratos de trabalho desportivo celebrados entre atletas ou técnicos e agentes ou organismos desportivos, podendo ser apreciada a regularidade e licitude do despedimento.

2 – De acordo com o definido no número anterior é atribuída ao TAD a competência arbitral das comissões arbitrais paritárias, prevista na Lei n.º 28/98, de 26 de junho.

Artigo 8.º – Recurso das decisões arbitrais

1 – As decisões dos colégios arbitrais são passíveis de recurso para o Tribunal Central Administrativo, salvo se as partes acordarem recorrer para a câmara de recurso, renunciando expressamente ao recurso da decisão que vier a ser proferida.

2 – Ao recurso para o Tribunal Central Administrativo mencionado no número anterior é aplicável o disposto no Código de Processo nos Tribunais Administrativos quanto aos processos urgentes, tendo o mesmo efeito meramente devolutivo e devendo ser decidido no prazo de 45 dias.

3 – No caso de arbitragem voluntária, a submissão do litígio ao TAD implica a renúncia aos recursos referidos nos números anteriores.

4 – Fica salvaguardada, em todos os casos, a possibilidade de recurso para o Tribunal Constitucional e de impugnação da decisão com os fundamentos e nos termos previstos na LAV.

5 – São competentes para conhecer do recurso e impugnação referidos nos n.ºs 1 e 4 o Tribunal Central Administrativo Sul, no tocante a decisões proferidas no exercício da jurisdição arbitral necessária, ou o Tribunal da Relação do lugar do domicílio da pessoa contra quem se pretende fazer valer a sentença, no tocante a decisões proferidas no exercício da jurisdição arbitral voluntária, previstas nesta lei.

6 – A impugnação da decisão arbitral por força de qualquer dos meios previstos nos n.º 1 e 4 não afeta os efeitos desportivos determinados por tal decisão e executados pelos órgãos competentes das federações desportivas, ligas profissionais e quaisquer outras entidades desportivas.

7 – A decisão da câmara de recurso referida no n.º 1 é suscetível de recurso para o Supremo Tribunal Administrativo quando esteja em contradição, quanto à mesma questão fundamental de direito, no domínio da mesma legislação ou regulamentação, com acórdão proferido por Tribunal Central Administrativo ou pelo Supremo Tribunal Administrativo.

8 – Ao recurso previsto no número anterior é aplicável, com as necessárias adaptações, o regime do recurso para uniformização de jurisprudência regulado no Código de Processo nos Tribunais Administrativos, contando-se o respetivo prazo a partir da notificação da decisão arbitral e devendo o mesmo ser acompanhado de cópia do processo arbitral.

CAPÍTULO II – Organização e funcionamento

SECÇÃO I – Composição e organização interna

Artigo 9.º – Composição

São elementos integrantes da organização e funcionamento do TAD o Conselho de Arbitragem Desportiva, o presidente, o vice-presidente, os árbitros, o conselho diretivo, o secretariado, a câmara de recurso e os árbitros.

Artigo 10.º – Conselho de Arbitragem Desportiva

1 – O Conselho de Arbitragem Desportiva é constituído por 11 membros, 10 dos quais assim designados:

a) Dois, pelo Comité Olímpico de Portugal, devendo a designação recair em juristas de reconhecido mérito e idoneidade, com experiência na área do desporto;

b) Dois, pela Confederação do Desporto de Portugal, devendo a designação recair em juristas de reconhecido mérito e idoneidade, com experiência na área do desporto;

c) Um, pelo Conselho Nacional do Desporto, devendo a designação recair em jurista de reconhecido mérito e idoneidade, com experiência na área do desporto;

d) Um, pelo Conselho Superior da Magistratura, de entre atuais ou antigos magistrados;

e) Um, pelo Conselho Superior dos Tribunais Administrativos e Fiscais, de entre atuais ou antigos magistrados;

f) Um, pelo Conselho Superior do Ministério Público, de entre atuais ou antigos magistrados;

g) Um, pelo Conselho de Reitores das Universidades Portuguesas, de entre professores das Faculdades de Direito, sob indicação destas;

h) Um, pela Ordem dos Advogados, de entre advogados de reconhecido mérito e idoneidade, com experiência na área do direito do desporto.

2 – Integra ainda o Conselho de Arbitragem Desportiva o presidente do TAD.

3 – Os membros do Conselho elegem, de entre si, o presidente e o vice-presidente do Conselho de Arbitragem Desportiva, por maioria de votos.

4 – O mandato dos membros do Conselho tem a duração de três anos, podendo ser renovado por dois períodos idênticos.

5 – Se ocorrer alguma vaga no Conselho, a mesma é preenchida nos termos do n.º 1, sendo o respetivo mandato completado pelo novo membro.

6 – Os membros do Conselho não podem agir como árbitros em litígios submetidos à arbitragem do TAD, nem como advogados ou representantes de qualquer das partes em litígio.

7 – Pelo exercício das suas funções, os membros do Conselho têm apenas direito à compensação de despesas que tal exercício lhes acarrete e ao abono de uma senha de presença por cada dia de reunião em que participem, cujo valor é fixado pelo presidente do TAD.

Artigo 11.º – Competência do Conselho de Arbitragem Desportiva

Compete designadamente ao Conselho de Arbitragem Desportiva:

a) Estabelecer a lista de árbitros do TAD e designar os árbitros que a integram, nos termos do disposto no artigo 21.º, bem como designar os árbitros que integram a câmara de recurso;

b) Acompanhar a atividade e o funcionamento do TAD, em ordem à preservação da sua independência e garantia da sua eficiência, podendo, para o efeito, formular as sugestões de alteração legislativa ou regulamentar que entenda convenientes;

c) Aprovar os regulamentos de processo e de custas processuais no âmbito da arbitragem voluntária, bem como dos serviços de mediação e consulta;

d) Aprovar a lista de mediadores e de consultores do TAD e as respetivas alterações;

e) Aprovar a tabela de vencimentos do pessoal do TAD;

f) Aprovar o seu regimento, observado o disposto na presente lei;

g) Promover o estudo e a difusão da arbitragem desportiva e a formação específica de árbitros, nomeadamente estabelecendo relações com outras instituições de arbitragem nacionais ou com instituições similares estrangeiras ou internacionais;

h) Adotar todas as medidas apropriadas para assegurar a proteção dos direitos das partes e a independência dos árbitros.

Artigo 12.º – Reuniões e deliberações

1 – O Conselho de Arbitragem Desportiva reúne ordinariamente uma vez por semestre e sempre que convocado pelo seu presidente, por sua iniciativa ou a solicitação de, pelo menos, metade dos seus membros.

2 – As deliberações do Conselho de Arbitragem Desportiva são tomadas por maioria de votos, achando-se presente pelo menos metade dos seus membros, e dispondo o presidente de voto de qualidade.

3 – As deliberações relativas às competências previstas nas alíneas *a)*, *c)* e *f)* do artigo anterior carecem da aprovação de dois terços dos membros em efetividade de funções.

4 – É vedado a cada membro do Conselho de Arbitragem Desportiva participar em reuniões ou na tomada de deliberações sempre que:

a) A reunião ou a deliberação respeitar a arbitragem em que uma das partes seja uma entidade de que o membro em causa é filiado ou associado, dirigente ou representante;

b) A reunião ou a deliberação respeitar a arbitragem em que intervenha advogado pertencente ao mesmo escritório ou à mesma sociedade de advogados do membro em causa como árbitro, assessor ou representante de uma das partes;

c) Em geral, a reunião ou a deliberação respeitar a arbitragem em que uma das partes tenha com o membro em causa relação que seria motivo de escusa ou suspeição para intervir como árbitro na arbitragem, o que será apreciado e decidido pelo próprio Conselho de Arbitragem Desportiva.

Artigo 13.º – Presidência do TAD

1 – O presidente e o vice-presidente do TAD são eleitos pelo plenário dos árbitros, de entre estes.

2 – O mandato do presidente e do vice-presidente do TAD tem a duração de três anos, podendo ser renovado por dois períodos idênticos.

Artigo 14.º – Competência do presidente do TAD

1 – Compete ao presidente do TAD:

a) Representar o Tribunal nas suas relações externas;

b) Coordenar a atividade do Tribunal;

c) Convocar e dirigir as reuniões do conselho diretivo;

d) Exercer as demais funções que lhe sejam cometidas por lei ou regulamento.

2 – Compete ao vice-presidente substituir o presidente nas suas faltas e impedimentos.

Artigo 15.º – Conselho diretivo

1 – O TAD tem um conselho diretivo constituído pelo presidente e pelo vice-presidente do TAD, por dois vogais e pelo secretário-geral.

2 – Um dos vogais é eleito pelo plenário dos árbitros do TAD, de entre os seus membros, sendo o outro designado pelo Conselho Nacional do Desporto, tendo o respetivo mandato a duração de três anos e podendo ser renovado por dois períodos idênticos.

3 – O secretário-geral é designado pelo presidente do TAD, ouvidos o vice-presidente e os vogais do conselho diretivo, de entre licenciados ou mestres em Direito com qualificação e experiência adequadas ao exercício da função ou mediante solicitação ao Ministério da Justiça, em termos a definir, no quadro legal, pelo titular da respetiva pasta, de entre funcionários judiciais com a categoria de secretário judicial.

4 – Pelo exercício das respetivas funções, o presidente do TAD tem direito ao abono de uma gratificação permanente e o vice-presidente e os vogais do conselho diretivo têm direito ao abono de uma senha de presença por cada dia de reunião em que participem, cujo valor é fixado pelo Conselho de Arbitragem Desportiva.

Artigo 16.º – Competência do conselho diretivo

1 – Compete ao conselho diretivo superintender na gestão e administração do TAD.

2 – Compete ainda especificamente ao conselho diretivo:

a) Elaborar e submeter à aprovação do Conselho de Arbitragem Desportiva os regulamentos de processo, designadamente o previsto no artigo 60.º, os regulamentos de custas aplicáveis no domínio da jurisdição arbitral voluntária, da mediação e da consulta, os quais incluirão as tabelas de honorários dos árbitros, juristas designados para emitir pareceres, mediadores e consultores, e o regulamento do serviço de mediação;

b) Aprovar o regulamento do secretariado do TAD e os regulamentos internos necessários ao funcionamento do Tribunal;

c) Aprovar o orçamento e as contas anuais do TAD.

Artigo 17.º – Reuniões e deliberações

1 – O conselho diretivo reúne ordinariamente uma vez por mês e sempre que convocado pelo presidente do TAD.

2 – As deliberações do conselho diretivo são tomadas por maioria de votos, achando-se presente pelo menos metade dos seus membros, e dispondo o presidente de voto de qualidade.

Artigo 18.º – Secretariado do TAD

1 – O secretariado do TAD integra os serviços judiciais e administrativos necessários e adequados ao funcionamento do Tribunal.

2 – O secretariado do TAD é dirigido pelo secretário-geral e tem a organização e composição que são definidas no respetivo regulamento.

Artigo 19.º – Câmara de recurso

1 – A câmara de recurso é constituída, além do presidente, ou, em sua substituição, do vice-presidente do TAD, por oito árbitros, de entre os da lista do Tribunal, designados pelo Conselho de Arbitragem Desportiva.

2 – Em cada dois anos proceder-se-á à substituição de metade dos oito árbitros designados para a câmara de recurso, sendo designados por sorteio os árbitros a substituir na primeira renovação.

3 – A designação dos árbitros para a câmara de recurso fica dependente de aceitação dos próprios, a qual implica o compromisso da disponibilidade da sua intervenção em qualquer recurso que suba à mesma câmara, salvo o caso de impedimento ou recusa ou de outro motivo específico que impossibilite essa intervenção, reconhecido pelo presidente do TAD.

SECÇÃO II – Estatuto dos árbitros

Artigo 20.º – Lista e requisitos dos árbitros

1 – O TAD é integrado, no máximo, por 40 árbitros, constantes de uma lista estabelecida nos termos do artigo seguinte.

2 – Podem integrar a lista de árbitros prevista no número anterior, juristas de reconhecida idoneidade e competência e personalidades de comprovada qualificação científica, profissional ou técnica na área do desporto, de reconhecida idoneidade e competência, a qual é aprovada pelo Conselho de Arbitragem Desportiva.

3 – Os árbitros devem ser pessoas singulares e plenamente capazes.

4 – Ninguém pode ser preterido, na sua designação como árbitro, em razão da nacionalidade, sem prejuízo da liberdade de escolha das partes.

5 – Os árbitros devem ser independentes e imparciais.

6 – Os árbitros não podem ser responsabilizados por danos decorrentes das decisões por eles proferidas, salvo nos casos em que os magistrados judiciais o possam ser.

Artigo 21.º – Estabelecimento da lista de árbitros

1 – Em ordem ao estabelecimento da lista referida no artigo anterior devem ser apresentadas ao Conselho de Arbitragem Desportiva propostas de árbitros das quais devem constar:

a) Cinco árbitros designados pelas federações desportivas de modalidades olímpicas em cujo âmbito não se organizem competições desportivas profissionais;

b) Cinco árbitros designados pelas federações desportivas de modalidades não olímpicas;

c) Cinco árbitros designados pela Confederação do Desporto de Portugal;

d) Dois árbitros designados pelas federações em cujo âmbito se organizem competições desportivas profissionais;

e) Dois árbitros designados pelas ligas que organizem as competições desportivas profissionais referidas na alínea anterior;

f) Um árbitro designado por cada uma das organizações socioprofissionais de praticantes, treinadores e árbitros e juízes das modalidades em que se disputam as competições referidas na alínea *d)*, reconhecidas pelas federações respetivas;

g) Dois árbitros designados pela Comissão de Atletas Olímpicos;

h) Dois árbitros designados pela Confederação Portuguesa das Associações dos Treinadores;

i) Dois árbitros designados pelas associações representativas de outros agentes desportivos, reconhecidas pelas federações respetivas;

j) Um árbitro designado pela Associação Portuguesa de Direito Desportivo;

k) Cinco árbitros escolhidos pela Comissão Executiva do Comité Olímpico de Portugal, de entre personalidades independentes das entidades referidas nas alíneas anteriores.

2 – As propostas referidas no número anterior deverão conter um número de nomes igual ao dobro do número de árbitros a incluir na correspondente lista.

3 – Os restantes membros da lista de árbitros, até ao limite previsto no artigo anterior, são designados pelo Conselho de Arbitragem Desportiva, por livre escolha deste.

4 – O Conselho de Arbitragem pode recusar fundamentadamente a inclusão na lista de árbitros de qualquer das personalidades indicadas no n.º 1, caso em que haverá lugar a nova proposta, nos mesmos termos aí referidos.

5 – Pelo menos metade dos árbitros designados devem ser licenciados em Direito.

Artigo 22.º – Período de exercício

1 – Os árbitros são designados por um período de quatro anos, renovável, sem prejuízo do disposto no número seguinte.

2 – O Conselho de Arbitragem Desportiva pode, a todo o tempo, por deliberação tomada por maioria de dois terços dos respetivos membros, excluir da lista estabelecida nos termos do artigo anterior qualquer árbitro, quando houver razões fundadas para tanto, nomeadamente a recusa do exercício de funções ou a incapacidade permanente para esse exercício.

3 – No caso referido no número anterior, proceder-se-á à inclusão na lista de árbitros de um novo árbitro, designado nos termos do artigo anterior, para o quadriénio em curso.

Artigo 23.º – Aceitação do encargo

1 – Ninguém pode ser obrigado a atuar como árbitro; mas se o encargo tiver sido aceite, só é legítima a escusa fundada em causa superveniente que impossibilite o designado de exercer tal função.

2 – Cada árbitro designado deve, no prazo de três dias a contar da comunicação da sua designação, declarar por escrito a aceitação do encargo a quem o designou; se em tal prazo não declarar a sua aceitação nem por outra forma revelar a intenção de agir como árbitro, entende-se que não aceita a designação.

3 – O árbitro que, tendo aceitado o encargo, se escusar injustificadamente ao exercício da sua função responde pelos danos a que der causa.

Artigo 24.º – Incompatibilidade com o exercício da advocacia

A integração na lista de árbitros do TAD implica a incompatibilidade com o exercício da advocacia no mesmo tribunal.

Artigo 25.º – Fundamentos de recusa

1 – Nenhum árbitro pode exercer as suas funções quando tiver qualquer interesse, direto ou indireto, pessoal ou económico, nos resultados do litígio, sendo-lhe aplicável, com as devidas adaptações, o regime de impedimentos e suspeições próprio dos magistrados judiciais.

2 – São designadamente motivos específicos de impedimento dos árbitros do TAD:

a) Ter intervindo, em qualquer qualidade, na questão em litígio;

b) Deter vínculo profissional ou de outra natureza com qualquer das partes no litígio.

3 – Quem for designado para exercer funções de árbitro deve revelar todas as circunstâncias que possam suscitar fundadas dúvidas sobre a sua independência e imparcialidade.

4 – O árbitro deve, durante todo o processo arbitral, revelar, sem demora, às partes e aos demais árbitros as circunstâncias referidas no número anterior que

sejam supervenientes ou de que só tenha tomado conhecimento depois de aceitar o encargo.

5 – Um árbitro só pode ser recusado se existirem circunstâncias que possam suscitar fundadas dúvidas sobre a sua imparcialidade ou independência, sendo que uma parte só pode recusar um árbitro que haja designado ou em cuja designação haja participado com fundamento numa causa de que só tenha tido conhecimento após essa designação.

Artigo 26.º – Processo de recusa

1 – A parte que pretenda recusar um árbitro deve expor por escrito os motivos da recusa ao presidente do TAD, no prazo de três dias a contar da data em que teve conhecimento da constituição do colégio arbitral ou da data em que teve conhecimento das circunstâncias referidas no artigo anterior.

2 – Se o árbitro recusado não renunciar à função que lhe foi confiada e a parte que o designou insistir em mantê-lo, o presidente do TAD no prazo máximo de cinco dias, mediante ponderação das provas apresentadas, sendo sempre garantida a audição do árbitro, quando a invocação da causa do incidente não tenha sido da sua iniciativa, e ouvida a parte contrária, quando deduzido por uma das partes, decide sobre a recusa.

3 – A decisão do presidente do TAD prevista no número anterior é insuscetível de recurso.

Artigo 27.º – Incapacitação ou inação de um árbitro

1 – Cessam as funções do árbitro que fique incapacitado, de direito ou de facto, para exercê-las, se o mesmo a elas renunciar ou as partes de comum acordo lhes puserem termo com esse fundamento.

2 – Se um árbitro, por qualquer outra razão, não se desincumbir, em tempo razoável, das funções que lhe foram cometidas, as partes podem, de comum acordo, fazê-las cessar, sem prejuízo da eventual responsabilidade do árbitro em causa.

3 – No caso de as partes não chegarem a acordo quanto ao afastamento do árbitro afetado por uma das situações referidas nos números anteriores, qualquer das partes pode requerer ao presidente do TAD que, com fundamento na situação em causa, o destitua, sendo esta decisão insuscetível de recurso.

4 – Se, nos termos dos números anteriores ou do n.º 1 do artigo anterior, um árbitro renunciar à sua função ou as partes aceitarem que cesse a função de um árbitro que alegadamente se encontre numa das situações aí previstas, tal não implica o reconhecimento da procedência dos motivos de destituição mencionados nas disposições acima referidas.

SECÇÃO III – Designação dos árbitros

Artigo 28.º – Designação dos árbitros no âmbito da arbitragem necessária

1 – Sem prejuízo do disposto no n.º 8, a jurisdição do TAD, no âmbito da sua competência arbitral necessária, é exercida por um colégio de três árbitros, de entre os constantes da lista do Tribunal.

2 – Cada parte designa um árbitro e os árbitros assim designados devem escolher outro, que atua como presidente do colégio de árbitros.

3 – Se uma parte não designar o árbitro ou se os árbitros designados pelas partes não acordarem na escolha do árbitro presidente, a designação do árbitro em falta é feita, a pedido de qualquer das partes, pelo presidente do Tribunal Central Administrativo do Sul.

4 – Em caso de pluralidade de demandantes ou de demandados, os primeiros designam conjuntamente um árbitro e os segundos designam conjuntamente outro.

5 – Se os demandantes ou os demandados não chegarem a acordo sobre o árbitro que lhes cabe designar, cabe ao presidente do Tribunal Central Administrativo do Sul, a pedido de qualquer das partes, fazer a designação do árbitro em falta.

6 – No caso previsto no número anterior, pode o presidente do Tribunal Central Administrativo do Sul, caso se demonstre que as partes que não conseguiram nomear conjuntamente um árbitro têm interesses conflituantes relativamente ao fundo da causa, nomear a totalidade dos árbitros e designar de entre eles quem é o presidente, ficando nesse caso sem efeito a designação do árbitro que uma das partes tiver entretanto efetuado.

7 – Das decisões proferidas pelo presidente do Tribunal Central Administrativo do Sul ao abrigo dos números anteriores não cabe recurso.

8 – No caso de serem indicados contrainteressados, estes designam conjuntamente um árbitro, aplicando-se, com as devidas adaptações, o disposto no n.º 5 do presente artigo.

Artigo 29.º – Designação dos árbitros no âmbito da arbitragem voluntária

1 – No âmbito da sua competência arbitral voluntária, a jurisdição do TAD é exercida por um árbitro único ou por um colégio de três árbitros, de entre os constantes da lista do Tribunal.

2 – Salvo quando diversamente determinado pela cláusula ou compromisso arbitral, intervém um colégio de três árbitros.

3 – O árbitro único é designado por acordo das partes e, na falta de acordo, consoante a natureza do litígio, pelo presidente do Tribunal Central Administrativo do Sul ou pelo presidente do Tribunal da Relação de Lisboa.

4 – Intervindo um colégio de três árbitros, cada parte designa um árbitro e os árbitros assim designados devem escolher outro, que atua como presidente do colégio de árbitros.

5 – Se uma parte não designar o árbitro ou se os árbitros designados pelas partes não acordarem na escolha do árbitro presidente, a designação do árbitro em falta é feita, a pedido de qualquer das partes, consoante a natureza do litígio, pelo presidente do Tribunal Central Administrativo do Sul ou pelo presidente do Tribunal da Relação de Lisboa.

6 – Em caso de pluralidade de demandantes ou de demandados, os primeiros designam conjuntamente um árbitro e os segundos designam conjuntamente outro.

7 – Se os demandantes ou os demandados não chegarem a acordo sobre o árbitro que lhes cabe designar, o presidente do Tribunal Central Administrativo do Sul ou o presidente do Tribunal da Relação de Lisboa pode, consoante a natureza do litígio, a pedido de qualquer das partes, fazer a designação do árbitro em falta.

8 – No caso previsto no número anterior, pode o presidente do TAD, se se demonstrar que as partes que não conseguiram nomear conjuntamente um árbitro têm interesses conflituantes relativamente ao fundo da causa, o presidente do Tribunal Central Administrativo do Sul ou o presidente do Tribunal da Relação de Lisboa pode, consoante a natureza do litígio, nomear a totalidade dos árbitros e designar de entre eles quem é o presidente, ficando nesse caso sem efeito a designação do árbitro que uma das partes tiver entretanto efetuado.

9 – Das decisões proferidas pelo presidente do Tribunal Central Administrativo do Sul ou pelo presidente do Tribunal da Relação de Lisboa ao abrigo dos números anteriores não cabe recurso.

Artigo 30.º – Designação dos árbitros no âmbito da câmara de recurso

À designação dos árbitros no âmbito da câmara de recurso aplica-se, com as devidas adaptações, o disposto no artigo 28.º, não podendo fazer parte desta câmara, no âmbito do mesmo processo, qualquer elemento que tenha integrado o colégio arbitral em primeira instância.

Artigo 31.º – Nomeação de um árbitro substituto

1 – Em todos os casos em que, por qualquer razão, cessem as funções de um árbitro, é nomeado um árbitro substituto, de acordo com as regras aplicadas à designação do árbitro substituído.

2 – Quando haja lugar à substituição de árbitro, consoante a natureza do litígio, o presidente do Tribunal Central Administrativo do Sul ou o presidente do Tribunal da Relação de Lisboa decide, ouvidas as partes e os árbitros, se e em que medida os atos processuais já realizados e os que eventualmente venham a

realizar-se na pendência da substituição, por motivos de celeridade do procedimento, devem ser aproveitados.

CAPÍTULO III - Serviços

Artigo 32.º - Serviço de mediação

Junto do TAD funciona um serviço de mediação.

Artigo 33.º - Serviço de consulta

1 - O TAD disponibiliza um serviço de consulta, o qual fica responsável pela emissão de pareceres não vinculativos respeitantes a questões jurídicas relacionadas com o desporto, a requerimento dos órgãos da administração pública do desporto, do Comité Olímpico de Portugal, do Comité Paralímpico de Portugal, das federações desportivas dotadas do estatuto de utilidade pública desportiva, das ligas profissionais e da Autoridade Antidopagem de Portugal, mediante o pagamento da taxa de consulta estabelecida no regulamento de custas.

2 - Quando for requerida a emissão de parecer nos termos do número anterior, o presidente do TAD decide se a matéria em questão deve ser objeto de parecer e, em caso afirmativo, designa para a sua emissão um árbitro único ou um colégio de três árbitros da lista de árbitros estabelecida nos termos do artigo 21.º, designa o respetivo árbitro presidente e formula discricionariamente as questões que devem ser apreciadas.

3 - Antes da emissão do parecer, podem ser solicitadas ao requerente informações adicionais por parte do árbitro único ou do árbitro presidente.

4 - O TAD publicita na sua página na Internet o parecer emitido ou um sumário do mesmo, salvo se a entidade que o tiver requerido a isso se opuser por escrito e de forma fundamentada, cabendo ao presidente do TAD a decisão sobre a publicação.

TÍTULO II - Processo arbitral

CAPÍTULO I - Disposições comuns

Artigo 34.º - Princípios fundamentais

Constituem princípios fundamentais do processo junto do TAD:

a) As partes são tratadas com igualdade;

b) O demandado é citado para se defender;

c) Em todas as fases do processo, é garantida a estrita observância do princípio do contraditório;

d) As partes devem ser ouvidas, oralmente ou por escrito, antes de ser proferida decisão final;

e) As partes devem agir de boa-fé e observar os adequados deveres de cooperação;

f) As decisões são publicitadas, nos termos previstos na presente lei.

Artigo 35.º – Idioma a usar no processo arbitral

1 – Sem prejuízo do disposto no número seguinte, em todos os processos a decorrer no TAD é usada a língua portuguesa –

2 – Os árbitros podem, ouvidas as partes, aceitar depoimentos e documentos em língua estrangeira, competindo-lhes decidir se é ou não necessária a respetiva tradução.

Artigo 36.º – Da constituição do colégio arbitral

O colégio arbitral considera-se constituído com a aceitação do encargo por todos os árbitros que o compõem.

Artigo 37.º – Representação das partes

Junto do TAD, as partes devem fazer-se representar por advogado.

Artigo 38.º – Citações e notificações

1 – As citações e as notificações são efetuadas pelo secretariado do TAD para a morada constante do requerimento inicial ou da contestação.

2 – As citações e as notificações são efetuadas por qualquer meio que proporcione prova da receção, preferencialmente por carta registada ou entregue por protocolo.

Artigo 39.º – Contagem de prazos

1 – Todos os prazos fixados nesta lei são contínuos, não se suspendendo aos sábados, domingos e feriados, nem em férias judiciais.

2 – A contagem do prazo inicia-se no dia útil seguinte àquele em que se considere recebida a citação ou a notificação, por qualquer dos meios previstos no artigo anterior.

3 – Na falta de disposição especial ou de determinação do TAD, o prazo para a prática de qualquer ato é de cinco dias.

4 – Quando o prazo para a prática do ato processual terminar em dia em que o tribunal estiver encerrado, transfere-se o seu termo para o primeiro dia em que o tribunal estiver aberto.

Artigo 40.º – Redução dos prazos do processo

1 – As partes podem acordar na redução dos prazos fixados nesta lei.

2 – Caso o acordo tenha lugar depois de constituído o colégio arbitral, só produz efeitos com o acordo dos árbitros.

3 – Em circunstâncias especiais e fundamentadas, o presidente do TAD pode reduzir os prazos e procedimentos estabelecidos nesta lei, depois de ouvidas as partes e o colégio arbitral, se entretanto tiver sido constituído.

Artigo 41.º – Procedimento cautelar

1 – O TAD pode decretar providências cautelares adequadas à garantia da efetividade do direito ameaçado, quando se mostre fundado receio de lesão grave e de difícil reparação, ficando o respetivo procedimento cautelar sujeito ao regime previsto no presente artigo.

2 – No âmbito da arbitragem necessária, a competência para decretar as providências cautelares referidas no número anterior pertence em exclusivo ao TAD.

3 – No âmbito da arbitragem voluntária, o recurso ao TAD obsta a que as partes possam obter providências cautelares para o mesmo efeito noutra jurisdição.

4 – As providências cautelares são requeridas juntamente com o requerimento inicial de arbitragem ou com a defesa.

5 – A parte requerida é ouvida dispondo, para se pronunciar, de um prazo de cinco dias quando a audição não puser em risco sério o fim ou a eficácia da medida cautelar pretendida.

6 – O procedimento cautelar é urgente, devendo ser decidido no prazo máximo de cinco dias, após a receção do requerimento ou após a dedução da oposição ou a realização da audiência, se houver lugar a uma ou outra.

7 – Consoante a natureza do litígio, cabe ao presidente do Tribunal Central Administrativo do Sul ou ao presidente do Tribunal da Relação de Lisboa a decisão sobre o pedido de aplicação de medidas provisórias e cautelares, se o processo não tiver ainda sido distribuído ou se o colégio arbitral ainda não estiver constituído.

8 – O deferimento de providência cautelar pode ficar sujeito à prestação de garantia, por parte do requerente, que se mostre suficiente para prevenir a lesão ou repará-la integralmente.

9 – Ao procedimento cautelar previsto no presente artigo são aplicáveis, com as necessárias adaptações, os preceitos legais relativos ao procedimento cautelar comum, constantes do Código de Processo Civil.

Artigo 42.º – Forma de apresentação das peças processuais e dos documentos

1 – As peças processuais são, em regra, apresentadas por via eletrónica, através da página do TAD na Internet.

2 – Quando não for possível o envio por meios eletrónicos nem a sua apresentação sob forma digitalizada, todas as peças processuais, bem como os documentos que os acompanhem, são apresentados em suporte de papel, devendo o original, destinado aos autos, ser acompanhado de tantas cópias quantas as contrapartes intervenientes no processo, acrescidas de uma cópia para cada um dos árbitros.

Artigo 43.º – Meios de prova

1 – Pode ser produzida perante o TAD qualquer prova admitida em direito, sendo da responsabilidade das partes a respetiva produção ou apresentação, incluindo a prova testemunhal e pericial.

2 – Os articulados devem ser acompanhados de todos os documentos probatórios dos factos alegados e bem assim da indicação dos restantes meios de prova que as partes se proponham produzir.

3 – As testemunhas são apresentadas em julgamento pelas partes, podendo, no entanto, o colégio arbitral determinar a sua inquirição em data e local diferentes.

4 – Mediante requerimento devidamente fundamentado de qualquer das partes, pode o colégio arbitral fixar um prazo até cinco dias, para que as partes completem a indicação dos seus meios de prova.

5 – O colégio arbitral pode, por sua iniciativa ou a requerimento de uma ou de ambas as partes:

a) Recolher o depoimento pessoal das partes;

b) Ouvir terceiros;

c) Promover a entrega de documentos em poder das partes ou de terceiros;

d) Proceder a exames ou verificações diretas.

6 – O colégio arbitral procede à instrução no mais curto prazo possível, podendo recusar diligências que as partes lhe requeiram se entender não serem relevantes para a decisão ou serem manifestamente dilatórias.

7 – Quando solicitado por qualquer das partes, pode o colégio arbitral disponibilizar uma lista de peritos, constituída por pessoas de reconhecida idoneidade e mérito nas matérias da sua competência, sendo a respetiva designação e remuneração da exclusiva responsabilidade da parte interessada.

Artigo 44.º – Deliberação do colégio arbitral

1 – A decisão arbitral é tomada por maioria de votos, em deliberação em que todos os árbitros devem participar –

2 – No caso de não se formar maioria, a decisão cabe ao árbitro presidente.

Artigo 45.º – Responsabilidade dos árbitros

Os árbitros que obstem a que a decisão seja proferida dentro do prazo previsto no n.º 1 do artigo 58.º respondem pelos danos causados.

Artigo 46.º – Decisão arbitral

A decisão final do colégio arbitral é reduzida a escrito e dela constam:

a) A identificação das partes e, caso existam, dos contrainteressados;

b) A referência à competência do TAD;

c) A identificação dos árbitros e a indicação da forma como foram designados;

d) A menção do objeto do litígio;

e) A fundamentação de facto e de direito;

f) O lugar da arbitragem, o local e a data em que a decisão for proferida;

g) A assinatura do árbitro presidente ou do árbitro único;

h) A fixação do montante das custas finais do processo arbitral e a eventual repartição pelas partes.

Artigo 47.º – Interpretação e correção da decisão

1 – Qualquer das partes pode requerer ao colégio arbitral, no prazo de três dias após a respetiva notificação:

a) A retificação de erros materiais contidos na decisão;

b) A nulidade da decisão por não conter alguns dos elementos referidos no artigo anterior ou por existir oposição entre os fundamentos e a decisão;

c) O esclarecimento de alguma obscuridade ou ambiguidade da decisão ou dos seus fundamentos.

2 – Apresentado o requerimento, o árbitro presidente ou o árbitro único mandam ouvir a contraparte e, sendo o caso, os contrainteressados, para se pronunciarem no prazo de três dias, após o que o colégio arbitral decide no prazo de cinco dias.

Artigo 48.º – Impugnação da decisão arbitral

A ação para impugnação da decisão arbitral, ao abrigo e nos termos do disposto no n.º 4 do artigo 8.º, deve ser intentada no prazo de 15 dias a contar da notificação da mesma decisão, ou da que venha a ser proferida nos termos do artigo anterior.

Artigo 49.º – Caso julgado e força executiva

1 – A decisão arbitral, notificada às partes, considera-se transitada em julgado logo que não seja suscetível de recurso ou impugnação.

2 – A decisão arbitral tem, nos termos da lei, a mesma força executiva que uma sentença judicial.

Artigo 50.º – Depósito da decisão, arquivo e publicitação

1 – O original da decisão arbitral é depositado no secretariado do TAD, não havendo lugar a qualquer outro depósito da mesma.

2 – O secretariado organiza e mantém o arquivo dos processos que correrem termos junto do TAD.

3 – O TAD publicita na sua página na Internet a decisão arbitral, um sumário da mesma e ou um comunicado de imprensa a descrever os resultados do processo, salvo se qualquer das partes a isso se opuser.

Artigo 51.º – Comunicação da decisão

1 – Sempre que seja recusada a aplicação de uma norma, por inconstitucionalidade ou ilegalidade, constante de convenção internacional, ato legislativo ou decreto regulamentar, o secretariado do TAD deve comunicar a decisão à Procuradoria-Geral da República, para os efeitos previstos no n.º 1 do artigo 70.º da Lei n.º 28/82, de 15 de novembro.

2 – O disposto no número anterior é igualmente aplicável sempre que seja aplicada norma já anteriormente julgada inconstitucional ou ilegal pelo próprio Tribunal Constitucional, seja aplicada norma já anteriormente julgada inconstitucional pela Comissão Constitucional, nos precisos termos em que seja requerido a sua apreciação ao Tribunal Constitucional ou seja recusada a aplicação de norma constante de ato legislativo, com fundamento na sua contrariedade com uma convenção internacional, ou aquela seja aplicada em desconformidade com o anteriormente decidido sobre a que questão pelo Tribunal Constitucional.

CAPÍTULO II – Processo de jurisdição arbitral necessária

Artigo 52.º – Legitimidade

1 – Tem legitimidade para intervir como parte em processo arbitral necessário no TAD quem for titular de um interesse direto em demandar ou contradizer.

2 – Quando a ação arbitral seja instaurada em via de recurso, nos termos previstos nas alíneas *a)* ou *b)* do n.º 3 do artigo 4.º, tem igualmente legitimidade para a sua interposição o órgão federativo, de liga profissional ou de outra entidade desportiva, que haja ficado vencido.

Artigo 53.º – Efeito da ação

1 – Quando a ação arbitral seja instaurada em via de recurso, nos termos previstos nas alíneas *a)* ou *b)* do n.º 3 do artigo 4.º, a sua instauração não tem efeito suspensivo da decisão recorrida, sem prejuízo do disposto no artigo 41.º

2 – No caso previsto no artigo 5.º, a instauração da correspondente ação de impugnação tem efeito suspensivo da decisão punitiva impugnada.

Artigo 54.º – Início do processo

1 – A instância constitui-se com a apresentação do requerimento inicial e este considera-se apresentado com a receção do mesmo no secretariado do TAD ou com a remessa do processo, nos casos em que esta se encontra prevista na lei processual civil.

2 – Quando tenha por objeto a impugnação de um ato ou o recurso de uma deliberação ou decisão, nos termos previstos nas alíneas *a)* ou *b)* do n.º 3 do artigo 4.º, o prazo para a apresentação do requerimento inicial junto do TAD é de 10 dias, contados da notificação desse ato ou dessa deliberação ou decisão ao requerente.

3 – O requerimento inicial deve conter, nomeadamente:

a) A identificação do requerente e do demandado e dos eventuais contrainteressados, bem como a indicação das respetivas moradas;

b) A indicação da morada em que o requerente deve ser notificado;

c) A exposição dos factos e das razões de direito que servem de fundamento ao pedido, bem como a apresentação sintética, mas precisa, das pretensões;

d) A referência aos meios de prova apresentados ou a apresentar;

e) A indicação do valor da causa;

f) A designação do árbitro.

4 – O requerimento deve ser acompanhado do pagamento da taxa de arbitragem, sob pena de não ser admitido, se a omissão não for suprida no prazo de três dias.

5 – O requerimento inicial que não contenha os elementos mencionados no n.º 3 será indeferido, se o requerente, depois de convidado a suprir a falta, o não fizer no prazo que lhe for fixado para o efeito.

Artigo 55.º – Contestação

1 – Recebido o requerimento, é citado o demandado para, em 10 dias, contestar e apresentar provas, não havendo lugar a pedido reconvencional.

2 – A contestação deve conter, nomeadamente:

a) A identificação completa e a morada em que deve ser notificado;

b) A exposição das razões de facto e de direito por que se opõe à pretensão do requerente;

c) Os elementos probatórios dos factos alegados;

d) A indicação dos eventuais contrainteressados;

e) A designação do árbitro.

3 – Com a contestação deve o demandado promover o pagamento da taxa de arbitragem, sob pena de aquela ter-se por não apresentada.

4 – A falta de apresentação de contestação não tem efeito cominatório, devendo o Tribunal decidir com base nos elementos constantes do processo.

Artigo 56.º – Formalidades subsequentes

1 – Recebida a contestação é citado o demandante o qual pode, querendo, responder, no prazo de 10 dias, apenas à matéria de exceção.

2 – São ainda citados os eventuais contrainteressados para designarem árbitro e, querendo, pronunciarem-se sobre o que tiverem por conveniente, no prazo de 10 dias, devendo ser-lhes dado a conhecer o requerimento inicial, a contestação e os documentos que os acompanhem.

3 – Com a pronúncia, o contrainteressado procede ao pagamento da taxa de arbitragem, sob pena de aquela não ser admitida.

4 – A falta de pronúncia dos contrainteressados não tem efeito cominatório, devendo o Tribunal decidir com base nos elementos constantes do processo.

Artigo 57.º – Instrução, alegações, junção de pareceres e encerramento do debate

1 – Apresentadas as peças processuais são as partes notificadas para comparecerem no TAD a fim de se proceder à instrução do processo e serem produzidas as alegações.

2 – A instrução do processo tem por objeto os factos relevantes para o exame e decisão da causa.

3 – Finda a produção de prova são as partes convidadas a apresentarem as alegações orais, sem prejuízo do disposto no número seguinte.

4 – Se as partes acordarem na apresentação de alegações escritas devem as mesmas, no prazo de 10 dias, proceder à respetiva apresentação.

5 – Até à apresentação das alegações as partes podem juntar pareceres.

6 – Decorridos os atos previstos nos números anteriores e efetuadas quaisquer diligências que sejam determinadas pelo colégio arbitral, este declara encerrado o debate.

Artigo 58.º – Prazos para a decisão e sua notificação

1 – A decisão final é proferida, salvo prazo diferente acordado pelas partes, no prazo de 15 dias a contar da data do encerramento do debate, devendo este ser conjunto, de facto e de direito.

2 – O árbitro presidente do colégio tem voto de qualidade.

3 – O presidente do TAD, a pedido fundamentado do colégio arbitral e depois de ouvidas as partes, pode prorrogar o prazo previsto no n.º 1.

4 – Nos casos em que se revele uma especial urgência na decisão, e após o encerramento do debate, o colégio arbitral pode proferir e comunicar a parte dispositiva da sua decisão, devendo a fundamentação da mesma ser comunicada no prazo limite estabelecido no n.º 1, sendo que, neste caso, a decisão produzirá os seus efeitos na data da comunicação às partes, mas o prazo para eventual

recurso ou impugnação só começa a contar da data da comunicação da fundamentação.

5 – Proferida a decisão, as partes são, de imediato, dela notificadas, através de remessa da respetiva cópia pelo secretariado do TAD.

Artigo 59.º – Recurso para a câmara de recurso

1 – O recurso para a câmara de recurso previsto no n.º 1 do artigo 8.º deve ser interposto no prazo de 10 dias, acompanhado da respetiva alegação e da declaração expressa, de ambas as partes, de renúncia ao recurso da decisão que vier a ser proferida.

2 – Recebido o recurso, será o mesmo submetido de imediato ao presidente do TAD, para que se pronuncie, no prazo de três dias, sobre a sua admissibilidade e seguimento, bem como sobre o efeito que deverá ser-lhe atribuído.

3 – Da decisão do presidente do TAD que não admita ou não dê seguimento ao recurso, bem como da que fixe o efeito do recurso, cabe reclamação, a apresentar no prazo de três dias, para uma conferência de três juízes da câmara de recurso designados por sorteio, a qual deverá decidir a reclamação igualmente no prazo de três dias.

4 – Se o recurso for admitido e dever seguir, o presidente do TAD promoverá a designação, no prazo de três dias e por sorteio, de um relator, que não haja integrado a conferência referida no número anterior, e ordenará a notificação do recorrido ou recorridos para alegarem no prazo de 10 dias.

5 – Junta a alegação ou alegações do recorrido ou recorridos, ou findo o prazo referido no número anterior, o recurso deverá ser decidido no prazo de 15 dias.

CAPÍTULO III – Processo de jurisdição arbitral voluntária

Artigo 60.º – Regulamento processual

Para além do disposto na presente lei, e observados os seus princípios, bem como os da LAV que os não contrariem, as regras de processo aplicáveis aos processos de arbitragem voluntária no TAD são definidas em regulamento de processo aprovado pelo Conselho de Arbitragem Desportiva.

CAPÍTULO IV – Disposições finais

Artigo 61.º – Normas subsidiárias

Em tudo o que não esteja previsto neste título e não contrarie os princípios desta lei, aplicam-se subsidiariamente, com as necessárias adaptações, as regras previstas no Código de Processo nos Tribunais Administrativos, nos processos de jurisdição arbitral necessária, e a LAV, nos processos de jurisdição arbitral voluntária.

Artigo 62.º – Acesso ao direito e aos tribunais

Ao processo de arbitragem necessária é aplicável, com as devidas adaptações, o regime de acesso ao direito e aos tribunais.

TÍTULO III – Processo de mediação

Artigo 63.º – Natureza da mediação

A mediação no âmbito do TAD constitui um processo voluntário e informal de resolução de litígios ligados ao desporto, baseado numa convenção de mediação e desenvolvido sob a direção de um mediador do TAD.

Artigo 64.º – Convenção de mediação

A convenção de mediação é um acordo entre as partes, em que estas aceitam submeter à mediação qualquer litígio ligado ao desporto, já existente, ou que possa vir a surgir entre si, através de cláusula expressa inserida num contrato ou sob a forma de documento autónomo.

Artigo 65.º – Âmbito de aplicação

A mediação não é aplicável à resolução de litígios sujeitos à autoridade dos órgãos disciplinares desportivos, nem a litígios relativos a matérias disciplinares, dopagem ou violência associada ao desporto.

Artigo 66.º – Regras

A convenção de mediação pode estabelecer as regras do processo a adotar ou remeter para o regulamento de mediação do TAD.

Artigo 67.º – Requerimento

1 – A iniciativa do processo de mediação cabe a qualquer das partes interessadas na resolução do litígio, através de requerimento dirigido ao presidente do TAD, com cópia para a outra parte.

2 – O requerimento de mediação deve conter a identificação das partes e dos seus representantes, uma cópia da convenção ou cláusula de mediação, quando exista, e uma breve descrição do objeto do litígio.

3 – Em simultâneo com a entrega do requerimento de mediação deve ser paga a taxa de mediação estabelecida no regulamento de custas.

4 – O secretariado do TAD comunica à outra parte a data de início do processo de mediação e o prazo fixado para o pagamento da taxa de mediação.

Artigo 68.º – Nomeação de mediador

1 – Recebido o requerimento de mediação, o secretariado do TAD comunica a ambas as partes a lista de mediadores.

2 – As partes dispõem do prazo de 15 dias para escolherem de comum acordo o mediador, o qual, na falta de acordo, é designado pelo presidente do TAD.

3 – O mediador escolhido, ou nomeado, deve declarar a sua independência relativamente às partes em litígio e revelar quaisquer circunstâncias suscetíveis de comprometer a sua independência, sendo as partes informadas pelo secretariado do TAD.

Artigo 69.º – Representação

1 – As partes podem fazer-se representar por terceiros com poderes para tomar decisões sobre o objeto do litígio ou serem assistidas por conselheiros ou peritos nas suas reuniões com o mediador.

2 – A parte representada deve informar antecipadamente a outra parte e o secretariado do TAD da identidade do seu representante.

Artigo 70.º – Processo

1 – O processo de mediação decorre segundo as regras definidas pelas partes ou, na falta de acordo, conforme for decidido pelo mediador.

2 – O mediador fixa a forma e os prazos em que cada parte submete ao mediador e à outra parte um resumo do litígio contendo os elementos seguintes:

a) Uma breve descrição dos factos e das regras de direito aplicáveis ao litígio;

b) Uma súmula das questões submetidas ao mediador tendo em vista a solução do litígio;

c) Uma cópia da convenção, ou cláusula, de mediação.

3 – Ambas as partes estão obrigadas ao dever de cooperação com o mediador e a assegurar-lhe as condições indispensáveis ao livre cumprimento do seu mandato.

4 – O mediador pode reunir com ambas as partes, ou com cada uma separadamente, se o julgar necessário.

Artigo 71.º – Ação do mediador

1 – O mediador, tendo em vista a regulação do litígio, deverá selecionar as questões de mérito a resolver, facilitar a discussão entre as partes e fazer sugestões ou apresentar propostas de solução.

2 – O mediador deve, na sua atuação, respeitar as regras da equidade e da boa-fé, não podendo impor ou coagir as partes a aceitar qualquer solução de litígio.

Artigo 72.º – Confidencialidade

1 – O mediador, as partes e seus representantes ou conselheiros, ou qualquer pessoa que assista às reuniões de mediação, estão obrigados ao dever de confidencialidade.

2 – Qualquer informação recebida de uma parte não pode ser revelada pelo mediador à outra parte sem o consentimento daquela e os documentos recebidos devem ser restituídos à parte que os forneceu, no fim da mediação, sem ser retida qualquer cópia.

3 – As partes obrigam-se a não invocar em eventual processo arbitral ou judicial, quaisquer opiniões, sugestões ou propostas do mediador.

Artigo 73.º – Extinção

1 – Qualquer das partes ou o mediador podem, a todo o tempo, pôr termo à mediação.

2 – O processo de mediação extingue-se:

a) Pela assinatura de termo de transação entre as partes;

b) Por declaração escrita do mediador, quando entenda que a mediação não é suscetível de resolver o litígio;

c) Por declaração escrita de uma das partes, ou de ambas, considerando o processo de mediação terminado.

Artigo 74.º – Termo de transação

1 – O termo de transação é redigido pelo mediador e assinado por este e pelas partes, a quem serão entregues cópias autenticadas pelo secretariado do TAD.

2 – Em caso de incumprimento da transação, qualquer das partes pode obter a sua execução através de uma instância arbitral ou judiciária.

Artigo 75.º – Fim da mediação

1 – As partes podem recorrer à arbitragem se o litígio não for resolvido pela via da mediação, desde que exista entre elas uma convenção ou cláusula de arbitragem.

2 – O mediador, no caso de insucesso da mediação, não pode aceitar a sua nomeação como árbitro em processo de arbitragem relativo ao mesmo litígio.

TÍTULO IV – Das custas processuais no âmbito da arbitragem necessária

Artigo 76.º – Conceito de custas

1 – As custas do processo arbitral compreendem a taxa de arbitragem e os encargos do processo arbitral.

2 – A taxa de arbitragem corresponde ao montante devido pelo impulso processual do interessado e é fixada em função do valor da causa, por portaria dos membros do Governo responsáveis pela área da justiça e do desporto.

3 – São encargos do processo arbitral todas as despesas resultantes da condução do mesmo, designadamente os honorários dos árbitros e as despesas incorridas com a produção da prova, bem como as demais despesas ordenadas pelos árbitros.

Artigo 77.º – Taxa de arbitragem

1 – O valor da causa é determinado nos termos do Código de Processo nos Tribunais Administrativos.

2 – A taxa de arbitragem é reduzida a 95 % do seu valor quando a parte entregue todas as peças processuais através dos meios eletrónicos disponíveis.

3 – A taxa de arbitragem é integralmente suportada pelas partes e por cada um dos contrainteressados, devendo ser paga por transferência bancária para a conta bancária do TAD, juntamente com a apresentação do requerimento inicial, da contestação e com a pronúncia dos contrainteressados.

4 – A fixação do montante das custas finais do processo arbitral e a eventual repartição pelas partes é efetuada na decisão arbitral que vier a ser proferida pelo TAD.

5 – A conta final é enviada às partes após a notificação da decisão, devendo cada uma, quando for o caso, proceder ao pagamento das quantias que acrescem à taxa previamente paga, no prazo no prazo de 10 dias a contar da respetiva notificação.

6 – As custas de parte são pagas diretamente pela parte vencida à parte vencedora.

Artigo 78.º – Devolução da taxa de arbitragem

Cessando o procedimento por qualquer motivo antes de ser constituído o colégio arbitral, as partes são reembolsadas da taxa de arbitragem paga, deduzindo-se um valor para efeito da cobrança de encargos e de processamento, a fixar pelo presidente do TAD.

Artigo 79.º – Taxa de justiça de atos avulsos

A fixação de taxas relativas a atos avulsos é efetuada por portaria dos membros do Governo responsáveis pela área da justiça e do desporto.

Artigo 80.º – Aplicação subsidiária

São de aplicação subsidiária:

a) As normas relativas a custas processuais constantes do Código de Processo Civil;

b) O Regulamento das Custas Processuais.

Custas do Tribunal Arbitral do Desporto

Portaria n.º 301/2015, de 22 de Setembro

Como medida essencial do programa do XIX Governo Constitucional encontrava-se prevista a criação de um Tribunal Arbitral do Desporto, medida justificada pela necessidade de o desporto possuir um mecanismo alternativo de resolução de litígios que se coadune com as suas especificidades de justiça célere e especializada.

A Lei n.º 74/2013, de 6 de setembro, alterada pela Lei n.º 33/2014, de 16 de junho, criou o Tribunal Arbitral do Desporto (TA*D*), com competência específica para administrar a justiça relativamente a litígios que relevam do ordenamento jurídico desportivo ou relacionados com a prática do desporto.

O TAD é uma entidade jurisdicional independente, nomeadamente dos órgãos da administração pública do desporto e dos organismos que integram o sistema desportivo, dispondo de autonomia administrativa e financeira.

A criação do TAD obedeceu ao propósito de respeitar a autonomia da organização desportiva, optando-se pela manutenção da jurisdição federativa interna. No entanto, atribuiu-se ao TAD competência exclusiva e à sua intervenção um caráter necessário, em ordem a instituir um sistema uniformizado e especializado de justiça desportiva.

Com a criação, na ordem jurídico-desportiva, do TAD, com jurisdição «necessária» em determinado domínio, a jurisdição e competência deste pode estender-se a outras áreas, agora como instância arbitral voluntária, sempre que legalmente admissível e da intenção dos interessados resulte a intervenção deste tribunal arbitral. Neste contexto, procedeu-se ao alargamento da jurisdição arbitral à matéria laboral, por se entender que, no domínio do contrato de trabalho desportivo, não existem razões que impeçam o recurso à arbitragem para a resolução de questões respeitantes à cessação do contrato, e que existe toda a conveniência em abrir caminho a um sistema de justiça «uniformizado», capaz de abranger a dimensão laboral e a dimensão desportiva.

Importa agora proceder à fixação da taxa de arbitragem e dos encargos do processo no âmbito da arbitragem necessária, bem como das taxas relativas a atos avulsos.

Assim:

Manda o Governo, pela Ministra da Justiça e pelo Ministro da Presidência e dos Assuntos Parlamentares, ao abrigo do disposto nos artigos 76.º e 79.º da Lei n.º 74/2013, de 6 de setembro, alterada pela Lei n.º 33/2014, de 16 de junho, o seguinte:

Artigo 1.º - Objeto

A presente portaria fixa a taxa de arbitragem e os encargos do processo no âmbito da arbitragem necessária, bem como as taxas relativas a atos avulsos, nos termos da Lei n.º 74/2013, de 6 de setembro, alterada pela Lei n.º 33/2014, de 16 de junho.

Artigo 2.º - Taxa de arbitragem no âmbito da arbitragem necessária

1 - A taxa de arbitragem necessária corresponde ao montante devido pelo impulso processual do interessado e é fixada pelo presidente do Tribunal Arbitral do Desporto em função do valor da causa, nos termos do anexo I à presente portaria que dela faz parte integrante.

2 - Compete ao tribunal arbitral definir o valor da causa, nos termos do Código de Processo nos Tribunais Administrativos.

3 - Se a arbitragem terminar antes da sentença final, o Presidente do Tribunal Arbitral do Desporto pode reduzir a taxa de arbitragem tomando em consideração a fase em que o processo arbitral foi encerrado ou qualquer outra circunstância que considere relevante, nos termos correspondentes da redução dos honorários dos árbitros.

4 - São encargos do processo arbitral todas as despesas resultantes da condução do mesmo, designadamente os honorários dos árbitros e as despesas incorridas com a produção da prova, bem como as demais despesas ordenadas pelos árbitros.

5 - A fixação do montante das custas finais do processo arbitral e a eventual repartição pelas partes é efetuada na decisão arbitral que vier a ser proferida pelo tribunal arbitral, em função do valor da causa, nos termos do anexo I.

Artigo 3.º – Taxa de justiça de atos avulsos

As taxas relativas a atos avulsos e os termos do respetivo pagamento constam do anexo II à presente portaria, que dela faz parte integrante.

Artigo 4.º – Apoio judiciário

Nos processos de arbitragem necessária em que tenha sido concedido apoio judiciário, a algum ou alguns dos interessados, na modalidade de dispensa de pagamento da taxa de justiça e demais encargos com o processo, ou na modalidade de pagamento faseado de taxa de justiça e demais encargos com o processo, as taxas de arbitragem e relativas a atos avulsos, bem como as despesas cujo pagamento seja da responsabilidade do interessado que beneficia do apoio judiciário são suportadas pela entidade da área da justiça responsável por arrecadar a receita e efetuar a despesa no âmbito deste apoio.

Artigo 5.º – Entrada em vigor

A presente portaria entra em vigor na data da entrada em vigor da Lei n.º 74/2013, de 6 de setembro, alterada pela Lei n.º 33/2014, de 16 de junho.

A Ministra da Justiça, Paula Maria von Hafe Teixeira da Cruz, em 18 de setembro de 2015 – O Ministro da Presidência e dos Assuntos Parlamentares, Luís Maria de Barros Serra Marques Guedes, em 17 de setembro de 2015.

ANEXO I

(a que se referem os n.os 1 e 5 do artigo 2.º)

Taxa de arbitragem e encargos do processo arbitral no âmbito da arbitragem necessária

Valor da causa	Taxa de arbitragem *	Encargos do processo arbitral	
		Honorários Coletivo de árbitros**	Encargos administrativos*
Até 30 000.00	750,00 €	2 500,00 €	75,00 €
De 30 000,01 € a 40 000,00 €	900,00 €	3 000,00 €	90,00 €
De 40 000,01 € a 80 000,00 €	1 200,00 €	4 000,00 €	120,00 €
De 80 000,01 € a 150 000,00 €	1 500,00 €	6 000,00 €	150,00 €
De 150 000,01 € a 200 000,00 €	2 000,00 €	8 000,00 €	200,00 €
De 200 000,01 € a 250 000,00 €	2 500,00 €	10 000,00 €	250,00 €
De 250 000,01 € a 300 000,00 €	3 000,00 €	12 500,00 €	300,00 €
De 300 000,01 € a 350 000,00 €	3 500,00 €	15 000,00 €	350,00 €
De 350 000,01 € a 400 000,00 €	4 000,00 €	20 000,00 €	400,00 €
De 400 000,01 € a 450 000,00 €	4 500,00 €	25 000,00 €	450,00 €
De 450 000,01 € a 500 000,00 €	5 000,00 €	30 000,00 €	500,00 €

* Montante a pagar por cada sujeito processual.

** Montante a repartir na proporção de 40 % para o árbitro presidente e 30 % para cada um dos demais árbitros.

Para além dos 500 000,00 (euro), ao valor da taxa de arbitragem acresce por cada 50 000,00 (euro) ou fração, 500,00 (euro)

Para além dos 500 000,00 (euro), ao valor dos honorários para o coletivo de árbitros acresce por cada 50 000,00 (euro) ou fração, 5 000,00 (euro)

Para além dos 500 000,00 (euro), ao valor dos encargos administrativos acresce por cada 50 000,00 (euro) ou fração, 50,00 (euro)

ANEXO II

Taxa de atos avulsos

1 – Por cada citação ou notificação mediante contacto pessoal, afixação de editais ou outra diligência avulsa, para além das despesas de transporte legalmente estabelecidas, é devida metade de 1 UC.

2 – As citações, notificações ou afixações de editais, quando praticadas no mesmo local, contam como uma só.

3 – As taxas devidas pela emissão de certidões, traslados, cópias certificadas ou extratos são fixadas do seguinte modo:

a) Até 50 páginas, o valor a pagar pelo conjunto é de um quinto de 1 UC;

b) Quando exceda 50 páginas, ao valor referido na alínea anterior é acrescido um décimo de 1 UC por cada conjunto ou fração de 25 páginas.

4 – As certidões, traslados, cópias ou extratos que sejam entregues por via eletrónica dão origem ao pagamento de taxa de justiça no valor de um décimo de 1 UC.

5 – Por cada fotocópia simples o valor a pagar, por página, é de 1/500 de 1 UC.

6 – O custo dos atos avulsos é apurado e pago imediatamente ou no prazo de 10 dias após notificação para o efeito, se o interessado não estiver presente.

Custas do Tribunal Arbitral do Desporto II

Portaria n.º 314/2017, de 24 de Outubro

Nos termos da Lei n.º 74/2013, de 6 de setembro, entretanto alterada pela Lei n.º 33/2014, de 16 de junho, foi criado o Tribunal Arbitral do Desporto (TA*D*), entrando em funcionamento a 1 de outubro de 2015, com competência específica para administrar a justiça relativamente a litígios que relevam do ordenamento jurídico desportivo ou relacionados com a prática do desporto.

A Portaria n.º 301/2015, de 22 de setembro, fixou a taxa de arbitragem e os encargos do processo no âmbito da arbitragem necessária, bem como as taxas relativas a atos avulsos.

Decorridos dois anos da entrada em funcionamento do TAD, importa proceder à alteração da Portaria n.º 301/2015, de 22 de setembro, por forma a clarificar alguns aspetos práticos, nomeadamente no que diz respeito ao pagamento das taxas de arbitragem, atos avulsos e despesas nos casos em que a responsabilidade é do interessado que beneficia de apoio judiciário, e no que diz respeito ao pagamento de taxa de arbitragem e encargos com o processo no âmbito das providências cautelares.

Assim, estabelece-se que nos processos de arbitragem necessária em que tenha sido concedido apoio judiciário, a algum ou alguns dos interessados, na modalidade de dispensa de pagamento da taxa de justiça e demais encargos com o processo, ou na modalidade de pagamento faseado de taxa de justiça e demais encargos com o processo, as taxas de arbitragem e relativas a atos avulsos, bem como as despesas cujo pagamento seja da responsabilidade do interessado que beneficia do apoio judiciário são suportadas integralmente pelo Instituto de Gestão Financeira e Equipamentos da Justiça, I. P.

Por outro lado, estipula-se que no âmbito das providências cautelares a taxa de arbitragem e os encargos do processo arbitral são reduzidos a 50 % relativamente ao previsto para a ação principal.

Estipula-se ainda que a taxa de arbitragem e os encargos do processo arbitral são de valor fixo sempre que o valor da causa for igual ou superior a 2 000 000,00 (euro).

Por fim, consagra-se a regra de distribuição dos honorários dos árbitros no caso de o coletivo ser constituído por 4 árbitros, estipulando-se que, nestas situações, o montante a repartir é na proporção de 40 % para o árbitro presidente e 20 % para cada um dos demais árbitros.

Assim:

Manda o Governo, pela Secretária de Estado Adjunta e da Justiça, no uso das competências delegadas através do Despacho n.º 977/2016, de 14 de janeiro, e pelo Secretário de Estado da Juventude e do Desporto, no uso das competências delegadas através do Despacho n.º 7601-A/2016, de 6 de junho, e ao abrigo do disposto nos artigos 76.º e 79.º da Lei n.º 74/2013, de 6 de setembro, alterada pela Lei n.º 33/2014, de 16 de junho, o seguinte:

Artigo 1.º – Objeto

A presente portaria procede à primeira alteração à Portaria n.º 301/2015, de 22 de setembro.

Artigo 2.º – Alteração aos artigos 2.º e 4.º da Portaria n.º 301/2015, de 22 de setembro

Os artigos 2.º e 4.º da Portaria n.º 301/2015, de 22 de setembro, passam a ter a seguinte redação:

«Artigo 2.º – [...]

1 – [...]

2 – [...]

3 – Se a arbitragem terminar antes da sentença final, o Presidente do Tribunal Arbitral do Desporto pode reduzir a taxa de arbitragem tomando em consideração a fase em que o processo arbitral foi encerrado ou qualquer outra circunstância que considere relevante.

4 – [...]

5 – [...]

Artigo 4.º – [...]

1 – Nos processos de arbitragem necessária em que tenha sido concedido apoio judiciário, a algum ou alguns dos interessados, na modalidade de dispensa

de pagamento da taxa de justiça e demais encargos com o processo ou na modalidade de pagamento faseado de taxa de justiça e demais encargos com o processo, as taxas de arbitragem e relativas a atos avulsos, demais encargos com o processo, bem como as despesas cujo pagamento seja da responsabilidade do interessado que beneficia do apoio judiciário são suportadas pelo Instituto de Gestão Financeira e Equipamentos da Justiça, I. P., através do pagamento ao Tribunal Arbitral do Desporto.

2 – Os pagamentos dos honorários dos árbitros e os pagamentos ou devoluções às partes, intervenientes processuais ou terceiros são realizados pelo Tribunal Arbitral do Desporto.»

Artigo 3.º – Alteração ao anexo i da Portaria n.º 301/2015, de 22 de setembro

O anexo i da Portaria n.º 301/2015, de 22 de setembro, é alterado de acordo com a redação constante do anexo i da presente portaria, da qual faz parte integrante.

Artigo 4.º – Entrada em vigor

A presente portaria entra em vigor no primeiro dia útil seguinte à sua publicação.

A Secretária de Estado Adjunta e da Justiça, Helena Maria Mesquita Ribeiro, em 16 de outubro de 2017 – O Secretário de Estado da Juventude e do Desporto, João Paulo de Loureiro Rebelo, em 13 de outubro de 2017.

ANEXO I

(a que se referem os n.ºs 1 e 5 do artigo 2.º)

Taxa de arbitragem e encargos do processo arbitral no âmbito da arbitragem necessária

A taxa de arbitragem e os encargos do processo arbitral no âmbito das providências cautelares são reduzidos a 50 %.

ANEXO I

(a que se referem os n.os 1 e 5 do artigo 2.º)

Taxa de arbitragem e encargos do processo arbitral no âmbito da arbitragem necessária

Valor da causa	Taxa de arbitragem *	Encargos do processo arbitral	
		Honorários Coletivo de árbitros **	Encargos administrativos *
Até 30 000,00 €	750,00 €	2 500,00 €	75,00 €
De 30 000,01 € a 40 000,00 €	900,00 €	3 000,00 €	90,00 €
De 40 000,01 € a 80 000,00 €	1 200,00 €	4 000,00 €	120,00 €
De 80 000,01 € a 150 000,00 €	1 500,00 €	6 000,00 €	150,00 €
De 150 000,01 € a 200 000,00 €	2 000,00 €	8 000,00 €	200,00 €
De 200 000,01 € a 250 000,00 €	2 500,00 €	10 000,00 €	250,00 €
De 250 000,01 € a 300 000,00 €	3 000,00 €	12 500,00 €	300,00 €
De 300 000,01 € a 350 000,00 €	3 500,00 €	15 000,00 €	350,00 €
De 350 000,01 € a 400 000,00 €	4 000,00 €	20 000,00 €	400,00 €

Valor da causa	Taxa de arbitragem *	Encargos do processo arbitral	
		Honorários Coletivo de árbitros **	Encargos administrativos *
De 400 000,01 € a 450 000,00 €	4 500,00 €	25 000,00 €	450,00 €
De 450 000,01 € a 500 000,00 €	5 000,00 €	30 000,00 €	500,00 €

* Montante a pagar por cada sujeito processual.

** Montante a repartir na proporção de 40 % para o árbitro presidente e 30 % para cada um dos demais árbitros, no caso de o coletivo ser constituído por 3 árbitros, ou na proporção de 40 % para o árbitro presidente e 20 % para cada um dos demais árbitros, no caso de o coletivo ser constituído por 4 árbitros.

Para além dos 500 000,00 (euro), ao valor da taxa de arbitragem acresce por cada 50 000,00 (euro) ou fração, 500,00 (euro).

Para além dos 500 000,00 (euro), ao valor dos honorários para o coletivo de árbitros acresce por cada 50 000,00 (euro) ou fração, 5 000,00 (euro).

Para além dos 500 000,00 (euro), ao valor dos encargos administrativos acresce por cada 50 000,00 (euro) ou fração, 50,00 (euro).

A taxa de arbitragem e os encargos do processo arbitral são fixos sempre que o valor da causa for igual ou superior a 2 000 000,00 (euro).

Regime da responsabilidade civil extracontratual do estado e demais entidades públicas

Lei n.º 67/2007, de 31 de Dezembro, na redacção da Lei n.º 31/2008, de 17 de Julho

Artigo 1.º – Aprovação

É aprovado o Regime da Responsabilidade Civil Extracontratual do Estado e Demais Entidades Públicas, que se publica em anexo à presente lei e que dela faz parte integrante.

Artigo 2.º – Regimes especiais

1 – O disposto na presente lei salvaguarda os regimes especiais de responsabilidade civil por danos decorrentes do exercício da função administrativa.

2 – A presente lei prevalece sobre qualquer remissão legal para o regime de responsabilidade civil extracontratual de direito privado aplicável a pessoas colectivas de direito público.

Artigo 3.º – Pagamento de indemnizações

1 – Quando haja lugar ao pagamento de indemnizações devidas por pessoas colectivas pertencentes à administração indirecta do Estado ou à administração autónoma e a competente sentença judicial não seja espontaneamente executada no prazo máximo de 30 dias, o crédito indemnizatório só pode ser satisfeito por conta da dotação orçamental inscrita à ordem do Conselho Superior dos Tribunais Administrativos e Fiscais (CSTAF) a título subsidiário quando, através da

aplicação do regime da execução para pagamento de quantia certa regulado na lei processual civil, não tenha sido possível obter o respectivo pagamento junto da entidade responsável.

2 – O disposto no número anterior não prejudica a possibilidade de o interessado solicitar directamente a compensação do seu crédito com eventuais dívidas que o onerem para com a mesma pessoa colectiva, nos termos do artigo 170.º do Código de Processo nos Tribunais Administrativos, sem necessidade de solicitar previamente a satisfação do seu crédito indemnizatório através da aplicação do regime da execução para pagamento de quantia certa previsto na lei processual civil.

3 – Nas situações previstas no n.º 1, caso se mostrem esgotadas as providências de execução para pagamento de quantia certa previstas na lei processual civil sem que tenha sido possível obter o respectivo pagamento através da entidade responsável, a secretaria do tribunal notifica imediatamente o CSTAF para que emita a ordem de pagamento da indemnização, independentemente de despacho judicial e de tal ter sido solicitado, a título subsidiário, na petição de execução.

4 – Quando ocorra a satisfação do crédito indemnizatório por via do Orçamento do Estado, nos termos do n.º 1, o Estado goza de direito de regresso, incluindo juros de mora, sobre a entidade responsável, a exercer mediante uma das seguintes formas:

a) Desconto nas transferências a efectuar para a entidade em causa no Orçamento do Estado do ano seguinte;

b) Tratando-se de entidade pertencente à Administração indirecta do Estado, inscrição oficiosa no respectivo orçamento privativo pelo órgão tutelar ao qual caiba a aprovação do orçamento; ou *c)* Acção de regresso a intentar no tribunal competente.

Artigo 4.º – Sexta alteração ao Estatuto do Ministério Público

O artigo 77.º do Estatuto do Ministério Público (Lei n.º 47/86, de 15 de Outubro, rectificada no Diário da República, 1.ª série, n.º 263, de 14 de Novembro de 1986, e alterada pelas Leis n.os 2/90, de 20 de Janeiro, 23/92, de 20 de Agosto, 33-A/96, de 26 de Agosto, 60/98, de 27 de Agosto, e 42/2005, de 29 de Agost*o)*, passa a ter a seguinte redacção: «Artigo 77.º [...] Fora dos casos em que a falta constitua crime, a responsabilidade civil apenas pode ser efectivada, mediante acção de regresso do Estado, em caso de dolo ou culpa grave.»

Artigo 5.º – Norma revogatória

São revogados o Decreto-Lei n.º 48 051, de 21 de Novembro de 1967, e os artigos 96.º e 97.º da Lei n.º 169/99, de 18 de Setembro, na redacção da Lei n.º 5-A/2002, de 11 de Janeiro.

Artigo 6.º – Entrada em vigor

A presente lei entra em vigor no prazo de 30 dias após a data da sua publicação.

Aprovada em 18 de Outubro de 2007.
O Presidente da Assembleia da República, Jaime Gama.
Promulgada em 10 de Dezembro de 2007.
Publique-se.
O Presidente da República, Aníbal Cavaco Silva.
Referendada em 10 de Dezembro de 2007.
O Primeiro-Ministro, José Sócrates Carvalho Pinto de Sousa.

Anexo

REGIME DA RESPONSABILIDADE CIVIL EXTRACONTRATUAL DO ESTADO E DEMAIS ENTIDADES PÚBLICAS

Capítulo I – Disposições gerais

Artigo 1.º – Âmbito de aplicação

1 – A responsabilidade civil extracontratual do Estado e das demais pessoas colectivas de direito público por danos resultantes do exercício da função legislativa, jurisdicional e administrativa rege-se pelo disposto na presente lei, em tudo o que não esteja previsto em lei especial.

2 – Para os efeitos do disposto no número anterior, correspondem ao exercício da função administrativa as acções e omissões adoptadas no exercício de prerrogativas de poder público ou reguladas por disposições ou princípios de direito administrativo.

3 – Sem prejuízo do disposto em lei especial, a presente lei regula também a responsabilidade civil dos titulares de órgãos, funcionários e agentes públicos por danos decorrentes de acções ou omissões adoptadas no exercício das funções administrativa e jurisdicional e por causa desse exercício.

4 – As disposições da presente lei são ainda aplicáveis à responsabilidade civil dos demais trabalhadores ao serviço das entidades abrangidas, considerando-se extensivas a estes as referências feitas aos titulares de órgãos, funcionários e agentes.

5 – As disposições que, na presente lei, regulam a responsabilidade das pessoas colectivas de direito público, bem como dos titulares dos seus órgãos,

funcionários e agentes, por danos decorrentes do exercício da função administrativa, são também aplicáveis à responsabilidade civil de pessoas colectivas de direito privado e respectivos trabalhadores, titulares de órgãos sociais, representantes legais ou auxiliares, por acções ou omissões que adoptem no exercício de prerrogativas de poder público ou que sejam reguladas por disposições ou princípios de direito administrativo.

Artigo 2.º – Danos ou encargos especiais e anormais

Para os efeitos do disposto na presente lei, consideram-se especiais os danos ou encargos que incidam sobre uma pessoa ou um grupo, sem afectarem a generalidade das pessoas, e anormais os que, ultrapassando os custos próprios da vida em sociedade, mereçam, pela sua gravidade, a tutela do direito.

Artigo 3.º – Obrigação de indemnizar

1 – Quem esteja obrigado a reparar um dano, segundo o disposto na presente lei, deve reconstituir a situação que existiria se não se tivesse verificado o evento que obriga à reparação.

2 – A indemnização é fixada em dinheiro quando a reconstituição natural não seja possível, não repare integralmente os danos ou seja excessivamente onerosa.

3 – A responsabilidade prevista na presente lei compreende os danos patrimoniais e não patrimoniais, bem como os danos já produzidos e os danos futuros, nos termos gerais de direito.

Artigo 4.º – Culpa do lesado

Quando o comportamento culposo do lesado tenha concorrido para a produção ou agravamento dos danos causados, designadamente por não ter utilizado a via processual adequada à eliminação do acto jurídico lesivo, cabe ao tribunal determinar, com base na gravidade das culpas de ambas as partes e nas consequências que delas tenham resultado, se a indemnização deve ser totalmente concedida, reduzida ou mesmo excluída.

Artigo 5.º – Prescrição

O direito à indemnização por responsabilidade civil extracontratual do Estado, das demais pessoas colectivas de direito público e dos titulares dos respectivos órgãos, funcionários e agentes bem como o direito de regresso prescrevem nos termos do artigo 498.º do Código Civil, sendo-lhes aplicável o disposto no mesmo Código em matéria de suspensão e interrupção da prescrição.

Artigo 6.º – Direito de regresso

1 – O exercício do direito de regresso, nos casos em que este se encontra previsto na presente lei, é obrigatório, sem prejuízo do procedimento disciplinar a que haja lugar.

2 – Para os efeitos do disposto no número anterior, a secretaria do tribunal que tenha condenado a pessoa colectiva remete certidão da sentença, logo após o trânsito em julgado, à entidade ou às entidades competentes para o exercício do direito de regresso.

Capítulo II – Responsabilidade civil por danos decorrentes do exercício da função administrativa

Secção I – Responsabilidade por facto ilícito

Artigo 7.º – Responsabilidade exclusiva do Estado e demais pessoas colectivas de direito público

1 – O Estado e as demais pessoas colectivas de direito público são exclusivamente responsáveis pelos danos que resultem de acções ou omissões ilícitas, cometidas com culpa leve, pelos titulares dos seus órgãos, funcionários ou agentes, no exercício da função administrativa e por causa desse exercício.

2 – É concedida indemnização às pessoas lesadas por violação de norma ocorrida no âmbito de procedimento de formação dos contratos referidos no artigo 100.º do Código de Processo nos Tribunais Administrativos, de acordo com os requisitos da responsabilidade civil extracontratual definidos pelo direito comunitário.

3 – O Estado e as demais pessoas colectivas de direito público são ainda responsáveis quando os danos não tenham resultado do comportamento concreto de um titular de órgão, funcionário ou agente determinado, ou não seja possível provar a autoria pessoal da acção ou omissão, mas devam ser atribuídos a um funcionamento anormal do serviço.

4 – Existe funcionamento anormal do serviço quando, atendendo às circunstâncias e a padrões médios de resultado, fosse razoavelmente exigível ao serviço uma actuação susceptível de evitar os danos produzidos.

Artigo 8.º – Responsabilidade solidária em caso de dolo ou culpa grave

1 – Os titulares de órgãos, funcionários e agentes são responsáveis pelos danos que resultem de acções ou omissões ilícitas, por eles cometidas com dolo ou com diligência e zelo manifestamente inferiores àqueles a que se encontravam obrigados em razão do cargo.

2 – O Estado e as demais pessoas colectivas de direito público são responsáveis de forma solidária com os respectivos titulares de órgãos, funcionários e agentes, se as acções ou omissões referidas no número anterior tiverem sido cometidas por estes no exercício das suas funções e por causa desse exercício.

3 – Sempre que satisfaçam qualquer indemnização nos termos do número anterior, o Estado e as demais pessoas colectivas de direito público gozam de direito de regresso contra os titulares de órgãos, funcionários ou agentes responsáveis, competindo aos titulares de poderes de direcção, de supervisão, de superintendência ou de tutela adoptar as providências necessárias à efectivação daquele direito, sem prejuízo do eventual procedimento disciplinar.

4 – Sempre que, nos termos do n.º 2 do artigo 10.º, o Estado ou uma pessoa colectiva de direito público seja condenado em responsabilidade civil fundada no comportamento ilícito adoptado por um titular de órgão, funcionário ou agente, sem que tenha sido apurado o grau de culpa do titular de órgão, funcionário ou agente envolvido, a respectiva acção judicial prossegue nos próprios autos, entre a pessoa colectiva de direito público e o titular de órgão, funcionário ou agente, para apuramento do grau de culpa deste e, em função disso, do eventual exercício do direito de regresso por parte daquela.

Artigo 9.º – Ilicitude

1 – Consideram-se ilícitas as acções ou omissões dos titulares de órgãos, funcionários e agentes que violem disposições ou princípios constitucionais, legais ou regulamentares ou infrinjam regras de ordem técnica ou deveres objectivos de cuidado e de que resulte a ofensa de direitos ou interesses legalmente protegidos.

2 – Também existe ilicitude quando a ofensa de direitos ou interesses legalmente protegidos resulte do funcionamento anormal do serviço, segundo o disposto no n.º 3 do artigo 7.º

Artigo 10.º – Culpa

1 – A culpa dos titulares de órgãos, funcionários e agentes deve ser apreciada pela diligência e aptidão que seja razoável exigir, em função das circunstâncias de cada caso, de um titular de órgão, funcionário ou agente zeloso e cumpridor.

2 – Sem prejuízo da demonstração de dolo ou culpa grave, presume-se a existência de culpa leve na prática de actos jurídicos ilícitos.

3 – Para além dos demais casos previstos na lei, também se presume a culpa leve, por aplicação dos princípios gerais da responsabilidade civil, sempre que tenha havido incumprimento de deveres de vigilância.

4 – Quando haja pluralidade de responsáveis, é aplicável o disposto no artigo 497.º do Código Civil.

Secção II – Responsabilidade pelo risco

Artigo 11.º – Responsabilidade pelo risco

1 – O Estado e as demais pessoas colectivas de direito público respondem pelos danos decorrentes de actividades, coisas ou serviços administrativos especialmente perigosos, salvo quando, nos termos gerais, se prove que houve força maior ou concorrência de culpa do lesado, podendo o tribunal, neste último caso, tendo em conta todas as circunstâncias, reduzir ou excluir a indemnização.

2 – Quando um facto culposo de terceiro tenha concorrido para a produção ou agravamento dos danos, o Estado e as demais pessoas colectivas de direito público respondem solidariamente com o terceiro, sem prejuízo do direito de regresso.

Capítulo III – Responsabilidade civil por danos decorrentes do exercício da função jurisdicional

Artigo 12.º – Regime geral

Salvo o disposto nos artigos seguintes, é aplicável aos danos ilicitamente causados pela administração da justiça, designadamente por violação do direito a uma decisão judicial em prazo razoável, o regime da responsabilidade por factos ilícitos cometidos no exercício da função administrativa.

Artigo 13.º – Responsabilidade por erro judiciário

1 – Sem prejuízo do regime especial aplicável aos casos de sentença penal condenatória injusta e de privação injustificada da liberdade, o Estado é civilmente responsável pelos danos decorrentes de decisões jurisdicionais manifestamente inconstitucionais ou ilegais ou injustificadas por erro grosseiro na apreciação dos respectivos pressupostos de facto.

2 – O pedido de indemnização deve ser fundado na prévia revogação da decisão danosa pela jurisdição competente.

Artigo 14.º – Responsabilidade dos magistrados

1 – Sem prejuízo da responsabilidade criminal em que possam incorrer, os magistrados judiciais e do Ministério Público não podem ser directamente responsabilizados pelos danos decorrentes dos actos que pratiquem no exercício das respectivas funções, mas, quando tenham agido com dolo ou culpa grave, o Estado goza de direito de regresso contra eles.

2 – A decisão de exercer o direito de regresso sobre os magistrados cabe ao órgão competente para o exercício do poder disciplinar, a título oficioso ou por iniciativa do Ministro da Justiça.

Capítulo IV – Responsabilidade civil por danos decorrentes do exercício da função político-legislativa

Artigo 15.º – Responsabilidade no exercício da função político-legislativa

1 – O Estado e as regiões autónomas são civilmente responsáveis pelos danos anormais causados aos direitos ou interesses legalmente protegidos dos cidadãos por actos que, no exercício da função político-legislativa, pratiquem, em desconformidade com a Constituição, o direito internacional, o direito comunitário ou acto legislativo de valor reforçado.

2 – A decisão do tribunal que se pronuncie sobre a inconstitucionalidade ou ilegalidade de norma jurídica ou sobre a sua desconformidade com convenção internacional, para efeitos do número anterior, equivale, para os devidos efeitos legais, a decisão de recusa de aplicação ou a decisão de aplicação de norma cuja inconstitucionalidade, ilegalidade ou desconformidade com convenção internacional haja sido suscitada durante o processo, consoante o caso.

3 – O Estado e as regiões autónomas são também civilmente responsáveis pelos danos anormais que, para os direitos ou interesses legalmente protegidos dos cidadãos, resultem da omissão de providências legislativas necessárias para tornar exequíveis normas constitucionais.

4 – A existência e a extensão da responsabilidade prevista nos números anteriores são determinadas atendendo às circunstâncias concretas de cada caso e, designadamente, ao grau de clareza e precisão da norma violada, ao tipo de inconstitucionalidade e ao facto de terem sido adoptadas ou omitidas diligências susceptíveis de evitar a situação de ilicitude.

5 – A constituição em responsabilidade fundada na omissão de providências legislativas necessárias para tornar exequíveis normas constitucionais depende da prévia verificação de inconstitucionalidade por omissão pelo Tribunal Constitucional.

6 – Quando os lesados forem em tal número que, por razões de interesse público de excepcional relevo, se justifique a limitação do âmbito da obrigação de indemnizar, esta pode ser fixada equitativamente em montante inferior ao que corresponderia à reparação integral dos danos causados.

Capítulo V – Indemnização pelo sacrifício

Artigo 16.º – Indemnização pelo sacrifício

O Estado e as demais pessoas colectivas de direito público indemnizam os particulares a quem, por razões de interesse público, imponham encargos ou causem danos especiais e anormais, devendo, para o cálculo da indemnização, atender-se, designadamente, ao grau de afectação do conteúdo substancial do direito ou interesse violado ou sacrificado.

Código de Processo Civil

Lei n.º 41/2013, de 26 de Junho, na redacção da Lei n.º 3/2023, de 16 de Janeiro

(Normas essenciais)

LIVRO I – Da ação, das partes e do tribunal

TÍTULO I – Das disposições e dos princípios fundamentais

Artigo 1.º – Proibição de autodefesa

A ninguém é lícito o recurso à força com o fim de realizar ou assegurar o próprio direito, salvo nos casos e dentro dos limites declarados na lei.

Artigo 2.º – Garantia de acesso aos tribunais

1 – A proteção jurídica através dos tribunais implica o direito de obter, em prazo razoável, uma decisão judicial que aprecie, com força de caso julgado, a pretensão regularmente deduzida em juízo, bem como a possibilidade de a fazer executar.

2 – A todo o direito, exceto quando a lei determine o contrário, corresponde a ação adequada a fazê-lo reconhecer em juízo, a prevenir ou reparar a violação dele e a realizá-lo coercivamente, bem como os procedimentos necessários para acautelar o efeito útil da ação.

Artigo 3.º – Necessidade do pedido e da contradição

1 – O tribunal não pode resolver o conflito de interesses que a ação pressupõe sem que a resolução lhe seja pedida por uma das partes e a outra seja devidamente chamada para deduzir oposição.

2 – Só nos casos excecionais previstos na lei se podem tomar providências contra determinada pessoa sem que esta seja previamente ouvida.

3 – O juiz deve observar e fazer cumprir, ao longo de todo o processo, o princípio do contraditório, não lhe sendo lícito, salvo caso de manifesta desnecessidade, decidir questões de direito ou de facto, mesmo que de conhecimento oficioso, sem que as partes tenham tido a possibilidade de sobre elas se pronunciarem.

4 – Às exceções deduzidas no último articulado admissível pode a parte contrária responder na audiência prévia ou, não havendo lugar a ela, no início da audiência final.

Artigo 4.º – Igualdade das partes

O tribunal deve assegurar, ao longo de todo o processo, um estatuto de igualdade substancial das partes, designadamente no exercício de faculdades, no uso de meios de defesa e na aplicação de cominações ou de sanções processuais.

Artigo 5.º – Ónus de alegação das partes e poderes de cognição do tribunal

1 – Às partes cabe alegar os factos essenciais que constituem a causa de pedir e aqueles em que se baseiam as exceções invocadas.

2 – Além dos factos articulados pelas partes, são ainda considerados pelo juiz:

a) Os factos instrumentais que resultem da instrução da causa;

b) Os factos que sejam complemento ou concretização dos que as partes hajam alegado e resultem da instrução da causa, desde que sobre eles tenham tido a possibilidade de se pronunciar;

c) Os factos notórios e aqueles de que o tribunal tem conhecimento por virtude do exercício das suas funções.

3 – O juiz não está sujeito às alegações das partes no tocante à indagação, interpretação e aplicação das regras de direito.

Artigo 6.º – Dever de gestão processual

1 – Cumpre ao juiz, sem prejuízo do ónus de impulso especialmente imposto pela lei às partes, dirigir ativamente o processo e providenciar pelo seu andamento célere, promovendo oficiosamente as diligências necessárias ao normal prosseguimento da ação, recusando o que for impertinente ou meramente dilatório e, ouvidas as partes, adotando mecanismos de simplificação e agilização processual que garantam a justa composição do litígio em prazo razoável.

2 – O juiz providencia oficiosamente pelo suprimento da falta de pressupostos processuais suscetíveis de sanação, determinando a realização dos atos necessários à regularização da instância ou, quando a sanação dependa de ato que deva ser praticado pelas partes, convidando estas a praticá-lo.

Artigo 7.º – Princípio da cooperação

1 – Na condução e intervenção no processo, devem os magistrados, os mandatários judiciais e as próprias partes cooperar entre si, concorrendo para se obter, com brevidade e eficácia, a justa composição do litígio.

2 – O juiz pode, em qualquer altura do processo, ouvir as partes, seus representantes ou mandatários judiciais, convidando-os a fornecer os esclarecimentos sobre a matéria de facto ou de direito que se afigurem pertinentes e dando-se conhecimento à outra parte dos resultados da diligência.

3 – As pessoas referidas no número anterior são obrigadas a comparecer sempre que para isso forem notificadas e a prestar os esclarecimentos que lhes forem pedidos, sem prejuízo do disposto no n.º 3 do artigo 417.º.

4 – Sempre que alguma das partes alegue justificadamente dificuldade séria em obter documento ou informação que condicione o eficaz exercício de faculdade ou o cumprimento de ónus ou dever processual, deve o juiz, sempre que possível, providenciar pela remoção do obstáculo.

Artigo 8.º – Dever de boa-fé processual

As partes devem agir de boa-fé e observar os deveres de cooperação resultantes do preceituado no artigo anterior.

Artigo 9.º – Dever de recíproca correção

1 – Todos os intervenientes no processo devem agir em conformidade com um dever de recíproca correção, pautando-se as relações entre advogados e magistrados por um especial dever de urbanidade.

2 – Nenhuma das partes deve usar, nos seus escritos ou alegações orais, expressões desnecessária ou injustificadamente ofensivas da honra ou do bom nome da outra, ou do respeito devido às instituições.

Artigo 9.º-A – Princípio da utilização de linguagem simples e clara

O tribunal deve, em todos os seus atos, e em particular nas citações, notificações e outras comunicações dirigidas diretamente às partes e a outras pessoas singulares e coletivas, utilizar preferencialmente linguagem simples e clara.

TÍTULO II – Das espécies de ações

Artigo 10.º – Espécies de ações, consoante o seu fim

1 – As ações são declarativas ou executivas.

2 – As ações declarativas podem ser de simples apreciação, de condenação ou constitutivas.

3 – As ações referidas no número anterior têm por fim:

a) As de simples apreciação, obter unicamente a declaração da existência ou inexistência de um direito ou de um facto;

b) As de condenação, exigir a prestação de uma coisa ou de um facto, pressupondo ou prevendo a violação de um direito;

c) As constitutivas, autorizar uma mudança na ordem jurídica existente.

4 – Dizem-se «ações executivas» aquelas em que o credor requer as providências adequadas à realização coativa de uma obrigação que lhe é devida.

5 – Toda a execução tem por base um título, pelo qual se determinam o fim e os limites da ação executiva.

6 – O fim da execução, para o efeito do processo aplicável, pode consistir no pagamento de quantia certa, na entrega de coisa certa ou na prestação de um facto, quer positivo quer negativo.

TÍTULO III – Das partes

CAPÍTULO I – Personalidade e capacidade judiciária

Artigo 11.º – Conceito e medida da personalidade judiciária

1 – A personalidade judiciária consiste na suscetibilidade de ser parte.

2 – Quem tiver personalidade jurídica tem igualmente personalidade judiciária.

Artigo 12.º – Extensão da personalidade judiciária

Têm ainda personalidade judiciária:

a) A herança jacente e os patrimónios autónomos semelhantes cujo titular não estiver determinado;

b) As associações sem personalidade jurídica e as comissões especiais;

c) As sociedades civis;

d) As sociedades comerciais, até à data do registo definitivo do contrato pelo qual se constituem, nos termos do artigo 5.º do Código das Sociedades Comerciais;

e) O condomínio resultante da propriedade horizontal, relativamente às ações que se inserem no âmbito dos poderes do administrador;

f) Os navios, nos casos previstos em legislação especial.

Artigo 13.º – Personalidade judiciária das sucursais

1 – As sucursais, agências, filiais, delegações ou representações podem demandar ou ser demandadas quando a ação proceda de facto por elas praticado.

2 – Se a administração principal tiver a sede ou o domicílio em país estrangeiro, as sucursais, agências, filiais, delegações ou representações estabelecidas em Portugal podem demandar e ser demandadas, ainda que a ação derive de facto praticado por aquela, quando a obrigação tenha sido contraída com um português ou com um estrangeiro domiciliado em Portugal.

Artigo 14.º – Sanação da falta de personalidade judiciária

A falta de personalidade judiciária das sucursais, agências, filiais, delegações ou representações pode ser sanada mediante a intervenção da administração principal e a ratificação ou repetição do processado.

Artigo 15.º – Conceito e medida da capacidade judiciária

1 – A capacidade judiciária consiste na suscetibilidade de estar, por si, em juízo.

2 – A capacidade judiciária tem por base e por medida a capacidade do exercício de direitos.

Artigo 16.º – Suprimento da incapacidade

1 – Os menores e os maiores acompanhados sujeitos a representação só podem estar em juízo por intermédio dos seus representantes, exceto quanto aos atos que possam exercer pessoal e livremente

2 – Os menores cujo exercício das responsabilidades parentais compete a ambos os pais são por estes representados em juízo, sendo necessário o acordo de ambos para a propositura de ações.

3 – Quando seja réu um menor sujeito ao exercício das responsabilidades parentais dos pais, devem ambos ser citados para a ação.

Artigo 17.º – Representação por curador especial ou provisório

1 – Se o incapaz não tiver representante geral deve requerer-se a nomeação dele ao tribunal competente, sem prejuízo da imediata designação de um curador provisório pelo juiz da causa, em caso de urgência.

2 – Tanto no decurso do processo como na execução da sentença, pode o curador provisório praticar os mesmos atos que competiriam ao representante geral, cessando as suas funções logo que o representante nomeado ocupe o lugar dele no processo.

3 – Quando o incapaz deva ser representado por curador especial, a nomeação dele incumbe igualmente ao juiz da causa, aplicando-se o disposto na primeira parte do número anterior.

4 – A nomeação incidental de curador deve ser promovida pelo Ministério Público, podendo ser requerida por qualquer parente sucessível, quando o incapaz haja de ser autor, devendo sê-lo pelo autor, quando o incapaz figure como réu.

5 – O Ministério Público é ouvido, sempre que não seja o requerente da nomeação.

Artigo 18.º – Desacordo entre os pais na representação do menor

1 – Se, sendo o menor representado por ambos os pais, houver desacordo entre estes acerca da conveniência de intentar a ação, pode qualquer deles requerer ao tribunal competente para a causa a resolução do conflito.

2 – Se o desacordo apenas surgir no decurso do processo, acerca da orientação deste, pode qualquer dos pais, no prazo de realização do primeiro ato processual afetado pelo desacordo, requerer ao juiz da causa que providencie sobre a forma de o incapaz ser nela representado, suspendendo-se entretanto a instância.

3 – Ouvido o outro progenitor, quando só um deles tenha requerido, bem como o Ministério Público, o juiz decide de acordo com o interesse do menor, podendo atribuir a representação a só um dos pais, designar curador especial ou conferir a representação ao Ministério Público, cabendo recurso da decisão.

4 – A contagem do prazo suspenso reinicia-se com a notificação da decisão ao representante designado.

5 – Se houver necessidade de fazer intervir um menor em causa pendente, não havendo acordo entre os pais para o efeito, pode qualquer deles requerer a suspensão da instância até resolução do desacordo pelo tribunal da causa, que decide no prazo de 30 dias.

Artigo 19.º – Capacidade judiciária dos maiores acompanhados

1 – Os maiores acompanhados que não estejam sujeitos a representação podem intervir em todas as ações em que sejam partes e devem ser citados quando tiverem a posição de réus, sob pena de se verificar a nulidade correspondente à falta de citação, ainda que tenha sido citado o acompanhante.

2 – A intervenção do maior acompanhado quanto a atos sujeitos a autorização fica subordinada à orientação do acompanhante, que prevalece em caso de divergência.

Artigo 20.º – Representação das pessoas impossibilitadas de receber a citação

1 – As pessoas que, por anomalia psíquica ou outro motivo grave, estejam impossibilitadas de receber a citação para a causa são representadas nela por um curador especial.

2 – A representação do curador especial cessa quando for julgada desnecessária, ou quando se juntar documento que mostre ter sido concedido o benefício de acompanhamento e nomeado representante ao acompanhado.

3 – (Revogado.)

4 – O representante nomeado no processo de proteção através de acompanhamento é citado para o processo.

Artigo 21.º – Defesa do ausente e do incapaz pelo Ministério Público

1 – Se o ausente ou o incapaz, ou os seus representantes, não deduzirem oposição, ou se o ausente não comparecer a tempo de a deduzir, incumbe ao Ministério Público a defesa deles, para o que é citado, através do sistema de informação de suporte à atividade dos tribunais, nos termos definidos na portaria prevista no n.º 2 do artigo 132.º, presumindo-se a citação efetuada no terceiro dia posterior ao do seu envio, correndo novamente o prazo para a contestação.

2 – Quando o Ministério Público represente o autor, é nomeado defensor oficioso.

3 – Cessa a representação do Ministério Público ou do defensor oficioso logo que o ausente ou o seu procurador compareça ou logo que seja constituído mandatário judicial do ausente ou do incapaz.

Artigo 22.º – Representação dos incertos

1 – Quando a ação seja proposta contra incertos, por não ter o autor possibilidade de identificar os interessados diretos em contradizer, são aqueles representados pelo Ministério Público.

2 – Quando o Ministério Público represente o autor, é nomeado defensor oficioso aos incertos.

3 – A representação do Ministério Público ou do defensor oficioso só cessa quando os citados como incertos se apresentem para intervir como réus e a sua legitimidade se encontre devidamente reconhecida.

Artigo 23.º – Representação de incapazes e ausentes pelo Ministério Público

1 – Incumbe ao Ministério Público, em representação de incapazes e ausentes, intentar em juízo quaisquer ações que se mostrem necessárias à tutela dos seus direitos e interesses.

2 – A representação cessa logo que seja constituído mandatário judicial do incapaz ou ausente, ou quando, deduzindo o respetivo representante legal oposição à intervenção principal do Ministério Público, o juiz, ponderado o interesse do representado, a considere procedente.

Artigo 24.º – Representação do Estado

1 – O Estado é representado pelo Ministério Público, sem prejuízo dos casos em que a lei especialmente permita o patrocínio por mandatário judicial próprio, cessando a intervenção principal do Ministério Público logo que este esteja constituído.

2 – Se a causa tiver por objeto bens ou direitos do Estado, mas que estejam na administração ou fruição de entidades autónomas, podem estas constituir advogado que intervenha no processo juntamente com o Ministério Público, para o que são citadas quando o Estado seja réu; havendo divergência entre o Ministério Público e o advogado, prevalece a orientação daquele.

Artigo 25.º – Representação das outras pessoas coletivas e das sociedades

1 – As demais pessoas coletivas e as sociedades são representadas por quem a lei, os estatutos ou o pacto social designarem.

2 – Sendo demandada pessoa coletiva ou sociedade que não tenha quem a represente, ou ocorrendo conflito de interesses entre a ré e o seu representante, o juiz da causa designa representante especial, salvo se a lei estabelecer outra forma de assegurar a respetiva representação em juízo.

3 – As funções do representante a que se refere o número anterior cessam logo que a representação seja assumida por quem deva, nos termos da lei, assegurá-la.

Artigo 26.º – Representação das entidades que careçam de personalidade jurídica

Salvo disposição especial em contrário, os patrimónios autónomos são representados pelos seus administradores e as sociedades e associações que careçam de personalidade jurídica, bem como as sucursais, agências, filiais ou delegações, são representadas pelas pessoas que ajam como diretores, gerentes ou administradores.

Artigo 27.º – Suprimento da incapacidade judiciária e da irregularidade de representação

1 – A incapacidade judiciária e a irregularidade de representação são sanadas mediante a intervenção ou a citação do representante legítimo do incapaz.

2 – Se estes ratificarem os atos anteriormente praticados, o processo segue como se o vício não existisse; no caso contrário, fica sem efeito todo o processado posterior ao momento em que a falta se deu ou a irregularidade foi cometida, correndo novamente os prazos para a prática dos atos não ratificados, que podem ser renovados.

3 – Se a irregularidade verificada consistir na preterição de algum dos pais, tem-se como ratificado o processado anterior, quando o preterido, devidamente notificado, nada disser dentro do prazo fixado; havendo desacordo dos pais acerca da repetição da ação ou da renovação dos atos, é aplicável o disposto no artigo 18.º.

4 – Sendo o incapaz autor e tendo o processo sido anulado desde o início, se o prazo de prescrição ou caducidade tiver entretanto terminado ou terminar nos dois meses imediatos à anulação, não se considera completada a prescrição ou caducidade antes de findarem estes dois meses.

Artigo 28.º – Iniciativa do juiz no suprimento

1 – Logo que se aperceba de algum dos vícios a que se refere o artigo anterior, deve o juiz, oficiosamente e a todo o tempo, providenciar pela regularização da instância.

2 – Incumbe ao juiz ordenar a citação do réu em quem o deva representar, ou, se a falta ou irregularidade respeitar ao autor, determinar a notificação de quem o deva representar na causa para, no prazo fixado, ratificar, querendo, no todo ou em parte, o processado anterior, suspendendo-se entretanto a instância.

Artigo 29.º – Falta de autorização ou de deliberação

1 – Se a parte estiver devidamente representada, mas faltar alguma autorização ou deliberação exigida por lei, é designado o prazo dentro do qual o representante deve obter a respetiva autorização ou deliberação, suspendendo-se entretanto os termos da causa.

2 – Não sendo a falta sanada dentro do prazo, o réu é absolvido da instância, quando a autorização ou deliberação devesse ser obtida pelo representante do autor; se era ao representante do réu que incumbia prover, o processo segue como se o réu não deduzisse oposição.

CAPÍTULO II – Legitimidade das partes

Artigo 30.º – Conceito de legitimidade

1 – O autor é parte legítima quando tem interesse direto em demandar; o réu é parte legítima quando tem interesse direto em contradizer.

2 – O interesse em demandar exprime-se pela utilidade derivada da procedência da ação e o interesse em contradizer pelo prejuízo que dessa procedência advenha.

3 – Na falta de indicação da lei em contrário, são considerados titulares do interesse relevante para o efeito da legitimidade os sujeitos da relação controvertida, tal como é configurada pelo autor.

Artigo 31.º – Ações para a tutela de interesses difusos

Têm legitimidade para propor e intervir nas ações e procedimentos cautelares destinados, designadamente, à defesa da saúde pública, do ambiente, da qualidade de vida, do património cultural e do domínio público, bem como à proteção do consumo de bens e serviços, qualquer cidadão no gozo dos seus direitos civis e políticos, as associações e fundações defensoras dos interesses em causa, as autarquias locais e o Ministério Público, nos termos previstos na lei.

Artigo 32.º – Litisconsórcio voluntário

1 – Se a relação material controvertida respeitar a várias pessoas, a ação respetiva pode ser proposta por todos ou contra todos os interessados; mas, se a lei ou o negócio for omisso, a ação pode também ser proposta por um só ou contra um só dos interessados, devendo o tribunal, nesse caso, conhecer apenas da respetiva quota-parte do interesse ou da responsabilidade, ainda que o pedido abranja a totalidade.

2 – Se a lei ou o negócio permitir que o direito seja exercido por um só ou que a obrigação comum seja exigida de um só dos interessados, basta que um deles intervenha para assegurar a legitimidade.

Artigo 33.º – Litisconsórcio necessário

1 – Se, porém, a lei ou o negócio exigir a intervenção dos vários interessados na relação controvertida, a falta de qualquer deles é motivo de ilegitimidade.

2 – É igualmente necessária a intervenção de todos os interessados quando, pela própria natureza da relação jurídica, ela seja necessária para que a decisão a obter produza o seu efeito útil normal.

3 – A decisão produz o seu efeito útil normal sempre que, não vinculando embora os restantes interessados, possa regular definitivamente a situação concreta das partes relativamente ao pedido formulado.

Artigo 34.º – Ações que têm de ser propostas por ambos ou contra ambos os cônjuges

1 – Devem ser propostas por ambos os cônjuges, ou por um deles com consentimento do outro, as ações de que possa resultar a perda ou a oneração de bens que só por ambos possam ser alienados ou a perda de direitos que só por ambos possam ser exercidos, incluindo as ações que tenham por objeto, direta ou indiretamente, a casa de morada de família.

2 – Na falta de acordo, o tribunal decide sobre o suprimento do consentimento, tendo em consideração o interesse da família, aplicando-se, com as necessárias adaptações, o disposto no artigo 29.º.

3 – Devem ser propostas contra ambos os cônjuges as ações emergentes de facto praticado por ambos os cônjuges, as ações emergentes de facto praticado por um deles, mas em que pretenda obter-se decisão suscetível de ser executada sobre bens próprios do outro, e ainda as ações compreendidas no n.º 1.

Artigo 35.º – O litisconsórcio e a ação

No caso de litisconsórcio necessário, há uma única ação com pluralidade de sujeitos; no litisconsórcio voluntário, há uma simples acumulação de ações, conservando cada litigante uma posição de independência em relação aos seus compartes.

Artigo 36.º – Coligação de autores e de réus

1 – É permitida a coligação de autores contra um ou vários réus e é permitido a um autor demandar conjuntamente vários réus, por pedidos diferentes, quando a causa de pedir seja a mesma e única ou quando os pedidos estejam entre si numa relação de prejudicialidade ou de dependência.

2 – É igualmente lícita a coligação quando, sendo embora diferente a causa de pedir, a procedência dos pedidos principais dependa essencialmente da apreciação dos mesmos factos ou da interpretação e aplicação das mesmas regras de direito ou de cláusulas de contratos perfeitamente análogas.

3 – É admitida a coligação quando os pedidos deduzidos contra os vários réus se baseiam na invocação da obrigação cartular, quanto a uns, e da respetiva relação subjacente, quanto a outros.

Artigo 37.º – Obstáculos à coligação

1 – A coligação não é admissível quando aos pedidos correspondam formas de processo diferentes ou a cumulação possa ofender regras de competência internacional ou em razão da matéria ou da hierarquia.

2 – Quando aos pedidos correspondam formas de processo que, embora diversas, não sigam uma tramitação manifestamente incompatível, pode o juiz autorizar a cumulação, sempre que nela haja interesse relevante ou quando a apreciação conjunta das pretensões seja indispensável para a justa composição do litígio.

3 – Incumbe ao juiz, na situação prevista no número anterior, adaptar o processado à cumulação autorizada.

4 – Se o tribunal, oficiosamente ou a requerimento de algum dos réus, entender que, não obstante a verificação dos requisitos da coligação, há inconveniente grave em que as causas sejam instruídas, discutidas e julgadas conjuntamente, determina, em despacho fundamentado, a notificação do autor para indicar, no prazo fixado, qual o pedido ou os pedidos que continuam a ser apreciados

no processo, sob cominação de, não o fazendo, ser o réu absolvido da instância quanto a todos eles, aplicando-se o disposto nos n.ºs 2 e 3 do artigo seguinte.

5 – No caso previsto no número anterior, se as novas ações forem propostas dentro de 30 dias a contar do trânsito em julgado do despacho que ordenou a separação, os efeitos civis da propositura da ação e da citação do réu retrotraem-se à data em que estes factos se produziram no primeiro processo.

Artigo 38.º – Suprimento da coligação ilegal

1 – Ocorrendo coligação sem que entre os pedidos exista a conexão exigida pelo artigo 36.º, o juiz notifica o autor para, no prazo fixado, indicar qual o pedido que pretende ver apreciado no processo, sob cominação de, não o fazendo, o réu ser absolvido da instância quanto a todos eles.

2 – Havendo pluralidade de autores, são todos notificados, nos termos do número anterior, para, por acordo, esclarecerem quais os pedidos que pretendem ver apreciados no processo.

3 – Feita a indicação a que aludem os números anteriores, o juiz absolve o réu da instância relativamente aos outros pedidos.

Artigo 39.º – Pluralidade subjetiva subsidiária

É admitida a dedução subsidiária do mesmo pedido, ou a dedução de pedido subsidiário, por autor ou contra réu diverso do que demanda ou é demandado a título principal, no caso de dúvida fundamentada sobre o sujeito da relação controvertida.

CAPÍTULO III – Patrocínio judiciário

Artigo 40.º – Constituição obrigatória de advogado

1 – É obrigatória a constituição de advogado:

a) Nas causas de competência de tribunais com alçada, em que seja admissível recurso ordinário;

b) Nas causas em que seja sempre admissível recurso, independentemente do valor;

c) Nos recursos e nas causas propostas nos tribunais superiores.

2 – Ainda que seja obrigatória a constituição de advogado, os advogados estagiários, os solicitadores e as próprias partes podem fazer requerimentos em que se não levantem questões de direito.

3 – Nas causas em que, não sendo obrigatória a constituição de advogado, as partes não tenham constituído mandatário judicial, a inquirição das testemunhas é efetuada pelo juiz, cabendo ainda a este adequar a tramitação processual às especificidades da situação.

Artigo 41.º – Falta de constituição de advogado

Se a parte não constituir advogado, sendo obrigatória a constituição, o juiz, oficiosamente ou a requerimento da parte contrária, determina a sua notificação para o constituir dentro de prazo certo, sob pena de o réu ser absolvido da instância, de não ter seguimento o recurso ou de ficar sem efeito a defesa.

Artigo 42.º – Representação nas causas em que não é obrigatória a constituição de advogado

Nas causas em que não seja obrigatória a constituição de advogado podem as próprias partes pleitear por si ou ser representadas por advogados estagiários ou por solicitadores.

Artigo 43.º – Como se confere o mandato judicial

O mandato judicial pode ser conferido:

a) Por instrumento público ou por documento particular, nos termos do Código do Notariado e da legislação especial;

b) Por declaração verbal da parte no auto de qualquer diligência que se pratique no processo.

Artigo 44.º – Conteúdo e alcance do mandato

1 – O mandato atribui poderes ao mandatário para representar a parte em todos os atos e termos do processo principal e respetivos incidentes, mesmo perante os tribunais superiores, sem prejuízo das disposições que exijam a outorga de poderes especiais por parte do mandante.

2 – Nos poderes que a lei presume conferidos ao mandatário está incluído o de substabelecer o mandato.

3 – O substabelecimento sem reserva implica a exclusão do anterior mandatário.

4 – A eficácia do mandato depende de aceitação, que pode ser manifestada no próprio instrumento público ou em documento particular, ou resultar de comportamento concludente do mandatário.

Artigo 45.º – Poderes gerais e especiais dos mandatários judiciais

1 – Quando a parte declare na procuração que concede poderes forenses ou para ser representada em qualquer ação, o mandato tem a extensão definida no artigo anterior.

2 – Os mandatários judiciais só podem confessar a ação, transigir sobre o seu objeto e desistir do pedido ou da instância quando estejam munidos de procuração que os autorize expressamente a praticar qualquer desses atos.

Artigo 46.º – Confissão de factos feita pelo mandatário

As afirmações e confissões expressas de factos, feitas pelo mandatário nos articulados, vinculam a parte, salvo se forem retificadas ou retiradas enquanto a parte contrária as não tiver aceitado especificadamente.

Artigo 47.º – Revogação e renúncia do mandato

1 – A revogação e a renúncia do mandato devem ter lugar no próprio processo e são notificadas tanto ao mandatário ou ao mandante, como à parte contrária.

2 – Os efeitos da revogação e da renúncia produzem-se a partir da notificação, sem prejuízo do disposto nos números seguintes; a renúncia é pessoalmente notificada ao mandante, com a advertência dos efeitos previstos no número seguinte.

3 – Nos casos em que seja obrigatória a constituição de advogado, se a parte, depois de notificada da renúncia, não constituir novo mandatário no prazo de 20 dias:

a) Suspende-se a instância, se a falta for do autor ou do exequente;

b) O processo segue os seus termos, se a falta for do réu, do executado ou do requerido, aproveitando-se os atos anteriormente praticados;

c) Extingue-se o procedimento ou o incidente inserido na tramitação de qualquer ação, se a falta for do requerente, opoente ou embargante.

4 – Sendo o patrocínio obrigatório, se o réu, o reconvindo, o executado ou o requerido não puderem ser notificados, é nomeado oficiosamente mandatário, nos termos do n.º 3 do artigo 51.º.

5 – O advogado nomeado nos termos do número anterior tem direito a exame do processo, pelo prazo de 10 dias.

6 – Se o réu tiver deduzido reconvenção, esta fica sem efeito quando for dele a falta a que se refere o n.º 3; sendo a falta do autor, segue só o pedido reconvencional, decorridos que sejam 10 dias sobre a suspensão da ação.

Artigo 48.º – Falta, insuficiência e irregularidade do mandato

1 – A falta de procuração e a sua insuficiência ou irregularidade podem, em qualquer altura, ser arguidas pela parte contrária e suscitadas oficiosamente pelo tribunal.

2 – O juiz fixa o prazo dentro do qual deve ser suprida a falta ou corrigido o vício e ratificado o processado, findo o qual, sem que esteja regularizada a situação, fica sem efeito tudo o que tiver sido praticado pelo mandatário, devendo este ser condenado nas custas respetivas e, se tiver agido culposamente, na indemnização dos prejuízos a que tenha dado causa.

3 – Sempre que o vício resulte de excesso de mandato, o tribunal participa a ocorrência ao respetivo conselho distrital da Ordem dos Advogados.

Artigo 49.º – Patrocínio a título de gestão de negócios

1 – Em casos de urgência, o patrocínio judiciário pode ser exercido como gestão de negócios.

2 – Porém, se a parte não ratificar a gestão dentro do prazo fixado pelo juiz, o gestor é condenado nas custas que provocou e na indemnização do dano causado à parte contrária ou à parte cuja gestão assumiu.

3 – O despacho que fixar o prazo para a ratificação é notificado pessoalmente à parte cujo patrocínio o gestor assumiu.

Artigo 50.º – Assistência técnica aos advogados

1 – Quando no processo se suscitem questões de natureza técnica para as quais não tenha a necessária preparação, pode o advogado fazer-se assistir, durante a produção da prova e a discussão da causa, de pessoa dotada de competência especial para se ocupar das questões suscitadas.

2 – Até 10 dias antes da audiência final, o advogado indica no processo a pessoa que escolheu e as questões para que reputa conveniente a sua assistência, dando-se logo conhecimento do facto ao advogado da parte contrária, que pode usar de igual direito.

3 – A intervenção pode ser recusada quando se julgue desnecessária.

4 – Em relação às questões para que tenha sido designado, o técnico tem os mesmos direitos e deveres que o advogado, mas deve prestar o seu concurso sob a direção deste e não pode produzir alegações orais.

Artigo 51.º – Nomeação oficiosa de advogado

1 – Se a parte não encontrar na circunscrição judicial quem aceite voluntariamente o seu patrocínio, pode dirigir-se ao presidente do conselho distrital da Ordem dos Advogados ou à respetiva delegação para que lhe nomeiem advogado.

2 – A nomeação será feita sem demora e notificada ao nomeado, que pode alegar escusa dentro de cinco dias; na falta de escusa ou quando esta não seja julgada legítima por quem fez a nomeação, deve o advogado exercer o patrocínio, sob pena de procedimento disciplinar.

3 – À nomeação de advogado nos casos de urgência aplica-se, com as necessárias adaptações, o disposto para as nomeações urgentes em processo penal.

Artigo 52.º – Nomeação oficiosa de solicitador

Sendo necessária a nomeação de solicitador, é aplicável, com as necessárias adaptações, o disposto no artigo anterior.

SECÇÃO III – Conflitos de jurisdição e competência

Artigo 109.º – Conflito de jurisdição e conflito de competência

1 – Há conflito de jurisdição quando duas ou mais autoridades, pertencentes a diversas atividades do Estado, ou dois ou mais tribunais, integrados em ordens jurisdicionais diferentes, se arrogam ou declinam o poder de conhecer da mesma questão: o conflito diz-se positivo no primeiro caso e negativo no segundo.

2 – Há conflito, positivo ou negativo, de competência quando dois ou mais tribunais da mesma ordem jurisdicional se consideram competentes ou incompetentes para conhecer da mesma questão.

3 – Não há conflito enquanto forem suscetíveis de recurso as decisões proferidas sobre a competência.

Artigo 110.º – Regras para a resolução dos conflitos

1 – Os conflitos de jurisdição são resolvidos, conforme os casos, pelo Supremo Tribunal de Justiça ou pelo Tribunal dos Conflitos.

2 – Os conflitos de competência são solucionados pelo presidente do tribunal de menor categoria que exerça jurisdição sobre as autoridades em conflito.

3 – O processo a seguir no julgamento dos conflitos de jurisdição cuja resolução caiba ao Tribunal dos Conflitos é o estabelecido na respetiva legislação.

4 – No julgamento dos conflitos de jurisdição ou de competência cuja resolução caiba aos tribunais comuns segue-se o disposto nos artigos seguintes.

Artigo 111.º – Pedido de resolução do conflito

1 – Quando o tribunal se aperceba do conflito, deve suscitar oficiosamente a sua resolução junto do presidente do tribunal competente para decidir.

2 – A resolução do conflito pode igualmente ser suscitada, por qualquer das partes ou pelo Ministério Público, mediante requerimento dirigido ao presidente do tribunal competente para decidir.

3 – O processo de resolução de conflitos tem caráter urgente, correndo nos próprios autos quando seja negativo.

Artigo 112.º – Tramitação subsequente

1 – As partes ou a parte contrária à que suscite a resolução do conflito podem pronunciar-se no prazo de cinco dias.

2 – De seguida, o processo vai com vista ao Ministério Público pelo prazo de cinco dias.

Artigo 113.º – Decisão

1 – Se o presidente do tribunal entender que não há conflito, indefere imediatamente o pedido.

2 – Se o presidente do tribunal entender que há conflito, decide-o sumariamente.

3 – A decisão é imediatamente comunicada aos tribunais em conflito e ao Ministério Público e notificada às partes.

Artigo 114.º – Aplicação do processo a outros casos

O disposto nos artigos 111.º a 113.º é aplicável a quaisquer outros conflitos que devam ser resolvidos pelas Relações ou pelo Supremo Tribunal de Justiça e também:

a) Ao caso de a mesma ação estar pendente em tribunais diferentes e ter passado o prazo para serem opostas a exceção de incompetência e a exceção de litispendência;

b) Ao caso de a mesma ação estar pendente em tribunais diferentes e um deles se ter julgado competente, não podendo já ser arguida perante o outro ou outros nem a exceção de incompetência nem a exceção de litispendência;

c) Ao caso de um dos tribunais se ter julgado incompetente e ter mandado remeter o processo para tribunal diferente daquele em que pende a mesma causa, não podendo já ser arguidas perante este nem a exceção de incompetência nem a exceção de litispendência.

CAPÍTULO VI – Das garantias da imparcialidade

SECÇÃO I – Impedimentos

Artigo 115.º – Casos de impedimento do juiz

1 – Nenhum juiz pode exercer as suas funções, em jurisdição contenciosa ou voluntária:

a) Quando seja parte na causa, por si ou como representante de outra pessoa, ou quando nela tenha um interesse que lhe permitisse ser parte principal;

b) Quando seja parte da causa, por si ou como representante de outra pessoa, o seu cônjuge ou algum seu parente ou afim, ou em linha reta ou no 2.º grau da linha colateral, ou quando alguma destas pessoas tenha na causa um interesse que lhe permita figurar nela como parte principal;

c) Quando tenha intervindo na causa como mandatário ou perito ou quando haja que decidir questão sobre que tenha dado parecer ou se tenha pronunciado, ainda que oralmente;

d) Quando tenha intervindo na causa como mandatário judicial o seu cônjuge ou algum seu parente ou afim na linha reta ou no 2.º grau da linha colateral;

e) Quando se trate de recurso interposto em processo no qual tenha tido intervenção como juiz de outro tribunal, quer proferindo a decisão recorrida quer tomando de outro modo posição sobre questões suscitadas no recurso;

f) Quando se trate de recurso de decisão proferida por algum seu parente ou afim, em linha reta ou no 2.º grau da linha colateral, ou de decisão que se tenha pronunciado sobre a proferida por algum seu parente ou afim nessas condições;

g) Quando seja parte na causa pessoa que contra ele propôs ação civil para indemnização de danos, ou que contra ele deduziu acusação penal, em consequência de factos praticados no exercício das suas funções ou por causa delas, ou quando seja parte o cônjuge dessa pessoa ou um parente dela ou afim, em linha reta ou no 2.º grau da linha colateral, desde que a ação ou a acusação já tenha sido admitida;

h) Quando haja deposto ou tenha de depor como testemunha;

i) Quando esteja em situação prevista nas alíneas anteriores pessoa que com o juiz viva em economia comum.

2 – O impedimento da alínea *d)* do número anterior só se verifica quando o mandatário já tenha começado a exercer o mandato na altura em que o juiz foi colocado no respetivo juízo; na hipótese inversa, é o mandatário que está inibido de exercer o patrocínio.

3 – Nos juízos em que haja mais de um juiz ou perante os tribunais superiores não pode ser admitido como mandatário judicial o cônjuge, parente ou afim em linha reta ou no 2.º grau da linha colateral do juiz, bem como a pessoa que com ele viva em economia comum, que, por virtude da distribuição, haja de intervir no julgamento da causa; mas, se essa pessoa já tiver requerido ou alegado no processo na altura da distribuição, é o juiz que fica impedido.

Artigo 116.º – Dever do juiz impedido

1 – Quando se verifique alguma das causas previstas no artigo anterior, o juiz deve declarar-se impedido, podendo as partes requerer a declaração do impedimento até à sentença.

2 – Do despacho proferido sobre o impedimento de algum dos juízes da Relação ou do Supremo Tribunal de Justiça pode reclamar-se para a conferência, que decide com todos os juízes que devam intervir, exceto aquele a quem o impedimento respeitar.

3 – Declarado o impedimento, a causa passa ao juiz substituto, com exceção do caso previsto no n.º 2 do artigo 84.º.

4 – Nos tribunais superiores observa-se o disposto no n.º 1 do artigo 217.º, se o impedimento respeitar ao relator, ou a causa passa ao juiz imediato, se o impedimento respeitar a qualquer dos adjuntos.

5 – É sempre admissível recurso da decisão de indeferimento para o tribunal imediatamente superior.

Artigo 117.º – Causas de impedimento nos tribunais coletivos

1 – Não podem intervir simultaneamente no julgamento de tribunal coletivo juízes que sejam cônjuges, parentes ou afins em linha reta ou no 2.º grau da linha colateral.

2 – Dos juízes ligados por casamento, parentesco ou afinidade a que se refere o número anterior, não intervém o juiz com menor antiguidade de serviço, salvo se lhe competir a elaboração do acórdão, caso em que não intervém aquele que o antecede em antiguidade.

3 – É aplicável o disposto na alínea *i)* do n.º 1 do artigo 115.º.

Artigo 118.º – Impedimentos do Ministério Público e dos funcionários da secretaria

1 – Aos representantes do Ministério Público é aplicável o disposto nas alíneas *a)*, *b)*, *g)* e *i)* do n.º 1 do artigo 115.º; estão também impedidos de intervir quando tenham intervindo na causa como mandatários ou peritos, constituídos ou designados pela parte contrária àquela que teriam de representar ou a quem teriam de prestar assistência.

2 – Aos funcionários da secretaria é aplicável o disposto nas alíneas *a)*, *b)* e *i)* do n.º 1 do artigo 115.º; também não podem intervir quando tenham intervindo na causa como mandatários ou peritos de qualquer das partes.

3 – O representante do Ministério Público ou o funcionário da secretaria que esteja abrangido por qualquer impedimento deve declará-lo imediatamente no processo; se o não fizer, o juiz, enquanto a pessoa impedida houver de intervir na causa, conhece do impedimento, oficiosamente ou a requerimento de qualquer das partes, observando-se o disposto no artigo 129.º.

4 – A procedência do impedimento do funcionário da secretaria, ainda que por este declarado, é sempre apreciada pelo juiz.

SECÇÃO II – Suspeições

Artigo 119.º – Pedido de escusa por parte do juiz

1 – O juiz não pode declarar-se voluntariamente suspeito, mas pode pedir que seja dispensado de intervir na causa quando se verifique algum dos casos previs-

tos no artigo seguinte e, além disso, quando, por outras circunstâncias ponderosas, entenda que pode suspeitar-se da sua imparcialidade.

2 – O pedido é apresentado antes de proferido o primeiro despacho ou antes da primeira intervenção no processo, se esta for anterior a qualquer despacho; quando forem supervenientes os factos que justificam o pedido ou o conhecimento deles pelo juiz, a escusa é solicitada antes do primeiro despacho ou intervenção no processo, posterior a esse conhecimento.

3 – O pedido contém a indicação precisa dos factos que o justificam e é dirigido ao presidente da Relação respetiva ou ao Presidente do Supremo Tribunal de Justiça, se o juiz pertencer a este Tribunal.

4 – O presidente pode colher quaisquer informações e, quando o pedido tiver por fundamento algum dos factos especificados no artigo seguinte, ouve, se o entender conveniente, a parte que poderia opor a suspeição, mandando-lhe entregar cópia da exposição do juiz.

5 – Concluídas as diligências referidas no número anterior, ou não havendo lugar a elas, o presidente decide sem recurso.

6 – É aplicável o disposto no artigo 125.º.

Artigo 120.º – Fundamento de suspeição

1 – As partes podem opor suspeição ao juiz quando ocorrer motivo, sério e grave, adequado a gerar desconfiança sobre a sua imparcialidade, nomeadamente:

a) Se existir parentesco ou afinidade, não compreendidos no artigo 115.º, em linha reta ou até ao 4.º grau da linha colateral, entre o juiz ou o seu cônjuge e alguma das partes ou pessoa que tenha, em relação ao objeto da causa, interesse que lhe permitisse ser nela parte principal;

b) Se houver causa em que seja parte o juiz ou o seu cônjuge ou unido de facto ou algum parente ou afim de qualquer deles em linha reta e alguma das partes for juiz nessa causa;

c) Se houver, ou tiver havido nos três anos antecedentes, qualquer causa, não compreendida na alínea *g)* do n.º 1 do artigo 115.º, entre alguma das partes ou o seu cônjuge e o juiz ou seu cônjuge ou algum parente ou afim de qualquer deles em linha reta;

d) Se o juiz ou o seu cônjuge, ou algum parente ou afim de qualquer deles em linha reta, for credor ou devedor de alguma das partes, ou tiver interesse jurídico em que a decisão do pleito seja favorável a uma das partes;

e) Se o juiz for protutor, herdeiro presumido, donatário ou patrão de alguma das partes, ou membro da direção ou administração de qualquer pessoa coletiva parte na causa;

f) Se o juiz tiver recebido dádivas antes ou depois de instaurado o processo e por causa dele, ou se tiver fornecido meios para as despesas do processo;

g) Se houver inimizade grave ou grande intimidade entre o juiz e alguma das partes ou seus mandatários.

2 – O disposto na alínea *c)* do número anterior abrange as causas criminais quando as pessoas aí designadas sejam ou tenham sido ofendidas, participantes ou arguidas.

3 – Nos casos das alíneas *c)* e *d)* do n.º 1 é julgada improcedente a suspeição quando as circunstâncias de facto convençam de que a ação foi proposta ou o crédito foi adquirido para se obter motivo de recusa do juiz.

Artigo 121.º – Prazo para a dedução da suspeição

1 – O prazo para a dedução da suspeição corre desde o dia em que, depois de o juiz ter despachado ou intervindo no processo, nos termos do n.º 2 do artigo 119.º, a parte for citada ou notificada para qualquer termo ou intervier em algum ato do processo; o réu citado para a causa pode deduzir a suspeição no mesmo prazo que lhe é concedido para a defesa.

2 – A parte pode denunciar ao juiz o fundamento da suspeição, antes de ele intervir no processo; nesse caso o juiz, se não quiser fazer uso da faculdade concedida pelo artigo 119.º, declara-o logo em despacho no processo e suspendem-se os termos deste até decorrer o prazo para a dedução da suspeição, contado a partir da notificação daquele despacho.

3 – Se o fundamento da suspeição ou o seu conhecimento for superveniente, a parte denuncia o facto ao juiz logo que tenha conhecimento dele, sob pena de não poder mais tarde arguir a suspeição. Observa-se neste caso o disposto no número anterior.

4 – Se o juiz tiver pedido dispensa de intervir na causa, mas o seu pedido não houver sido atendido, a suspeição só pode ser oposta por fundamento diferente do que ele tiver invocado e o prazo para a dedução corre desde a primeira notificação ou intervenção da parte no processo, posterior ao indeferimento do pedido de escusa do juiz.

Artigo 122.º – Como se deduz e processa a suspeição

1 – O recusante indica com precisão os fundamentos da suspeição e, autuado o requerimento por apenso, é este concluso ao juiz recusado para responder; a falta de resposta ou de impugnação dos factos alegados importa confissão destes.

2 – Não havendo diligências instrutórias a efetuar, o juiz manda logo desapensar o processo do incidente e remetê-lo ao presidente da Relação; no caso contrário, o processo é concluso ao juiz substituto, que ordena a produção das provas oferecidas e, finda esta, a remessa do processo; não são admitidas diligências por carta.

3 – É aplicável a este caso o disposto nos artigos 292.º a 295.º.

4 – A parte contrária ao recusante pode intervir no incidente como assistente.

Artigo 123.º – Julgamento da suspeição

1 – Recebido o processo, o presidente da Relação pode requisitar das partes ou do juiz recusado os esclarecimentos que julgue necessários; a requisição é feita por ofício dirigido ao juiz recusado, ou ao substituto quando os esclarecimentos devam ser fornecidos pelas partes.

2 – Se os documentos destinados a fazer prova dos fundamentos da suspeição ou da resposta não puderem ser logo oferecidos, o presidente admite-os posteriormente, quando julgue justificada a demora.

3 – Concluídas as diligências que se mostrem necessárias, o presidente decide sem recurso; quando julgar improcedente a suspeição, apreciará se o recusante procedeu de má-fé.

Artigo 124.º – Suspeição oposta a juiz da Relação ou do Supremo Tribunal de Justiça

A suspeição oposta a juiz da Relação ou do Supremo Tribunal de Justiça é julgada pelo presidente do respetivo tribunal, observando-se, na parte aplicável, o disposto nos artigos antecedentes; as testemunhas são inquiridas pelo próprio presidente.

Artigo 125.º – Influência da arguição na marcha do processo

1 – A causa principal segue os seus termos, intervindo nela o juiz substituto; mas nem o despacho saneador nem a decisão final são proferidos enquanto não estiver julgada a suspeição.

2 – Nas Relações e no Supremo Tribunal de Justiça, quando a suspeição for oposta ao relator, serve de relator o primeiro adjunto e o processo vai com vista ao juiz imediato ao último adjunto; mas não se conhece do objeto do feito nem se profere decisão que possa prejudicar o conhecimento da causa enquanto não for julgada a suspeição.

Artigo 126.º – Procedência da escusa ou da suspeição

1 – Julgada procedente a escusa ou a suspeição, continua a intervir no processo o juiz que fora chamado em substituição, nos termos do artigo anterior.

2 – Se a escusa ou a suspeição for desatendida, intervém na decisão da causa o juiz que se escusou ou que foi averbado de suspeito, ainda que o processo tenha já os vistos necessários para o julgamento.

Artigo 127.º – Suspeição oposta aos funcionários da secretaria

Podem também as partes opor suspeição aos funcionários da secretaria com os fundamentos indicados nas várias alíneas do n.º 1 do artigo 120.º, excetuada a alínea *b)*. Mas os factos designados nas alíneas *c)* e *d)* do mesmo artigo só podem ser invocados como fundamento de suspeição quando se verifiquem entre o funcionário ou seu cônjuge e qualquer das partes.

Artigo 128.º – Contagem do prazo para a dedução

1 – O prazo para o autor deduzir a suspeição conta-se do recebimento da petição inicial na secretaria ou da distribuição, se desta depender a intervenção do funcionário.

2 – O réu pode deduzir a suspeição no mesmo prazo em que lhe é permitido apresentar a defesa.

3 – Sendo superveniente a causa da suspeição, o prazo conta-se desde que o facto tenha chegado ao conhecimento do interessado.

Artigo 129.º – Processamento do incidente

O incidente é processado nos termos do artigo 122.º, com as modificações seguintes:

a) Ao recusado é facultado o exame do processo para responder, não tendo a parte contrária ao recusante intervenção no incidente;

b) Enquanto não for julgada a suspeição, o funcionário não pode intervir no processo;

c) O juiz da causa provê a todos os termos e atos do incidente e decide, sem recurso, a suspeição.

LIVRO II – Do processo em geral

TÍTULO I – Dos atos processuais

CAPÍTULO I – Atos em geral

SECÇÃO I – Disposições comuns

Artigo 130.º (art.º 137.º CPC 1961) – Princípio da limitação dos atos

Não é lícito realizar no processo atos inúteis.

Artigo 131.º – Forma dos atos

1 – Os atos processuais têm a forma que, nos termos mais simples, melhor corresponda ao fim que visam atingir.

2 – Os atos processuais podem obedecer a modelos aprovados pela entidade competente, só podendo, no entanto, ser considerados obrigatórios, salvo disposição especial, os modelos relativos a atos da secretaria.

3 – Os atos processuais que hajam de reduzir-se a escrito devem ser compostos de modo a não deixar dúvidas acerca da sua autenticidade formal e redigidos de maneira a tornar claro o seu conteúdo, possuindo as abreviaturas usadas significado inequívoco.

4 – As datas e os números podem ser escritos por algarismos, exceto quando respeitem à definição de direitos ou obrigações das partes ou de terceiros; nas ressalvas, porém, os números que tenham sido rasurados ou emendados devem ser sempre escritos por extenso.

5 – (Revogado.)

Artigo 132.º – Processo electrónico

1 – O processo tem natureza eletrónica, sendo constituído por informação estruturada constante do sistema de informação de suporte à atividade dos tribunais e por documentos eletrónicos.

2 – A tramitação dos processos, incluindo a prática de atos escritos, é efetuada no sistema de informação de suporte à atividade dos tribunais, nos termos definidos por portaria do membro do Governo responsável pela área da justiça.

3 – Em caso de indisponibilidade do sistema referido no número anterior, os atos dos magistrados podem excecionalmente ser praticados em papel, procedendo a secretaria à sua digitalização e inserção naquele sistema.

4 – A tramitação eletrónica dos processos deve garantir a respetiva integralidade, autenticidade e inviolabilidade, bem como o respeito pelo segredo de justiça e pelos regimes de proteção e tratamento de dados pessoais e, em especial, o relativo ao tratamento de dados referentes ao sistema judicial.

5 – As comunicações entre tribunais ou agentes de execução e entidades públicas e outras pessoas coletivas que auxiliem os tribunais no âmbito dos processos judiciais podem ser efetuadas por via eletrónica, através do envio de informação estruturada e da interoperabilidade entre o sistema de informação de suporte à atividade dos tribunais e os sistemas de informação das referidas entidades, nos termos previstos em portaria dos membros do Governo responsáveis pela área da justiça e pela entidade pública em causa.

6 – O processo pode ter um suporte físico, a constituir nos termos definidos por portaria do membro do Governo responsável pela área da justiça, com o objetivo de apoiar a respetiva tramitação.

Artigo 133.º – Língua a empregar nos atos

1 – Nos atos judiciais usa-se a língua portuguesa.

2 – Quando hajam de ser ouvidos, os estrangeiros podem, no entanto, exprimir-se em língua diferente, se não conhecerem a portuguesa, devendo nomear-

-se um intérprete, quando seja necessário, para, sob juramento de fidelidade, estabelecer a comunicação.

3 – A intervenção do intérprete prevista no número anterior é limitada ao que for estritamente indispensável.

Artigo 134.º – Tradução de documentos escritos em língua estrangeira

1 – Quando se ofereçam documentos escritos em língua estrangeira que careçam de tradução, o juiz, oficiosamente ou a requerimento de alguma das partes, ordena que o apresentante a junte.

2 – Surgindo dúvidas fundadas sobre a idoneidade da tradução, o juiz ordena que o apresentante junte tradução feita por notário ou autenticada por funcionário diplomático ou consular do Estado respetivo; na impossibilidade de obter a tradução ou não sendo a determinação cumprida no prazo fixado, pode o juiz determinar que o documento seja traduzido por perito designado pelo tribunal.

Artigo 135.º – Participação de surdo, mudo ou surdo-mudo

1 – Sem prejuízo da intervenção de intérprete idóneo sempre que o juiz o considerar conveniente, quando um surdo, mudo ou surdo-mudo devam prestar depoimento, observam-se as seguintes regras:

a) Ao surdo, formulam-se as perguntas por escrito, respondendo ele oralmente;

b) Ao mudo, formulam-se as perguntas oralmente, respondendo ele por escrito;

c) Ao surdo-mudo, formulam-se as perguntas por escrito, respondendo ele também por escrito.

2 – O juiz deve nomear intérprete idóneo ao surdo, ao mudo ou ao surdo-mudo que não souber ler ou escrever.

3 – O disposto nos números anteriores é correspondentemente aplicável aos requerimentos orais e à prestação de juramento.

Artigo 136.º – Lei reguladora da forma dos atos e do processo

1 – A forma dos diversos atos processuais é regulada pela lei que vigore no momento em que são praticados.

2 – A forma de processo aplicável determina-se pela lei vigente à data em que a ação é proposta.

Artigo 137.º – Quando se praticam os atos

1 – Sem prejuízo de atos realizados de forma automática, não se praticam atos processuais nos dias em que os tribunais estiverem encerrados, nem durante o período de férias judiciais.

2 – Excetuam-se do disposto no número anterior as citações e notificações, os registos de penhora e os atos que se destinem a evitar dano irreparável.

3 – Os atos das partes podem ser praticados por via eletrónica ou através de telecópia em qualquer dia e independentemente da hora da abertura e do encerramento dos tribunais.

4 – Os atos das partes praticados por forma presencial junto do tribunal, nomeadamente a entrega de quaisquer articulados, requerimentos ou documentos, devem ser praticados durante as horas de expediente dos serviços.

Artigo 138.º – Regra da continuidade dos prazos

1 – O prazo processual, estabelecido por lei ou fixado por despacho do juiz, é contínuo, suspendendo-se, no entanto, durante as férias judiciais, salvo se a sua duração for igual ou superior a seis meses ou se tratar de atos a praticar em processos que a lei considere urgentes.

2 – Quando o prazo para a prática do ato processual terminar em dia em que os tribunais estiverem encerrados, transfere-se o seu termo para o 1.º dia útil seguinte.

3 – Para efeitos do disposto no número anterior, consideram-se encerrados os tribunais quando for concedida tolerância de ponto.

4 – Os prazos para a propositura de ações previstos neste Código seguem o regime dos números anteriores.

Artigo 139.º – Modalidades do prazo

1 – O prazo é dilatório ou perentório.

2 – O prazo dilatório difere para certo momento a possibilidade de realização de um ato ou o início da contagem de um outro prazo.

3 – O decurso do prazo perentório extingue o direito de praticar o ato.

4 – O ato pode, porém, ser praticado fora do prazo em caso de justo impedimento, nos termos regulados no artigo seguinte.

5 – Independentemente de justo impedimento, pode o ato ser praticado dentro dos três primeiros dias úteis subsequentes ao termo do prazo, ficando a sua validade dependente do pagamento imediato de uma multa, fixada nos seguintes termos:

a) Se o ato for praticado no 1.º dia, a multa é fixada em 10 % da taxa de justiça correspondente ao processo ou ato, com o limite máximo de 1/2 UC;

b) Se o ato for praticado no 2.º dia, a multa é fixada em 25 % da taxa de justiça correspondente ao processo ou ato, com o limite máximo de 3 UC;

c) Se o ato for praticado no 3.º dia, a multa é fixada em 40 % da taxa de justiça correspondente ao processo ou ato, com o limite máximo de 7 UC.

6 – Praticado o ato em qualquer dos três dias úteis seguintes sem ter sido paga imediatamente a multa devida, logo que a falta seja verificada, a secretaria, independentemente de despacho, notifica o interessado para pagar a multa, acrescida de uma penalização de 25 % do valor da multa, desde que se trate de ato praticado por mandatário.

7 – Se o ato for praticado diretamente pela parte, em ação que não importe a constituição de mandatário, o pagamento da multa só é devido após notificação efetuada pela secretaria, na qual se prevê um prazo de 10 dias para o referido pagamento.

8 – O juiz pode excecionalmente determinar a redução ou dispensa da multa nos casos de manifesta carência económica ou quando o respetivo montante se revele manifestamente desproporcionado, designadamente nas ações que não importem a constituição de mandatário e o ato tenha sido praticado diretamente pela parte.

Artigo 140.º – Justo impedimento

1 – Considera-se «justo impedimento» o evento não imputável à parte nem aos seus representantes ou mandatários que obste à prática atempada do ato.

2 – A parte que alegar o justo impedimento oferece logo a respetiva prova; o juiz, ouvida a parte contrária, admite o requerente a praticar o ato fora do prazo se julgar verificado o impedimento e reconhecer que a parte se apresentou a requerer logo que ele cessou.

3 – É do conhecimento oficioso a verificação do impedimento quando o evento a que se refere o n.º 1 constitua facto notório, nos termos do n.º 1 do artigo 412.º, e seja previsível a impossibilidade da prática do ato dentro do prazo.

Artigo 141.º – Prorrogabilidade dos prazos

1 – O prazo processual marcado pela lei é prorrogável nos casos nela previstos.

2 – Havendo acordo das partes, o prazo é prorrogável por uma vez e por igual período.

Artigo 142.º – Prazo dilatório seguido de prazo perentório

Quando um prazo perentório se seguir a um prazo dilatório, os dois prazos contam-se como um só.

Artigo 143.º – Em que lugar se praticam os atos

1 – Os atos judiciais realizam-se no lugar em que possam ser mais eficazes, mas podem realizar-se em lugar diferente, por motivos de deferência ou de justo impedimento.

2 – Quando nenhuma razão imponha outro lugar, os atos realizam-se no tribunal.

SECÇÃO II – Atos das partes

Artigo 144.º – Apresentação a juízo dos atos processuais

1 – Os atos processuais que devam ser praticados por escrito pelas partes são apresentados a juízo por via eletrónica, nos termos definidos na portaria prevista no n.º 2 do artigo 132.º, valendo como data da prática do ato processual a da respetiva expedição.

2 – A apresentação de peça processual nos termos do número anterior abrange também os documentos que a devam acompanhar, ficando a parte dispensada de remeter os respetivos originais, exceto quando o seu formato ou a dimensão dos ficheiros a enviar não permitirem o seu envio eletrónico, nos termos definidos na portaria prevista no n.º 2 do artigo 132.º

3 – (Revogado.)

4 – Os documentos apresentados nos termos previstos no n.º 2 têm a força probatória dos originais, nos termos definidos para as certidões.

5 – O disposto no n.º 2 não prejudica o dever de exibição das peças processuais em suporte de papel e dos originais dos documentos juntos pelas partes por via eletrónica, sempre que o juiz o determine nos termos da lei de processo, designadamente quando:

a) Duvidar da autenticidade ou genuinidade das peças ou dos documentos;

b) For necessário realizar perícia à letra ou assinatura dos documentos.

6 – Quando seja necessário duplicado ou cópia de qualquer peça processual ou documento apresentado por via eletrónica, designadamente para efeitos de citação ou notificação das partes, compete à secretaria extrair exemplares dos mesmos.

7 – Sempre que se trate de causa que não importe a constituição de mandatário, e a parte não esteja patrocinada, a apresentação a juízo dos atos processuais referidos no n.º 1 é efetuada por uma das seguintes formas:

a) Entrega na secretaria judicial, valendo como data da prática do ato processual a da respetiva entrega;

b) Remessa pelo correio, sob registo, valendo como data da prática do ato processual a da efetivação do respetivo registo postal;

c) Envio através de telecópia, valendo como data da prática do ato processual a da expedição.

d) Entrega por via eletrónica, nos termos definidos na portaria prevista no n.º 2 do artigo 132.º, valendo como data da prática do ato a da respetiva expedição.

8 – Quando a parte esteja patrocinada por mandatário, havendo justo impedimento para a prática dos atos processuais nos termos indicados no n.º 1, estes podem ser praticados nos termos do disposto no número anterior.

9 – Sem prejuízo do disposto no n.º 4 do artigo 37.º da Lei n.º 34/2009, de 14 de julho, o disposto no n.º 7 é igualmente aplicável à apresentação de peças processuais e outros documentos por peritos e outros intervenientes processuais não representados por mandatários.

10 – Quando a peça processual seja apresentada por via eletrónica e o sistema de informação através do qual se realiza a apresentação preveja a existência de formulários com campos para preenchimento de informação específica:

a) Essa informação deve ser indicada no campo respetivo, não podendo ser apresentada unicamente em ficheiros anexos;

b) Em caso de desconformidade entre o conteúdo dos formulários e o conteúdo dos ficheiros anexos, prevalece a informação constante dos formulários, ainda que estes não se encontrem preenchidos.

11 – Quando a apresentação de peças processuais e documentos for efetuada em suporte físico, nos termos dos números anteriores, a secretaria procede à sua digitalização e inserção no sistema de informação, exceto nos casos em que o formato ou o estado de conservação do documento o não permitirem, nos termos definidos na portaria prevista no n.º 2 do artigo 132.º

12 – Aos documentos digitalizados pela secretaria nos termos do número anterior é aplicável o disposto no n.º 4.

13 – Quando a apresentação de peças processuais e documentos for efetuada nos termos previstos na alínea *a)* do n.º 7, após a digitalização, as peças processuais e os documentos são devolvidos ao apresentante, aplicando-se, com as necessárias adaptações, o disposto nos n.ºs 4 e 5.

14 – Nos casos previstos no número anterior, se a secretaria constatar que a digitalização não permite um adequado exame da peça processual ou documento, arquiva e conserva o seu original no suporte físico do processo.

TÍTULO V – Da instrução do processo

CAPÍTULO I – Disposições gerais

Artigo 410.º – Objeto da instrução

A instrução tem por objeto os temas da prova enunciados ou, quando não tenha de haver lugar a esta enunciação, os factos necessitados de prova.

Artigo 411.º – Princípio do inquisitório

Incumbe ao juiz realizar ou ordenar, mesmo oficiosamente, todas as diligências necessárias ao apuramento da verdade e à justa composição do litígio, quanto aos factos de que lhe é lícito conhecer.

Artigo 412.º – Factos que não carecem de alegação ou de prova

1 – Não carecem de prova nem de alegação os factos notórios, devendo considerar-se como tais os factos que são do conhecimento geral.

2 – Também não carecem de alegação os factos de que o tribunal tem conhecimento por virtude do exercício das suas funções; quando o tribunal se socorra destes factos, deve fazer juntar ao processo documento que os comprove.

Artigo 413.º – Provas atendíveis

O tribunal deve tomar em consideração todas as provas produzidas, tenham ou não emanado da parte que devia produzi-las, sem prejuízo das disposições que declarem irrelevante a alegação de um facto, quando não seja feita por certo interessado.

Artigo 414.º – Princípio a observar em casos de dúvida

A dúvida sobre a realidade de um facto e sobre a repartição do ónus da prova resolve-se contra a parte a quem o facto aproveita.

Artigo 415.º – Princípio da audiência contraditória

1 – Salvo disposição em contrário, não são admitidas nem produzidas provas sem audiência contraditória da parte a quem hajam de ser opostas.

2 – Quanto às provas constituendas, a parte é notificada, quando não for revel, para todos os atos de preparação e produção da prova, e é admitida a intervir nesses atos nos termos da lei; relativamente às provas pré-constituídas, deve facultar-se à parte a impugnação, tanto da respetiva admissão como da sua força probatória.

Artigo 416.º – Apresentação de coisas móveis ou imóveis

1 – Quando a parte pretenda utilizar, como meio de prova, uma coisa móvel que possa, sem inconveniente, ser posta à disposição do tribunal, entrega-a na secretaria dentro do prazo fixado para a apresentação de documentos; a parte contrária pode examinar a coisa na secretaria e colher a fotografia dela.

2 – Se a parte pretender utilizar imóveis, ou móveis que não possam ser depositados na secretaria, fará notificar a parte contrária para exercer as faculdades a que se refere o número anterior, devendo a notificação ser requerida dentro do prazo em que pode ser oferecido o rol de testemunhas.

3 – A prova por apresentação das coisas não afeta a possibilidade de prova pericial ou por inspeção em relação a elas.

Artigo 417.º – Dever de cooperação para a descoberta da verdade

1 – Todas as pessoas, sejam ou não partes na causa, têm o dever de prestar a sua colaboração para a descoberta da verdade, respondendo ao que lhes for

perguntado, submetendo-se às inspeções necessárias, facultando o que for requisitado e praticando os atos que forem determinados.

2 – Aqueles que recusem a colaboração devida são condenados em multa, sem prejuízo dos meios coercitivos que forem possíveis; se o recusante for parte, o tribunal aprecia livremente o valor da recusa para efeitos probatórios, sem prejuízo da inversão do ónus da prova decorrente do preceituado no n.º 2 do artigo 344.º do Código Civil.

3 – A recusa é, porém, legítima se a obediência importar:

a) Violação da integridade física ou moral das pessoas;

b) Intromissão na vida privada ou familiar, no domicílio, na correspondência ou nas telecomunicações;

c) Violação do sigilo profissional ou de funcionários públicos, ou do segredo de Estado, sem prejuízo do disposto no n.º 4.

4 – Deduzida escusa com fundamento na alínea *c)* do número anterior, é aplicável, com as adaptações impostas pela natureza dos interesses em causa, o disposto no processo penal acerca da verificação da legitimidade da escusa e da dispensa do dever de sigilo invocado.

Artigo 418.º – Dispensa de confidencialidade pelo juiz da causa

1 – A simples confidencialidade de dados que se encontrem na disponibilidade de serviços administrativos, em suporte manual ou informático, e que se refiram à identificação, à residência, à profissão e entidade empregadora ou que permitam o apuramento da situação patrimonial de alguma das partes em causa pendente, não obsta a que o juiz da causa, oficiosamente ou a requerimento de alguma das partes, possa, em despacho fundamentado, determinar a prestação de informações ao tribunal, quando as considere essenciais ao regular andamento do processo ou à justa composição do litígio.

2 – As informações obtidas nos termos do número anterior são estritamente utilizadas na medida indispensável à realização dos fins que determinaram a sua requisição, não podendo ser injustificadamente divulgadas nem constituir objeto de ficheiro de informações nominativas.

Artigo 419.º – Produção antecipada de prova

Havendo justo receio de vir a tornar-se impossível ou muito difícil o depoimento de certas pessoas ou a verificação de certos factos por meio de perícia ou inspeção, pode o depoimento, a perícia ou a inspeção realizar-se antecipadamente e até antes de ser proposta a ação.

Artigo 420.º – Forma da antecipação da prova

1 – O requerente da prova antecipada justifica sumariamente a necessidade da antecipação, menciona com precisão os factos sobre que há de recair e identifica as pessoas que hão de ser ouvidas, quando se trate de depoimento de parte ou de testemunhas.

2 – Quando se requeira a diligência antes de a ação ser proposta, indica-se sucintamente o pedido e os fundamentos da demanda e identifica-se a pessoa contra quem se pretende fazer uso da prova, a fim de ela ser notificada pessoalmente para os efeitos do artigo 415.º; se esta não puder ser notificada, é notificado o Ministério Público, quando se trate de incertos ou de ausentes, ou um advogado nomeado pelo juiz, quando se trate de ausentes em parte certa.

Artigo 421.º – Valor extraprocessual das provas

1 – Os depoimentos e perícias produzidos num processo com audiência contraditória da parte podem ser invocados noutro processo contra a mesma parte, sem prejuízo do disposto no n.º 3 do artigo 355.º do Código Civil; se, porém, o regime de produção da prova do primeiro processo oferecer às partes garantias inferiores às do segundo, os depoimentos e perícias produzidos no primeiro só valem no segundo como princípio de prova.

2 – O disposto no número anterior não tem aplicação quando o primeiro processo tiver sido anulado, na parte relativa à produção da prova que se pretende invocar.

Artigo 422.º – Registo dos depoimentos prestados antecipadamente ou por carta

1 – Os depoimentos das partes, testemunhas ou quaisquer outras pessoas que devam prestá-los no processo são sempre gravados, quando prestados antecipadamente ou por carta.

2 – Revelando-se impossível a gravação, o depoimento é reduzido a escrito, com a redação ditada pelo juiz, podendo as partes ou os seus mandatários fazer as reclamações que entendam oportunas e cabendo ao depoente, depois de lido o texto do seu depoimento, confirmá-lo ou pedir as retificações necessárias.

CAPÍTULO II – Prova por documentos

Artigo 423.º – Momento da apresentação

1 – Os documentos destinados a fazer prova dos fundamentos da ação ou da defesa devem ser apresentados com o articulado em que se aleguem os factos correspondentes.

2 – Se não forem juntos com o articulado respetivo, os documentos podem ser apresentados até 20 dias antes da data em que se realize a audiência final, mas a parte é condenada em multa, exceto se provar que os não pôde oferecer com o articulado.

3 – Após o limite temporal previsto no número anterior, só são admitidos os documentos cuja apresentação não tenha sido possível até àquele momento, bem como aqueles cuja apresentação se tenha tornado necessária em virtude de ocorrência posterior.

Artigo 424.º – Efeitos da apresentação posterior de documentos

A apresentação de documentos nos termos do disposto no n.º 3 do artigo anterior não obsta à realização das diligências de produção de prova, salvo se, não podendo a parte contrária examiná-los no próprio ato, mesmo com suspensão dos trabalhos pelo tempo necessário, o tribunal considerar o documento relevante e declarar que existe grave inconveniente no prosseguimento da audiência.

Artigo 425.º – Apresentação em momento posterior

Depois do encerramento da discussão só são admitidos, no caso de recurso, os documentos cuja apresentação não tenha sido possível até àquele momento.

Artigo 426.º – Junção de pareceres

Os pareceres de advogados, professores ou técnicos podem ser juntos, nos tribunais de 1.ª instância, em qualquer estado do processo.

Artigo 427.º – Notificação à parte contrária

Quando o documento seja oferecido com o último articulado ou depois dele, a sua apresentação é notificada à parte contrária, salvo se esta estiver presente ou o documento for oferecido com alegações que admitam resposta.

Artigo 428.º – Exibição de reproduções cinematográficas e de registos fonográficos

À parte que apresente como prova qualquer reprodução cinematográfica ou registo fonográfico incumbe facultar ao tribunal os meios técnicos de o exibir, sempre que seja necessário, sem prejuízo do disposto no artigo 411.º.

Artigo 429.º – Documentos em poder da parte contrária

1 – Quando se pretenda fazer uso de documento em poder da parte contrária, o interessado requer que ela seja notificada para apresentar o documento dentro

do prazo que for designado; no requerimento, a parte identifica quanto possível o documento e especifica os factos que com ele quer provar.

2 – Se os factos que a parte pretende provar tiverem interesse para a decisão da causa, é ordenada a notificação.

Artigo 430.º – Não apresentação do documento

Se o notificado não apresentar o documento, é-lhe aplicável o disposto no n.º 2 do artigo 417.º.

Artigo 431.º – Escusa do notificado

1 – Se o notificado declarar que não possui o documento, o requerente é admitido a provar, por qualquer meio, que a declaração não corresponde à verdade.

2 – Incumbe ao notificado que haja possuído o documento e que pretenda eximir-se ao efeito previsto no n.º 2 do artigo 344.º do Código Civil demonstrar que, sem culpa sua, ele desapareceu ou foi destruído.

Artigo 432.º – Documentos em poder de terceiro

Se o documento estiver em poder de terceiro, a parte requer que o possuidor seja notificado para o entregar na secretaria, dentro do prazo que for fixado, sendo aplicável a este caso o disposto no artigo 429.º.

Artigo 433.º – Sanções aplicáveis ao notificado

O tribunal pode ordenar a apreensão do documento e condenar o notificado em multa, quando ele não efetuar a entrega, nem fizer nenhuma declaração, ou quando declarar que não possui o documento e o requerente provar que a declaração é falsa.

Artigo 434.º – Recusa de entrega justificada

Se o possuidor, apesar de não se verificar nenhum dos casos previstos no n.º 3 do artigo 417.º, alegar justa causa para não efetuar a entrega, é obrigado, sob pena de lhe serem aplicáveis as sanções prescritas no artigo anterior, a facultar o documento para o efeito de ser fotografado, examinado judicialmente, ou se extraírem dele as cópias ou reproduções necessárias.

Artigo 435.º – Ressalva da escrituração comercial

A exibição judicial, por inteiro, dos livros de escrituração comercial e dos documentos a ela relativos rege-se pelo disposto na legislação comercial.

Artigo 436.º – Requisição de documentos

1 – Incumbe ao tribunal, por sua iniciativa ou a requerimento de qualquer das partes, requisitar informações, pareceres técnicos, plantas, fotografias,

desenhos, objetos ou outros documentos necessários ao esclarecimento da verdade.

2 – A requisição pode ser feita aos organismos oficiais, às partes ou a terceiros.

Artigo 437.º – Sanções aplicáveis às partes e a terceiros

As partes e terceiros que não cumpram a requisição incorrem em multa, salvo se justificarem o seu procedimento, sem prejuízo dos meios coercitivos destinados ao cumprimento da requisição.

Artigo 438.º – Despesas provocadas pela requisição

1 – As despesas a que der lugar a requisição entram em regra de custas, a título de encargos, sendo logo abonadas aos organismos oficiais e a terceiros pela parte que tiver sugerido a diligência ou por aquela a quem a diligência aproveitar.

2 – Quando o juiz verifique que os documentos requisitados se revelam manifestamente impertinentes ou desnecessários e caso a parte requerente não tenha atuado com a prudência devida, é a mesma condenada ao pagamento de multa nos termos do Regulamento das Custas Processuais.

Artigo 439.º – Notificação às partes

A obtenção dos documentos requisitados é notificada às partes.

Artigo 440.º – Legalização dos documentos passados em país estrangeiro

1 – Sem prejuízo do que se encontra estabelecido em regulamentos europeus e em outros instrumentos internacionais, os documentos autênticos passados em país estrangeiro, na conformidade da lei desse país, consideram-se legalizados desde que a assinatura do funcionário público esteja reconhecida por agente diplomático ou consular português no Estado respetivo e a assinatura deste agente esteja autenticada com o selo branco consular respetivo.

2 – Se os documentos particulares lavrados fora de Portugal estiverem legalizados por funcionário público estrangeiro, a legalização carece de valor enquanto se não obtiverem os reconhecimentos exigidos no número anterior.

Artigo 441.º – Cópia de documentos de leitura difícil

1 – Se a letra do documento for de difícil leitura, a parte é obrigada a apresentar uma cópia legível.

2 – Se a parte não cumprir, incorre em multa e junta-se cópia à custa dela.

Artigo 442.º – Junção e restituição de documentos e pareceres

1 – Independentemente de despacho, a secretaria junta ao processo todos os documentos e pareceres apresentados para esse efeito, a não ser que eles sejam

manifestamente extemporâneos; nesse caso, a secretaria faz os autos conclusos, com a sua informação, e o juiz decide sobre a junção.

2 – Os documentos incorporam-se no processo, salvo se, por sua natureza, não puderem ser incorporados ou houver inconveniente na incorporação; neste caso, ficam depositados na secretaria, por forma que as partes os possam examinar.

3 – Os documentos não podem ser retirados senão depois de passar em julgado a decisão que põe termo à causa, salvo se o respetivo possuidor justificar a necessidade de restituição antecipada; neste caso, fica no processo cópia integral, obrigando-se a pessoa a quem foram restituídos a exibir o original, sempre que isso lhe seja exigido.

4 – Transitada a decisão, os documentos pertencentes aos organismos oficiais ou a terceiros são entregues imediatamente, enquanto os pertencentes às partes só são restituídos mediante requerimento, deixando-se no processo fotocópia do documento entregue.

Artigo 443.º – Documentos indevidamente recebidos ou tardiamente apresentados

1 – Juntos os documentos e cumprido pela secretaria o disposto no artigo 427.º, o juiz, logo que o processo lhe seja concluso, se não tiver ordenado a junção e verificar que os documentos são impertinentes ou desnecessários, manda retirá-los do processo e restitui-os ao apresentante, condenando este ao pagamento de multa nos termos do Regulamento das Custas Processuais.

2 – Caso seja aplicável o disposto no n.º 2 do artigo 423.º, a parte é condenada no pagamento de uma única multa.

Artigo 444.º – Impugnação da genuinidade de documento

1 – A impugnação da letra ou assinatura do documento particular ou da exatidão da reprodução mecânica, a negação das instruções a que se refere o n.º 1 do artigo 381.º do Código Civil e a declaração de que não se sabe se a letra ou a assinatura do documento particular é verdadeira devem ser feitas no prazo de 10 dias contados da apresentação do documento, se a parte a ela estiver presente, ou da notificação da junção, no caso contrário.

2 – Se, porém, respeitarem a documento junto com articulado que não seja o último, devem ser feitas no articulado seguinte e, se se referirem a documento junto com a alegação do recorrente, são feitas dentro do prazo facultado para a alegação do recorrido.

3 – No mesmo prazo deve ser feito o pedido de confronto da certidão ou da cópia com o original ou com a certidão de que foi extraída.

Artigo 445.º - Prova

1 - Com a prática de qualquer dos atos referidos no n.º 1 do artigo anterior, o impugnante pode requerer a produção de prova.

2 - Notificada a impugnação, a parte que produziu o documento pode requerer a produção de prova destinada a convencer da sua genuinidade, no prazo de 10 dias, limitado, porém, em 1.ª instância, ao termo das alegações orais.

3 - A produção de prova oferecida depois de designado dia para a audiência final não suspende as diligências para ela nem determina o seu adiamento; se não houver tempo para notificar as testemunhas oferecidas, ficam as partes obrigadas a apresentá-las.

Artigo 446.º - Ilisão da autenticidade ou da força probatória de documento

1 - No prazo estabelecido no artigo 444.º, devem também ser arguidas a falta de autenticidade de documento presumido por lei como autêntico, a falsidade do documento, a subscrição de documento particular por pessoa que não sabia ou não podia ler sem a intervenção notarial a que se refere o artigo 373.º do Código Civil, a subtração de documento particular assinado em branco e a inserção nele de declarações divergentes do ajustado com o signatário.

2 - Se a parte só depois desse prazo tiver conhecimento do facto que fundamenta a arguição, pode esta ter lugar dentro de 10 dias a contar da data do conhecimento.

3 - A parte que haja reconhecido o documento como isento de vícios só pode arguir vícios supervenientes, nos termos do número anterior, sem prejuízo do conhecimento oficioso nos termos da lei civil.

Artigo 447.º - Arguição pelo apresentante

1 - A arguição da falsidade parcial de documento, bem como da inserção, em documento particular assinado em branco, de declarações só parcialmente divergentes do ajustado com o signatário, podem ser feitas pelo próprio apresentante que se queira valer da parte não viciada do documento.

2 - O apresentante do documento pode também arguir a falsidade superveniente deste, nos termos e no prazo do n.º 2 do artigo anterior.

Artigo 448.º - Resposta

1 - A parte contrária é notificada para responder, salvo se a arguição houver sido feita em articulado que não seja o último; neste caso, pode responder no articulado seguinte.

2 - Se a parte contrária não responder ou declarar que não quer fazer uso do documento, não pode este ser atendido na causa para efeito algum.

3 – Apresentada a resposta, é negado seguimento à arguição se esta for manifestamente improcedente ou meramente dilatória, ou se o documento não puder ter influência na decisão da causa.

Artigo 449.º – Instrução e julgamento

1 – Com a arguição e com a resposta, podem as partes requerer a produção de prova.

2 – A matéria do incidente é considerada nos temas da prova enunciados ou a enunciar nos termos do n.º 1 do artigo 596.º.

3 – A produção de prova, bem como a decisão, têm lugar juntamente com a da causa, cujos termos se suspendem para o efeito, quando necessário.

4 – A decisão proferida sobre a arguição é notificada ao Ministério Público.

Artigo 450.º – Processamento como incidente

1 – Se a arguição tiver lugar em ação executiva, em processo especial cuja tramitação inviabilize o julgamento conjunto ou em processo pendente de recurso, a instrução e o julgamento fazem-se nos termos gerais estabelecidos para os incidentes da instância.

2 – Quando a arguição tenha lugar em ação executiva, nem o exequente nem outro credor pode ser pago, na pendência do incidente, sem prestar caução.

3 – Se a arguição tiver lugar em processo pendente de recurso, são suspensos os termos deste e, admitida a arguição, o processo baixa à 1.ª instância para instrução e julgamento, a menos que, pela sua simplicidade, a questão possa ser resolvida no tribunal em que o processo se encontra, nos termos aplicáveis dos n.ºs 1 e 2 do artigo 357.º; os recursos interpostos no incidente para o tribunal que o mandou seguir são julgados com aquele em que a arguição foi feita.

4 – O incidente é declarado sem efeito se o respetivo processo estiver parado durante mais de 30 dias, por negligência do arguente em promover os seus termos.

Artigo 451.º – Falsidade de ato judicial

1 – A falsidade da citação deve ser arguida dentro de 10 dias, a contar da intervenção do réu no processo.

2 – A falsidade de qualquer outro ato judicial deve ser arguida no prazo de 10 dias, a contar daquele em que deva entender-se que a parte teve conhecimento do ato.

3 – Ao incidente de falsidade de ato judicial é aplicável, com as necessárias adaptações, o disposto nos artigos 446.º a 450.º.

4 – Quando a falsidade respeitar ao ato de citação e puder prejudicar a defesa do citando, a causa suspende-se logo que seja admitida a arguição, até decisão

definitiva desta, observando-se o disposto no n.º 1 do artigo 450.º; mas o incidente não tem seguimento se o autor, notificado da arguição, requerer a repetição do ato da citação.

CAPÍTULO III – Prova por confissão e por declarações das partes

SECÇÃO I – Prova por confissão das partes

Artigo 452.º – Depoimento de parte

1 – O juiz pode, em qualquer estado do processo, determinar a comparência pessoal das partes para a prestação de depoimento, informações ou esclarecimentos sobre factos que interessem à decisão da causa.

2 – Quando o depoimento seja requerido por alguma das partes, devem indicar-se logo, de forma discriminada, os factos sobre que há de recair.

Artigo 453.º – De quem pode ser exigido

1 – O depoimento de parte pode ser exigido de pessoas que tenham capacidade judiciária.

2 – Pode requerer-se o depoimento de maiores acompanhados, de acompanhantes e de representantes de menores, pessoas coletivas ou sociedades; porém, o depoimento só tem valor de confissão nos precisos termos em que aqueles possam obrigar-se e estes possam obrigar os seus representados.

3 – Cada uma das partes pode requerer não só o depoimento da parte contrária, mas também o dos seus compartes.

Artigo 454.º – Factos sobre que pode recair

1 – O depoimento só pode ter por objeto factos pessoais ou de que o depoente deva ter conhecimento.

2 – Não é, porém, admissível o depoimento sobre factos criminosos ou torpes, de que a parte seja arguida.

Artigo 455.º – Depoimento do assistente

O depoimento do interveniente acessório é apreciado livremente pelo tribunal, que deve considerar as circunstâncias e a posição na causa de quem o presta e de quem o requereu.

Artigo 456.º – Momento e lugar do depoimento

1 – O depoimento deve, em regra, ser prestado na audiência final, salvo se for urgente ou o depoente estiver impossibilitado de comparecer no tribunal.

2 – O regime de prestação de depoimentos através de teleconferência previsto no artigo 502.º é aplicável às partes residentes fora da comarca, ou da respetiva ilha, no caso das Regiões Autónomas.

3 – Pode ainda o depoimento ser prestado na audiência prévia, aplicando-se, com as adaptações necessárias, o disposto no número anterior.

Artigo 457.º – Impossibilidade de comparência no tribunal

1 – Atestando-se que a parte está impossibilitada de comparecer no tribunal por motivo de doença, o juiz pode fazer verificar por médico de sua confiança a veracidade da alegação e, em caso afirmativo, a possibilidade de a parte depor.

2 – Havendo impossibilidade de comparência, mas não de prestação de depoimento, este realiza-se no dia, hora e local que o juiz designar, ouvido o médico assistente, se for necessário, sempre que não seja possível a sua prestação ao abrigo do disposto nos artigos 518.º e 520.º.

Artigo 458.º – Ordem dos depoimentos

1 – Se ambas as partes tiverem de depor perante o tribunal da causa, depõe em primeiro lugar o réu e depois o autor.

2 – Se tiverem de depor mais de um autor ou de um réu, não podem assistir ao depoimento de qualquer deles os compartes que ainda não tenham deposto e, quando houverem de depor no mesmo dia, são recolhidos a uma sala, donde saem segundo a ordem por que devem depor.

Artigo 459.º – Prestação do juramento

1 – Antes de começar o depoimento, o tribunal faz sentir ao depoente a importância moral do juramento que vai prestar e o dever de ser fiel à verdade, advertindo-o ainda das sanções aplicáveis às falsas declarações.

2 – Em seguida, o tribunal exige que o depoente preste o seguinte juramento: «Juro pela minha honra que hei de dizer toda a verdade e só a verdade.»

3 – A recusa a prestar o juramento equivale à recusa a depor.

Artigo 460.º – Interrogatório

Depois do interrogatório preliminar destinado a identificar o depoente, o juiz interroga-o sobre cada um dos factos que devem ser objeto do depoimento.

Artigo 461.º – Respostas do depoente

1 – O depoente responde, com precisão e clareza, às perguntas feitas, podendo a parte contrária requerer as instâncias necessárias para se esclarecerem ou completarem as respostas.

2 – A parte não pode trazer o depoimento escrito, mas pode socorrer-se de documentos ou apontamentos de datas ou de factos para responder às perguntas.

Artigo 462.º – Intervenção dos advogados

1 – Os advogados das partes podem pedir esclarecimentos ao depoente.

2 – Se algum dos advogados entender que a pergunta é inadmissível, pela forma ou pela substância, pode deduzir a sua oposição, que é logo julgada definitivamente.

Artigo 463.º – Redução a escrito do depoimento de parte

1 – O depoimento é sempre reduzido a escrito, na parte em que houver confissão do depoente, ou em que este narre factos ou circunstâncias que impliquem indivisibilidade da declaração confessória.

2 – A redação incumbe ao juiz, podendo as partes ou seus advogados fazer as reclamações que entendam.

3 – Concluída a assentada, é lida ao depoente, que a confirma ou faz as retificações necessárias.

Artigo 464.º – Declaração de nulidade ou anulação da confissão

A ação de declaração de nulidade ou de anulação da confissão não impede o prosseguimento da causa em que a confissão se fez.

Artigo 465.º – Irretratabilidade da confissão

1 – A confissão é irretratável.

2 – Porém, as confissões expressas de factos, feitas nos articulados, podem ser retiradas, enquanto a parte contrária as não tiver aceitado especificadamente.

SECÇÃO II – Exceções

Artigo 576.º – Exceções dilatórias e perentórias. Noção

1 – As exceções são dilatórias ou perentórias.

2 – As exceções dilatórias obstam a que o tribunal conheça do mérito da causa e dão lugar à absolvição da instância ou à remessa do processo para outro tribunal.

3 – As exceções perentórias importam a absolvição total ou parcial do pedido e consistem na invocação de factos que impedem, modificam ou extinguem o efeito jurídico dos factos articulados pelo autor.

Artigo 577.º – Exceções dilatórias

São dilatórias, entre outras, as exceções seguintes:

a) A incompetência, quer absoluta, quer relativa, do tribunal;

b) A nulidade de todo o processo;

c) A falta de personalidade ou de capacidade judiciária de alguma das partes;

d) A falta de autorização ou deliberação que o autor devesse obter;

e) A ilegitimidade de alguma das partes;

f) A coligação de autores ou réus, quando entre os pedidos não exista a conexão exigida no artigo 36.º;

g) A pluralidade subjetiva subsidiária, fora dos casos previstos no artigo 39.º;

h) A falta de constituição de advogado por parte do autor, nos processos a que se refere o n.º 1 do artigo 40.º, e a falta, insuficiência ou irregularidade de mandato judicial por parte do mandatário que propôs a ação;

i) A litispendência ou o caso julgado.

Artigo 578.º – Conhecimento das exceções dilatórias

O tribunal deve conhecer oficiosamente das exceções dilatórias, salvo da incompetência absoluta decorrente da violação de pacto privativo de jurisdição ou da preterição de tribunal arbitral voluntário e da incompetência relativa nos casos não abrangidos pelo disposto no artigo 104.º.

Artigo 579.º – Conhecimento de exceções perentórias

O tribunal conhece oficiosamente das exceções perentórias cuja invocação a lei não torne dependente da vontade do interessado.

Artigo 580.º – Conceitos de litispendência e caso julgado

1 – As exceções da litispendência e do caso julgado pressupõem a repetição de uma causa; se a causa se repete estando a anterior ainda em curso, há lugar à litispendência; se a repetição se verifica depois de a primeira causa ter sido decidida por sentença que já não admite recurso ordinário, há lugar à exceção do caso julgado.

2 – Tanto a exceção da litispendência como a do caso julgado têm por fim evitar que o tribunal seja colocado na alternativa de contradizer ou de reproduzir uma decisão anterior.

3 – É irrelevante a pendência da causa perante jurisdição estrangeira, salvo se outra for a solução estabelecida em convenções internacionais.

TÍTULO V – Dos recursos

CAPÍTULO I – Disposições gerais

Artigo 627.º – Espécies de recursos

1 – As decisões judiciais podem ser impugnadas por meio de recursos.

2 – Os recursos são ordinários ou extraordinários, sendo ordinários os recursos de apelação e de revista e extraordinários o recurso para uniformização de jurisprudência e a revisão.

Artigo 628.º – Noção de trânsito em julgado

A decisão considera-se transitada em julgado logo que não seja suscetível de recurso ordinário ou de reclamação.

Artigo 629.º – Decisões que admitem recurso

1 – O recurso ordinário só é admissível quando a causa tenha valor superior à alçada do tribunal de que se recorre e a decisão impugnada seja desfavorável ao recorrente em valor superior a metade da alçada desse tribunal, atendendo-se, em caso de fundada dúvida acerca do valor da sucumbência, somente ao valor da causa.

2 – Independentemente do valor da causa e da sucumbência, é sempre admissível recurso:

a) Com fundamento na violação das regras de competência internacional, das regras de competência em razão da matéria ou da hierarquia, ou na ofensa de caso julgado;

b) Das decisões respeitantes ao valor da causa ou dos incidentes, com o fundamento de que o seu valor excede a alçada do tribunal de que se recorre;

c) Das decisões proferidas, no domínio da mesma legislação e sobre a mesma questão fundamental de direito, contra jurisprudência uniformizada do Supremo Tribunal de Justiça;

d) Do acórdão da Relação que esteja em contradição com outro, dessa ou de diferente Relação, no domínio da mesma legislação e sobre a mesma questão fundamental de direito, e do qual não caiba recurso ordinário por motivo estranho à alçada do tribunal, salvo se tiver sido proferido acórdão de uniformização de jurisprudência com ele conforme.

3 – Independentemente do valor da causa e da sucumbência, é sempre admissível recurso para a Relação:

a) Nas ações em que se aprecie a validade, a subsistência ou a cessação de contratos de arrendamento, com exceção dos arrendamentos para habitação não permanente ou para fins especiais transitórios;

b) Das decisões respeitantes ao valor da causa nos procedimentos cautelares, com o fundamento de que o seu valor excede a alçada do tribunal de que se recorre;

c) Das decisões de indeferimento liminar da petição de ação ou do requerimento inicial de procedimento cautelar.

Artigo 630.º - Despachos que não admitem recurso

1 - Não admitem recurso os despachos de mero expediente nem os proferidos no uso legal de um poder discricionário.

2 - Não é admissível recurso das decisões de simplificação ou de agilização processual, proferidas nos termos previstos no n.º 1 do artigo 6.º, das decisões proferidas sobre as nulidades previstas no n.º 1 do artigo 195.º e das decisões de adequação formal, proferidas nos termos previstos no artigo 547.º, salvo se contenderem com os princípios da igualdade ou do contraditório, com a aquisição processual de factos ou com a admissibilidade de meios probatórios.

Artigo 631.º - Quem pode recorrer

1 - Sem prejuízo do disposto nos números seguintes, os recursos só podem ser interpostos por quem, sendo parte principal na causa, tenha ficado vencido.

2 - As pessoas direta e efetivamente prejudicadas pela decisão podem recorrer dela, ainda que não sejam partes na causa ou sejam apenas partes acessórias.

3 - O recurso previsto na alínea *g)* do artigo 696.º pode ser interposto por qualquer terceiro que tenha sido prejudicado com a sentença, considerando-se como terceiro o incapaz que interveio no processo como parte, mas por intermédio de representante legal.

Artigo 632.º - Perda do direito de recorrer e renúncia ao recurso

1 - É lícito às partes renunciar aos recursos; mas a renúncia antecipada só produz efeito se provier de ambas as partes.

2 - Não pode recorrer quem tiver aceitado a decisão depois de proferida.

3 - A aceitação da decisão pode ser expressa ou tácita; a aceitação tácita é a que deriva da prática de qualquer facto inequivocamente incompatível com a vontade de recorrer.

4 - O disposto nos números anteriores não é aplicável ao Ministério Público.

5 - O recorrente pode, por simples requerimento, desistir do recurso interposto até à prolação da decisão.

Artigo 633.º - Recurso independente e recurso subordinado

1 - Se ambas as partes ficarem vencidas, cada uma delas pode recorrer na parte que lhe seja desfavorável, podendo o recurso, nesse caso, ser independente ou subordinado.

2 - O prazo de interposição do recurso subordinado conta-se a partir da notificação da interposição do recurso da parte contrária.

3 - Se o primeiro recorrente desistir do recurso ou este ficar sem efeito ou o tribunal não tomar conhecimento dele, caduca o recurso subordinado, sendo todas as custas da responsabilidade do recorrente principal.

4 – Salvo declaração expressa em contrário, a renúncia ao direito de recorrer ou a aceitação, expressa ou tácita, da decisão por parte de um dos litigantes não obsta à interposição do recurso subordinado, desde que a parte contrária recorra da decisão.

5 – Se o recurso independente for admissível, o recurso subordinado também o será, ainda que a decisão impugnada seja desfavorável para o respetivo recorrente em valor igual ou inferior a metade da alçada do tribunal de que se recorre.

Artigo 634.º – Extensão do recurso aos compartes não recorrentes

1 – O recurso interposto por uma das partes aproveita aos seus compartes no caso de litisconsórcio necessário.

2 – Fora do caso de litisconsórcio necessário, o recurso interposto aproveita ainda aos outros:

a) Se estes, na parte em que o interesse seja comum, derem a sua adesão ao recurso;

b) Se tiverem um interesse que dependa essencialmente do interesse do recorrente;

c) Se tiverem sido condenados como devedores solidários, a não ser que o recurso, pelos seus fundamentos, respeite unicamente à pessoa do recorrente.

3 – A adesão ao recurso pode ter lugar, por meio de requerimento ou de subscrição das alegações do recorrente, até ao início do prazo referido no n.º 1 do artigo 657.º.

4 – Com o ato de adesão, o interessado faz sua a atividade já exercida pelo recorrente e a que este vier a exercer; mas é lícito ao aderente passar, em qualquer momento, à posição de recorrente principal, mediante o exercício de atividade própria; e se o recorrente desistir, deve ser notificado da desistência para que possa seguir com o recurso como recorrente principal.

5 – O litisconsorte necessário, bem como o comparte que se encontre na situação das alíneas *b)* ou *c)* do n.º 2, podem assumir em qualquer momento a posição de recorrente principal.

Artigo 635.º – Delimitação subjetiva e objetiva do recurso

1 – Sendo vários os vencedores, todos eles devem ser notificados do despacho que admite o recurso; mas é lícito ao recorrente, salvo no caso de litisconsórcio necessário, excluir do recurso, no requerimento de interposição, algum ou alguns dos vencedores.

2 – Se a parte dispositiva da sentença contiver decisões distintas, é igualmente lícito ao recorrente restringir o recurso a qualquer delas, uma vez que especifique no requerimento a decisão de que recorre.

3 – Na falta de especificação, o recurso abrange tudo o que na parte dispositiva da sentença for desfavorável ao recorrente.

4 – Nas conclusões da alegação, pode o recorrente restringir, expressa ou tacitamente, o objeto inicial do recurso.

5 – Os efeitos do julgado, na parte não recorrida, não podem ser prejudicados pela decisão do recurso nem pela anulação do processo.

Artigo 636.º – Ampliação do âmbito do recurso a requerimento do recorrido

1 – No caso de pluralidade de fundamentos da ação ou da defesa, o tribunal de recurso conhece do fundamento em que a parte vencedora decaiu, desde que esta o requeira, mesmo a título subsidiário, na respetiva alegação, prevenindo a necessidade da sua apreciação.

2 – Pode ainda o recorrido, na respetiva alegação e a título subsidiário, arguir a nulidade da sentença ou impugnar a decisão proferida sobre pontos determinados da matéria de facto, não impugnados pelo recorrente, prevenindo a hipótese de procedência das questões por este suscitadas.

3 – Na falta dos elementos de facto indispensáveis à apreciação da questão suscitada, pode o tribunal de recurso mandar baixar os autos, a fim de se proceder ao julgamento no tribunal onde a decisão foi proferida.

Artigo 637.º – Modo de interposição do recurso

1 – Os recursos interpõem-se por meio de requerimento dirigido ao tribunal que proferiu a decisão recorrida, no qual se indica a espécie, o efeito e o modo de subida do recurso interposto.

2 – O requerimento de interposição do recurso contém obrigatoriamente a alegação do recorrente, em cujas conclusões deve ser indicado o fundamento específico da recorribilidade; quando este se traduza na invocação de um conflito jurisprudencial que se pretende ver resolvido, o recorrente junta obrigatoriamente, sob pena de imediata rejeição, cópia, ainda que não certificada, do acórdão fundamento.

Artigo 638.º – Prazos

1 – O prazo para a interposição do recurso é de 30 dias e conta-se a partir da notificação da decisão, reduzindo-se para 15 dias nos processos urgentes e nos casos previstos no n.º 2 do artigo 644.º e no artigo 677.º.

2 – Se a parte for revel e não dever ser notificada nos termos do artigo 249.º, o prazo de interposição corre desde a publicação da decisão, exceto se a revelia da parte cessar antes de decorrido esse prazo, caso em que a sentença ou despacho tem de ser notificado e o prazo começa a correr da data da notificação.

3 – Tratando-se de despachos ou sentenças orais, reproduzidos no processo, o prazo corre do dia em que foram proferidos, se a parte esteve presente ou foi notificada para assistir ao ato.

4 – Quando, fora dos casos previstos nos números anteriores, não tenha de fazer-se a notificação, o prazo corre desde o dia em que o interessado teve conhecimento da decisão.

5 – Em prazo idêntico ao da interposição, pode o recorrido responder à alegação do recorrente.

6 – Na sua alegação, o recorrido pode impugnar a admissibilidade ou a tempestividade do recurso, bem como a legitimidade do recorrente.

7 – Se o recurso tiver por objeto a reapreciação da prova gravada, ao prazo de interposição e de resposta acrescem 10 dias.

8 – Sendo requerida pelo recorrido a ampliação do objeto do recurso, nos termos do artigo 636.º, pode o recorrente responder à matéria da ampliação, nos 15 dias posteriores à notificação do requerimento.

9 – Havendo vários recorrentes ou vários recorridos, ainda que representados por advogados diferentes, o prazo das respetivas alegações é único, incumbindo à secretaria providenciar para que todos possam proceder ao exame do processo durante o prazo de que beneficiam.

Artigo 639.º – Ónus de alegar e formular conclusões

1 – O recorrente deve apresentar a sua alegação, na qual conclui, de forma sintética, pela indicação dos fundamentos por que pede a alteração ou anulação da decisão –

2 – Versando o recurso sobre matéria de direito, as conclusões devem indicar:

a) As normas jurídicas violadas;

b) O sentido com que, no entender do recorrente, as normas que constituem fundamento jurídico da decisão deviam ter sido interpretadas e aplicadas;

c) Invocando-se erro na determinação da norma aplicável, a norma jurídica que, no entendimento do recorrente, devia ter sido aplicada.

3 – Quando as conclusões sejam deficientes, obscuras, complexas ou nelas se não tenha procedido às especificações a que alude o número anterior, o relator deve convidar o recorrente a completá-las, esclarecê-las ou sintetizá-las, no prazo de cinco dias, sob pena de se não conhecer do recurso, na parte afetada.

4 – O recorrido pode responder ao aditamento ou esclarecimento no prazo de cinco dias

5 – O disposto nos números anteriores não é aplicável aos recursos interpostos pelo Ministério Público, quando recorra por imposição da lei.

Artigo 640.º – Ónus a cargo do recorrente que impugne a decisão relativa à matéria de facto

1 – Quando seja impugnada a decisão sobre a matéria de facto, deve o recorrente obrigatoriamente especificar, sob pena de rejeição:

a) Os concretos pontos de facto que considera incorretamente julgados;

b) Os concretos meios probatórios, constantes do processo ou de registo ou gravação nele realizada, que impunham decisão sobre os pontos da matéria de facto impugnados diversa da recorrida;

c) A decisão que, no seu entender, deve ser proferida sobre as questões de facto impugnadas.

2 – No caso previsto na alínea *b)* do número anterior, observa-se o seguinte:

a) Quando os meios probatórios invocados como fundamento do erro na apreciação das provas tenham sido gravados, incumbe ao recorrente, sob pena de imediata rejeição do recurso na respetiva parte, indicar com exatidão as passagens da gravação em que se funda o seu recurso, sem prejuízo de poder proceder à transcrição dos excertos que considere relevantes;

b) Independentemente dos poderes de investigação oficiosa do tribunal, incumbe ao recorrido designar os meios de prova que infirmem as conclusões do recorrente e, se os depoimentos tiverem sido gravados, indicar com exatidão as passagens da gravação em que se funda e proceder, querendo, à transcrição dos excertos que considere importantes.

3 – O disposto nos n.ºs 1 e 2 é aplicável ao caso de o recorrido pretender alargar o âmbito do recurso, nos termos do n.º 2 do artigo 636.º.

Artigo 641.º – Despacho sobre o requerimento

1 – Findos os prazos concedidos às partes, o juiz aprecia os requerimentos apresentados, pronuncia-se sobre as nulidades arguidas e os pedidos de reforma, ordenando a subida do recurso, se a tal nada obstar.

2 – O requerimento é indeferido quando:

a) Se entenda que a decisão não admite recurso, que este foi interposto fora de prazo ou que o requerente não tem as condições necessárias para recorrer;

b) Não contenha ou junte a alegação do recorrente ou quando esta não tenha conclusões.

3 – No despacho em que admite o recurso, deve o juiz solicitar ao conselho distrital da Ordem dos Advogados a nomeação de advogado aos ausentes, incapazes e incertos, quando estes não possam ser representados pelo Ministério Público.

4 – No caso previsto no número anterior, o prazo de resposta do recorrido ou de interposição por este de recurso subordinado conta-se da notificação ao mandatário nomeado.

5 – A decisão que admita o recurso, fixe a sua espécie e determine o efeito que lhe compete não vincula o tribunal superior nem pode ser impugnada pelas partes, salvo na situação prevista no n.º 3 do artigo 306.º.

6 – A decisão que não admita o recurso ou retenha a sua subida apenas pode ser impugnada através da reclamação prevista no artigo 643.º.

7 – No despacho em que admite o recurso referido na alínea *c)* do n.º 3 do artigo 629.º, deve o juiz ordenar a citação do réu ou do requerido, tanto para os termos do recurso como para os da causa, salvo nos casos em que o requerido no procedimento cautelar não deva ser ouvido antes do seu decretamento.

Artigo 642.º – Omissão do pagamento das taxas de justiça

1 – Quando o pagamento da taxa de justiça devida ou a concessão do benefício do apoio judiciário não tiverem sido comprovados no momento definido para esse efeito, a secretaria notifica o interessado para, em 10 dias, efetuar o pagamento omitido, acrescido de multa de igual montante, mas não inferior a 1 UC nem superior a 5 UC.

2 – Quando, no termo do prazo de 10 dias referido no número anterior, não tiver sido comprovado o pagamento da taxa de justiça devida e da multa ou da concessão do benefício do apoio judiciário, o tribunal determina o desentranhamento da alegação, do requerimento ou da resposta apresentado pela parte em falta.

3 – A parte que aguarde decisão sobre a concessão do apoio judiciário deve, em alternativa, comprovar a apresentação do respetivo requerimento.

Artigo 643.º – Reclamação contra o indeferimento

1 – Do despacho que não admita o recurso pode o recorrente reclamar para o tribunal que seria competente para dele conhecer no prazo de 10 dias contados da notificação da decisão.

2 – O recorrido pode responder à reclamação apresentada pelo recorrente, em prazo idêntico ao referido no número anterior.

3 – A reclamação, dirigida ao tribunal superior, é apresentada na secretaria do tribunal recorrido, autuada por apenso aos autos principais e é sempre instruída com o requerimento de interposição de recurso e as alegações, a decisão recorrida e o despacho objeto de reclamação.

4 – A reclamação, logo que distribuída, é apresentada ao relator, que, em 10 dias, profere decisão que admita o recurso ou o mande subir ou mantenha o despacho reclamado, a qual é suscetível de impugnação, nos termos previstos no n.º 3 do artigo 652.º.

5 – Se o relator não se julgar suficientemente elucidado com os documentos referidos no n.º 3, pode requisitar ao tribunal recorrido os esclarecimentos ou as certidões que entenda necessários.

6 – Se a reclamação for deferida, o relator requisita o processo principal ao tribunal recorrido, que o fará subir no prazo de 10 dias.

CAPÍTULO II – Apelação

SECÇÃO I – Interposição e efeitos do recurso

Artigo 644.º – Apelações autónomas

1 – Cabe recurso de apelação:

a) Da decisão, proferida em 1.ª instância, que ponha termo à causa ou a procedimento cautelar ou incidente processado autonomamente;

b) Do despacho saneador que, sem pôr termo ao processo, decida do mérito da causa ou absolva da instância o réu ou algum dos réus quanto a algum ou alguns dos pedidos.

2 – Cabe ainda recurso de apelação das seguintes decisões do tribunal de 1.ª instância:

a) Da decisão que aprecie o impedimento do juiz;

b) Da decisão que aprecie a competência absoluta do tribunal;

c) Da decisão que decrete a suspensão da instância;

d) Do despacho de admissão ou rejeição de algum articulado ou meio de prova;

e) Da decisão que condene em multa ou comine outra sanção processual;

f) Da decisão que ordene o cancelamento de qualquer registo;

g) De decisão proferida depois da decisão final;

h) Das decisões cuja impugnação com o recurso da decisão final seria absolutamente inútil;

i) Nos demais casos especialmente previstos na lei.

3 – As restantes decisões proferidas pelo tribunal de 1.ª instância podem ser impugnadas no recurso que venha a ser interposto das decisões previstas no n.º 1.

4 – Se não houver recurso da decisão final, as decisões interlocutórias que tenham interesse para o apelante independentemente daquela decisão podem ser impugnadas num recurso único, a interpor após o trânsito da referida decisão.

Artigo 645.º – Modo de subida

1 – Sobem nos próprios autos as apelações interpostas:

a) Das decisões que ponham termo ao processo;

b) Das decisões que suspendam a instância;

c) Das decisões que indefiram o incidente processado por apenso;

d) Das decisões que indefiram liminarmente ou não ordenem a providência cautelar.

2 – Sobem em separado as apelações não compreendidas no número anterior.

3 – Formam um único processo as apelações que subam conjuntamente, em separado dos autos principais.

Artigo 646.º – Instrução do recurso com subida em separado

1 – Na apelação com subida em separado, as partes indicam, após as conclusões das alegações, as peças do processo de que pretendem certidão para instruir o recurso.

2 – No caso previsto no número anterior, a secretaria deve facultar aos mandatários, durante o prazo de cinco dias, as peças processuais, documentos e demais elementos que, por terem sido apresentados em suporte físico e não tendo sido digitalizados, apenas constem do suporte físico do processo.

3 – (Revogado.)

Artigo 647.º – Efeito da apelação

1 – A apelação tem efeito meramente devolutivo, exceto nos casos previstos nos números seguintes.

2 – A apelação tem efeito suspensivo do processo nos casos previstos na lei.

3 – Tem efeito suspensivo da decisão a apelação:

a) Da decisão que ponha termo ao processo em ações sobre o estado das pessoas;

b) Da decisão que ponha termo ao processo nas ações referidas nas alíneas *a)* e *b)* do n.º 3 do artigo 629.º e nas que respeitem à posse ou à propriedade de casa de habitação;

c) Do despacho de indeferimento do incidente processado por apenso;

d) Do despacho que indefira liminarmente ou não ordene a providência cautelar;

e) Das decisões previstas nas alíneas *e)* e *f)* do n.º 2 do artigo 644.º;

f) Nos demais casos previstos por lei.

4 – Fora dos casos previstos no número anterior, o recorrente pode requerer, ao interpor o recurso, que a apelação tenha efeito suspensivo quando a execução da decisão lhe cause prejuízo considerável e se ofereça para prestar caução, ficando a atribuição desse efeito condicionada à efetiva prestação da caução no prazo fixado pelo tribunal.

Artigo 648.º – Termos a seguir no pedido de atribuição do efeito suspensivo

1 – No caso previsto no n.º 4 do artigo anterior, a atribuição do efeito suspensivo extingue-se se o recurso estiver parado durante mais de 30 dias por negligência do apelante.

2 – Ao pedido de atribuição de efeito suspensivo pode o apelado responder na sua alegação.

Artigo 649.º – Traslado e exigência de caução

1 – O apelado pode requerer a todo o tempo extração de traslado, com indicação das peças que, além da sentença, ele deva abranger.

2 – Não querendo, ou não podendo, obter execução provisória da sentença, o apelado que não esteja já garantido por hipoteca judicial pode requerer, na alegação, que o apelante preste caução.

Artigo 650.º – Caução

1 – Se houver dificuldade na fixação da caução a que se refere o n.º 4 do artigo 647.º e o n.º 2 do artigo anterior, calcula-se o seu valor mediante avaliação feita por um único perito nomeado pelo juiz.

2 – Se a caução não for prestada no prazo de 10 dias após o despacho previsto no artigo 641.º, extrai-se traslado, com a sentença e outras peças que o juiz considere indispensáveis para se processar o incidente, seguindo a apelação os seus termos.

3 – Se a caução tiver sido prestada por fiança, garantia bancária ou seguro-caução, a mesma mantém-se até ao trânsito em julgado da decisão final proferida no último recurso interposto, só podendo ser libertada em caso de absolvição do pedido ou, tendo a parte sido condenada, provando que cumpriu a obrigação no prazo de 30 dias a contar do trânsito em julgado.

4 – No caso previsto na segunda parte do número anterior, se não tiver sido feita a prova do cumprimento de obrigação no prazo aí referido, será notificada a entidade que prestou a caução para entregar o montante da mesma à parte beneficiária, aplicando-se, em caso de incumprimento e com as necessárias adaptações, o disposto no artigo 777.º, servindo de título executivo a notificação efetuada pelo tribunal.

Artigo 651.º – Junção de documentos e de pareceres

1 – As partes apenas podem juntar documentos às alegações nas situações excecionais a que se refere o artigo 425.º ou no caso de a junção se ter tornado necessária em virtude do julgamento proferido na 1.ª instância.

2 – As partes podem juntar pareceres de jurisconsultos até ao início do prazo para a elaboração do projeto de acórdão.

SECÇÃO II – Julgamento do recurso

Artigo 652.º – Função do relator

1 – Ao relator incumbe deferir todos os termos do recurso até final, designadamente:

a) Corrigir o efeito atribuído ao recurso e o respetivo modo de subida, ou convidar as partes a aperfeiçoar as conclusões das respetivas alegações, nos termos do n.º 3 do artigo 639.º;

b) Verificar se alguma circunstância obsta ao conhecimento do recurso;

c) Julgar sumariamente o objeto do recurso, nos termos previstos no artigo 656.º;

d) Ordenar as diligências que considere necessárias;

e) Autorizar ou recusar a junção de documentos e pareceres;

f) Julgar os incidentes suscitados;

g) Declarar a suspensão da instância;

h) Julgar extinta a instância por causa diversa do julgamento ou julgar findo o recurso, por não haver que conhecer do seu objeto.

2 – Na decisão do objeto do recurso e das questões a apreciar em conferência intervêm, pela ordem de antiguidade no tribunal, os juízes seguintes ao relator.

3 – Salvo o disposto no n.º 6 do artigo 641.º, quando a parte se considere prejudicada por qualquer despacho do relator, que não seja de mero expediente, pode requerer que sobre a matéria do despacho recaia um acórdão; o relator deve submeter o caso à conferência, depois de ouvida a parte contrária.

4 – A reclamação deduzida é decidida no acórdão que julga o recurso, salvo quando a natureza das questões suscitadas impuser decisão imediata, sendo, neste caso, aplicável, com as necessárias adaptações, o disposto nos n.os 2 a 4 do artigo 657.º.

5 – Do acórdão da conferência pode a parte que se considere prejudicada:

a) Reclamar, com efeito suspensivo, da decisão proferida sobre a competência relativa da Relação para o Presidente do Supremo Tribunal de Justiça, o qual decide definitivamente a questão;

b) Recorrer nos termos gerais.

Artigo 653.º – Erro no modo de subida do recurso

1 – Se o recurso tiver subido em separado, quando devesse subir nos próprios autos, requisitam-se estes ao tribunal recorrido.

2 – Decidindo o relator, inversamente, que o recurso que subiu nos próprios autos deveria ter subido em separado, o tribunal notifica as partes para indicarem as peças necessárias à instrução do recurso, as quais são autuadas com o requerimento de interposição do recurso e com as alegações, baixando, em seguida, os autos principais à 1.ª instância.

Artigo 654.º – Erro quanto ao efeito do recurso

1 – Se o relator entender que deve alterar-se o efeito do recurso, deve ouvir as partes, antes de decidir, no prazo de cinco dias.

2 – Se a questão tiver sido suscitada por alguma das partes na sua alegação, o relator apenas ouve a parte contrária que não tenha tido oportunidade de responder.

3 – Decidindo-se que à apelação, recebida no efeito meramente devolutivo, deve atribuir-se efeito suspensivo é expedido ofício, se o apelante o requerer, para ser suspensa a execução; o ofício contém unicamente a identificação da sentença cuja execução deve ser suspensa.

4 – Quando, ao invés, se julgue que a apelação, recebida nos dois efeitos, devia sê-lo no efeito meramente devolutivo, o relator manda passar traslado, se o apelado o requerer: o traslado, que baixa à 1.ª instância, contém somente o acórdão e a sentença recorrida, salvo se o apelado requerer que abranja outras peças do processo.

Artigo 655.º – Não conhecimento do objeto do recurso

1 – Se entender que não pode conhecer-se do objeto do recurso, o relator, antes de proferir decisão, ouvirá cada uma das partes, pelo prazo de 10 dias.

2 – Sendo a questão suscitada pelo apelado, na sua alegação, é aplicável o disposto no n.º 2 do artigo anterior.

Artigo 656.º – Decisão liminar do objeto do recurso

Quando o relator entender que a questão a decidir é simples, designadamente por ter já sido jurisdicionalmente apreciada, de modo uniforme e reiterado, ou que o recurso é manifestamente infundado, profere decisão sumária, que pode consistir em simples remissão para as precedentes decisões, de que se juntará cópia.

Artigo 657.º – Preparação da decisão

1 – Decididas as questões que devam ser apreciadas antes do julgamento do objeto do recurso, se não se verificar o caso previsto no artigo anterior, o relator elabora o projeto de acórdão no prazo de 30 dias.

2 – Na sessão anterior ao julgamento do recurso, o processo, acompanhado com o projeto de acórdão, vai com vista simultânea, por meios eletrónicos, aos dois juízes-adjuntos, pelo prazo de cinco dias, ou, quando tal não for tecnicamente possível, o relator ordena a extração de cópias do projeto de acórdão e das peças processuais relevantes para a apreciação do objeto da apelação.

3 – Se o volume das peças processuais relevantes tornar excessivamente morosa a extração de cópias, o processo vai com vista aos dois juízes-adjuntos, pelo prazo de cinco dias a cada um.

4 – Quando a natureza das questões a decidir ou a necessidade de celeridade no julgamento do recurso o aconselhem, pode o relator, com a concordância dos adjuntos, dispensar os vistos.

Artigo 658.º – Sugestões dos adjuntos

1 – Se qualquer dos atos compreendidos nas atribuições do relator for sugerido por algum dos adjuntos, cabe ao relator ordenar a sua prática, se com ela concordar, ou submetê-la à conferência, no caso contrário.

2 – Realizada a diligência, podem os adjuntos ter nova vista, sempre que necessário, para examinar o seu resultado.

Artigo 659.º – Julgamento do objeto do recurso

1 – O processo é inscrito em tabela logo que se mostre decorrido o prazo para o relator elaborar o projeto de acórdão.

2 – No dia do julgamento, o relator faz sucinta apresentação do projeto de acórdão e, de seguida, dão o seu voto os juízes-adjuntos, pela ordem da sua intervenção no processo.

3 – A decisão é tomada por maioria, sendo a discussão dirigida pelo presidente, que desempata quando não possa formar-se maioria.

Artigo 660.º – Efeitos da impugnação de decisões interlocutórias

O tribunal só dá provimento à impugnação das decisões interlocutórias, impugnadas conjuntamente com a decisão final nos termos do n.º 3 do artigo 644.º, quando a infração cometida possa modificar aquela decisão ou quando, independentemente dela, o provimento tenha interesse para o recorrente.

Artigo 661.º – Falta ou impedimento dos juízes

1 – O relator é substituído pelo primeiro adjunto nas faltas ou impedimentos que não justifiquem segunda distribuição e enquanto esta se não efetuar.

2 – Se a falta ou impedimento respeitar a um dos juízes-adjuntos, a substituição cabe ao juiz seguinte ao último deles.

Artigo 662.º – Modificabilidade da decisão de facto

1 – A Relação deve alterar a decisão proferida sobre a matéria de facto, se os factos tidos como assentes, a prova produzida ou um documento superveniente impuserem decisão diversa.

2 – A Relação deve ainda, mesmo oficiosamente:

a) Ordenar a renovação da produção da prova quando houver dúvidas sérias sobre a credibilidade do depoente ou sobre o sentido do seu depoimento;

b) Ordenar, em caso de dúvida fundada sobre a prova realizada, a produção de novos meios de prova;

c) Anular a decisão proferida na 1.ª instância, quando, não constando do processo todos os elementos que, nos termos do número anterior, permitam a alteração da decisão proferida sobre a matéria de facto, repute deficiente, obscura ou contraditória a decisão sobre pontos determinados da matéria de facto, ou quando considere indispensável a ampliação desta;

d) Determinar que, não estando devidamente fundamentada a decisão proferida sobre algum facto essencial para o julgamento da causa, o tribunal de 1.ª instância a fundamente, tendo em conta os depoimentos gravados ou registados.

3 – Nas situações previstas no número anterior, procede-se da seguinte forma:

a) Se for ordenada a renovação ou a produção de nova prova, observa-se, com as necessárias adaptações, o preceituado quanto à instrução, discussão e julgamento na 1.ª instância;

b) Se a decisão for anulada e for inviável obter a sua fundamentação pelo mesmo juiz, procede-se à repetição da prova na parte que esteja viciada, sem prejuízo da apreciação de outros pontos da matéria de facto, com o fim de evitar contradições;

c) Se for determinada a ampliação da matéria de facto, a repetição do julgamento não abrange a parte da decisão que não esteja viciada, sem prejuízo da apreciação de outros pontos da matéria de facto, com o fim de evitar contradições;

d) Se não for possível obter a fundamentação pelo mesmo juiz ou repetir a produção de prova, o juiz da causa limitar-se-á a justificar a razão da impossibilidade.

4 – Das decisões da Relação previstas nos n.ºs 1 e 2 não cabe recurso para o Supremo Tribunal de Justiça.

Artigo 663.º – Elaboração do acórdão

1 – O acórdão definitivo é lavrado de harmonia com a orientação que tenha prevalecido, devendo o vencido, quanto à decisão ou quanto aos simples fundamentos, assinar em último lugar, com a sucinta menção das razões de discordância.

2 – O acórdão principia pelo relatório, em que se enunciam sucintamente as questões a decidir no recurso, expõe de seguida os fundamentos e conclui pela decisão, observando-se, na parte aplicável, o preceituado nos artigos 607.º a 612.º.

3 – Quando o relator fique vencido relativamente à decisão ou a todos os fundamentos desta, é o acórdão lavrado pelo primeiro adjunto vencedor, o qual defere ainda aos termos que se seguirem, para integração ou reforma do acórdão.

4 – Se o relator for apenas vencido quanto a algum dos fundamentos ou relativamente a qualquer questão acessória, é o acórdão lavrado pelo juiz que o presidente designar.

5 – Quando a Relação entender que a questão a decidir é simples, pode o acórdão limitar-se à parte decisória, precedida da fundamentação sumária do julgado, ou, quando a questão já tenha sido jurisdicionalmente apreciada, remeter para precedente acórdão, de que junte cópia.

6 – Quando não tenha sido impugnada, nem haja lugar a qualquer alteração da matéria de facto, o acórdão limita-se a remeter para os termos da decisão da 1.ª instância que decidiu aquela matéria.

7 – O juiz que lavrar o acórdão deve sumariá-lo.

Artigo 664.º – Publicação do resultado da votação

1 – Se não for possível lavrar imediatamente o acórdão, é o resultado do que se decidir publicado, depois de registado num livro de lembranças, que os juízes assinam.

2 – O juiz a quem competir a elaboração do acórdão fica com o processo e apresenta o acórdão na primeira sessão.

3 – O acórdão tem a data da sessão em que for assinado.

Artigo 665.º – Regra da substituição ao tribunal recorrido

1 – Ainda que declare nula a decisão que põe termo ao processo, o tribunal de recurso deve conhecer do objeto da apelação.

2 – Se o tribunal recorrido tiver deixado de conhecer certas questões, designadamente por as considerar prejudicadas pela solução dada ao litígio, a Relação, se entender que a apelação procede e nada obsta à apreciação daquelas, delas conhece no mesmo acórdão em que revogar a decisão recorrida, sempre que disponha dos elementos necessários.

3 – O relator, antes de ser proferida decisão, ouve cada uma das partes, pelo prazo de 10 dias.

Artigo 666.º – Vícios e reforma do acórdão

1 – É aplicável à 2.ª instância o que se acha disposto nos artigos 613.º a 617.º, mas o acórdão é ainda nulo quando for lavrado contra o vencido ou sem o necessário vencimento.

2 – A retificação ou reforma do acórdão, bem como a arguição de nulidade, são decididas em conferência.

Artigo 667.º – Acórdão lavrado contra o vencido

Considera-se lavrado contra o vencido o acórdão proferido em sentido diferente do que estiver registado no livro de lembranças.

Artigo 668.º – Reforma do acórdão

1 – Se o Supremo Tribunal de Justiça anular o acórdão e o mandar reformar, intervêm na reforma, sempre que possível, os mesmos juízes.

2 – O acórdão é reformado nos precisos termos que o Supremo Tribunal de Justiça tiver fixado.

Artigo 669.º – Baixa do processo

Se do acórdão não for interposto recurso, o processo baixa à 1.ª instância, sem ficar na Relação traslado algum.

Artigo 670.º – Defesa contra as demoras abusivas

1 – Se ao relator parecer manifesto que a parte pretende, com determinado requerimento, obstar ao cumprimento do julgado ou à baixa do processo ou à sua remessa para o tribunal competente, leva o requerimento à conferência, podendo esta ordenar, sem prejuízo do disposto no artigo 542.º, que o respetivo incidente se processe em separado.

2 – O disposto no número anterior é também aplicável aos casos em que a parte procure obstar ao trânsito em julgado da decisão, através da suscitação de incidentes, a ela posteriores, manifestamente infundados.

3 – A decisão da conferência que qualifique como manifestamente infundado o incidente suscitado determina a imediata extração de traslado, prosseguindo os autos os seus termos no tribunal recorrido.

4 – No caso previsto no número anterior, apenas é proferida a decisão no traslado depois de, contadas as custas a final, o requerente as ter pago, bem como todas as multas e indemnizações que hajam sido fixadas pelo tribunal.

5 – A decisão impugnada através de incidente manifestamente infundado considera-se, para todos os efeitos, transitada em julgado.

6 – Sendo o processado anulado em consequência de provimento na decisão a proferir no traslado, não se aplica o disposto no número anterior.

CAPÍTULO III – Recurso de revista

SECÇÃO I – Interposição e expedição do recurso

Artigo 671.º – Decisões que comportam revista

1 – Cabe revista para o Supremo Tribunal de Justiça do acórdão da Relação, proferido sobre decisão da 1.ª instância, que conheça do mérito da causa ou que ponha termo ao processo, absolvendo da instância o réu ou algum dos réus quanto a pedido ou reconvenção deduzidos.

2 – Os acórdãos da Relação que apreciem decisões interlocutórias que recaiam unicamente sobre a relação processual só podem ser objeto de revista:

a) Nos casos em que o recurso é sempre admissível;

b) Quando estejam em contradição com outro, já transitado em julgado, proferido pelo Supremo Tribunal de Justiça, no domínio da mesma legislação e sobre a mesma questão fundamental de direito, salvo se tiver sido proferido acórdão de uniformização de jurisprudência com ele conforme.

3 – Sem prejuízo dos casos em que o recurso é sempre admissível, não é admitida revista do acórdão da Relação que confirme, sem voto de vencido e sem fundamentação essencialmente diferente, a decisão proferida na 1.ª instância, salvo nos casos previstos no artigo seguinte.

4 – Se não houver ou não for admissível recurso de revista das decisões previstas no n.º 1, os acórdãos proferidos na pendência do processo na Relação podem ser impugnados, caso tenham interesse para o recorrente independentemente daquela decisão, num recurso único, a interpor após o trânsito daquela decisão, no prazo de 15 dias após o referido trânsito.

Artigo 672.º – Revista excecional

1 – Excecionalmente, cabe recurso de revista do acórdão da Relação referido no n.º 3 do artigo anterior quando:

a) Esteja em causa uma questão cuja apreciação, pela sua relevância jurídica, seja claramente necessária para uma melhor aplicação do direito;

b) Estejam em causa interesses de particular relevância social;

c) O acórdão da Relação esteja em contradição com outro, já transitado em julgado, proferido por qualquer Relação ou pelo Supremo Tribunal de Justiça, no domínio da mesma legislação e sobre a mesma questão fundamental de direito, salvo se tiver sido proferido acórdão de uniformização de jurisprudência com ele conforme.

2 – O requerente deve indicar, na sua alegação, sob pena de rejeição:

a) As razões pelas quais a apreciação da questão é claramente necessária para uma melhor aplicação do direito;

b) As razões pelas quais os interesses são de particular relevância social;

c) Os aspetos de identidade que determinam a contradição alegada, juntando cópia do acórdão-fundamento com o qual o acórdão recorrido se encontra em oposição.

3 – A decisão quanto à verificação dos pressupostos referidos no n.º 1 compete ao Supremo Tribunal de Justiça, devendo ser objeto de apreciação preliminar sumária, a cargo de uma formação constituída por três juízes escolhidos anualmente pelo presidente de entre os mais antigos das secções cíveis.

4 – A decisão referida no número anterior, sumariamente fundamentada, é definitiva, não sendo suscetível de reclamação ou recurso.

5 – Se entender que, apesar de não se verificarem os pressupostos da revista excecional, nada obsta à admissibilidade da revista nos termos gerais, a formação prevista no n.º 3 determina que esta seja apresentada ao relator, para que proceda ao respetivo exame preliminar.

Artigo 673.º – Recursos interpostos de decisões interlocutórias

Os acórdãos proferidos na pendência do processo na Relação apenas podem ser impugnados no recurso de revista que venha a ser interposto nos termos do n.º 1 do artigo 671.º, com exceção:

a) Dos acórdãos cuja impugnação com o recurso de revista seria absolutamente inútil;

b) Dos demais casos expressamente previstos na lei.

Artigo 674.º – Fundamentos da revista

1 – A revista pode ter por fundamento:

a) A violação de lei substantiva, que pode consistir tanto no erro de interpretação ou de aplicação, como no erro de determinação da norma aplicável;

b) A violação ou errada aplicação da lei de processo;

c) As nulidades previstas nos artigos 615.º e 666.º.

2 – Para os efeitos do disposto na alínea *a)* do número anterior, consideram-se como lei substantiva as normas e os princípios de direito internacional geral ou comum e as disposições genéricas, de caráter substantivo, emanadas dos órgãos de soberania, nacionais ou estrangeiros, ou constantes de convenções ou tratados internacionais.

3 – O erro na apreciação das provas e na fixação dos factos materiais da causa não pode ser objeto de recurso de revista, salvo havendo ofensa de uma disposição expressa de lei que exija certa espécie de prova para a existência do facto ou que fixe a força de determinado meio de prova.

Artigo 675.º – Modo de subida

1 – Sobem nos próprios autos as revistas interpostas das decisões previstas no n.º 1 do artigo 671.º.

2 – Sobem em separado as revistas não compreendidas no número anterior.

3 – Formam um único processo as revistas que subam conjuntamente, em separado dos autos principais.

Artigo 676.º – Efeito do recurso

1 – O recurso de revista só tem efeito suspensivo em questões sobre o estado de pessoas.

2 – Se o recurso for admitido com efeito suspensivo, pode o recorrido exigir prestação de caução, sendo aplicável o disposto no n.º 2 do artigo 649.º.

3 – Se o efeito do recurso for meramente devolutivo, pode o recorrido requerer que se extraia traslado, o qual deve compreender unicamente o acórdão, salvo se o recorrido fizer, à sua custa, inserir outras peças.

Artigo 677.º – Regime aplicável à interposição e expedição da revista

Nos casos previstos no artigo 673.º e nos processos urgentes, o prazo para a interposição de recurso é de 15 dias.

Artigo 678.º – Recurso per saltum para o Supremo Tribunal de Justiça

1 – As partes podem requerer, nas conclusões da alegação, que o recurso interposto das decisões referidas no n.º 1 do artigo 644.º suba diretamente ao Supremo Tribunal de Justiça, desde que, cumulativamente:

a) O valor da causa seja superior à alçada da Relação;

b) O valor da sucumbência seja superior a metade da alçada da Relação;

c) As partes, nas suas alegações, suscitem apenas questões de direito;

d) As partes não impugnem, no recurso da decisão prevista no n.º 1 do artigo 644.º, quaisquer decisões interlocutórias.

2 – Sempre que o requerimento referido no número anterior seja apresentado pelo recorrido, o recorrente pode pronunciar-se no prazo de 10 dias.

3 – O presente recurso é processado como revista, salvo no que respeita aos efeitos, a que se aplica o disposto para a apelação.

4 – A decisão do relator que entenda que as questões suscitadas ultrapassam o âmbito da revista e determine que o processo baixe à Relação, a fim de o recurso aí ser processado, é definitiva.

5 – Da decisão do relator que admita o recurso per saltum, pode haver reclamação para a conferência.

SECÇÃO II – Julgamento do recurso

Artigo 679.º – Aplicação do regime da apelação

São aplicáveis ao recurso de revista as disposições relativas ao julgamento da apelação, com exceção do que se estabelece nos artigos 662.º e 665.º e do disposto nos artigos seguintes.

Artigo 680.º – Junção de documentos e pareceres

1 – Com as alegações podem juntar-se documentos supervenientes, sem prejuízo do disposto no n.º 3 do artigo 674.º e no n.º 2 do artigo 682.º.

2 – À junção de pareceres é aplicável o disposto no n.º 2 do artigo 651.º.

Artigo 681.º – Alegações orais

1 – Pode o relator, oficiosamente ou a requerimento fundamentado de alguma das partes, determinar a realização de audiência para discussão do objeto do recurso.

2 – No dia marcado para a audiência ouvem-se as partes que tiverem comparecido, não havendo lugar a adiamentos.

3 – O presidente declara aberta a audiência e faz uma exposição sumária sobre o objeto do recurso, enunciando as questões que o tribunal entende deverem ser discutidas.

4 – O presidente dá a palavra aos mandatários do recorrente e do recorrido para se pronunciarem sobre as questões referidas no número anterior.

Artigo 682.º – Termos em que julga o tribunal de revista

1 – Aos factos materiais fixados pelo tribunal recorrido, o Supremo Tribunal de Justiça aplica definitivamente o regime jurídico que julgue adequado.

2 – A decisão proferida pelo tribunal recorrido quanto à matéria de facto não pode ser alterada, salvo o caso excecional previsto no n.º 3 do artigo 674.º.

3 – O processo só volta ao tribunal recorrido quando o Supremo Tribunal de Justiça entenda que a decisão de facto pode e deve ser ampliada, em ordem a constituir base suficiente para a decisão de direito, ou que ocorrem contradições na decisão sobre a matéria de facto que inviabilizam a decisão jurídica do pleito.

Artigo 683.º – Novo julgamento no tribunal a quo

1 – No caso excecional a que se refere o n.º 3 do artigo anterior, o Supremo Tribunal de Justiça, depois de definir o direito aplicável, manda julgar novamente a causa, em harmonia com a decisão de direito, pelos mesmos juízes que intervieram no primeiro julgamento, sempre que possível.

2 – Se, por falta ou contradição dos elementos de facto, o Supremo Tribunal de Justiça não puder fixar com precisão o regime jurídico a aplicar, a nova decisão admite recurso de revista, nos mesmos termos que a primeira.

Artigo 684.º – Reforma do acórdão no caso de nulidades

1 – Quando for julgada procedente alguma das nulidades previstas nas alíneas *c)* e *e)* e na segunda parte da alínea *d)* do n.º 1 do artigo 615.º ou quando o acórdão se mostre lavrado contra o vencido, o Supremo Tribunal de Justiça supre a nulidade, declara em que sentido a decisão deve considerar-se modificada e conhece dos outros fundamentos do recurso.

2 – Se proceder alguma das restantes nulidades do acórdão, manda-se baixar o processo, a fim de se fazer a reforma da decisão anulada, pelos mesmos juízes quando possível.

3 – A nova decisão que vier a ser proferida, de harmonia com o disposto no número anterior, admite recurso de revista nos mesmos termos que a primeira.

Artigo 685.º – Nulidades dos acórdãos

É aplicável ao acórdão do Supremo Tribunal de Justiça o disposto no artigo 666.º.

SECÇÃO III – Julgamento ampliado da revista

Artigo 686.º – Uniformização de jurisprudência

1 – O Presidente do Supremo Tribunal de Justiça determina, até à prolação do acórdão, que o julgamento do recurso se faça com intervenção do pleno das secções cíveis, quando tal se revele necessário ou conveniente para assegurar a uniformidade da jurisprudência.

2 – O julgamento alargado, previsto no número anterior, pode ser requerido por qualquer das partes e deve ser proposto pelo relator, por qualquer dos adjuntos, pelos presidentes das secções cíveis ou pelo Ministério Público.

3 – O relator, ou qualquer dos adjuntos, propõe obrigatoriamente o julgamento ampliado da revista quando verifique a possibilidade de vencimento de solução jurídica que esteja em oposição com jurisprudência uniformizada, no domínio da mesma legislação e sobre a mesma questão fundamental de direito.

4 – A decisão referida no n.º 1 é definitiva.

Artigo 687.º – Especialidades no julgamento

1 – Determinado o julgamento pelas secções reunidas, o processo vai com vista ao Ministério Público, por 10 dias, para emissão de parecer sobre a questão que origina a necessidade de uniformização da jurisprudência.

2 – Se a decisão a proferir envolver alteração de jurisprudência anteriormente uniformizada, o relator ouve previamente as partes caso estas não tenham tido oportunidade de se pronunciar sobre o julgamento alargado, sendo aplicável o disposto no artigo 681.º.

3 – Após a audição das partes, o processo vai com vista simultânea a cada um dos juízes que devam intervir no julgamento, aplicando-se o disposto nos n.os 2 e 3 do artigo 657.º.

4 – O julgamento só se realiza com a presença de, pelo menos, três quartos dos juízes em exercício nas secções cíveis.

5 – O acórdão proferido pelas secções reunidas sobre o objeto da revista é publicado na 1.ª série do Diário da República.

CAPÍTULO IV – Recurso para uniformização de jurisprudência

Artigo 688.º – Fundamento do recurso

1 – As partes podem interpor recurso para o pleno das secções cíveis quando o Supremo Tribunal de Justiça proferir acórdão que esteja em contradição com outro anteriormente proferido pelo mesmo tribunal, no domínio da mesma legislação e sobre a mesma questão fundamental de direito.

2 – Como fundamento do recurso só pode invocar-se acórdão anterior com trânsito em julgado, presumindo-se o trânsito.

3 – O recurso não é admitido se a orientação perfilhada no acórdão recorrido estiver de acordo com jurisprudência uniformizada do Supremo Tribunal de Justiça.

Artigo 689.º – Prazo para a interposição

1 – O recurso para uniformização de jurisprudência é interposto no prazo de 30 dias, contados do trânsito em julgado do acórdão recorrido.

2 – O recorrido dispõe de prazo idêntico para responder à alegação do recorrente, contado da data em que tenha sido notificado da respetiva apresentação.

Artigo 690.º – Instrução do requerimento

1 – O requerimento de interposição, que é autuado por apenso, deve conter a alegação do recorrente, na qual se identificam os elementos que determinam a contradição alegada e a violação imputada ao acórdão recorrido.

2 – Com o requerimento previsto no número anterior, o recorrente junta cópia do acórdão anteriormente proferido pelo Supremo Tribunal de Justiça, com o qual o acórdão recorrido se encontra em oposição.

Artigo 691.º – Recurso por parte do Ministério Público

O recurso de uniformização de jurisprudência deve ser interposto pelo Ministério Público, mesmo quando não seja parte na causa, mas, neste caso, não tem qualquer influência na decisão desta, destinando-se unicamente à emissão de acórdão de uniformização sobre o conflito de jurisprudência.

Artigo 692.º – Apreciação liminar

1 – Recebidas as contra-alegações ou expirado o prazo para a sua apresentação, é o processo concluso ao relator para exame preliminar, sendo o recurso rejeitado, além dos casos previstos no n.º 2 do artigo 641.º, sempre que o recorrente não haja cumprido os ónus estabelecidos no artigo 690.º, não exista a oposição que lhe serve de fundamento ou ocorra a situação prevista no n.º 3 do artigo 688.º.

2 – Da decisão do relator pode o recorrente reclamar para a conferência.

3 – Findo o prazo de resposta do recorrido, a conferência decide da verificação dos pressupostos do recurso, incluindo a contradição invocada como seu fundamento.

4 – O acórdão da conferência previsto no número anterior é irrecorrível, sem prejuízo de o pleno das secções cíveis, ao julgar o recurso, poder decidir em sentido contrário.

5 – Admitido o recurso, o relator envia o processo à distribuição.

Artigo 693.º – Efeito do recurso

O recurso para uniformização de jurisprudência tem efeito meramente devolutivo.

Artigo 694.º – Prestação de caução

Se estiver pendente ou for promovida a execução da sentença, não pode o exequente ou qualquer credor ser pago em dinheiro ou em quaisquer bens sem prestar caução.

Artigo 695.º – Julgamento e termos a seguir quando o recurso é procedente

1 – Ao julgamento do recurso é aplicável o disposto no artigo 687.º, com as necessárias adaptações.

2 – Sem prejuízo do disposto no artigo 691.º, a decisão que verifique a existência da contradição jurisprudencial revoga o acórdão recorrido e substitui-o por outro em que se decide a questão controvertida.

3 – A decisão de provimento do recurso não afeta qualquer sentença anterior à que tenha sido impugnada nem as situações jurídicas constituídas ao seu abrigo.

CAPÍTULO V – Revisão

Artigo 696.º – Fundamentos do recurso

A decisão transitada em julgado só pode ser objeto de revisão quando:

a) Outra sentença transitada em julgado tenha dado como provado que a decisão resulta de crime praticado pelo juiz no exercício das suas funções;

b) Se verifique a falsidade de documento ou ato judicial, de depoimento ou das declarações de peritos ou árbitros, que possam, em qualquer dos casos, ter determinado a decisão a rever, não tendo a matéria sido objeto de discussão no processo em que foi proferida;

c) Se apresente documento de que a parte não tivesse conhecimento, ou de que não tivesse podido fazer uso, no processo em que foi proferida a decisão a rever e que, por si só, seja suficiente para modificar a decisão em sentido mais favorável à parte vencida;

d) Se verifique nulidade ou anulabilidade de confissão, desistência ou transação em que a decisão se fundou;

e) Tendo corrido o processo à revelia, por falta absoluta de intervenção do réu, se mostre que:

i) Faltou a citação ou que é nula a citação feita;

ii) O réu não teve conhecimento da citação por facto que não lhe é imputável;

iii) O réu não pode apresentar a contestação por motivo de força maior;

f) Seja inconciliável com decisão definitiva de uma instância internacional de recurso vinculativa para o Estado Português;

g) O litígio assente sobre ato simulado das partes e o tribunal não tenha feito uso do poder que lhe confere o artigo 612.º, por se não ter apercebido da fraude.

h) Seja suscetível de originar a responsabilidade civil do Estado por danos emergentes do exercício da função jurisdicional, verificando-se o disposto no artigo seguinte.

Artigo 696.º-A – Responsabilidade civil do Estado

1 – A revisão de decisão transitada em julgado no caso previsto na alínea *h)* do artigo anterior só é admissível se o recorrente:

a) Não tiver contribuído, por ação ou omissão, para o vício que imputa à decisão; e

b) Tiver esgotado todos os meios de impugnação da decisão quanto à matéria suscetível de originar a responsabilidade civil do Estado.

2 – O recurso previsto no número anterior é interposto também contra o Estado.

Artigo 697.º – Regime do recurso

1 – O recurso é interposto no tribunal que proferiu a decisão a rever.

2 – O recurso não pode ser interposto se tiverem decorrido mais de cinco anos sobre o trânsito em julgado da decisão, salvo se respeitar a direitos de personalidade, e o prazo para a interposição é de 60 dias, contados:

a) No caso da alínea *a)* do artigo 696.º, do trânsito em julgado da sentença em que se funda a revisão;

b) No caso das alíneas *f)* e *h)* do artigo 696.º, desde que a decisão em que se funda a revisão se tornou definitiva ou transitou em julgado;

c) Nos outros casos, desde que o recorrente obteve o documento ou teve conhecimento do facto que serve de base à revisão.

3 – No caso da alínea *g)* do artigo 696.º, o prazo para a interposição do recurso é de dois anos, contados desde o conhecimento da sentença pelo recorrente, sem prejuízo do prazo de cinco anos previsto no número anterior.

4 – Nos casos previstos na segunda parte do n.º 3 do artigo 631.º, o prazo previsto no n.º 2 não finda antes de decorrido um ano sobre a aquisição da capacidade por parte do incapaz ou sobre a mudança do seu representante legal.

5 – Se, porém, devido a demora anormal na tramitação da causa em que se funda a revisão existir risco de caducidade, pode o interessado interpor recurso mesmo antes de naquela ser proferida decisão, requerendo logo a suspensão da instância no recurso, até que essa decisão transite em julgado.

Artigo 698.º – Instrução do requerimento

1 – No requerimento de interposição, que é autuado por apenso, o recorrente alega os factos constitutivos do fundamento do recurso e, no caso da alínea *g)* do artigo 696.º, o prejuízo resultante da simulação processual.

2 – Nos casos das alíneas *a)*, *c)*, *f)* e *g)* do artigo 696.º, o recorrente, com o requerimento de interposição, apresenta certidão, consoante os casos, da decisão ou do documento em que se funda o pedido.

Artigo 699.º – Admissão do recurso

1 – Sem prejuízo do disposto no n.º 1 do artigo 641.º, o tribunal a que for dirigido o requerimento indefere-o quando não tenha sido instruído nos termos do artigo anterior ou quando reconheça de imediato que não há motivo para revisão.

2 – Admitido o recurso, notifica-se pessoalmente o recorrido para responder no prazo de 20 dias.

3 – O recebimento do recurso não suspende a execução da decisão recorrida.

Artigo 700.º – Julgamento da revisão

1 – Salvo nos casos das alíneas *b)*, *d)* e *g)* do artigo 696.º, o tribunal, logo em seguida à resposta do recorrido ou ao termo do prazo respetivo, conhece do fundamento da revisão, precedendo as diligências consideradas indispensáveis.

2 – Nos casos das alíneas *b)*, *d)* e *g)* do artigo 696.º, segue-se, após a resposta dos recorridos ou o termo do prazo respetivo, os termos do processo comum declarativo.

3 – Quando o recurso tenha sido dirigido a algum tribunal superior, pode este requisitar ao tribunal de 1.ª instância, de onde o processo subiu, as diligências que se mostrem necessárias e que naquele não possam ter lugar.

Artigo 701.º – Termos a seguir quando a revisão é procedente

1 – Nos casos previstos nas alíneas *a)* a *f)* do artigo 696.º, se o fundamento da revisão for julgado procedente, é revogada a decisão recorrida, observando-se o seguinte:

a) Nos casos das alíneas *a)*, *c)* e *f)* do artigo 696.º, profere-se nova decisão, procedendo-se às diligências absolutamente indispensáveis e dando-se a cada uma das partes o prazo de 20 dias para alegar por escrito;

b) Nos casos das alíneas *b)* e *d)* do artigo 696.º, ordena-se que sigam os termos necessários para a causa ser novamente instruída e julgada, aproveitando-se a parte do processo que o fundamento da revisão não tenha prejudicado.

c) No caso da subalínea *i)* da alínea *e)* do artigo 696.º, anulam-se os termos do processo posteriores à citação do réu ou ao momento em que devia ser feita e ordena-se que o réu seja citado para a causa;

d) Nos casos das subalíneas *ii)* e *iii)* da alínea *e)* do artigo 696.º, anulam-se os termos do processo posteriores à citação do réu, seguindo os autos os seus termos;

e) No caso da alínea *h)* do artigo 696.º, o recorrente é notificado para, no prazo de 30 dias, formular pedido de indemnização contra o Estado, seguindo-se o disposto no artigo seguinte.

2 – No caso da alínea *g)* do artigo 696.º, se o fundamento da revisão for julgado procedente, anula-se a decisão recorrida.

Artigo 701.º-A – Pedido de indemnização contra o Estado

1 – Exercido o contraditório no prazo de 30 dias a contar da notificação do pedido de indemnização previsto na alínea *e)* do n.º 1 do artigo anterior, o processo continua, com a tramitação a definir pelo relator com base nos poderes de gestão processual e de adequação formal, para o apuramento da indemnização devida ao recorrente.

2 – O relator exerce, até ao julgamento, todas as funções que competem, em primeira instância, ao juiz de direito, com a possibilidade de reclamação para a conferência.

Artigo 702.º – Prestação de caução

Se estiver pendente ou for promovida a execução da sentença, não pode o exequente ou qualquer credor ser pago em dinheiro ou em quaisquer bens sem prestar caução.

Regulamento das Custas Processuais

(normas mais relevantes)

Decreto-Lei n.º 34/2008, de 26 de Fevereiro, na redacção da Lei n.º 9/2022, de 11 de Janeiro

TÍTULO II – Custas processuais

CAPÍTULO I – Conceito e isenções

Artigo 3.º – Conceito de custas

1 – As custas processuais abrangem a taxa de justiça, os encargos e as custas de parte.

2 – As multas e outras penalidades são sempre fixadas de forma autónoma e seguem o regime do presente Regulamento.

Artigo 4.º – Isenções

1 – Estão isentos de custas:

a) O Ministério Público nos processos em que age em nome próprio na defesa dos direitos e interesses que lhe são confiados por lei, mesmo quando intervenha como parte acessória e nas execuções por custas e multas processuais, coimas ou multas criminais;

b) Qualquer pessoa, fundação ou associação quando exerça o direito de acção popular nos termos do n.º 3 do artigo 52.º da Constituição da República

Portuguesa e de legislação ordinária que preveja ou regulamente o exercício da acção popular;

c) Os magistrados e os vogais do Conselho Superior da Magistratura, do Conselho Superior do Ministério Público ou do Conselho Superior dos Tribunais Administrativos e Fiscais que não sejam magistrados, em quaisquer acções em que sejam parte por via do exercício das suas funções;

d) Os membros do Governo, os eleitos locais, os directores-gerais, os secretários-gerais, os inspectores-gerais e equiparados para todos os efeitos legais e os demais dirigentes e funcionários, agentes e trabalhadores do Estado, bem como os responsáveis das estruturas de missão, das comissões, grupos de trabalho e de projecto a que se refere o artigo 28.º da Lei n.º 4/2004, de 15 de Janeiro, qualquer que seja a forma do processo, quando pessoalmente demandados em virtude do exercício das suas funções;

e) Os partidos políticos, cujos benefícios não estejam suspensos, no contencioso previsto nas leis eleitorais;

f) As pessoas colectivas privadas sem fins lucrativos, quando actuem exclusivamente no âmbito das suas especiais atribuições ou para defender os interesses que lhe estão especialmente conferidos pelo respectivo estatuto ou nos termos de legislação que lhes seja aplicável;

g) As entidades públicas quando actuem exclusivamente no âmbito das suas especiais atribuições para defesa de direitos fundamentais dos cidadãos ou de interesses difusos que lhe estão especialmente conferidos pelo respectivo estatuto, e a quem a lei especialmente atribua legitimidade processual nestas matérias;

h) Os trabalhadores ou familiares, em matéria de direito do trabalho, quando sejam representados pelo Ministério Público ou pelos serviços jurídicos do sindicato, quando sejam gratuitos para o trabalhador, desde que o respectivo rendimento ilíquido à data da proposição da acção ou incidente ou, quando seja aplicável, à data do despedimento, não seja superior a 200 UC;

i) Os menores ou respectivos representantes legais, nos recursos de decisões relativas à aplicação, alteração ou cessação de medidas tutelares, aplicadas em processos de jurisdição de menores;

j) Os arguidos detidos, sujeitos a prisão preventiva ou a cumprimento de pena de prisão efectiva, em estabelecimento prisional, quando a secretaria do Tribunal tenha concluído pela sua insuficiência económica nos termos da lei de acesso ao direito e aos tribunais, em quaisquer requerimentos ou oposições, nos habeas corpus e nos recursos interpostos em qualquer instância, desde que a situação de prisão ou detenção se mantenha no momento do devido pagamento;

l) Os menores, maiores acompanhados, ausentes e incertos quando representados pelo Ministério Público ou por defensor oficioso, mesmo que os processos decorram nas conservatórias de registo civil;

m) Os agentes das forças e serviços de segurança, em processo penal por ofensa sofrida no exercício das suas funções, ou por causa delas;

n) O demandante e o arguido demandado, no pedido de indemnização civil apresentado em processo penal, quando o respectivo valor seja inferior a 20 UC;

o) O Fundo de Garantia Automóvel, no exercício do direito de sub-rogação previsto no regime jurídico do seguro obrigatório de responsabilidade civil automóvel;

p) O Fundo de Garantia Salarial, nas ações em que tenha de intervir;

q) O Fundo de Estabilização Financeira da Segurança Social, nos processos em que intervenha na defesa dos direitos dos trabalhadores, dos contribuintes e do património do Fundo;

r) O Fundo dos Certificados de Reforma, nos processos em que intervenha na defesa dos direitos dos aderentes, dos beneficiários e do património do Fundo;

s) Os municípios, quando proponham a declaração judicial de anulação prevista no regime jurídico de reconversão das áreas urbanas de génese ilegal, em substituição do Ministério Público;

t) O exequente e os reclamantes, quando tenham que deduzir reclamação de créditos junto da execução fiscal e demonstrem já ter pago a taxa de justiça em processo de execução cível relativo aos mesmos créditos;

u) As sociedades civis ou comerciais, as cooperativas e os estabelecimentos individuais de responsabilidade limitada que estejam em situação de insolvência ou em processo de recuperação de empresa, nos termos da lei, salvo no que respeita às acções que tenham por objecto litígios relativos ao direito do trabalho.

v) O Instituto de Gestão Financeira da Segurança Social, nas ações em que tenha de intervir na qualidade de gestor do Fundo de Garantia de Alimentos Devidos a Menores.

x) Os compartes, os órgãos dos baldios e o Ministério Público, nos litígios que, direta ou indiretamente, tenham por objeto terrenos baldios.

z) As pessoas a quem tenha sido atribuído o estatuto de vítimas de crime de violência doméstica, nos termos do disposto no artigo 14.º da Lei n.º 112/2009, de 16 de setembro, alterada pelas Leis n.os 19/2013, de 21 de fevereiro, 82-B/2014, de 31 de dezembro, e 129/2015, de 3 de setembro, quando intervenham no respetivo processo penal em qualquer das qualidades referidas nos artigos 67.º-A a 84.º do Código de Processo Penal.

aa) As vítimas dos crimes de mutilação genital feminina, escravidão, tráfico de pessoas, coação sexual e violação, previstos e puníveis, respetivamente, nos termos do disposto nos artigos 144.º-A, 159.º, 160.º, 163.º e 164.º, todos do Código Penal, quando intervenham no respetivo processo penal em qualquer das qualidades referidas nos artigos 67.º-A a 84.º do Código de Processo Penal.

bb) Os casos em que a Autoridade Tributária e Aduaneira revogue ou anule atos administrativos em matéria tributária ou reveja os atos tributários, ou outros, que sejam objeto de processos tributários pendentes nos tribunais administrativos e fiscais, ao abrigo do disposto no artigo 68.º-A da Lei Geral Tributária.

2 – Ficam também isentos:

a) As remições obrigatórias de pensões;

b) Os processos administrativos urgentes relativos ao pré-contencioso eleitoral quando se trate de eleições para órgãos de soberania e órgãos do poder regional ou local e à intimação para protecção de direitos, liberdades e garantias;

c) Todos os processos que devam correr no Tribunal de Execução de Penas, quando o recluso esteja em situação de insuficiência económica, comprovada pela secretaria do tribunal, nos termos da lei de acesso ao direito e aos tribunais;

d) Os processos de liquidação e partilha de bens de instituições de previdência social e associações sindicais e de classe;

e) (Suprimida pela Declaração de Rectificação n.º 22/2008, de 24 de Abril.)

f) Os processos de confiança judicial de menor, tutela e adopção e outros de natureza análoga que visem a entrega do menor a pessoa idónea, em alternativa à institucionalização do mesmo;

g) (Revogada.)

h) Os processos de acompanhamento de maiores.

3 – Nos casos previstos nas alíneas *c)* e *d)* do n.º 1, a parte isenta fica obrigada ao pagamento de custas quando se conclua que os actos não foram praticados em virtude do exercício das suas funções ou quando tenha actuado dolosamente ou com culpa grave.

4 – No caso previsto na alínea u) do n.º 1, a parte isenta é responsável pelo pagamento das custas, nos termos gerais, em todas as acções no âmbito das quais haja beneficiado da isenção, caso ocorra a desistência do pedido de insolvência ou quando este seja indeferido liminarmente ou por sentença.

5 – Nos casos previstos nas alíneas *b)*, *f)* e x) do n.º 1 e na alínea *b)* do n.º 2, a parte isenta é responsável pelo pagamento das custas, nos termos gerais, quando se conclua pela manifesta improcedência do pedido.

6 – Sem prejuízo do disposto no número anterior, nos casos previstos nas alíneas *b)*, *f)*, *g)*, *h)*, *s)*, *t)* e x) do n.º 1 e na alínea *b)* do n.º 2, a parte isenta é responsável, a final, pelos encargos a que deu origem no processo, quando a respetiva pretensão for totalmente vencida.

7 – Com excepção dos casos de insuficiência económica, nos termos da lei de acesso ao direito e aos tribunais, a isenção de custas não abrange os reembolsos à parte vencedora a título de custas de parte, que, naqueles casos, as suportará.

Artigo 6.º – Regras gerais

1 – A taxa de justiça corresponde ao montante devido pelo impulso processual do interessado e é fixada em função do valor e complexidade da causa de acordo com o presente Regulamento, aplicando-se, na falta de disposição especial, os valores constantes da tabela i-A, que faz parte integrante do presente Regulamento.

2 – Nos recursos, a taxa de justiça é sempre fixada nos termos da tabela i-B, que faz parte integrante do presente Regulamento.

3 – Nos processos em que o recurso aos meios electrónicos não seja obrigatório, a taxa de justiça é reduzida a 90 /prct. do seu valor quando a parte entregue todas as peças processuais através dos meios electrónicos disponíveis.

4 – Para efeitos do número anterior, a parte paga inicialmente 90 /prct. da taxa de justiça, perdendo o direito à redução e ficando obrigada a pagar o valor desta no momento em que entregar uma peça processual em papel, sob pena de sujeição à sanção prevista na lei de processo para a omissão de pagamento da taxa de justiça.

5 – O juiz pode determinar, a final, a aplicação dos valores de taxa de justiça constantes da tabela i-C, que faz parte integrante do presente Regulamento, às acções e recursos que revelem especial complexidade.

6 – Nos processos cuja taxa seja variável, a taxa de justiça é liquidada no seu valor mínimo, devendo a parte pagar o excedente, se o houver, a final.

7 – Nas causas de valor superior a (euro) 275 000, o remanescente da taxa de justiça é considerado na conta a final, salvo se a especificidade da situação o justificar e o juiz de forma fundamentada, atendendo designadamente à complexidade da causa e à conduta processual das partes, dispensar o pagamento.

8 – Quando o processo termine antes de concluída a fase de instrução, não há lugar ao pagamento do remanescente.

9 – Nos processos administrativos, a taxa de justiça é reduzida a 90 /prct. do seu valor quando a parte proceda à elaboração e apresentação dos respetivos articulados em conformidade com os formulários e instruções práticas constantes de portaria do membro do Governo responsável pela área da justiça.

SECÇÃO II – Fixação da base tributável

Artigo 11.º – Regra geral

A base tributável para efeitos de taxa de justiça corresponde ao valor da causa, com os acertos constantes da tabela i, e fixa-se de acordo com as regras previstas na lei do processo respectivo.

Artigo 12.º – Fixação do valor em casos especiais

1 – Atende-se ao valor indicado na l – 1 da tabela i-B nos seguintes processos:

a) Nos processos relativos à impugnação judicial da decisão sobre a concessão do apoio judiciário;

b) Nas intimações para prestação de informação, consulta de processos ou passagem de certidões;

c) Nos processos de contencioso das instituições de segurança social ou de previdência social e dos organismos sindicais, nos processos para convocação de assembleia geral ou de órgão equivalente, nos processos para declaração de invalidade das respectivas deliberações e nas reclamações de decisões disciplinares;

d) Nos recursos dos actos de conservadores, notários e outros funcionários;

e) Sempre que for impossível determinar o valor da causa, sem prejuízo de posteriores acertos se o juiz vier a fixar um valor certo;

f) Nos processos cujo valor é fixado pelo juiz da causa com recurso a critérios indeterminados e não esteja indicado um valor fixo, sem prejuízo de posteriores acertos quando for definitivamente fixado o valor.

2 – Nos recursos, o valor é o da sucumbência quando esta for determinável, devendo o recorrente indicar o respectivo valor no requerimento de interposição do recurso; nos restantes casos, prevalece o valor da acção.

	Valor da acção (euros)	Taxa de justiça (UC)		
		A Artigos 6.º, n.º 1, e 7.º, n.º 3, do RCP	B Artigos 6.º, n.º 2, 7.º, n.º 2, 12, n.º 1, e 13.º, n.º 7, do RCP	C Artigos 6.º, n.º 5, e 13.º, n.º 3, do RCP
1	Até 2 000	1	0,5	1,5
2	De 2 000,01 a 8 000	2	1	3
3	De 8 000,01 a 16 000	3	1,5	4,5
4	De 16 000,01 a 24 000	4	2	6
5	De 24 000,01 a 30 000	5	2,5	7,5
6	De 30 000,01 a 40 000	6	3	9
7	De 40 000,01 a 60 000	7	3,5	10,5
8	De 60 000,01 a 80 000	8	4	12
9	De 80 000,01 a 100 000	9	4,5	13,5
10	De 100 000,01 a 150 000	10	5	15
11	De 150 000,01 a 200 000	12	6	18
12	De 200 000,01 a 250 000	14	7	21
13	De 250 000,01 a 275 000	16	8	24

Regulamenta os modelos a que devem obedecer os articulados no âmbito dos processos de contencioso dos procedimentos de massa, previstos no n.º 3 do artigo 99.º do Código de Processo nos Tribunais Administrativos, bem como os formulários de articulados suscetíveis de determinar a redução da taxa de justiça aplicável aos processos administrativos, previstos no n.º 9 do artigo 6.º do Regulamento das Custas Processuais

Portaria n.º 341/2019, de 1 de outubro

A deficiente elaboração dos articulados, traduzida, as mais das vezes, na apresentação de peças desnecessariamente prolixas ou desprovidas de uma estrutura organizada e coerente, tem vindo a ser perspetivada como um dos fatores responsáveis pela morosidade na resolução dos processos submetidos à jurisdição administrativa e fiscal.

No sentido de inverter este fenómeno, o legislador consagrou no Código de Processo nos Tribunais Administrativos e, mais recentemente, no Regulamento das Custas Processuais uma solução de cariz inovador: a existência de modelos e de formulários de articulados, destinados, por um lado, a direcionar as partes para as questões fundamentais que pretendem ver apreciadas e, por outro, a facilitar a compreensão dos contornos do litígio por parte do tribunal.

No caso previsto no Código de Processo nos Tribunais Administrativos, estão em causa modelos de articulados, de observância obrigatória para as partes, no âmbito dos processos urgentes que seguem o regime do contencioso dos procedimentos de massa, regulado no artigo 99.º do Código de Processo nos Tribunais Administrativos.

No segundo caso, trata-se de formulários, de observância meramente facultativa, que podem ser utilizados na generalidade dos processos sujeitos à jurisdição administrativa, e cuja utilização determina uma redução da taxa de justiça aplicável, estimulando-se, assim, a apresentação de peças processuais mais simples, mais concisas e melhor estruturadas.

Concluído o processo de elaboração destes formulários, que são o produto de um rigoroso esforço de racionalização, de clareza e de síntese, chegou o momento de disponibilizá-los aos mandatários.

Foi promovida a audição do Conselho Superior dos Tribunais Administrativos e Fiscais, da Procuradoria-Geral da República, da Ordem dos Advogados e da Ordem dos Solicitadores e dos Agentes de Execução.

Assim:

Ao abrigo do disposto no n.º 3 do artigo 99.º do Código de Processo nos Tribunais Administrativos, aprovado pela Lei n.º 15/2002, de 22 de fevereiro, alterado pelas Leis n.os 4-A/2003, de 19 de fevereiro, 59/2008, de 11 de setembro, 63/2011, de 14 de dezembro, e pelo Decreto-Lei n.º 214-G/2015, de 2 de outubro, e no n.º 9 do artigo 6.º do Regulamento das Custas Processuais, aprovado pelo Decreto-Lei n.º 34/2008, de 26 de fevereiro, alterado pela Lei n.º 43/2008, de 27 de agosto, pelo Decreto-Lei n.º 181/2008, de 28 de agosto, pelas Leis n.ºs 64-A/2008, de 31 de dezembro, e 3-B/2010, de 28 de abril, pelo Decreto-Lei n.º 52/2011, de 13 de abril, pelas Leis n.os 7/2012, de 13 de fevereiro, e 66-B/2012, de 31 de dezembro, pelo Decreto-Lei n.º 126/2013, de 30 de agosto, pelas Leis n.os 72/2014, de 2 de setembro, 7-A/2016, de 30 de março, 42/2016, de 28 de dezembro, e 49/2018, de 14 de agosto, pelo Decreto-Lei n.º 86/2018, de 29 de outubro, e pela Lei n.º 27/2019, de 28 de março, manda o Governo, pela Secretária de Estado da Justiça, o seguinte:

Artigo 1.º – Objeto

A presente portaria regulamenta:

a) Os modelos a que devem obedecer os articulados no âmbito dos processos de contencioso dos procedimentos de massa, previstos no n.º 3 do artigo 99.º do Código de Processo nos Tribunais Administrativos;

b) Os formulários de articulados suscetíveis de determinar a redução da taxa de justiça aplicável aos processos administrativos, nos termos do n.º 9 do artigo 6.º do Regulamento das Custas Processuais.

Artigo 2.º – Modelos a que devem obedecer os articulados no âmbito do contencioso dos procedimentos de massa

1 – Os modelos a que devem obedecer os articulados apresentados por mandatário e representante em juízo no âmbito dos processos de contencioso dos procedimentos de massa, previstos no n.º 3 do artigo 99.º do Código de Processo nos Tribunais Administrativos, são designados como «modelos de articulados do contencioso dos procedimentos de massa» e estão disponíveis no sistema informático de suporte à atividade dos tribunais administrativos e fiscais, acessível, no endereço taf.mj.pt.

2 – A apresentação de peças processuais com recurso aos modelos referidos no número anterior é efetuada através do preenchimento dos formulários disponibilizados no âmbito desses modelos, que incluem o conteúdo material da peça processual, aos quais se anexam:

a) Os documentos que devem acompanhar a peça processual, anexados de forma individualizada;

b) O processo instrutor.

3 – À apresentação das peças processuais referidas nos números anteriores aplica-se, em tudo o que não estiver previsto na presente portaria, o disposto na Portaria n.º 380/2017, de 19 de dezembro, quanto à apresentação de peças processuais, documentos e processo instrutor por mandatários e representantes em juízo.

Artigo 3.º – Formulários de articulados suscetíveis de determinar a redução da taxa de justiça aplicável aos processos administrativos

1 – Os formulários de articulados suscetíveis de determinar a redução da taxa de justiça aplicável aos processos administrativos, previstos no n.º 9 do artigo 6.º do Regulamento das Custas Processuais, são designados como «formulários facultativos de articulados» e estão disponíveis aos mandatários e representantes em juízo no sistema informático de suporte à atividade dos tribunais administrativos e fiscais, acessível no endereço taf.mj.pt.

2 – A apresentação de peças processuais com recurso aos formulários referidos no número anterior é efetuada através do seu preenchimento, que incluem o conteúdo material da peça processual, aos quais se anexam:

a) Os documentos que devem acompanhar a peça processual, anexados de forma individualizada;

b) O processo instrutor.

3 – À apresentação das peças processuais nos termos previstos nos números anteriores aplica-se, em tudo o que não estiver previsto na presente portaria, o disposto na Portaria n.º 380/2017, de 19 de dezembro, quanto à apresentação de peças processuais, documentos e processo instrutor por mandatários e representantes em juízo.

Artigo 4.º – Produção de efeitos

1 – O regime previsto na presente portaria quanto à apresentação de peças processuais no âmbito do contencioso dos procedimentos de massa, nos termos do artigo 2.º, incluindo nos processos pendentes, aplica-se a partir do dia 7 de janeiro de 2020.

2 – O regime previsto na presente portaria quanto à apresentação de peças processuais com recurso aos formulários facultativos de articulados, nos termos do artigo 3.º, incluindo nos processos pendentes, aplica-se a partir do dia 1 de abril de 2020.

A Secretária de Estado da Justiça, Anabela Damásio Caetano Pedroso, em 26 de setembro de 2019.

Modifica regimes processuais no âmbito da jurisdição administrativa e tributária, procedendo a diversas alterações legislativas

Lei n.º 118/2019, de 17 de setembro

Artigo 10.º – Norma transitória

1 – É admitida a remessa por correio eletrónico, valendo como data da prática do ato a da respetiva expedição, nos termos do n.º 5 do artigo 24.º do Código de Processo nos Tribunais Administrativos, na redação introduzida pela presente lei, até à entrada em vigor da portaria prevista na alínea *d)* do referido artigo.

Regime Geral das Contraordenações

Decreto-Lei n.º 433/82, de 27 de Outubro

CAPÍTULO IV – Recurso e processo judiciais

Artigo 59.º – Forma e prazo

1 – A decisão da autoridade administrativa que aplica uma coima é susceptível de impugnação judicial.

2 – O recurso de impugnação poderá ser interposto pelo arguido ou pelo seu defensor.

3 – O recurso é feito por escrito e apresentado à autoridade administrativa que aplicou a coima, no prazo de 20 dias após o seu conhecimento pelo arguido, devendo constar de alegações e conclusões.

Artigo 60.º – Contagem do prazo para impugnação

1 – O prazo para a impugnação da decisão da autoridade administrativa suspende-se aos sábados, domingos e feriados.

2 – O termo do prazo que caia em dia durante o qual não for possível, durante o período normal, a apresentação do recurso, transfere-se para o primeiro dia útil seguinte.

Artigo 61.º – Tribunal competente

1 – É competente para conhecer do recurso o tribunal em cuja área territorial se tiver consumado a infracção.

2 – Se a infracção não tiver chegado a consumar-se, é competente o tribunal em cuja área se tiver praticado o último acto de execução ou, em caso de punibilidade dos actos preparatórios, o último acto de preparação.

Artigo 62.º – Envio dos autos ao Ministério Público

1 – Recebido o recurso, e no prazo de cinco dias, deve a autoridade administrativa enviar os autos ao Ministério Público, que os tornará presentes ao juiz, valendo este acto como acusação.

2 – Até ao envio dos autos, pode a autoridade administrativa revogar a decisão de aplicação da coima.

Artigo 63.º – Não aceitação do recurso

1 – O juiz rejeitará, por meio de despacho, o recurso feito fora do prazo ou sem respeito pelas exigências de forma.

2 – Deste despacho há recurso, que sobe imediatamente.

Artigo 64.º – Decisão por despacho judicial

1 – O juiz decidirá do caso mediante audiência de julgamento ou através de simples despacho.

2 – O juiz decide por despacho quando não considere necessária a audiência de julgamento e o arguido ou o Ministério Público não se oponham.

3 – O despacho pode ordenar o arquivamento do processo, absolver o arguido ou manter ou alterar a condenação.

4 – Em caso de manutenção ou alteração da condenação deve o juiz fundamentar a sua decisão, tanto no que concerne aos factos como ao direito aplicado e às circunstâncias que determinaram a medida da sanção.

5 – Em caso de absolvição deverá o juiz indicar porque não considera provados os factos ou porque não constituem uma contra-ordenação.

Artigo 65.º – Marcação da audiência

Ao aceitar o recurso o juiz marca a audiência, salvo o caso referido no n.º 2 do artigo anterior.

Artigo 65.º-A – Retirada da acusação

1 – A todo o tempo, e até à sentença em 1.ª instância ou até ser proferido o despacho previsto no n.º 2 do artigo 64.º, pode o Ministério Público, com o acordo do arguido, retirar a acusação.

2 – Antes de retirar a acusação, deve o Ministério Público ouvir as autoridades administrativas competentes, salvo se entender que tal não é indispensável para uma adequada decisão.

Artigo 66.º – Direito aplicável

Salvo disposição em contrário, a audiência em 1.ª instância obedece às normas relativas ao processamento das transgressões e contravenções, não havendo lugar à redução da prova a escrito.

Artigo 67.º – Participação do arguido na audiência

1 – O arguido não é obrigado a comparecer à audiência, salvo se o juiz considerar a sua presença como necessária ao esclarecimento dos factos.

2 – Nos casos em que o juiz não ordenou a presença do arguido este poderá fazer-se representar por advogado com procuração escrita.

3 – O tribunal pode solicitar a audição do arguido por outro tribunal, devendo a realização desta diligência ser comunicada ao Ministério Público e ao defensor e sendo o respectivo auto lido na audiência.

Artigo 68.º – Ausência do arguido

1 – Nos casos em que o arguido não comparece nem se faz representar por advogado, tomar-se-ão em conta as declarações que lhe tenham sido colhidas no processo ou registar-se-á que ele nunca se pronunciou sobre a matéria dos autos, não obstante lhe ter sido concedida a oportunidade para o fazer, e julgar-se-á.

2 – Se, porém, o tribunal o considerar necessário, pode marcar uma nova audiência.

Artigo 69.º – Participação do Ministério Público

O Ministério Público deve estar presente na audiência de julgamento.

Artigo 70.º – Participação das autoridades administrativas

1 – O tribunal concederá às autoridades administrativas a oportunidade de trazerem à audiência os elementos que reputem convenientes para uma correcta decisão do caso, podendo um representante daquelas autoridades participar na audiência.

2 – O mesmo regime se aplicará, com as necessárias adaptações, aos casos em que, nos termos do n.º 3 do artigo 64.º, o juiz decidir arquivar o processo.

3 – Em conformidade com o disposto no n.º 1, o juiz comunicará às autoridades administrativas a data da audiência.

4 – O tribunal comunicará às mesmas autoridades a sentença, bem como as demais decisões finais.

Artigo 71.º – Retirada do recurso

1 – O recurso pode ser retirado até à sentença em 1.ª instância ou até ser proferido o despacho previsto no n.º 2 do artigo 64.º

2 – Depois do início da audiência de julgamento, o recurso só pode ser retirado mediante o acordo do Ministério Público.

Artigo 72.º – Prova

1 – Compete ao Ministério Público promover a prova de todos os factos que considere relevantes para a decisão.

2 – Compete ao juiz determinar o âmbito da prova a produzir.

Artigo 72.º-A – Proibição da reformatio in pejus

1 – Impugnada a decisão da autoridade administrativa ou interposto recurso da decisão judicial somente pelo arguido, ou no seu exclusivo interesse, não pode a sanção aplicada ser modificada em prejuízo de qualquer dos arguidos, ainda que não recorrentes.

2 – O disposto no número anterior não prejudica a possibilidade de agravamento do montante da coima, se a situação económica e financeira do arguido tiver entretanto melhorado de forma sensível.

Artigo 73.º – Decisões judiciais que admitem recurso

1 – Pode recorrer-se para a Relação da sentença ou do despacho judicial proferidos nos termos do artigo 64.º quando:

a) For aplicada ao arguido uma coima superior a (euro) 249,40;

b) A condenação do arguido abranger sanções acessórias;

c) O arguido for absolvido ou o processo for arquivado em casos em que a autoridade administrativa tenha aplicado uma coima superior a (euro) 249,40 ou em que tal coima tenha sido reclamada pelo Ministério Público;

d) A impugnação judicial for rejeitada;

e) O tribunal decidir através de despacho não obstante o recorrente se ter oposto a tal.

2 – Para além dos casos enunciados no número anterior, poderá a relação, a requerimento do arguido ou do Ministério Público, aceitar o recurso da sentença quando tal se afigure manifestamente necessário à melhoria da aplicação do direito ou à promoção da uniformidade da jurisprudência.

3 – Se a sentença ou o despacho recorrido são relativos a várias infracções ou a vários arguidos e se apenas quanto a alguma das infracções ou a algum dos arguidos se verificam os pressupostos necessários, o recurso subirá com esses limites.

Código das Expropriações

Lei n.º 168/99, de 18 de Setembro, na redacção da Lei n.º 56/2008, de 4 de Setembro

Artigo 38.º - Arbitragem

1 - Na falta de acordo sobre o valor da indemnização, é este fixado por arbitragem, com recurso para os tribunais comuns.

2 - O valor do processo, para efeitos de admissibilidade de recurso, nos termos do Código de Processo Civil, corresponde ao maior dos seguintes:

a) Decréscimo da indemnização pedida no recurso da entidade expropriante ou acréscimo global das indemnizações pedidas nos recursos do expropriado e dos demais interessados, a que se refere o número seguinte;

b) Diferença entre os valores de indemnização constantes do recurso da entidade expropriante e o valor global das indemnizações pedidas pelo expropriado e pelos demais interessados nos respectivos recursos, a que se refere o número seguinte.

3 - Da decisão arbitral cabe sempre recurso com efeito meramente devolutivo para o tribunal do lugar da situação dos bens ou da sua maior extensão.

ÍNDICE